W0078289

Achim Bühl
Rassismus

Achim Bühl

Rassismus

Anatomie eines Machtverhältnisses

marixverlag

*»Rassismus ist keine Meinung,
sondern ein Verbrechen«*

Inhalt

Einleitung

Die Geschichte aller bisherigen Klassengesellschaften ist die Geschichte des Rassismus. Der Rassismus ist ein Macht- und Herrschaftsverhältnis. Rassistische Akteure beabsichtigen ein soziales Ungleichheitsverhältnis zu etablieren oder ein bereits bestehendes zu erhalten bzw. zu festigen. Der Rassismus ist sowohl Struktur, Praxis und Strategie als auch Ideologie zugleich. Als Struktur ist er in den gesellschaftlichen Verhältnissen eingeschrieben und durchzieht die gesamte Gesellschaft. In der Praxis wird er hingegen in Gestalt von Verfahrenstechniken sowie Handlungsweisen kollektiver als auch individueller Akteure stets aufs Neue produziert bzw. reproduziert. Als Strategie wiederum stellt er ein intentionales, konzeptionelles Handeln rassifizierender Kräfte zwecks Vorteilsaneignung und -wahrung dar und zielt auf die Etablierung sowie Aufrechterhaltung ihrer ökonomischen, sozialen, kulturellen wie politischen Vorherrschaft ab. Zuletzt rechtfertigt er in Form der Ideologie die Dominanz einer herrschenden Gruppe mittels heterogener Theoreme, Stereotypisierungen, rassifizierender Diskurse sowie dem rassistischen Wissen.

Der Rassismus ist die systematische Realisierung eines »Extraprofits« auf Kosten rassistisch Dominierter, der sich häufig nicht aus der unmittelbaren Verfügungsgewalt über Produktionsmittel bzw. aus den Produktionsverhältnissen ergibt, sondern aus der politischen, sozialen und kulturellen Unterdrückung konstruierter gesellschaftlicher Gruppen. Diesen wird aufgrund ihres vermeintlichen Wesens eine gleichberechtigte Teilhabe an materiellen und immateriellen Gütern der Gesellschaft abgesprochen. Die dergestalt realisierten »Extragewinne«, Privilegien als auch sozialen Boni verteilen sich indes keineswegs zu homogenen Anteilen auf die Mitglieder der sozial konstruierten Wir-Gruppe, sondern gemäß ihrer klassen- und

sozialstrukturellen Verortung. Dominante Fraktionen, die innerhalb der Wir-Gruppe als die eigentlichen Förderer von Rassifizie-
rungsprozessen agieren, lassen indes beherrschte Schichten der Eigengruppe zumeist am rassistisch erzielten Vorteil nicht nur symbolisch sondern auch materiell partizipieren.

Den Rassismus gibt es nicht von Anbeginn der Menschheitsge-
schichte an, sondern in Gestalt des Klassismus (vgl. Kap. 1.3.6) erst
seit der Versklavung des Menschen durch den Menschen. Der antike
Rassismus besaß in der Spielart des Klassismus die Funktion, die
Sklavenarbeit mittels diverser Mechanismen abzusichern, die Versklavung fremder Völker ideologisch zu rechtfertigen sowie in Gestalt des Antifeminismus den Zweck, den Ausschluss der Frauen aus
der Gruppe der entscheidungsbefugten Polisbürger zu realisieren
und zu legitimieren. Die Gleichheit der männlichen Polisbürger kor-
respondierte mit der Ungleichheit der Frauen und der Sklaven.
Gleichheit wie Ungleichheit wurden durch soziale Praxen, Normen
und vielfältige Reglementierungen abgesichert und seitens der antiken Philosophen legitimiert.

Rassismus liegt unseres Erachtens dann vor, wenn zum Zweck
der Macht- und Herrschaftserrichtung oder -sicherung eine »Wir-
Gruppe« sowie eine »Fremdgruppe« konstruiert werden, die einander antagonistisch gegenübergestellt und ihrem Wesen nach als un-
vereinbar definiert werden. Dabei wird unter »Herrschaft« ein dau-
erhaftes, umfassendes als auch institutionell verfestigtes autoritäres
Gewaltverhältnis verstanden, unter »Macht« hingegen eine diskon-
tinuierliche, partielle wie informelle gewaltförmige Sozialbezie-
hung. Der Konstruktionsprozess der beiden antipodischen Gruppen
geschieht auf der Basis eines Differenzkriteriums, das biologischer,
ethnischer, kultureller, religiöser oder sonstiger Natur sein kann.
Die der Spaltung dienende Eigenschaft kann eine reale oder eine
imaginäre Größe sein. Unabhängig davon folgt die Bedeutungszu-
schreibung des trennenden Charakteristikums der Logik des Rassi-
fizierungsprozesses, der Intention, den »Anderen« als »anders« zu
kennzeichnen, das Merkmal als Stigma zu etablieren bzw. zu instrumentalisieren und so den »Fremden« markierend zu konstruieren.

Zwar ist die konkrete Natur des Differenzkriteriums belanglos, jedoch spielt es für den Prozess der Produktion der als fundamental gedachten Ungleichartigkeit der beiden Gruppen eine unverzichtbare Rolle. Zu betonen ist also, dass der Rassismus nicht an die Konstruktion von körperlichen und damit biologischen Unterschieden gebunden ist; ein derart verengter Rassismusbegriff liefe auf den Ausschluss relevanter Spielarten des Rassismus (vgl. Kap. 1.3) hinaus.

Die Intention des Rassisten besteht darin, die konstruierte Fremdgruppe zu beherrschen, die »Anderen« von relevanten ökonomischen, sozialen, kulturellen und politischen Prozessen auszuschließen, sie im Extremfall gar zu vertreiben oder zu töten. Während in den frühen Formen des Rassismus ein wechselseitiger Übergang von der »Wir-Gruppe« zur »Fremdgruppe« in Einzelfällen noch möglich war, wird im weiteren historischen Verlauf der Antagonismus als unveränderbar, als statisch, als quasi-erblich konstruiert und in einem Maße essentialisiert, dass ein Wechsel de facto ausgeschlossen ist. Der Gruppenantagonismus wird nunmehr generationenübergreifend konstruiert, als fundamentaler Gegensatz gedacht, der alle gesellschaftlichen Sphären durchdringt und alle Konflikte verursacht bzw. dominiert.

Auch im 21. Jh. ist der Rassismus weltweit alles andere als von der Landkarte verschwunden. Gerade Deutschland erweist sich als ein zutiefst rassistisches Land. Rassistische Bücher wie das eines Berliner Ex-Finanzsenators rangieren nicht nur auf Bestsellerlisten, sondern verkaufen sich, begleitet von einem medialen Hype, millionenfach. Der Autor wurde weder aus der SPD ausgeschlossen noch erfolgte eine Anklage wegen Volksverhetzung. In einem anderen Fall formierte sich die Bewegung »Patriotische Europäer gegen die Islamisierung des Abendlandes« (Pegida) zum Jahreswechsel 2014/2015, der es gelang, tausende Bürger wochenlang rassistisch zu mobilisieren. In Deutschland reichen die offensichtlichen Sachverhalte bzw. Tatbestände von antinegrid-rassistischen Karikaturen in Polizeikalendern, über antisemitische Äußerungen im Kontext der Beschneidungsdebatte (»Haut ab!«), bis hin zu Schändungen jüdischer wie muslimischer Friedhöfe. Hinzu kommen gewalttätige Übergriffe auf zu Fremden konstruierte Personen, Brandanschläge auf Moscheen und Synagogen, ganz zu Schweigen von einer rassistisch-motivierten Mordserie an neun Kleinunternehmern mit Migrationshintergrund durch eine neonazistische Terrorgruppe. In der zweiten Jahreshälfte 2015 sowie zu Beginn des Jahres 2016 zeigt sich in ganz Europa der Rassismus im Verhalten gegenüber den vor Bürgerkrieg, Unterdrückung und Not fliehenden Menschen. So wurden in Deutschland Anschläge auf Flüchtlingsunterkünfte in Ost und West verübt, im sächsischen Freital skandierte ein rassistischer Mob »Weg mit dem Dreck« und im bayerischen Bamberg erschollen Parolen wie »Wir wollen keine Asylantenschweine« oder »Kriminelle Ausländer raus – und der Rest auch«. Im März 2016 gelang es der rechtspopulistisch-rassistischen Partei »Alternative für Deutschland« (AfD) bei den Landtagswahlen in Baden-Württemberg und Rheinland-Pfalz zweistellige Ergebnisse zu erzielen und in Sachsen-Anhalt nahezu jeden vierten Wähler zu überzeugen.

All dies wirft Fragen auf nach den Ursachen und Funktionen des Rassismus, den Beweggründen der Akteure, nach adäquaten antirassistischen Gegenstrategien sowie einer die Vielfalt der Phänomene erfassenden geeigneten Rassismus-Theorie. Nicht nur an Schulen und Universitäten, sondern auch in der Gesamtgesellschaft stellt die Beschäftigung mit dem Thema eine dringende Notwendigkeit dar. Versteht man Rassismus als gesellschaftliches Macht- und Herrschaftsverhältnis, so ist die Funktion des Phänomens zu erfassen, sind die jeweiligen Methoden der Rassifizierung präzise zu beschreiben und müssen die in den Strukturen wie Institutionen der Gesellschaft eingeschriebenen rassistischen Normen und Verfahrenstechniken analysiert und bekämpft werden.

Der irische Schriftsteller Jonathan Swift (1667–1745) hat die Willkürlichkeit des differenzierenden Charakteristikums in seinem im Jahr 1726 veröffentlichten Buch *Travels into Several Remote Nations of the World in Four Parts By Lemuel Gulliver* mit beißender Ironie zum Ausdruck gebracht. Der Ich-Erzähler entdeckt in der in Form einer zweiteiligen Kinderbuchausgabe der als »Gullivers Reisen« bekannten Erzählung u. a. ein »Land der Zwerge« namens Liliput. Nach anfänglichen Turbulenzen stattet der Regierungssekretär Liliputs namens Reldresal dem Fremden einen Besuch ab und erläutert ihm, das Eiland sei sowohl von einem internen Konflikt als auch von einem äußeren Feind bedroht. Die innere Zwietracht stamme daher, dass sich in Liliput zwei Gruppen gebildet hätten. Während die einen – Tramecksan genannt – hohe Absätze trügen, seien es bei den Slamecksan niedere Absätze. Der König habe beschlossen nur Personen aus der Gruppe der Slamecksan bei Hofe zu beschäftigen. Die Erbitterung der beiden Gruppen sei bereits so groß, dass sie weder miteinander speisten noch miteinander kommunizierten und sich die Feindseligkeiten von Tag zu Tag zuspitzten. Der äußere Feind, so Reldresal, seien die Bewohner der Insel Blefuscu. Es handele sich bei ihnen um einstige unterdrückte Liliputaner, die auf die Nachbarinsel geflohen seien. Die Situation sei dadurch entstanden, dass der Großvater seiner jetzigen Majestät sich als Knabe, als er einst ein Ei essen wollte, verletzt habe. Der Vater habe daraufhin einen Erlass verkündet, dass alle Untertanen künftig ihre Frühstückseier am spitzen Ende zu öffnen hätten, die Öffnung des Eis am breiten Ende sei bei schwerer Strafe verboten worden. Der Befehl seiner Majestät habe zu Aufständen geführt, die unterlegenen Liliputaner seien schließlich nach Blefuscu geflohen.

Analysiert man die utopisch-fiktive Reiseerzählung Swifts rassismustheoretisch, so ist für einen Roman aus dem frühen 18. Jh. die satirische Darstellung des zwar unverzichtbaren, aber von seiner Wesensart her belanglosen Differenzkriteriums brilliant in Szene gesetzt. Handelt es sich – so ließe sich fragen – bei der inneren Aufspaltung Liliputs sowie bezüglich des »außenpolitischen Konflikts« zwischen Liliput und Blefuscu um Rassismen? Legt man die bisherigen Ausführungen zugrunde, so ist diese Frage zu bejahen. In beiden Fällen liegt ein Macht- und Herrschaftsverhältnis vor, bei dem eine Wir- und eine Fremdgruppe auf der Basis eines Differenzkriteriums antagonistisch positioniert werden. Während die Charakteristika der Wir-Gruppe (niedere Absätze bzw. Köpfen des Eis am spitzen Ende) positiv bewertet werden, erfahren die Charakteristika der

»Fremdgruppen« (hohe Absätze bzw. Köpfen des Eis am runden Ende) eine Abwertung. Die Fremdgruppen werden darüber hinaus mit weiteren pejorativen Zuschreibungen versehen. Gegenüber den nach Blefuscu geflohenen unterdrückten Liliputanern ist dies die Behauptung, gegen Gebote des »großen Propheten Lustrog« verstoßen zu haben. Die »Ex-Liliputaner« werden auf diese Weise mit den negativ bewerteten Eigenschaften »Blasphemiker«, »Gotteslästerer« sowie »Gesetzesbrecher« etikettiert. Auch das definitorische Element der Exklusion trifft hier zu. Während die Fremdgruppe im ersten Fall von Ämtern am Hof bzw. der Regierung ausgeschlossen wird und damit zugleich eine deutliche Benachteiligung erfährt, handelt es sich im zweiten Fall um eine räumliche Exklusion, eine Ausgrenzung durch Vertreibung bzw. erzwungene Flucht. In beiden Fällen wird das Differenzkriterium essentialisiert, eine Essensgewohnheit bzw. eine Schuhmode zum Wesen der jeweiligen Gruppe verklärt sowie das Merkmal zum bestimmenden Faktor erhoben. Das Wesen des Rassismus, Macht- und Herrschaftsverhältnis zu sein, bringt Swift in unterhaltsamer Form zum Ausdruck. Insofern es sich bei den beteiligten Gruppen um Bewohner bzw. ehemalige Bewohner des Eilandes handelt, verdeutlicht Swift ebenso, dass sogenannte Fremdgruppen nicht eo ipso existieren, sondern dass sie vielmehr ein Produkt des rassistischen Spaltungsprozesses darstellen. Obwohl es sich bei der Präferenz für die Höhe eines Schuhabsatzes bzw. hinsichtlich gewisser Vorlieben bei der Öffnung eines Frühstückseis keineswegs um biologische Größen handelt, werden diese in der fiktiven Reiseerzählung als quasi-erblich konstruiert. Der Antagonismus zwischen den Tramecksan und den Slamecksan erscheint so als unlösbar, unüberbrückbar wie generationenübergreifend. Die Vorteile der einen gegenüber der anderen Gruppe im Kontext von Macht und Herrschaft liegen auf der Hand. Es geht um Vorteilswahrung bzw. um den exklusiven Erhalt eines Postens bei Hofe bzw. eines Regierungsamtes und damit um die Zugehörigkeit zur politischen Klasse bzw. um die Verfügungsgewalt über die politische Macht. In der Ich-Erzählung des Reisenden gibt es einen einschränkenden Sachverhalt, der den Übergang prärassistischer Strukturen zum Rassismus im engeren Sinne verdeutlicht. So erzählt der erste Sekretär für Privatangelegenheiten des Kaisers dem Fremdling Gulliver:

>»Wir glauben, dass die Tramecksan oder die hohen Absätze uns an Zahl übertreffen, allein die Staatsgewalt liegt dennoch in unserer Hand. Wir sehen jedoch mit Sorge, dass Seine Kaiserliche Hoheit, der Thronerbe, eine gewisse Neigung für die hohen Absätze zeigt. Wenigstens können wir deutlich sehen, dass der eine seiner Absätze höher ist als der andere, wodurch er beim Gehen hinkt.«

Einen tänzelnden bzw. hinkenden Übertritt von der einen zur anderen Gruppe oder gar eine multiple Identität ermöglicht bzw. gestattet der Rassismus in der Regel nicht. Zu seinen Wesensmerkmalen zählt die Tatsache, dass er das konstruierte Differenzkriterium als quasi-erblich deklariert, zu seinen Herrschaftsmechanismen gehört die verewiglichte Bipolarität. Einmal Slamecksan immer Slamecksan, Slamecksan oder Tramecksan. Einen Thronfolger, der von einer Majestät abstammt, die zur Gruppe der Slamecksan gehört, und der humpelt, gewissermaßen also ein Slamtramecksan ist, lässt der Rassismus als gesellschaftliches Verhältnis in der Regel nicht zu. Zum Wesen des Rassismus zählen bipolare hierarchische Grenzlinien, deren Undurchlässigkeit in der Regel dreifach temporär angelegt ist. Der Vater unserer Majestät hat sein Ei nur von der spitzen Seite geöffnet, genau wie es unserer kaiserlichen Hoheit und dem Thronerben beliebt; auch Enkel und Urenkel werden folglich zu den »Spitzköpfen« und nicht zu den »Rundköpfen« zählen. Vergangenheit, Gegenwart und Zukunft verschmelzen beim Rassismus zu einer Historie des vermeintlich ewig Fremden sowie einer angeblich homogenen ewigen »Ur-Wir-Gruppe«.

Gewiss mag es bei diversen Rassismen Grenzgänger wie den Thronfolger von Liliput geben, doch gerade ihnen begegnet der Rassismus mit äußerstem Misstrauen, stellen sie doch letztendlich physische Manifestationen einer bedrohlichen Infragestellung der bipolaren Gewaltordnung sowie alltägliche Verdeutlichungen ihres konstruktivistischen Charakters dar. Ein weiteres Beispiel für Inklusions- bzw. Exklusionsprozesse als zentrale rassistische Strategien stellt im fiktiven Universum des Raumschiffs Enterprise in der ersten Staffel die Folge 8 »Balance of Terror«, auf Deutsch: »Spock unter Verdacht« dar. Mister Spock, gespielt von dem jüngst verstorbenen US-amerikanischen Schauspieler Leonard Nimoy, ist Wissenschaftsoffizier an Bord des Raumschiffs USS Enterprise. Zugleich Offizier ist er nicht nur ein integraler Teil der Besatzung, sondern eine der zentralen Führungspersonen auf der Brücke, dem Respekt gebührt. Spock ist einer der Grenzgänger, der sich dem bipolaren Herrschaftszugriff entzieht, insofern seine Mutter von der Erde und sein Vater vom Planeten Vulkan stammt. Obwohl es hin und wieder zu kriegerischen Auseinandersetzungen zwischen dem Planeten Erde und dem Planeten Romulus kommt, wissen die Erdenbewohner noch nicht, wie Romulaner aussehen. Das Raumschiff USS Enterprise verfolgt ein romulanisches Schiff, das Außenposten der Erde angegriffen und vernichtet hat. Spock gelingt es, ein Bild vom Inneren des Raumschiffes zu übermitteln. Zu sehen ist erstmals in voller Größe ein Romulaner, der wie Mr. Spock spitz zulaufende Ohren besitzt. Aufgrund der äußeren Ähnlichkeiten blicken alle Brückenmitglieder verstohlen zu Mr. Spock, der darüber hinaus sogleich das Misstrauen von Lt. Stiles zu spüren bekommt, der ihn der Kollaboration bezichtigt. Insbesondere für sogenannte Grenzgänger erweisen sich Inklusionsprozesse als fragile soziale Tatbestände. Innerhalb von nur wenigen Sekunden wird ein Erster Offizier, ein scheinbar unangefochtenes Mitglied des Wir-Kollektivs zu einem Kollaborateur der Fremdgruppe, wenn auch die Szene optimistisch mit einem Beispiel für antirassistisches Verhalten endet. Captain Kirk weist das Verhalten von Lt. Stiles mit den Worten zurück: »Über eines dürfen sie sicher sein, Mr. Stiles. Auf der Brücke ist kein Platz für ihre Engstirnigkeit. Lassen sie die in ihrem Quartier zurück. Habe ich mich klar ausgedrückt?«

Die Brüchigkeit der Zugehörigkeit, ja die Schnelligkeit mit der ein Ausschluss aus der Wir-Gruppe erfolgen kann, erfuhren im Kontext der aktuellen Staatskrise »die Griechen« mit aller Härte. Galten griechische Migranten einst als »Musterknaben« für erfolgreiche Integration, so wurden sie nunmehr immer öfter als »Betrüger« diskriminiert, respektlos behandelt, beleidigt und diffamiert. Die soziale Funktion derartiger Übergriffe verdeutlichen die Überschriften und Titelbilder der Boulevardmagazine. Gesucht wird nach Sündenböcken für die globale Finanzkrise, wobei Neid, Missgunst und Egoismus geschürt werden. Das überwunden geglaubte Stereotyp vom »faulen Griechen«, der lustvoll das Leben in vollen Zügen genießt und sich als unfähig erweist auch nur einfache Abläufe rational und erfolgreich zu strukturieren (Motiv im Film »Zorba the Greek« aus dem Jahr 1964), erfährt unter dem Vorzeichen globaler Finanzkrisen eine Revitalisierung. So sagte im Jahr 2012 z. B. der FDP-Abgeordnete Hans-Ulrich Rülke im Baden-Württembergischen Landtag: »Was Sie vorgelegt haben, ist ein Tsatsiki-Haushalt, der eher nach Griechenland passt, als nach Baden-Württemberg.«

»Besser: Unser Geld für unsere Leut«, so lautete das Motto eines Wahlplakates der österreichischen FPÖ. Zu sehen ist der Kopf eines lachenden, schnauzbärtigen Mannes mit Sonnenbrille, der in einer die griechische Nationalflagge darstellenden Hängematte liegt. Sein nahezu übergroßer Arm empfängt begierig ein dickes Bündel Euro-Scheine, wobei der obere Fünhundert-Euro-Schein verdeutlicht, dass es sich nicht um Kleingeld handelt. Auffallend ist die Überzeichnung der Sonnenbräune des »faulen Griechen«. Erkennbar werden an dieser Stelle die Willkürlichkeit des Konstruktionsprozesses von Inklusion und Exklusion sowie die noch immer existente Relevanz des Hautfarbenrassismus. Während der inkludierte Grieche zu einem »weißen Ur-Europäer« stilisiert wird, dem Schönheitsideal antiker Skulpturen entsprechend, generiert der exkludierte Grieche zu einem »Schwarzen« mit »zigeunerhaften Zügen«, zu einem faulen playboyhaften Bettler mit aggressiv-listigem Blick. Sichtbar wird an dieser Stelle die Verflechtung heterogener Rassismen. Der Mix aus Griechen-Bashing, antinegridem wie antiziganischem Rassismus soll dem Werbeplakat der FPÖ Sprengkraft verleihen. Der Mythos vom faulen »negrid-ziganen Südeuropäer« kann sich dabei auf die bereits seit der Antike kursierenden Klimatheorien (vgl. Kap. 1.4.1) stützen, wenn auch mit umgekehrt wertendem Vorzeichen. Im »Bilder-Conversations-Lexikon für das deutsche Volk« heißt es noch im Jahr 1839: »Ein gemäßigtes Klima wirkt auf Ausbildung und Veredlung des Menschen am vortheilhaftesten, denn die Hitze der heißen Zone erschlafft seine Thätigkeit«.

Außer dem Schriftsteller Jonathan Swift sowie dem Star-Trek-Universum gelingt es auch Eric Cartman das Wesen des Rassismus auf den Punkt zu bringen, so etwa in der South-Park-Folge »Gingers dont have souls«, in der er einen seiner berüchtigten Schulvorträge hält und Bezug nehmend auf Menschen mit roten Haaren folgendes ausführt:

> »Wir alle sind ihnen schon begegnet, auf dem Spielplatz, im Laden, auf der Straße. Sie jagen uns Schauer über den Rücken und verursachen Übelkeit. Ich rede von rothaarigen Kindern. Rothaarige Kinder werden mit einer Krankheit geboren, die sehr helle Haut, rote Haare und Sommersprossen hervorruft. Diese Krankheit ist meist bekannt als Rotsucht. Kinder mit Rotsucht können nicht geheilt werden. Weil ihre Haut so hell ist, müssen Rothaarige das Sonnenlicht meiden. Fast so wie Vampire. Manche Menschen haben rote Haare aber keine helle Haut mit Sommersprossen. Diese Menschen nennt man Daywalker. Wie bei Vampiren ist das Rotschopf-Gen ein Fluch. Und wenn wir uns nicht von diesen Geschöpfen befreien, könnten sie unser Leben für alle Zeiten in Finsternis tauchen.«

Wie bereits bei Jonathan Swift und in den unendlichen Weiten des Weltraums, so verdeutlicht auch der Schulvortrag von Eric Cartman, dass »Wir-Gruppe« und »Fremdgruppe« keineswegs als gegeben zu betrachten sind. Beim Rassismus handelt es sich schon deshalb nicht um »Vorurteile gegenüber Fremdgruppen«, weil letztere nicht per se existieren. Der erste Schritt des Rassismus besteht folglich nicht in der antagonistischen Gegenüberstellung von »Wir-Gruppe« und »Fremdgruppe«, sondern in der Spaltung der menschlichen Gemeinschaft in ein »Wir« und ein »Ihr«, um die dergestalt produzierten sozialen Gruppen sodann konträr zu positionieren und ihr Verhältnis als dauerhaft unversöhnlich zu deklarieren. Bei Cartman heißt es somit gleich zu Beginn: »Wir alle sind ihnen schon begegnet [...].« Der Vortrag setzt bewusst mit der Spaltung der Kinder von »South Park« ein, mit dem dualistischen Gerede eines »Wir«

und eines »Ihr«, ohne dass der Zuhörer zu diesem Zeitpunkt überhaupt nur Kenntnis von der vermeintlichen Existenz einer Fremdgruppe hätte. Wie bei Jonathan Swift bedarf es auch bei Cartman für die Spaltung eines Differenzkriteriums, welches die »roten Haare« sind. Zwar unterscheiden sich die South-Park-Kinder bereits vor Erics Referat bezüglich vielfältiger Eigenschaften voneinander, doch erst sein rassistischer Vortrag produziert Differenz als soziales Konstrukt und erzeugt die Spaltung der Kinder auf der Basis des binären Gegensatzes von Nichtrothaarigen und Rothaarigen. Die dergestalt konstruierte Dichotomie zwischen den Kindern auf Grundlage des biologischen, phänotypischen Merkmals wird sodann genutzt, um die konstruierte Fremdgruppe mittels diverser Rassifizierungstechniken als eine fundamentale Bedrohung der Wir-Gruppe erscheinen zu lassen. Von einer »Krankheit« (Maladisierung, vgl. Kap. 2.2.3) ist die Rede, von blutsaugenden »Vampiren« (Vampirisierung, vgl. Kap. 2.6.5) sowie davon, dass die Erde in Dunkelheit getaucht werde (Diabolisierung und Dämonisierung, vgl. Kap. 2.6.3). Der Vortrag Cartmans illustriert das Wesen der diskursiven Rassifizierung, welche die narrative Konstruktion der Gruppen bewirkt, ihre Majorisierung bzw. Minorisierung sowie »rassistisches Wissen« über die »Fremdgruppe« produziert. Der erzeugte Antagonismus wird als unüberbrückbar charakterisiert, insofern die Krankheit als nicht heilbar deklariert und mittels der rassifizierenden Technik der Genetifizierung (»Rotschopf-Gen«) einer Verewiglichung (vgl. Kap. 2.1.4) unterzogen wird. Der Vortrag folgt der Logik eines Steigerungsimperativs, insofern die Formulierung »uns von diesen Geschöpfen befreien« die Konsequenz des eliminatorischen Rassismus in sich birgt, der seine Legitimation über das entworfene Bedrohungsszenario erhält wie auch über die dehumanisierende Behauptung, dass »Rothaarige« keine Seele besäßen, was die Senkung des Tötungshemmnis bewirken soll. Während es vor Cartmans Vortrag Kinder mit roten Haaren gibt, existiert nach seinem Schulreferat die »Rasse« der »Rothaarigen«. Die Funktion des Vortrags wird deutlich als Cartman ein Foto von Kyle zeigt. Es geht um die Demütigung Kyles, um seine Herabsetzung, wofür Cartman die Eigenschaft der

Rothaarigkeit Kyles instrumentalisiert. Es geht um Macht über einen Jungen, den Cartman immer und immer wieder als »Jude« markiert. Der Rassismus ist die intentional produzierte und strategisch aufrechterhaltene Spaltung der menschlichen Gesellschaft zwecks Vorteilsaneignung und -wahrung; er ist das System der Vorherrschaft rassistisch Dominanter über rassistisch Dominierte. Die Wirkmächtigkeit des medialen Rassismus (vgl. Kap. 4.5) zeigte sich paradoxerweise daran, dass US-amerikanische Kinder die antirassistische Message der Episode »Gingers dont have souls« nicht verstanden und rothaarige Klassenkameraden verprügelten.

In ganz Europa sowie in den USA sind heutzutage noch immer Vorstellungen weit verbreitet, welche die Existenz von »Rassen« postulieren und dabei die Hautfarbe als Differenzkriterium bemühen. Genannt werden in der Regel die »weiße Rasse«, die »rote Rasse«, die »gelbe Rasse« und die »schwarze Rasse«. Den konstruierten Menschengruppen werden zumeist die Kontinente Europa, Amerika, Asien und Afrika zugeordnet. Die Einteilung des Globus in Kontinente findet sich bereits beim antiken Schriftsteller Herodot, der Europa, Asien und Afrika nannte. Die Klassifizierung der Menschheit auf Basis der Vorstellungen des Hautfarbenrassismus fand in der zweiten Hälfte des 19. Jh.s Eingang in schulische Curricula wie etwa in dem weit verbreiteten französischen Schulbuch *Le Tour de la France par deux enfants* aus dem Jahr 1877 der Autorin Augustine Fouillée, die das Pseudonym G. Bruno benutzte. Fouillée konstruierte vier Rassen mit der Bezeichnung »race blanche«, »race rouge«, »race jaune« und »race noire« und bezeichnete die »weiße Rasse« als die perfekteste (»La race blanche, la plus parfaite de races humaines«). Auch in meinen universitären Rassismus-Kursen sind viele Studierende über die Feststellung zutiefst irritiert, dass »Rassen« eine bloße Erfindung des Rassisten seien. Rassismus beginnt jedoch nicht erst mit der Wertung der »Rassen« bzw. mit der Unterstellung, dass »Rasse« ein Schlüsselfaktor bezüglich der Fähigkeiten, der Intelligenz sowie der Charaktereigenschaften eines Individuums sei. Vielmehr beginnt Rassismus mit der Behauptung des Bestehens »menschlicher Rassen«. Rassismus liegt bereits dann vor, wenn man

von »Rasse« nicht als sozialem Konstrukt des Rassifizierungspro-
zesses, sondern als einer biologischen bzw. natürlichen Größe spricht,
wenn man die Existenz »menschlicher Rassen« postuliert. Diese Unterstellung »menschlicher Rassen« begegnet uns auf Schritt und
Tritt, sodass die Akzeptanz des wissenschaftlichen Faktums ihrer
Nichtexistenz offensichtlich sehr schwer fällt. In einem griechischen
Schulbuch für die Grundschule entdecke ich eine Abbildung. Zu sehen ist ein Kind mit blonden Haaren, das seine Arme ausbreitet. Zu
seiner Rechten sieht man einen Jungen in einem »Mao-Blaumann«,
zu seiner Linken einen Jungen in Shorts mit schwarzer Hautfarbe.
Neben dem »kleinen Chinesen« steht ein Junge in einem »Eskimo-
Parka«. Die Bildunterschrift lautet: »Alle Kinder dieser Erde«. Wie
bei Fouillée wird griechischen Kindern, die Lesen lernen, die Existenz von vier »Rassen« suggeriert, wobei für die »race rouge« hier
das Inuit-Kind steht. Das Bild bzw. Ideologem von den vier »Rassen« begegnet uns indes keineswegs nur in Materialien aus dem 19.
und 20. Jh. Beim Gang durch die Hochschule entdecke ich in einem
Glaskasten ein Werbeplakat mit der Bildunterschrift: »Unternehmer werden mit Spaß am Spiel. Wirtschaft hautnah erleben beim
Exist-prime-cup«. Zu sehen ist ein Bild von vier jungen Menschen,
zwei Mädchen und zwei Jungen, die vor einem Computerbildschirm
sitzen. Wie tief der Rassismus verankert ist, kann man daran erkennen, dass hier die Personenauswahl gar in vermeintlich antirassisti-
scher Intention erfolgt. Der abgebildete Personenkreis soll unabhängig vom Geschlecht und der »ethnischen Herkunft« als gleichberechtigt konstruiert werden. Doch auch hier wird aufs Neue der
»Rassegedanke« reproduziert: »race blanche«, »race rouge«, »race
jaune« und »race noire« (»hautnah« erleben!), wobei es uns nicht
sonderlich wundert, dass sich »die Blondine« im konzentrischen
Mittelpunkt des Bildes befindet: die »race blanche« als die edelste
»Ur-Rasse«, als die weiße Norm der Dominanzkultur.

Der Afrodeutschen Noah Sow ist beizupflichten, wenn sie die Meinung vertritt, Deutschland sei ein rückständiges Land bezüglich des
Umgangs mit Rassismus. In Deutschland gibt es beispielsweise keine nennenswerte Bereitschaft, auf den Begriff »Rasse« als vermeint-

liche biologisch-genetische Größe zu verzichten und den Terminus »Rasse« nur als soziales Konstrukt im Kontext einer Rassismusanalyse zu benutzen. Noch immer existiert der Begriff »Rasse« in Art. 3 Abs. 3 GG. Trotz zahlreicher Stellungnahmen und Aufforderungen an die Bundesregierung ist der Terminus »Rasse« im Grundgesetz bis heute nicht ersetzt worden. Ein Grundgesetz ohne »Rasse« gibt es nicht. Dieser Tatbestand gilt indes nicht nur für das Grundgesetz; auch ein »rassefreies« Allgemeines Gleichbehandlungsgesetz (AGG) existiert nicht. In dem aus dem Jahr 2006 stammenden Gesetz heißt es gleich im ersten Paragrafen: »Ziel des Gesetzes ist es, Benachteiligungen aus Gründen der Rasse oder wegen der ethnischen Herkunft, des Geschlechts, der Religion oder Weltanschauung, einer Behinderung, des Alters oder der sexuellen Identität zu verhindern oder zu beseitigen.« Ein im Sinne des AGG von Rassismus betroffenes Opfer, dem ein Arbeitsplatz mit der Begründung verweigert wird, dass die Kundschaft durch einen »Schwarzen« abgeschreckt werde, muss demzufolge erst einmal akzeptieren, dass es »Rassen« gibt, dass er/sie zur »Race noir« zählt, um eine Klage einreichen zu können. Dergestalt betrachtet muss das Opfer dazu bereit sein, sich rassistisch kategorisieren und damit aufs Neue diskriminieren zu lassen, um gegen eine Diskriminierung juristische Schritte einlegen zu können. Ist Deutschland (weiterhin) ein (zutiefst) rassistisches Land?

Es sei angemerkt, dass z. B. auch in der Genfer Deklaration des Weltärztebundes, die eine zeitgemäße Fassung des Hippokratischen Eides darstellen soll, bis heute das Wort »Rasse« benutzt wird, so heißt es hier:

> »Ich werde mich in meinen ärztlichen Pflichten meinem Patienten gegenüber nicht beeinflussen lassen durch Alter, Krankheit oder Behinderung, Konfession, ethnische Herkunft, Geschlecht, Staatsangehörigkeit, politische Zugehörigkeit, Rasse, sexuelle Orientierung oder soziale Stellung.«

Bewegung gibt es bezüglich des Terminus »Rasse« in Deutschland allerdings auf Länderebene. So ersetzte im November 2013 das Bundesland Brandenburg in der Länderverfassung die Passage »wegen seiner Rasse« durch die Wortwahl »aus rassistischen Gründen«. Eine Diskussion diesbezüglich findet auf Länderebene auch in Berlin statt, bislang indes aber ohne Resultat.

Nicht zu unterschätzen ist, dass der Rassismus sich auch im Kontext von Wörtern, Namen sowie Symbolen und Bildern manifestiert. Geht es um Benennungen von öffentlichen Institutionen und Straßen, so lässt sich bereits »vor der eigenen Haustür kehren«. Rassismus ist kein Phänomen, das sich irgendwo im (verbalen) Niemandsland abspielt. Reflektiert der Autor sein eigenes soziales Umfeld, so ist die im Jahr 2009 erfolgte Umbenennung der TFH Berlin in »Beuth Hochschule für Technik Berlin« anzuführen. Zum Zeitpunkt der Namensgebung muss es den Akteuren der Benennung bekannt gewesen sein, dass es sich bei Christian Peter Wilhelm Beuth (1781–1853) nicht nur um einen Reformer des preußischen Gewerbewesens handelte, sondern auch um ein bekennendes Mitglied der im Jahr 1811 gegründeten Deutschen Tischgesellschaft, die sich durch ihre starke antisemitische Grundhaltung auszeichnete. Zu den Texten, die im Kreis der Gleichgesinnten vorgetragen wurden, gehörte u. a. Achim von Arnims (1781–1831) antisemitischer Text »Über die Kennzeichen des Judentums«. Der Zweck des Textes bestand neben der »antisemitischen Belustigung« der Mitglieder in der Agitation für den Ausschluss der Juden aus den eigenen Reihen, was laut Arnim auch die »Absonderung« sogenannter »heimlicher Juden« einschließen sollte. Die Rede geht in ihrem mittleren Teil in einen Knittelvers über, der sich u. a. der Rassifizierungstechnik der Animalisierung (vgl. Kap. 2.6.1) bedient und den Bogen zu antisemitischen NS-Propagandafilmen spannt. Da heißt es:

> »Der Ritter ruft: Was machst Du Katz [gemeint ist ein Frankfurter reicher Jude, d. Verf.]? / Der Jude sprach: Da läuft ein Ratz [eine Ratte, d. Verf.] / Und wirklich war zu dieser Zeit / Die ganze Stadt der Ratten Beut, / Die in dem Judenschmutz geheckt. / Der Jud hätt sich so gern versteckt / Wie eine Ratt im Loche klein / Er möchte gern unsichtbar sein [...].«

Der Knittelvers endet mit der Zwangstaufe des Juden, wobei noch vermerkt wird: »Ein wenig Schläge obenrein, / Das soll ihm zum Gedächtnis sein.« Es ist einer der wohl schlimmsten antisemitischen

Texte der deutschen Romantik, zumal er den eliminatorischen Hass des Autors erkennen lässt.

Zu den Befürchtungen des Tischgenossen Beuth zählte die Vorstellung, dass die Juden in Preußen rechtlich gleichgestellt würden und somit auch Landbesitz erwerben könnten. Ein des Beschneidens unkundiger christlicher Geistlicher, so Beuth, müsste sich dann gar der Aufforderung stellen, den Sohn eines jüdischen Gutsherrn zu beschneiden. Beuth tröstete sich mit den Worten, dass »das Verbluten und Verschneiden manches Judenjungen die wahrscheinliche und wünschenswerte Folge davon sei«. Bereits die Statuten der Deutschen Tischgesellschaft sprechen Bände über die Gesinnung ihrer Mitglieder. Einzuladen, so hieß es, seien nur »Wohlanständige«, worunter Männer »von Ehre und guten Sitten und in christlicher Religion geboren« verstanden wurden und keine »Philister«, als dessen Verwandte Clemens Brentano (1778–1842) – ebenso Mitglied der Deutschen Tischgesellschaft – die Juden bezeichnete.

Die Statuten der Tischgesellschaft zielten auf die Diskriminierung von Juden, ihren Ausschluss aus dem öffentlichen Leben; die Mitglieder teilten nicht nur ihren antifranzösisch-preußischen Patriotismus, sondern auch ihre Judenfeindschaft, die sich bei Arnim und Beuth deutlich dem Sprachduktus des eliminatorischen Antisemitismus annäherte. Mitglieder der Deutschen Tischgesellschaft forderten die Verweigerung der Staatsbürgerrechte, ja gar die Verbannung der Juden. Ein Vorbild für Studierende an einer deutschen Hochschule kann Christian Peter Beuth folglich nicht sein. Für wechselseitigen Respekt an einer Universität mit hohem Migrationsanteil, heterogener Religionszugehörigkeit sowie einer Mischung aus säkularen und nicht-säkularen Studierenden steht Beuth gerade nicht.

Die »Beuth Hochschule für Technik Berlin« befindet sich im Wedding, einem Berliner Ortsteil des Bezirks Mitte, unweit des sogenannten »Afrikanischen Viertels«, das durch seine ungewöhnlichen Straßennamen wie Togostraße, Kameruner und Swakopmunder Straße auffällt, die deutsche Kolonialgeschichte offenbaren. Bis heute werden dabei auch Schlüsselpersonen des deutschen Kolonialrassismus geehrt: Gustav Nachtigal (»Nachtigalplatz«), Franz Adolf Lüderitz (»Lüderitzstraße«) und Carl Peters (»Petersallee«). Letzterer gründete im Jahr 1884 die »Gesellschaft für Deutsche Kolonisation«; auf seine Aktivitäten ist die Kolonie »Deutsch-Ostafrika« zurückzuführen. Die offen rassistischen Einstellungen von Carl Peters (1856–1918) sind alles andere als ein Geheimnis, zumal bereits Ende des 19. Jh.s die Spitznamen »Hänge-Peters« und »blutige Hand« kursierten. Die Verflechtung von Antisemitismus und antinegridem Rassismus bzw. Kolonialrassismus bringt der sozialdemokratische *Vorwärts* im Februar 1899 in der Charakterisierung von Peters als grimmigem »Arier« zum Ausdruck, »der alle Juden vertilgen will und in Ermangelung von Juden drüben in Afrika Neger totschießt wie Spatzen und zum Vergnügen Negermädchen aufhängt, nachdem sie seinen Lüsten gedient«. Trotz der Kritik an Peters hatte der *Vorwärts* keine Probleme damit, das N-Wort zu benutzen, das nicht nur die Existenz einer »negriden Rasse« unterstellt, sondern auch allerspätestens seit der zweiten Hälfte des 20. Jh.s für jedermann erkennbar ein pejorativ verwendeter Terminus war. Durch Quellen belegt ist nicht nur das äußerst brutale Vorgehen von Peters, sondern auch der Tatbestand, dass dieser nach dem Offenbarwerden eines Verhältnisses seiner afrikanischen Geliebten mit seinem Diener beide hängen und ihre Heimatdörfer zerstören ließ, was zu einem Aufstand führte, der blutig niedergeschlagen wurde. Die unehrenhafte Entlassung Carl Peters folgte daraufhin im Jahr 1897. Adolf Hitler hob allerdings das Urteil des kaiserlichen Disziplinargerichts im Jahr 1937 auf. Carl Peters galt nunmehr als »vorbildlicher Deutscher«, dem durch Straßenbenennungen Ehre erwiesen wurde. Der Name der Petersallee in Berlin ist somit kein Erbe des Wilhelminismus, sondern stammt erst aus dem Jahr 1939. Im Jahr 1941 widmete der deutsche Nationalsozialismus dem antisemitischen Kolonialrassisten den anti-britisch positionierten Propagandafilm »Carl Peters«, dessen Rolle von Hans Albers gespielt wurde. In den 1980er Jahren verstärkte sich die Kritik an der Namensgebung der Straße. Infolgedessen kam es jedoch nicht zu einer Umbenennung, sondern zu einer »Umwidmung«. Als »Ersatzmann« für einen Kolonialverbrecher

wählte die Stadtverwaltung den Berliner Juristen und Widerstands-
kämpfer Hans Peters (1896–1966), an den jedoch nur ein kleines
Schildchen erinnert. Trotz eines von der Berliner »Black Community« geführten jahrelangen Protestes gab es seitens des Bezirks Mitte
nahezu keine Bereitschaft, sich der kolonialrassistischen Vergangenheit zu stellen. Im Herbst 2011 warb die CDU gar auf einem Plakat
mit der Aufschrift »Gegen Strassenumbenennungen im Afrikanischen Viertel – darum CDU wählen«.

Im »Afrikanischen Viertel« des Berliner Wedding plante Carl Hagenbeck (1844–1913) vor dem Ersten Weltkrieg ein Ausstellungsge-
lände zwecks Präsentation der damaligen »deutschen Afrikakoloni-
en«. Vorgesehen war nicht nur die Zurschaustellung afrikanischer
Tiere, sondern auch die von Afro-Afrikanern. Bei dem Weddinger
Gelände handelte es sich um den heutigen Volkspark Rehberge. Bereits im Jahr 1887 hatte der Tierhändler Hagenbeck einen Zirkus
mit dem Namen »Carl Hagenbecks Internationaler Circus und Sin-
ghalesen-Karawane« eröffnet. Die Präsentationen von »Fremden«
umgeben von »wilden Tieren« entwickelten sich zu einem Publi-
kumsmagneten. Es entsprach dem kolonialistischen Zeitgeist sowie
biologistischen Rassetheorien »Kolonialisierte« in Zoos zu präsentieren und ihre »Halbzivilisiertheit« durch die räumliche Nähe zum
Tierischen zu suggerieren. Noch im Jahr 2005 plante der Augsburger Zoo eine Veranstaltung mit dem Titel »African Village«, bei der
Schwarze gemeinsam mit Tieren in »dörflicher Umgebung« zur
Schau gestellt werden sollten. Die Kritik derartiger Völkerschauen
als »Menschenparks« in rassistischer Traditionslinie konnte die
Augsburger Zoodirektorin nicht nachvollziehen.

Den geringen Reflexionsgrad über Rassismus in Deutschland verdeutlichte im Jahr 2012 hinsichtlich des antinegriden Rassismus die
Debatte über die Inszenierung des Stücks »Ich bin nicht Rappa-
port« seitens des Schlosspark Theaters Berlin. Für die Rolle eines
schwarzen US-Amerikaners schminkte man einen weißen Schauspieler schwarz. Minimalkenntnisse bezüglich des antinegriden Rassismus hätten ausgereicht, um die Problematik eines solchen »Blackfacing« zu erkennen. Bei »Blackface« handelt es sich um eine rassis-

tische Theatermaskerade, die im Kontext der sogenannten Minstrel Shows (Englisch für: Bänkelsänger, Spielmann) im ersten Drittel des 19. Jh.s entstand. Weiße Schauspieler färbten ihre Gesichter schwarz und karikierten vor einem weißen Publikum zu dessen Belustigung in übertriebener Weise das, was dieses für die afroamerikanische Art des Lebens, Musizierens und Tanzens hielt. Um die Jahrhundertwende traten auch immer mehr afroamerikanische Minstrelmusiker wie etwa Bert Williams (1874–1922) auf, die sich ihre Gesichter ebenfalls schwarz schminkten und so die rassistischen Auftrittsbeschränkungen für »Schwarze« unterliefen. Egal ob weiß oder schwarz, Blackface blieb eine Maske für das Pejorativ des »tumben, ängstlichen, stets fröhlichen und feigen ›Negers‹«.

In der U-Bahnstation Amrumerstrasse, die für den Anschluss der Beuth Hochschule an das Berliner Nahverkehrsnetz sorgt, wirbt ein Plakat für eine Cafébar, die sich in der Kiautschoustrasse in unmittelbarer Nähe der Hochschule befindet. Auch die Kiautschoustrasse offenbart deutsche Kolonialgeschichte. Das Gebiet Kiautschou, das sich an der chinesischen Ostküste befand, überließ das chinesische Kaiserreich im Jahr 1898 dem deutschen Kaiserreich zur Pacht. Der Pachtvertrag war das Ergebnis einer militärischen Landnahme im Jahr zuvor und alles andere als ein Gentlemen-Agreement. Als Vorwand der Besetzung diente dem Deutschen Kaiserreich die Ermordung zweier deutscher Missionare sowie eines Diplomaten. Kiautschou fungierte nicht nur als Flottenstützpunkt und als Ausgangspunkt für wirtschaftliche Aktivitäten, sondern auch als Werbeobjekt für die imperialistische Kolonialpolitik und die »Überlegenheit der deutschen Flotte«. Der Name Kiautschou schmückte u. a. eine 20 Pfennig-Briefmarke, welche die Kaiserjacht »Hohenzollern II« abbildete, sowie diverse Postkarten. Auf einer Karte mit dem Text »Schönen Gruss aus Kiao-Tschau« sieht man zwei chinesische Kinder vor einem übergroßen Hohenzollern-Adler stehen. Das eine der beiden Kinder hält ein Fähnchen mit einem chinesischen Drachen in der Hand, das andere ein Schild mit der Aufschrift »Deutschland Deutschland über alles!« Auffallend ist, dass die Gesichter der Kinder nahezu wie geklont wirken (vgl. Kap. 2.2.4), während ihre Garderobe für den exotisierenden Effekt sorgt (vgl. Kap. 2.3.5). Kiaut-schou bildete den Auftakt für eine aggressive Kolonialpolitik, die im Kontext des Boxeraufstandes in der antiasiatischen »Hunnenrede« des deutschen Kaisers und der Entsendung von Truppen zur Nieder-schlagung der Erhebung gipfelte. Von einer Cafébar in der Kiaut-schoustrasse im Berliner Stadtteil Wedding führt der Weg zurück zur historischen Dimension des antiasiatischen Rassismus wie des Kolonialrassismus des deutschen Kaiserreichs.

Geht es um belastete Straßennamen, aus deren Wörtern der Ras-sismus spricht, so ist es von der Beuth Hochschule Berlin zur Moh-renstraße nicht weit, die nach schwarzen Musikern des preußischen Heeres benannt ist. Seit dem Jahr 1681 partizipierte Brandenburg am Sklavenhandel von der Festung Großfriedrichsburg im heutigen Ghana aus. Bereits im Jahr 1721 verkaufte Friedrich Wilhelm I. die preußischen Afrika-Annexionen an die Niederländische Westindien-Kompanie. Zusätzlich zur Kaufsumme waren »12 Negerknaben, von denen sechs mit goldenen Ketten geschmückt sein sollten«, zu stel-len. Da es sich in der damaligen Zeit bei den sogenannten »Hofmoh-ren« um »Statussymbole« handelte, wurden diese stattlich ausstaf-fiert und verfügten über Turbane, sodass sie für Muslime gehalten und »Türken« genannt wurden. An dieser Stelle überschneidet sich der Kolonialrassismus mit dem antimuslimischen Rassismus, inso-fern der abwertende Terminus »Mohr« ursprünglich den muslimi-schen Mauren bezeichnete. Auch bezüglich der Mohrenstraße er-weist sich Deutschland als rückständiges Land. Eine Bereitschaft auf die Argumente der »Black Community« in Deutschland oder von Menschenrechtsaktivisten einzugehen, dass es sich bei der Bezeich-nung »Mohr« um einen rassistischen Begriff handelt und eine »Moh-renstraße« ein Ausdruck mangelnder Aufbereitung der Geschichte des deutschen Kolonialrassismus darstellt, existiert seitens der Mehrheit der Stadtvertreter des Bezirks Mitte bislang nicht. Im Un-terschied zur Berliner CDU, die im »Mohren« kein rassistisches Ste-reotyp erkennen kann und die Diskussion gar für »abstrus« hält, hat sich die Firma Sarotti von ihrer Werbefigur, dem »Sarotti-Mohr«, getrennt. Antirassistische Argumente haben dazu geführt, dass im

Jahr 2004 der »Sarotti-Mohr« durch den »Sarotti-Magier« ersetzt und die Produktpalette neu konfiguriert wurde. »Der Sarotti-Mohr« hat bei Sarotti ausgedient; präziser formuliert: fast, insofern der Name »Mohr« nicht mehr benutzt wird und die schwarze Gesichtsfarbe durch einen silbrigen Teint ausgetauscht wurde. Durch den bleibenden Wiedererkennungseffekt werden indes ältere Käufer weiterhin einen »Sarotti-Mohr« erblicken. Im Berliner Bezirk Steglitz wiederum existiert bis heute als Seitenstraße der Schloßstraße die Treitschkestraße, benannt nach dem antisemitischen Historiker Heinrich von Treitschke (1834–1896). Nach jahrelangen kontroversen Diskussionen konnten die Anwohner im Dezember 2012 über eine anvisierte Umbenennung der Straße abstimmen. 78 Prozent der Anwohner sprachen sich gegen eine Umbenennung aus (vgl. Kap. 1.3.5, 1.3.11).

Beim Umsteigen kann man sich an einem S-Bahn-Stand mit einem »Schoko-Traum« stärken. Das Werbeplakat für die »Schoko-Vanille-Schnitte mit Sahne« kommt nicht ohne den Klassiker des antinegrid-rassistischen Marketings aus: Das Foto eines kleinen schwarzen, properen Jungen mit nacktem Oberkörper wirbt für das als »Aktion« gekennzeichnete Kuchenangebot. »Schwarze« – egal ob klein oder groß – werden zumeist halbnackt abgelichtet und mit Lebensmitteln in Verbindung gebracht, bevorzugt mit Schokolade, Kakao oder Kaffee. Ihr eigentliches Wesen ist und bleibt für den Werbedesigner ihre Hautfarbe, der »schwarze Körper« wird zur Ware konstruiert. Am S-Bahn-Stand werden auch »Kameruner« verkauft. Der »Kameruner« ist eine Berliner Bezeichnung für Krapfen und gleichfalls ein sprachliches Relikt des deutschen Kolonialrassismus.

Ein Paar Häuserzüge weiter befinden sich in Nachbarschaft der Beuth Hochschule für Technik die »Berliner Werkstätten für Behinderte«, was ich einem Lageplan der Berliner U-Bahn entnehme. Der Terminus »Behinderte« ist ein rassistischer Begriff, insofern Menschen mit Beeinträchtigungen auf ein Merkmal unter vielen ihrer individuellen Charakteristika reduziert werden. Der Begriff »Behinderte« ist ein Beispiel für die diskursive Rassifizierungstechnik der Essentialisierung (vgl. Kap. 2.1.3), insofern dieser einen Menschen entpersonalisiert und unter eine konstruierte Gruppe zwangssubsumiert. Essentialisierung wie Kollektivierung gehen bei diesem Begriff Hand in Hand, der zugleich die Gesellschaft entlastet, insofern scheinbar nicht sie Verantwortung dafür trägt, dass aus einer Beeinträchtigung eine soziale Behinderung wird, da man die Ursache in der Natur des Betroffenen verortet. Über den Sachverhalt ärgere ich mich und denke, dass es in Deutschland keinerlei Bewusstsein von der Verwendung rassistischer Sprache gibt und dies nicht einmal bei einer sozialen Einrichtung. Eine Überprüfung im Internet ergibt indes, dass die offizielle Bezeichnung der »BWB« mittlerweile »Berliner Werkstätten für Menschen mit Behinderung« lautet. Bei den Verkehrsbetrieben hat es jedoch wohl niemand für derart wichtig gehalten, bei den ansonsten häufig erneuerten Lageplänen auch den Namen der »BWB« zu korrigieren. Kaum sind an der eigenen Hochschule die sanitären Umbauarbeiten beendet, entdecke ich in jeder Etage neue Schilder mit der Aufschrift »Behinderten-WC«.

Am Zeitungsstand kann man die *Süddeutsche Zeitung* kaufen, die nicht per se als Rassismus-verdächtig gilt. Die Wochenendausgabe vom 9./10. Januar 2016 zeigt als Schwarz-weiß-Illustration eine ausgestreckte lange schwarze Hand, die zwischen die Beine eines weißen Frauenkörpers greift und deren gespreizte Finger auf der Vagina ruhen. Zu lesen ist in großen Lettern der Text: »Viele junge Muslime können nicht entspannt dem anderen Geschlecht begegnen. Das sind jedesmal hochsexualisierte Situationen. Auch das ist der Boden für den Exzess von Köln.« Das Titelblatt bedient sowohl antinegrid-rassistische, antimuslimisch-rassistische wie sexistische Motive und knüpft in der Darstellung an die sogenannte »Schwarze Schmach-Kampagne« (vgl. Kap. 2.6.2) der Weimarer Republik an. Die Illustration reproduziert die Vorstellung von der Existenz von »Menschenrassen«, wobei im Sinne des Hautfarbenrassismus »Schwarze« und »Weiße« als sich antagonistisch gegenüberstehende »Großrassen« präsentiert werden. »Schwarzsein« wird kausal konnotiert mit sexualisierter Gewalt und Bedrohung, der sexuelle Gewalttäter ist »der Schwarze«. Wie bei der »Schwarzen-Schmach-Kampagne«, so steht »Schwarzsein« hier für das unzivilisierte Wilde, für Menschen, die einzig ihren Trieben folgen und nicht über Moral, Sitte und Ehre verfügen. Die Grafik wiederum reduziert die weiße Frau in sexistischer Weise auf ihren nackten Unterkörper, insofern nur ihre langen weißen Beine zu sehen sind. Während die Illustration »Schwarzsein« sexualisiert (vgl. Kap. 2.5.1) und dämonisiert, stellt der Text eine Kausalverknüpfung zwischen der sexualisierten Gewalt und der Religion des Islam her und greift das im antimuslimischen Rassismus übliche Stereotyp von der »frauenverachtenden Religion« auf. Die Gestaltung der Titelseite ist, dergestalt betrachtet, ein Beispiel für Intersektionalität, d. h. der Überschneidung verschiedener Rassismen, wobei das Verflechtungskonstrukt nicht nur zu einer additiven, sondern zu einer rekursiven Verstärkung führt. Der »Schwarze« muslimischen Glaubens sieht sich einer doppelten Sexualisierung wie Dekulturalisierung ausgesetzt, die ihn einer vervielfältigten Rassifizierung unterwirft und seine rassistische Exklusion qualitativ verstärkt.

Am Zeitungsstand der S-Bahn kann man auch den *Focus* kaufen, dessen Titel vom 8. Januar 2016 einen nackten weißen Frauenkörper zeigt, auf dem mehrere schwarze Handabdrücke zu sehen sind. Wie die Süddeutsche Zeitung, so reduziert der Focus die weibliche Gestalt auf ihren Körper, sodass die obere Kopfhälfte mit der Augenpartie nicht zu sehen ist. Obwohl der Frauenkörper partiell mit dem Schriftzug »Frauen klagen an« bedeckt ist, folgt das Titelbild dem Muster sexistischer Werbung, dem Prinzip des »sex sells«, indem es die erotisierende Darstellung der Frau bemüht. Das Titelbild des *Focus* steht ebenfalls in der Traditionslinie der antinegriden »Schwarzen-Schmach-Kampagne«, was noch dadurch verschärft wird, dass man außer dem Motiv der sogenannten »Rassenschande« sowie der »triebhaften Animalisierung« das Stereotyp des »dreckigen Schwarzen« bemüht, dessen schmutzige Hände abfärben und ihre Spuren auf dem sauberen weißen Frauenkörper hinterlassen. Auch der *Focus* ist ein Beispiel dafür, dass Sexismus wie Antinegrismus als Spielarten des Rassismus (vgl. Kap. 1.3) über korrelierende Tiefenstrukturen verfügen, die sich im Titelbild spiegeln. Gleichwohl gibt das Magazin vor, sexualisierte Gewalt gegen Frauen anprangern zu wollen. Während sich nach heftigen Reaktionen in sozialen Netzwerken die »SZ« zu einer Entschuldigung durchrang, verteidigte der *Focus* gar das Cover des Heftes.

Rassismus beginnt bei der eigenen Denk- und Handlungsweise und folglich bei uns und nicht bei den Anderen. Deshalb noch einmal zurück zur Beuth Hochschule für Technik, die derzeit keine Bereitschaft zeigt, einen Gebetsraum für muslimische Studierende einzurichten und diesen auch so zu benennen. Stattdessen soll es einen »Raum der Stille« geben, der auch von anderen Studierenden genutzt werden kann. Man zieht sich auf das Argument der religiös-weltanschaulichen Neutralität des Staates sowie auf die Raumknappheit und auf die Gleichbehandlung zurück. Auffallend ist indes, dass die religiös-weltanschauliche Neutralität in Deutschland stets instrumentalisiert wird, wenn es um den Islam geht, während diese im sonstigen Alltag sowie in der Politik kaum Beachtung findet. Angesichts des antimuslimischen Rassismus, angesichts rechtspopulistischer, islamfeindlicher Strömungen wären klare Signale angesagt, deutliche Zeichen eines »Der Islam gehört zu Deutschland«, was folglich auch »Muslime gehören zur Beuth Hochschule« heißt. Rassistische Signale sind hingegen die eines ewigen »Wir und Ihr«, eines Religiöse versus Nicht-Religiöse, eines polarisierenden Spaltens, eines »Du bist anders« oder »Ihr macht immer nur Probleme«.

Die gegebenen Einblicke weisen auf eine Vielzahl von Rassismen (vgl. Kap. 1.3) hin, deren jeweilige soziale Funktion, Historie und pejorative Stereotype einerseits zwar getrennt voneinander, andererseits aber auch in vergleichender Betrachtung analysiert werden sollten, zumal vielfältige wechselseitige Anleihen, übergreifende Diskurse und Verflechtungen mit wechselseitigen Verstärkungseffekten existieren und sich erst so das Wesen des Rassismus offenbart.

Das erste Kapitel des Buchs befasst sich mit den Grundlagen des Rassismus. Erläutert werden die Termini »Rasse« und »Rassismus«, die Spielarten, Varianten und historischen Erscheinungsformen des Rassismus, dessen Dimensionen wie Funktionen und Ursachen. Die

Skizzierung einer eigenen Definition im Sinne einer ganzheitlichen Fassung des sozialen Phänomens rundet das Kapitel ab. *Das zweite Kapitel* beschäftigt sich mit den narrativen Techniken der Rassifizierung, d. h. der Art und Weise, wie mit Hilfe von Diskursen eine menschliche Gemeinschaft in eine »Wir-Gruppe« und eine »Fremdgruppe« gespalten wird. Dabei stehen der Konstruktionsprozess, der den »Anderen« erst zum Anderen macht sowie die narrativen Verfahren, welche die dergestalt gebildeten Gruppen einander antipodisch gegenüberstellen, im Vordergrund. Unterschieden wird dabei zwischen grundlegenden, Körper-, Kultur-, Sozialitäts- sowie Sexualitäts-bezogenen und dehumanisierenden Techniken. *Das dritte Kapitel* analysiert die nicht-diskursive Seite der Rassifizierung in Gestalt des strukturellen Rassismus. Der Bogen spannt sich von der ungleichen Ressourcenverteilung, der Vergabe der Staatsbürgerschaft, der Regulierung der Einbürgerung, der staatlichen Gesetzgebung und Normierung bis hin zum rassistischen Wissen. *Das vierte Kapitel* befasst sich mit dem institutionellen Rassismus und behandelt den Rassismus im Bildungs- und Ausbildungssektor, auf dem Arbeits- und Wohnungsmarkt, im Gesundheitswesen, bei Justiz und Polizei sowie im Bereich der Medien. *Das fünfte Kapitel* behandelt unmittelbare Praxen rassistischer Gewalt und zwar u. a. die Segregationspolitik, Ethnozid und Genozid, die Vertreibung, Übergriffe und Pogrome sowie rassistische sexualisierte Gewalt. *Das sechste Kapitel* schließlich thematisiert Formen des Alltagsrassismus. Eine große Rolle spielen hier die Sprache und die alltägliche Kommunikation. Gezeigt wird, dass der Alltagsrassismus sowohl beabsichtigtes wie nicht-intendiertes rassistisches Verhalten umfassen kann.

In allen sechs Kapiteln liegt nicht nur aus Platzgründen der Schwerpunkt der Sichtweise auf Deutschland, Europa und den USA. Zwar existiert Rassismus unseres Erachtens überall auf dem Globus und sind die realen Tätergruppen vielfältig wie die potenziellen Opfergruppen beliebig, doch es lässt sich nicht von der Hand weisen, dass Dimension wie Relevanz des Rassismus maßgeblich ein Produkt des weißen Mannes sind. Die Europa-zentrierte Sichtweise folgt in diesem Sinne der in Sachen Rassismus historisch betrachtet am meisten relevanten Tätergruppe und ihrer Verbrechen. Eine derartige Sichtweise hat somit nichts mit einer eurozentrischen Geschichtsbetrachtung zu tun; sie versucht vielmehr verklärende Relativierungen des historischen Bezugs von Rassismus und »Weißsein« zu vermeiden, sodass im Folgenden nur am Rande von außereuropäischen Erscheinungen die Rede sein wird.

1 Grundlagen des Rassismus

Im Folgenden werden wichtige Termini geklärt, Spielarten sowie Varianten und Dimensionen des Rassismus vorgestellt, verschiedene Definitionsansätze präsentiert und auch die funktionelle Seite des Phänomens einer näheren Betrachtung unterzogen.

1.1 Die Termini »Rasse« und »Rassismus«

Der Begriff »Rasse« als auch der Terminus »Rassismus« sind umstritten, ebenso die Frage, ob die Behauptung der Existenz von »Menschenrassen« bereits rassistisch ist oder erst die Wertung der konstruierten »Unterarten« des *homo sapiens*. Es soll daher im Folgenden darauf eingegangen werden, ob es populationsgenetisch bzw. molekularbiologisch gesehen Subspezies der Art *homo sapiens* gibt, ab wann vom Sachverhalt des Rassismus gesprochen werden kann und ob die Begrifflichkeit »Rassismus« geeignet ist, um den Sachverhalt adäquat zu erfassen.

1.1.1 Der Begriff »Rasse«

Der etymologische Ursprung des als Ordnungsbegriff verwendeten Wortes »Rasse« ist unklar, indes spricht einiges für die Herkunft des Wortes aus dem arabischen رأس (ra's), das sich mit Kopf, Haupt, Herkunft oder Ursprung übersetzen lässt. Da zur Blütezeit des mauretanischen Al-Andalus Arabisch als Wissenschaftssprache dominierte, ließe sich eine Übernahme des arabischen Wortes in das Spanische und Französische und von dort aus ins Englische und Deutsche vermuten.

In der Anthropologie bezeichnete man mit dem Terminus »Rasse« gemeinhin eine Gruppe von Menschen mit gemeinsamen erblichen Merkmalen. Der konstruktivistische Charakter des Ordnungsschemas ist bereits daran erkennbar, dass man von Anfang an den Fokus auf ein Merkmal legte, das visuell am einfachsten wahrzunehmen war, nämlich die Hautfarbe, ohne dass man auch nur einen Grund dafür hätte angeben können, warum der Schluss von einem singulären Merkmal der äußeren Erscheinung auf das innere biologische Wesen wissenschaftlich betrachtet für eine objektive Klassifikation tragfähig sein sollte. »Rasse« fungierte so zumeist als eine Untergliederung der Menschheit im Sinne einer Unterart oder einer Subspezies. Zu Beginn des 20. Jh.s wurden »Rassen« in völkerkundlichen Werken auch als »Arten einer einzigen Urform« bezeichnet. Das *Herder Lexikon der Psychologie* definierte Ende der 1980er Jahre »Rasse« als »Gruppe von Individuen einer Art, die sich zwar durch einzelne erbliche Merkmale (etwa Hautfarbe) unterscheiden, zwischen denen aber fruchtbare Bastarde möglich sind«. In diversen Auflagen definierte *Meyers Lexikon* »Rasse« als »größere Gruppe von Menschen, die sich durch bestimmte Erbanlagen von der übrigen Menschheit unterscheidet und in Fortpflanzungsgemeinschaft lebt«. Die Einteilung der Menschen in sogenannte »Rassen« betrachteten die Vertreter der »Rassenlehre« als realiter gegeben, wenn auch deren Grenzen nicht fest seien.

Eine der ältesten Verwendungen des Wortes »Rasse« findet sich beim französischen Arzt François Bernier (1625–1688), der im Jahr 1684 eine neue Einteilung der Erde auf der Basis unterschiedlicher »Arten« (»espèces«) oder »Rassen« (»races«) der Menschen vorschlug. Im Zeitalter der Aufklärung wurde Herrschaft in wachsendem Maß mit Klassifizieren, Taxieren, Einordnen und Abgrenzen verkoppelt. Insofern der Ordnungswahn der Aufklärung den Imperativen der Herrschaftslogik folgte, waren die taxonomischen Gliederungen der Menschheit von Anfang an alles andere als wissenschaftlich wertfrei. Zwar ist nicht die Verwendung des Wortes »Rasse« an sich neu bei Bernier, jedoch die ausschließliche Verwendung biologischer Merkmale für eine Aufteilung der Menschheit, eine taxonomisierende Anthropologie, die nicht mehr die drei Söhne Noahs der biblischen Erzählung bemühte. Bernier unterschied vier Arten und zwar erstens die Franzosen, Spanier, Engländer, Dänen, Schweden, Deutschen, Polen, die Bewohner Westrusslands sowie der arabisch-islamisch geprägten Länder, zweitens die Afrikaner, drittens die Einwohner Sumatras und Borneos, der Philippinen, Japans, Chinas, des östlichen Russlands, Usbekistans und Turkmenistans sowie viertens die Lappen. Bereits in dieser frühesten Taxonomie fallen die Wertungen auf. Die Positionierung der Europäer sowie des »weißen Mannes« auf Platz Eins wird bei fast allen folgenden »Rassenlehren« Bestand haben. Die Reihenfolge ist bei Bernier keineswegs nur aufzählend gemeint, insofern die Numerierung Zugehörigkeit bzw. Nichtzugehörigkeit aller anderen bestimmt sowie ihre allgemeine Bewertung und Ästhetisierung. Folglich ist es kein Zufall, dass Bernier die Franzosen auf Platz Eins der Gruppe Eins setzte. Es ist der »weiße Mann«, der einteilt, sich als Maßstab setzt und der im Zeitalter des Kolonialismus zugleich offenbart, dass es sich um einen kolonialen Blick handelt, der die fremde Frau sexualisiert. Immer wieder gibt sich der Vielreisende Bernier als »Sexualkenner« aus und bemerkt stets in welchen Gegenden der Erde die Frauen besonders schön sind (»J'ay aussi veu de tres-belles femmes dans les Indes«, »les Turcs ont aussi grand nombre de tres-belles femmes« usw.). Auffallend ist, dass die frühe taxonomische Verwendung des Wortes »Rasse« im Kontext biologischer Merkmale von Anfang an mit verabsolutierenden Zügen einherging. Der Anspruch einer »nouvelle division de la terre« hypostasiert biologische Unterschiede nicht nur, um die Menschheit in »Rassen« einzuteilen, sondern auch um geografische Landkarten durch biologische »Rassekarten« zu ersetzen. Es war der Beginn der Geschichte der rassifizierenden Kartografie.

Der französische Historiker Henri de Boulainvilliers (1658–1722) benutzte den Rassebegriff als ein dichotomes Konstrukt zur Erklärung der französischen Geschichte, die er durch den Antagonismus zwischen dem Adel und dem »gemeinen Volk« bestimmt sah. Boulainvilliers verstand sich als Gegner der absolutistischen Monarchie, er war ein Vertreter der Feudalaristokratie, die seiner Meinung nach alleinig die Regierung stellen sollte. Der Meinung des Antidemokraten de Boulainvilliers zufolge waren Adel und Volk der französischen Nation nicht nur zwei antagonistische Klassen, sondern zugleich auch zwei verschiedene »Rassen«. Den Adel bezeichnete de Boulainvilliers als »Franzosen«, wer ihm angehöre sei ein Nachkomme der Franken, einer »nordischen Rasse«, die Frankreich erobert hätte. Die Aristokratie sei nicht nur eine überlegene »Rasse«, sondern zugleich auch die einzig legitime Klasse, die durch ihre historische Abstammung über das Recht verfüge, Frankreich zu regieren. Das gemeine Volk betrachtete er als ein »Rassegemisch« aus indigenen Galliern und Römern. Die absolutistische Monarchie des Sonnenkönigs Ludwig XIV. hielt de Boulainvilliers für eine modernistische Erscheinung des Verfalls, insofern der französische Absolutismus untergeordneten Klassen den Zugang zum Hof eröffne und so die Position der eigentlichen Elite des Landes schwäche. Die historischen Ausführungen de Boullainvilliers stellen einen Entwicklungsschritt in Richtung des biologistischen Rassismus dar. Den Terminus »Rasse« benutzte de Boullainvilliers zwar als historisches Konzept und noch nicht als biologischen Begriff, verkoppelte diesen jedoch bereits eng mit der Begrifflichkeit der Nation und bereitete so dem Konnex zwischen Nationalismus und Rassismus den Weg. Im nachrevolutionären Frankreich wurde die rassistische Konzeption de Boullainvilliers von Augustin Thierry (1795–1856) mit umgekehrten Vorzeichen aufgegriffen. Die Französische Revolution von 1789 interpretierte Thierry als Befreiungsakt der Gallier von den fränkischen Eroberern. Der Sieg des Bürgertums über den französischen Adel wird zu einem »Rassesieg« verklärt, der die mythische Vision einer »gallischen Urzeit« auferstehen ließe.

Eine Vielzahl von Publikationen wie Artikeln behauptet, dass derartige Vorstellungen und Verwendungen des Wortes »Rasse«, wie sie mit François Bernier allmählich zum neuzeitlichen Mainstream wurden, nach 1945 gesellschaftlich geächtet gewesen seien. Im Nachkriegsdeutschland, so der Tenor, seien »Rassenbiologie« und »Rassenlehre« verworfen worden. Das »Konzept des Rassismus« sei nach

1945 »endgültig diskreditiert« gewesen, so lässt »Die Linke im Bundestag« in einem Artikel zum Thema Rassismus auf ihrer Homepage verlauten. Von all dem kann keine Rede sein. Weder bezüglich des Rassismus noch hinsichtlich der »Rassenbiologie« sowie der »Rassenanthropologie« gab es in Deutschland nach 1945 »eine Stunde Null«. Dies verdeutlichen bereits die ungebrochenen Karrieren führender »Rassenhygieniker« in der deutschen Nachkriegsgesellschaft. So wurde etwa der Mediziner Eugen Fischer (1874–1967), ein maßgeblicher Ideologe wie Praktiker der nationalsozialistischen »Rassenbiologie«, Anfang der 1950er Jahre zum »Ehrenmitglied der Deutschen Anthropologischen Gesellschaft« gekürt, während der Humangenetiker Fritz Lenz (1887–1976), der an Zwangssterilisationen sowie an der Fassung des »Gesetzes zur Verhütung erbkranken Nachwuchses« beteiligt war, bereits 1946 wieder zum Professor für »menschliche Erblehre« in Göttingen berufen wurde. Der führende nationalsozialistische »Rassenhygieniker« und Zwillingsforscher Otmar Freiherr von Verschuer (1896–1969) erhielt 1951 einen Lehrstuhl für Humangenetik an der Universität Münster.

Ein Blick in diverse Lexika, die zum Teil noch bis weit in die 1990er Jahre gebräuchlich waren, widerlegt die Behauptung von einer »rassenbiologischen Stunde Null«. Ausführungen zu den Stichworten »Rassenbegriff«, »Rassengenese«, »Rassengeschichte«, »Rassenphysiologie« und »Rassensystematik« füllen im Fischer Lexikon »Anthropologie« in der Ausgabe von 1959 allein quantitativ betrachtet 132 Seiten. Noch im *dtv-Lexikon* aus dem Jahr 1992 wird »Rasse« als »Gruppe von Lebewesen« definiert, »die sich durch ihre gemeinsamen Erbanlagen von anderen Artangehörigen unterscheiden«. Verwiesen wird dabei auf den Artikel »Menschenrassen«, in dem es heißt: »Menschenrassen sind natürliche, systematische Untergruppen der Art Mensch, die durch bestimmte Kombinationen erblicher, innerhalb gewisser Grenzwerte variierender Merkmale gekennzeichnet sind. Die Menschenrassen sind Gruppendifferenzierungen, die durch Evolutionsprozesse als Anpassungsformen an unterschiedliche Lebensbedingungen entstanden sind; sie sind den Rassen vieler Tierarten vergleichbar.«

Zahlreiche Bücher zur Anthropologie veröffentlichten noch in den 1980er Jahren in Abschnitten zur »Rassengeschichte des Menschen« in affirmativer Weise »Rassenkonzepte« des im deutschen Nationalsozialismus führenden »Rassentheoretikers« Egon von Eickstedt (1892–1965). Die Herder Lexika für Ethnologie und Biologie übernahmen noch in den 1990er Jahren Eickstedts »Einteilung der Menschenrassen« in die »drei Großraumkreise der Europiden, Mongoliden und Negriden« und definierten Rassismus gar als »übersteigertes Rassenbewusstsein«. Die Existenz von »Menschenrassen« sowie die Gültigkeit von Rassentheorien wurden in Deutschland nach 1945 vom Mainstream keineswegs in Frage gestellt. »Rassenbewusstsein« galt weiterhin als eine positive Eigenschaft. Der Rassist war dergestalt betrachtet eine Person, die es damit übertreibt. Noch heute geistert die obskure Definition, der Rassismus sei eine Übertreibung, selbst durch »Einführungen in den Rassismus«. Noch im Jahr 1989 erschienen Bücher wie das von John R. Baker (1900–1984) mit dem Titel *Die Rassen der Menschheit* in hohen Auflagen. Der Widmung »Freiherrn Egon von Eickstedt zum Gedenken« folgend, verwendet auch Baker die Eickstedt'sche »Rasseneinteilung«. Auch DDR-Publikationen übernahmen bis weit in die 1980er Jahre die Rassentheorie des nationalsozialistischen Anthropologen und sprachen unter expliziter Bezugnahme auf von Eickstedt und dessen Werk *Rassenkunde und Rassengeschichte der Menschheit* aus dem Jahr 1934 von »negrider«, »europider« und »mongolider Großrasse«. Gleiches traf in den 1980er Jahren auch auf die Schulatlanten des Westermann sowie des Klett Verlags zu.

Dies alles galt nach 1945 keinesfalls nur für Anthropologen, Ethnologen und Humanbiologen. Betrachtet man etwa exemplarisch für die Geschichtswissenschaft die Reihe »Fischer Weltgeschichte«, die zwischen den Jahren 1965 und 1983 erschien, so werden auf wenigen Seiten im Band »Süd- und Mittelamerika« im Abschnitt »Rassenkreuzungen und Mischlingsbevölkerungen« die folgenden Wörter bzw. Wortkombinationen benutzt: »Rassenmischungen«, »Rassenkontakte«, »indianische Rasse«, »rassische Verschmelzung zwischen Spaniern und Indianern«, »Kontakt von Menschen

verschiedener Rassen«, »das Abstoßende des andersartigen Rasse-
geruches«, »andersartige Rasseeigentümlichkeiten«, »rassische
Mischehen«, »Rassenmerkmale«, »rassereine Weiße«, »sozial höher
stehende Rasse«, »Rassentrennung«, »negride Rasse«, »afrika-
nisch-indianische Rassenkreuzungen«, »rassische Herkunft«, »fortschreitende Rassenkreuzungen«, »die Zahl der Reinrassigen in
Amerika«. Der Autor des Bandes, der Kölner Historiker Richard
Konetzke (1897–1980), der 1973 mit dem Verdienstkreuz erster Klasse der Bundesrepublik Deutschland ausgezeichnet wurde, galt als
Doge der Lateinamerikageschichte. Von der Existenz der »Menschenrassen« war er offensichtlich nach 1945 noch immer derart
überzeugt, dass er sich veranlasst sah, dem Leser folgende Erläute-
rung zu geben:

> »Entscheidend ist die Tatsache, dass die anthropologischen Unterschie-
> de nicht ein Hindernis für das Konnubium zwischen Menschen der euro-
> päisch-mediterranen und amerikanischen Rasse gewesen sind. Eine ur-
> sprüngliche sexuelle Rassenabstoßung war nicht vorhanden […].«

Derartige Ausführungen, wie sie soeben skizziert wurden, finden
sich in zahlreichen anderen Lexika sowie wissenschaftlichen Werken
bis weit in die 1990er Jahre. Zum Zeitpunkt ihres Abdrucks waren
sie bereits seit Jahrzehnten auch im engeren Sinne naturwissen-
schaftlich widerlegt. In den 1970er Jahren hatte der italienische Po-
pulationsgenetiker Luigi Luca Cavalli-Sforza (geb. 1922) wissenschaftliche Studien vorgelegt, welche die Behauptung der Existenz
von »Menschenrassen« als einen visuellen Trugschluss bezeichneten,
der von der divergenten Hautfarbe unzulässigerweise auf eine Divergenz unterhalb der Hautfarbe schließe. Der Schluß träfe nicht zu, da
an der Bildung der Hautfarbe nur eine vergleichsweise geringe Anzahl von Genen beteiligt sei. Die Verwechselung von Wesen und Erscheinung werde u. a. daran deutlich, dass nordamerikanische Indigene bezüglich der Merkmale der »Rassekonzepte« eher Europäern
glichen als den Indigenen Südamerikas und Aboriginal wiederum
eher den Schwarzen Afrikas, obwohl ihre ethnischen Ursprünge
gänzlich woanders zu verorten seien. In den folgenden Jahrzehnten

untermauerte Cavalli-Sforza seinen Nachweis der Nichtexistenz von »Menschenrassen« auf biostatistischer Basis. Die empirischen Daten belegen, dass die genetischen Differenzen innerhalb einer Gruppe, die auf Basis der Hautfarbe als vermeintlich homogen konstruiert wurde, größer sind als die genetischen Unterschiede zwischen heterogen gebildeten Gruppen. Statistisch betrachtet bedeutet dies das Scheitern der »Rassekonzepte«, da die erbliche Differenz zwischen den Gruppen geringer ist als die Varianz innerhalb einer Gruppe. Ist die »Ingroup-Variabilität«, wie Cavalli-Sforza schlüssig nachwies, größer als die »Outgroup-Variabilität«, so stürzt die Gruppenbildung in sich zusammen. Es existiert dem Variabilitäts-Argument zufolge nur eine Spezies *homo sapiens* ohne Unterarten.

Nach der Humangenomentschlüsselung (HUGO) geht man von maximal 25 000 Genen des Menschen sowie von einer 99,9 %-igen Identität divergenter menschlicher Genome aus. Der Prozentsatz der genetischen Variation, welche die Restgröße von 0,1 % erklärt, wird zu ca. 85 % innerhalb der jeweiligen Gruppen abgedeckt, während die Varianz zwischen den Gruppen als vergleichsweise gering einzustufen ist. Cavalli-Sforza hatte bereits in den 1970er Jahren argumentiert, dass der Evolutionszeitraum des Menschen für die Bildung von Untergruppen viel zu kurz gewesen sei. Die Entstehung von Rassen bei Tieren habe eine längerdauernde Isolation von Subpopulationen vorausgesetzt, die beim Homo sapiens, der ferner dazu imstande war, geografische Barrieren zu überqueren, nicht gegeben war.

Fragen ließe sich, ob die Behauptung der Existenz menschlicher Rassen im Sinne von Subspezies auch dann rassistisch wäre, wenn es das widerlegende »Variabilitätsargument« nicht gebe, wenn die moderne Genetik die Existenz menschlicher Unterarten nicht verworfen, sondern bestätigt hätte. Biologisch betrachtet hätte dies einen wesentlich längeren evolutionären Prozess der Gattung Mensch vorausgesetzt sowie eine dauerhafte Isolation von Subpopulationen z. B. durch geografische Barrieren. Eine allopatrische Isolation (»Artbildung durch räumliche Trennung«), so die rein hypothetische Annahme, hätte auch beim Menschen zur Bildung von Unterarten führen können, die sich gruppenspezifisch von der gleichen Art des *homo sapiens* durch den gemeinsamen Besitz bestimmter Erbanlagen unterschieden hätten. Da eine solche Möglichkeit an sich denkbar ist, lautet unsere Frage, ob die Annahme der Existenz »menschlicher Rassen« von Beginn an rassistisch war oder anfangs einen wertfreien Ansatz darstellte, der durch die moderne Humanbiologie falsifiziert wurde.

Das Postulat der Existenz »menschlicher Rassen« war von Anfang an rassistisch, insofern die implizite Annahme, erst der Nationalsozialismus habe die »Rassenlehre« missbraucht, während sie Anfangs rein deskriptiv, aber nicht wertend gewesen sei, falsch ist. Klassifikationen des Menschen waren seit ihren frühesten Zeiten zutiefst mit diskursiven Techniken der Rassifizierung verwoben und lieferten bereits in der Antike die legitimatorische Grundlage für die Rechtfertigung der Versklavung von Menschen. Philosophen der Aufklärung knüpften an anthropologische Konzeptionen der Antike an, um Klassifizierungen der Menschheit für herrschaftsbezogene Hierarchisierungsprozesse zu instrumentalisieren und auf diese Weise vor allem »Schwarze« zu animalisieren, als Tiermenschen zu diffamieren und damit ihre Versklavung zu legitimieren. Die aufklärerische Anthropologie war eine »Brecht'sche Tui-Wissenschaft«, deren Zweck maßgeblich in der eurozentristischen Vergötterung »des Weißen« und der Animalisierung »des Schwarzen« bestand. So sprechen die »rassenbezogenen« Adjektivierungen der Aufklärer bezüglich der »Vermietung ihres Intellekts« Bände. Der schwedische Naturwissenschaftler und Biologe Carl von Linné (1707–1778), auf den der Artname »homo sapiens« für die menschliche Spezies zurückzuführen ist, unterschied etwa zwischen dem »roten Amerikaner«, dem »gelben Asiaten«, dem »schwarzen Afrikaner« und dem »weißen Europäer«. Während Linné den »Americanus« als »übellaunig«, »verstockt«, »genügsam« und »frei« charakterisierte, versah er den »Asiaticus« mit den subjektiven Wertungen »ernst«, »hochmütig«, »begehrlich«, den »Africanus« mit »verschlagen«, »langsam« und »dumm« sowie den »Europaeus« mit »tatkräftig«, »sehr klug« und »findig«. Es ist bei Linné offensichtlich der »sehr

Kluge«, der kraft seiner biologischen Ausstattung das Recht besitzt, den »Dummen« zu unterwerfen.

Unsere erste Antwort auf die gestellte Frage lautet, dass es nie eine wertfreie Phase der »Rassenlehre« bzw. »Rassenkunde« gab, sondern dass die »Rassentheorie« vielmehr von Anfang an ein integrales Element rassistischer Unterwerfung darstellte und der »Weiße« durch die Vielzahl der Diskurse in einem Maße geprägt ist, dass ihm diesbezüglich noch nicht einmal ein wertfreies Gedankenexperiment gelingt. Die hochgradig rassistische Prägung verdeutlicht etwa das Genre der Science Fiction. Wo, wenn nicht im utopischen Raum, so ließe sich fragen, sollte der Versuch glücken, sich »Unterarten« der Spezies *homo sapiens* zu denken, die nicht der Rassifizierungslogik folgen? Doch wie sieht es beispielsweise im Star Trek Universum aus? Ist Star Trek rassistisch oder anti-rassistisch? Verglichen mit dem Star Trek Universum lassen sich die subjektiven Wertungen bei Linné nahezu als zurückhaltend charakterisieren. Welche Adjektive fallen uns spontan bei einigen Star Trek-Ethnien ein? Bei den Vulkaniern wären es die kollektivierenden Adjektive »reserviert« und »schlau«, bei den Klingonen »mutig« und »kriegerisch«, bei den Romulanern »wortbrüchig« und »boshaft«, bei den Ferengi »gierig« und »egoistisch«. Die Rolle des »weißen Mannes« als Krone der Schöpfung bei Johann Friedrich Blumenbach (1752–1840), Immanuel Kant (1724–1804) und Carl von Linné übernimmt im Star Trek Universum der allseits entwickelte, vervollkommnete und tief humane Erdenbewohner. Von Gedankenexperiment keine Spur, der utopische Raum offenbart sich vielmehr als ein psychoanalytischer Spiegel der rassistischen Realwelt. Weil die »Rassenlehre« von Anfang an mit rassistischen Wertungen aufs Tiefste verkoppelt war, gelingt noch nicht einmal in der fiktiven Welt eine antirassistische Befreiung von der »Rassenbiologie«. Dieser Sachverhalt wird lediglich dadurch kaschiert, dass die Offiziersbrücke bei Star Trek multiethnisch besetzt ist und man den Rassismus in das Weltall projiziert. Der »aufgeklärte Erdenbewohner« konstruiert sich als Antirassist und nutzt die kollektive Zuschreibung, um alle anderen Ethnien des Weltalls als rassistisch zu diffamieren und sich im Glanze wahrer Humanität zu sonnen.

Wenn die moderne Genetik die Existenz menschlicher Rassen genetisch bestätigt hätte und das »Variabilitätsargument« nicht existierte, wären menschliche »Rassenlehren« weiterhin rassistisch, insofern sie das Wesen eines Menschen und seine Vielfalt auf körperliche Merkmale reduzieren, die Selbstdefinition des Menschen – was sein Menschenrecht auf individuell-identitäre wie gruppen-identitäre Setzung einschließt – missachten und ihn einer zwangsweisen Fremddefinition (»der Schwarze«) unterwerfen würden, die ihm seine Eigenheit nimmt. Die Problematiken der diskursiven Rassifizierungstechniken wie denen der Kollektivierung und Entpersönlichung (vgl. Kap. 2.1.1), der Generalisierung (vgl. Kap. 2.1.2) und Essentialisierung (vgl. Kap. 2.1.3), der Biologisierung und Genetifizierung (vgl. Kap. 2.2.2) blieben bestehen, d. h. am Wesen der »Rassenlehre«, die in ihrer Dehumanisierung liegt, würde sich nichts ändern. Zu guter Letzt läuft eine gruppenbezogene Körperlichkeitsfixierung auch immer auf eine Normierung hinaus, welche die eigene »Kollektivnorm« als Bewertungsmaßstab des »Fremden« nimmt, sodass die Hypostasierung der Körperlichkeit stets auch der Feindlichkeit gegenüber Menschen mit körperlichen Beeinträchtigungen Vorschub leistet. Bereits die Feststellung eines »größer« und »kleiner« wird schließlich als wertende Hierarchisierung imaginiert, sodass Menschen mittels der Bezeichnungen »Riesen« und »Zwerge« per Normierungszwang nahezu in die Märchenwelt verbannt werden.

Wie bereits konstatiert wurde, will man auch im 21. Jh. nicht auf das Wort »Rasse« verzichten. Auch bezüglich der Wortwahl waren Ende 2014 die Berichterstattungen über die Erschießung des 18-jährigen Afroamerikaners Michael Brown in Ferguson, über die sich anschließenden Unruhen sowie über die Entscheidung der Geschworenenjury, keine Anklage gegen den Polizisten zu erheben, erschreckend. Zu lesen waren u. a. die Wortkombinationen »Rassenkrawalle«, »Rassen-unruhen«, »Rassenkonflikt«, »Rasse-Unruhen«, »US-Rassenproteste« und »Rassen-Justiz«. Dabei handelte es sich bei den involvierten Medien nicht um die »Junge Freiheit«; nahezu die gesamte deutsche Nachrichtenlandschaft bildete den rassistischen Akteur: *Der Spiegel, Focus, BILD, Handelsblatt, Rheinische Post, Süd-*

deutsche Zeitung, Deutsche Welle, Die Welt, FAZ usw. usf. Bei so viel »Rasse« mochte auch das öffentlich-rechtliche Fernsehen nicht zurückstecken. So war etwa auf »heute.de« zu lesen: »Ein Riss geht mal wieder durch Amerika: Der Tod des schwarzen Teenagers Michael Brown in der Kleinstadt Ferguson hat in den USA zu schweren Protesten geführt. Für viele Schwarze steht mehr denn je fest: Die Rassentrennung ist noch immer nicht überwunden.« Auch der Schweizer Rundfunk ließ verlauten: »Rassenunruhen nach Entscheid im Fall Brown«. Das 21. Jh. ist noch weit davon entfernt, den rassistischen Terminus »Rasse« endlich zu tabuisieren. Auch die *taz* schaffte es im Jahr 2009, einen Artikel über Michael Jackson mit »Michael Jackson und die Rassenfrage« zu betiteln.

Wie mächtig der Terminus und das dahinterstehende rassistische Einteilungs- bzw. Ordnungskonzept sind, verdeutlicht an einer Stelle seines Werks *Verschieden und doch gleich* unfreiwillig Cavalli-Sforza. Dort heißt es:

> »Wir unterscheiden uns nur sehr geringfügig voneinander. Weil uns die Unterschiede zwischen weißer und schwarzer Haut oder zwischen den verschiedenen Gesichtsschnitten auffallen, neigen wir zu der Annahme, zwischen Europäern, Afrikanern, Asiaten und so weiter müsse es große Unterschiede geben. Tatsächlich aber haben sich die für diese sichtbaren Unterschiede verantwortlichen Gene nur infolge der klimatischen Einwirkungen verändert. [...] Eben weil diese Merkmale äußerlich sind, springen die Unterschiede zwischen den Rassen so sehr ins Auge, dass wir glauben, ebenso krasse Unterschiede existierten auch für den ganzen Rest der genetischen Konstitution. Aber das trifft nicht zu.«

Cavalli-Sforza, dessen Werk *Verschieden und doch gleich* den »Rassebegriff« erfolgreich als ideologische Waffe des Rassisten dekonstruierte, verwendet mit der Formulierung »Unterschiede zwischen den Rassen« (im italienischen Text »razza«) den Terminus »Rasse« hier fälschlicherweise nicht als konstruktivistische, sondern als natürliche Größe. Wie mächtig muss die ideologische Seite des Rassismus im europäischen Sprachraum sein, wenn dies selbst einem Kritiker wissenschaftlicher »Rassekonzepte« an dieser Stelle seiner Studie entgangen ist.

Doch es lassen sich leider keineswegs nur unbewusste, sondern auch hochbewusste Verwendungen des Wortes »Rasse« auffinden. Da heißt es in einem *Focus* Artikel (21. Januar 2009) mit der Überschrift: »Vorurteile: Gesichter gegen den Rassismus«:

> »Es könnte einen einfachen Weg geben, rassistische Vorurteile zu bekämpfen: Die Menschen müssen lernen, die Gesichter anderer Personen zu unterscheiden. Wie wir unsere Umwelt wahrnehmen, hat auch Einfluss darauf, ob wir unbewusste Vorurteile gegen fremde Rassen hegen, erklärt der Neurowissenschaftler Michael J. Tarr von der Brown Universität. Wenn Menschen lernen, Gesichter von Angehörigen fremder Rassen zu unterscheiden, könnte das dabei helfen, ihre Vorurteile zu bekämpfen.«

Abgesehen davon, dass es sich beim Rassismus nicht um ein Vorurteil, sondern um eine intentionale Strategie, um ein Macht- und Herrschaftsverhältnis handelt, perpetuiert das US-amerikanische Forschungsprojekt die Vorstellung von der Existenz »menschlicher Rassen«, was auch noch dadurch untermauert wird, dass der Artikel im Sinne der rassistischen Sichtweise Bilder der »negroiden Rasse«, der »gelben Rasse« sowie der »weißen Rasse« (»von Eickstedt'sche Großrassen«!) ablichtet. Der Artikel schließt mit dem Satz: »Die Wissenschaftler hoffen, dass das Programm eines Tages eingesetzt werden kann, um besonders die Berufsgruppen zu schulen, die oft in Kontakt mit unterschiedlichen Rassen kommen – wie Polizisten, Sozialarbeiter und Beamte der Einwanderungsbehörde.« Ziel einer antirassistischen Strategie kann es indes gerade nicht sein, Menschen zu rassifizieren und die dergestalt Rassifizierten zu differenzieren, sondern strukturellen wie institutionellen Rassismus, der »Menschenrassen« in diffamierender Intention konstruiert, in die Schranken zu weisen. So hilft es in Deutschland nicht, wenn nach Absolvierung eines solchen US-amerikanischen Programms ein Bundespolizist in der Lage ist, »die einzelnen afroamerikanischen Gesichter voneinander zu unterscheiden«, da durch eine derartige Rassifizierung rassistische Stereotype vom »drogendealenden Schwarzen« eher noch bekräftigt würden. Hilfreich wäre es indes, wenn der deutschen Polizei das Recht, verdachtsunabhängige Personenkontrollen in Bahnhöfen, in Zügen oder an Flughäfen durchführen zu können, durch die Streichung des entsprechenden Paragrafen im Bundespolizeigesetz (§ 22 Absatz 1a) entzogen würde (vgl. Kap. 4.6).

Auffallend ist, dass man das allgemeine Märchen von der »Stunde Null« für die deutsche Nachkriegsgesellschaft nicht mehr ernsthaft vertritt, während es offensichtlich für die Thematiken der »Rasse«, »Rassenlehre« sowie des »Rassismus« trotz der Fülle offensichtlicher Gegenbelege in einem Maß aufrecht erhalten wird, dass dieser Sachverhalt erklärungsbedürftig ist. Es ließen sich diesbezüglich folgende Aspekte anführen. *Erstens:* Eine integrale Betrachtungsweise des deutschen Nationalsozialismus im Kontext der Thematik des Rassismus hat es nach 1945 nicht gegeben. Während die Verdrängung des Völkermords an sechs Millionen europäischer Juden Ende der 1970er Jahre aufbrach und ein (Ver-)Schweigen nicht länger möglich war, galt dies für andere Opfergruppen wie Sinti und Roma, Zwangssterilisierte und Homosexuelle noch für weitere Jahrzehnte nicht. *Zweitens:* Zwar ist in relevanten Teilen der Gesellschaft der Antisemitismus zu einem Teil der bundesdeutschen Erinnerungskultur geworden, doch dieser Sachverhalt darf nicht darüber hinwegtäuschen, dass die Opfer der Shoah staatspolitisch instrumentalisiert wurden, um u. a. das Schicksal der drei Millionen Sowjetsoldaten, welche die deutsche Wehrmacht als Arbeitssklaven planmäßig verhundern ließ, vergessen zu lassen. *Drittens:* Eine Bereitschaft sich in Deutschland dem Satz zu stellen, dass dieses Land ein tief rassistisches Land ist, existiert in breiten Teilen der Bevölkerung sowie seitens der politischen Klasse nicht. Das Märchen von der »rassenbiologischen Stunde Null« ist das Märchen eines Landes, das den Rassismus alltäglich an Neonazis »delegiert« und mit Rassismus immer noch Rechtsextremismus meint, was allein die Konzeption zahlreicher bundesdeutscher Ausstellungen belegt. Der Rassismus wird so zur »Sache der Nazis«, der »Neorassismus« zur Ideologie der Neonazis, sodass bspw. ein SPD-Mitglied per definitionem kein Rassist sein kann. *Viertens:* Die Vorstellung, es habe eine »rassenbiologische Stunde Null« gegeben, ist ein Spiegel der Tatsache, dass Rassismus in Deutschland bis heute noch immer nicht ernst genommen wird, was sprachlich der Sachverhalt verdeutlicht, dass man eine antimuslimisch-rassistische Bewegung wie Pegida bis heute als »islamkritisch« tituliert. So heißt es bei »Focus online« etwa am 6. Februar 2016: »Die islamkritische Bewegung hat zu einem internationalen Aktionstag aufgerufen.« *Fünftens:* Der »verordnete Anti-Antisemitismus« in Deutschland hat den Rassismus weitgehend historisiert, er wird nicht als alltägliche Aufgabe begriffen, sodass im Kontext der Beschneidungsdebatte im Jahr 2012 ein bislang kaum bekanntes Ausmaß antisemitischer Ausfälle möglich wurde, ohne dass darauf hinreichend reagiert worden wäre. *Sechstens:* Die Einzigartigkeit der Shoah hat in ihrer qualitativen wie quantitativen Dimension andere Rassismen in Deutschland wie etwa den antinegriden Rassismus vergessen lassen. Rassismus wurde auf Antisemitismus verkürzt und dieser seinerseits auf die Shoah. Daher ist es kein Zufall, dass es nach 1945 in Deutschland keine universitären Lehrstühle für Rassismusforschung gab und der Anstoß der Beschäftigung mit dem antinegriden Film »Toxi« (Robert Adolf Stemmle, BRD 1952), der den »Rasse-Diskurs« in die deutsche Nachkriegsgesellschaft hinüber rettete sowie die Aufarbeitung der Geschichte der »Brown Babies« weitgehend von US-amerikanischer Seite aus geschah. *Siebtens:* Das Märchen von der Stunde Null hatte nicht nur die Funktion, Kontinuitätslinien nach 1945 unsichtbar zu machen, sondern auch die Aufgabe rassistische Entwicklungstendenzen vor 1933 zu dethematisieren, was vor allem für den Antisemitismus galt.

Wenn also, »Rasse« als biologische, natürliche Größe eine ideologische Erfindung ist, sollte man dann auf das Wort »Rasse« nicht gänzlich verzichten? Diese Frage lässt sich mit einem klaren »Nein« beantworten, da es die Kategorie der *Rasse* als soziales Konstrukt sehr wohl gibt. Der Satz: »Rasse existiert nur in den Köpfen des Rassisten« ist falsch, da das soziale Konstrukt *Rasse* von hoher Wirkmächtigkeit ist und sich empirisch durchaus messen lässt. So dürfte etwa in vielen Fällen die Lebenserwartung der rassistisch Dominierten deutlich geringer sein, ebenso ihre Chance für gleiche Arbeit gleichen Lohn zu erhalten. Sie sind häufiger Opfer verbaler Diskriminierungen wie körperlicher Attacken. Rassistisch Dominierte haben es, statistisch betrachtet, deutlich schwieriger auf dem Wohnungsmarkt, im Bildungswesen sowie im Gesundheitsbereich etc. Zwar sind »menschliche Rassen« nur in den Köpfen des Rassisten vorhanden, jedoch existieren *Rassen* als soziale Konstrukte durchaus. Es ist sogar eines der größten Probleme der Soziologie, dass diese Wissenschaft *Rasse* als soziales Konstrukt bis zum heutigen Tag mit Ausnahme der Kategorie »Gender« als rassistische Spielart weitgehend ignoriert. *Rasse* als soziales Konstrukt bildet in den Gesellschaftswissenschaften zumindest in Deutschland noch immer ein vernachlässigtes Feld. Gegenüber *Rasse* hat sich die Soziologie historisch gesehen als nahezu blind erwiesen. Wenn die Geschichte aller bisherigen Klassengesellschaften die Geschichte des Rassismus ist, dann ist *Rasse* als soziale und somit zugleich empirische Größe jedoch von fundamentaler Bedeutung. Rassismus ist keineswegs nur eine Ideologie und der Rassebegriff ist folglich deutlich mehr als nur ein weltanschaulicher Terminus. Um Verwirrung zu vermeiden, bedarf es indes einer sprachlichen Regelung. Immer dann, wenn im Folgenden von »Rasse« bzw. »Rassen« als natürlicher, biologischer Größe die Rede ist, wird dies durch Anführungszeichen kenntlich gemacht, die verdeutlichen sollen, dass es »menschliche Rassen« nicht gibt. Soll hingegen *Rasse* als soziales Konstrukt analysiert werden, so wird dies im Text durch kursive Schreibweise deutlich und wir schlagen vor bei der mündlichen Rede der deutschen Sprache zwecks Vermeidung der Reproduktion inkorrekten Gedankenguts ein Fremdwort zu benutzen wie etwa anknüpfend an die rassistische Urlegende des spanischen Priesters Alfonso Martinez de Toledo (vgl. Kap. 1.4.3) das Wort *rraça*. Von entscheidender Bedeutung für eine kritische Soziologie sind somit die Termini Klasse, *Rasse* und Gender, wobei die Begriffstrilogie der Basisbegriffe gesellschaftswissenschaftlicher Theoriebildung zugleich neue Fragen aufwirft, vor allem die nach ihrem Verhältnis. Die strukturierende Wirkung der Termini gilt es sowohl additiv als auch inter- bzw. transsektionell zu erfassen.

1.1.2 Der Begriff »Rassismus«

Während der Terminus »Rasse« bereits mehrere hundert Jahre alt ist, kann der Begriff Rassismus nur auf eine vergleichsweise kurze Zeitspanne zurückblicken; er kam vermutlich erst in den 1920er Jahren auf, als sich diejenigen Stimmen mehrten, welche die inner-europäische Ausdehnung des »Rassebegriffs« hinterfragten. Die kritische Intention des Terminus schloß in den Zwanzigerjahren je-doch keine Kritik an Rassekonzepten ein. Die Existenz von »Men-schenrassen« als solche wurde zumeist nicht hinterfragt.

Als einer der ersten Autoren, der den Terminus »Rassismus« ge-brauchte, gilt der belgische Bibliothekar Théophile Simar, ein Be-amter des belgischen Kolonialministeriums, der in seiner im Jahr 1922 in Brüssel erschienenen Studie *Étude critique sur la formation de la doctrine des races aux XVIIIe siècle et son expansion aux XIXe siècle* weniger den Rassismus der Aufklärung in den Blick nahm als vielmehr die spezifische deutsche Entwicklung im 19. Jh. Sein Ver-dikt (»rassistisch«) trifft weniger den schwedischen Naturforscher Carl von Linné oder den deutschen Anatom und Zoologen Johann Friedrich Blumenbach, sondern Houston Stewart Chamberlain (1855–1927) sowie Arthur Comte de Gobineau (1816–1882). Simar entlastete zugleich den Kolonialismus Belgiens. So thematisierte bzw. kritisierte seine Studie den Antinegrismus in keiner Weise. Be-denkt man, dass heutzutage die Zahl der Opfer der sogenannten »Kongogräuel« auf über zehn Millionen Menschen geschätzt wird, so problematisierte Simar zwar die spezifische Politisierung der Ras-senlehre im Kontext des deutschen Imperialismus gegen Ende des 19. Jh., indes aber nicht den belgischen Kolonialrassismus, der unter König Leopold II. (1835–1909) zu grausamen Exzessen führte. Aus-geblendet blieb so auch, dass es letztendlich der Rassismus der Auf-klärung war, der diesem den Weg ebnete.

Die sich in den 1930er Jahren anschließenden kritischen Studien überwanden die Problematik des Ansatzes von Simar nicht, zumal ihr Fokus auf die deutsche Entwicklung und nunmehr speziell auf die »Rassenlehre« des deutschen Nationalsozialismus gerichtet war, was beispielsweise für die Studie *We Europeans: A survey of Racial problems* des englischen Biologen Julian Huxley (1887–1975) und des britischen Anthropologen und Zoologen Alfred C. Haddon (1855–1940) aus dem Jahr 1935 gilt. Bezeichnend ist bereits der Titel »We Europeans«, der darauf verweist, dass der Blick auf das Postulat der innereuropäischen Klassifikation gerichtet war, keineswegs indes auf die Zurückweisung der Theorie von »Menschenrassen« an sich. So ist es falsch, wenn es in diversen Lexika-Artikeln heißt, die Studie von Huxley und Haddon habe »die Idee verschiedener, voneinander abgegrenzter Menschenrassen« zurückgewiesen bzw. die Position vertreten, dass »jede Form von Rassenbiologie« pseudowissenschaftlich sei. Davon kann keine Rede sein. Richtig ist vielmehr, dass Julian Huxley in den 1920er Jahren die Segregationspolitik in den USA verteidigte und für ihn die »rassische Differenz« von »Schwarz« und »Weiß« außer Frage stand. Die falsche Bewertung von Huxley als Galionsfigur des Antirassismus ist darauf zurückzuführen, dass dieser in den 1930er Jahren ein dezidierter Gegner des deutschen Nationalsozialismus war und die »Rassenlehre« der Nazis attackierte. Im Buch »We Europeans« ist jedoch nicht davon die Rede, dass Klassifikationen auf der Basis phänotypischer oder körperlicher Merkmale rein willkürlich seien und es dafür »keinerlei wissenschaftliche Beweise gebe«, sondern dass »any biological arrangment of the types of european man is still largely a subjective process«. Typisch bei der inkorrekten Wiedergabe der Position Huxleys ist die Gleichsetzung von Nationalsozialismus und Rassismus, die auch zur falschen Vorstellung führte, dass mit dem Sieg über den deutschen Nationalsozialismus auch der Rassismus zusammengebrochen sei. Während Huxley in den 1920er Jahren offen antinegride Positionen formulierte und »Schwarze« eindeutig minorisierte, lehnte er indes in den 1930er Jahren eine Hierarchisierung »menschlicher Rassen« ab. Huxley und Haddon formulierten damit eine Position, die uns auch heutzutage in der Öffentlichkeit begegnet. Ein Großteil der Menschen in Europa dürfte noch immer der Meinung sein, dass es »Menschenrassen« gibt, diese aber nicht als höher- bzw. minderwertig verstanden und bewertet werden sollten. Zwar lehnten in der Positionierung gegen den deutschen Nationalsozialismus auch die beiden Briten eine Wertung ab, blieben jedoch bei der rassistischen Behauptung von der Existenz »menschlicher Rassen«. Es ließe sich soweit gehen zu konstatieren, dass Huxley und Haddon über den deutschen Nationalsozialismus verärgert waren, insofern dieser den »wissenschaftlichen Rassismus« in Misskredit brachte. Die Veröffentlichung »We Europeans« ist ein Beispiel dafür, dass es für das Vorliegen des Rassismus keinerlei Wertung bedarf. Auch für Haddon und Huxley ist typisch, dass diese trotz der Zurückweisung der Bewertung »menschlicher Rassen« als höher- bzw. minderwertige Unterarten auf explizite wie implizite Werturteile nicht verzichteten. So verdeutlicht die Studie »We Europeans«, dass der weiße Mann sich weiterhin als Krone der Schöpfung verstand und diese Ansicht durch »Rassenlehren«, die innerhalb der »Weißen« differenzierten, für gefährdet hielt. Die Autoren weisen den Rassismus gewissermaßen »innerrassisch« zurück, um ihn »interrassisch« aufrechtzuerhalten.

Den Begriff »Rassismus« definierte *Meyers Konversationslexikon* im Jahr 1942 wie folgt:

> »Ursprüngliches Schlagwort des demokratisch-jüdischen Weltkampfes gegen die völkischen Erneuerungsbewegungen und deren Ideen und Maßnahmen, ihre Völker durch Rassenpflege zu sichern und das rassisch wie völkisch politisch-wirtschaftlich zerstörende Judentum sowie anderweitiges Eindringen fremden Blutes abzuwehren und auszuschlagen, als inhuman und ihre Träger als ›Rassisten‹ zu verleumden.«

Bezugnehmend auf diverse Ismen bezeichneten sich Menschen als Marxisten, Sozialisten, Kommunisten, Anarchisten oder Faschisten. Für Rassisten trifft dies nicht zu, für sie stellte der Begriff »Rassismus« bis auf die heutigen Tag eine Begrifflichkeit des politischen Gegners dar, sodass die Selbstbezeichnungen Ende des 19. Jh., in der Weimarer Republik sowie während des deutschen Nationalsozialismus meist »Rassekundler«, »Rassenforscher« oder »Rassenhygieniker« lauteten. Interessant ist, dass der Artikel aus *Meyers Konversationslexikon* mit dem Satz endet: »Heute wird in manchen Ländern das Wort Rassismus allgemein auch in zustimmendem Sinne gebraucht.« Versuche, den Terminus als Eigenbegriff zu verwenden, hat es offensichtlich gegeben, derartige Implementierungen setzten sich aber auch während des deutschen Nationalsozialismus nicht durch.

Die Studie *Race: A Study in Superstition* von Jacques Barzun (1907–2012) aus dem Jahr 1937 legte zeitbezogen den Schwerpunkt ebenso auf die Auseinandersetzung mit dem deutschen Nationalsozialismus. Der US-amerikanische Historiker ging jedoch über die bislang benannten Studien hinaus, insofern er sowohl den Antisemitismus als auch andere Spielarten des Rassismus wie den Antinegrismus ansprach und explizit unter das kritisierte Phänomen des Rassismus subsumierte. Im englischsprachigen Raum wurde der Terminus »racism« durch den vor den deutschen Nationalsozialisten geflohenen Arzt und Sexualforscher Magnus Hirschfeld (1868–1935) populär. Hirschfelds Studie *Racism*, die im Jahr 1938 erschien, benutzte bereits im Titel das Wort »Rassismus«, den er als »soziale Erscheinung« psychoanalytisch ausleuchtete.

Generell lässt sich eine enge sowie eine weite Fassung des Rassismusbegriffs unterscheiden. Während die enge Fassung des Rassismus' lediglich die Variante des biologistischen Rassismus (vgl. Kap. 1.4.5) unter den Terminus subsumiert und damit, chronologisch betrachtet, den Rassismus erst ab der zweiten Hälfte des 19. Jh.s beginnen lässt (sogenannter »wissenschaftlicher Rassismus«), koppelt eine mittlere definitorische Variante den Rassismus an den Kolonialismus und die Herrschaft des »weißen Mannes« über fremde Völker oder an das »Schlüsseljahr 1492«. Eine weite Fassung des Rassismusbegriffs reduziert den Rassismus weder auf biologische Merkmale noch temporär auf die Moderne, sondern fasst Rassismus – wie dies hier der Fall ist – als Macht- und Herrschaftsverhältnis, dessen Vorläufer bereits in der Antike zu verorten sind. In Anlehnung an den französischen Philosophen Michel Foucault wird Rassismus daher im Folgenden als Dispositiv verstanden und damit als ein »entschieden heterogenes Ensemble, das Diskurse, Institutionen, architekturale Einrichtungen, reglementierende Entscheidungen, Gesetze, administrative Maßnahmen, wissenschaftliche Aussagen, philosophische, moralische oder philanthropische Lehrsätze, kurz: Gesagtes ebenso wie Ungesagtes umfasst«.

Kritiken am Begriff »Rassismus« machen sich u. a. am Einwand fest, dass die Begrifflichkeit das Phantasma der »Rasse« aufs Neue reproduziere. Ein Begriff wie »gruppenbezogene Menschenfeindlichkeit« als Alternativterminus verkürzt aber den für den Rassismus relevanten Rassifizierungsprozess der Fremdheitsproduktion auf Feindseligkeit sowie das aus Strukturen, Praxen wie Ideologemen bestehende Rassismus-Dispositiv auf Einstellungen. Im Konzept der »gruppenbezogenen Menschenfeindlichkeit« wird Rassismus nicht nur auf Ideologie reduziert, sondern der Sachverhalt des Ideologischen bzw. des »rassistischen Wissens« darüber hinaus auf Einstellungsmuster, die mittels der Methoden der empirischen Sozialforschung erfasst werden sollen. Zwar ist die quantitative Messung rassistischer Denkmuster in Gestalt repräsentativer Längsschnittstudien durchaus von Interesse, kann indes aber keine Analyse des rassistischen Dispositivs ersetzen, was stets die konkret-historische Bestimmung der Funktionalität des Rassismus sowie die Analyse seiner strukturellen, institutionellen, unmittelbar gewaltförmigen wie alltäglichen Manifestationen einschließt. Der Terminus »Rassismus« soll bewusst »wehtun«, indem er die empirische Existenz, Relevanz und alltägliche Bedeutung der Kategorie *Rasse* als soziales Konstrukt betont (vgl. Kap. 1.1.1).

1.2 Definitionen des Rassismus

Im Folgenden wird ein kurzer Überblick über gängige Rassismusdefinitionen geboten. Als erster Definitionsversuch überhaupt gelten die Ausführungen der US-amerikanischen Anthropologin Ruth Benedict (1887–1948). Generell unterschieden wird zwischen Definitionen, die den Rassismus als Ideologie betrachten sowie Ansätzen, die den Rassismus vielfältig, z. B. als Struktur, Prozess und Diskurs fassen. Der Abschnitt endet mit einer Darlegung der eigenen definitorischen Fundierung, die den Rassismus in Anknüpfung an den französischen Philosophen Michel Foucault (1926–1984) als strategisches Dispositiv begreift und die begriffliche Fassung als Macht-

und Herrschaftsverhältnis weniger philosophisch als soziologisch auszuleuchten beabsichtigt.

1.2.1 Frühe Definitionsversuche

Im Jahr 1940 erschien in den USA die Studie von Ruth Benedict *Race – Science and Politics*, die im Jahr 1947 in deutscher Übersetzung mit dem Titel *Die Rassenfrage in Wissenschaft und Politik* veröffentlicht wurde und noch mit einer Lizenznummer der Militärverwaltung versehen war. Zitiert wird häufig Benedicts Definition: »Der Rassismus ist das Dogma, wonach eine ethnische Gruppe von Natur aus zu erblicher Minderwertigkeit verdammt ist, während einer anderen erbliche Überlegenheit bestimmt ward, das Dogma, dass die Hoffnung der Zivilisation in der Ausmerzung gewisser Rassen und der Reinhaltung anderer liegt, das Dogma, dass eine Rasse den Fortschritt durch die Geschichte der Menschheit mit sich getragen hat und allein künftigen Fortschritt gewährleisten kann.« In Kurzform lautet die Rassismus-Definition Benedicts: »Der Rassismus behauptet, dass die eine Gruppe die Stigmata der Überlegenheit trägt, die andere hingegen die der Minderwertigkeit.«

Anknüpfend an diese Definition wird zumeist konstatiert, dass Benedict »Rasse« als soziologische Kategorie benutzt habe und nicht als einen biologisch-naturwissenschaftlichen Terminus. Als Anhaltspunkt hierfür wird die parallele Benutzung des Begriffs »Ethnie« bei Benedict angeführt. Davon kann keine Rede sein. Bereits das angeführte Zitat verdeutlicht, dass Benedict das Postulat einer Existenz »menschlicher Rassen« nicht als Rassismus betrachtete, sondern erst die Wertung der »Menschenrassen«. So heißt es an anderer Stelle:

> »Die Wissenschaft hat die Rassenunterschiede studiert, hat sie aufgezeichnet und gezeigt, wie sie sich vererben. Wenn aber der Wissenschaftler einen Unterschied in der Behaarung oder Kopfform herausgearbeitet oder die Menge dunklen Pigments in der Haut gemessen hat, wird er sich hartnäckig gegen die Unterstellung sträuben, mit der Messung dieser

Unterschiede auch nur im geringsten eine Überlegenheit oder Minderwertigkeit gemeint zu haben. Einen Unterschied feststellen, heißt nicht von vornherein, etwas mit der Aufschrift ›schlecht‹ bezetteln.«

Auch wenn Benedict formuliert »Wie konnte Amerika sich gegen dieses Dogma stellen, solange es in diesem Lande möglich war, dass Neger aus Restaurants und Kinos hinausgewiesen wurden, selbst wenn sie die Uniform der amerikanischen Armee trugen?«, kommt es einer undifferenzierten Betrachtung gleich, sie als antirassistische Heroin zu stilisieren. Dies gilt nicht nur wegen der Verwendung des »N-Begriffs«, sondern auch, weil Benedict den herrschenden Wissenschaftsbetrieb seit dem Zeitalter der Aufklärung von dem Vorwurf reinwäscht, rassistisches Wissen produziert zu haben. Der Mythos von der »wertfreien Wissenschaft« bewirkte auch in Deutschland nach 1945 eine Entlastung der naturwissenschaftlichen Elite. Die implizite Behauptung, dass »der Wissenschaftler« (!) sich dagegen gesträubt habe, mit seiner Messung eine Überlegenheit oder Minderwertigkeit zu konstatieren, ist angesichts der Tatsache nahezu grotesk, dass führende Wissenschaftler und Wissenschaftsinstitutionen ein integrales Element des rassistischen Dispositivs sowohl in den angloamerikanischen Ländern als auch in Deutschland bildeten. Benedicts Position mutet auch deshalb merkwürdig an, insofern sie selbst im ersten Kapitel des Buchs Gobineau, Chamberlain, Günther, Bauer, Fischer und Lenz sowie ältere Gelehrte zitiert, welche die konstruierten »Rassen« mit bewertenden Adjektivierungen versahen. Sie betrachtete offensichtlich die genannten Personen nicht als »Naturwissenschaftler« sondern als »politisierende Philosophen«, nicht als prototypisch für den naturwissenschaftlichen Wissenschaftsbetrieb sondern als Ausnahme. Die Rassisten unter den Wissenschaftlern erscheinen bei Benedict als »schwarze Schafe«, sodass wissenschaftsimmanente Strukturen des rassistischen Wissens seit der Aufklärung ausgeblendet und ignoriert werden.

Die Veröffentlichung der Studie *Die Rassenfrage* von Ruth Benedict im Jahr 1947 auf Deutsch lässt sich, dergestalt betrachtet, auch als Versuch interpretieren, den »Rassediskurs« in die deutsche Nachkriegsgesellschaft zu retten. Eine umfassende Selbstkritik des Wissenschaftsbetriebs unterblieb, es erfolgte stattdessen eine Delegierung von Schuld an die Politik sowie an »karrieristische Einzelpersonen«, die als Ausnahme und nicht als Regel des Naturwissenschaftsbetriebs erscheinen. Auf diese Weise waren nicht Wissenschaftsstrukturen bzw. -prinzipien rassistisch, sondern deren Verletzung. In der Studie Benedicts klingt in der deutschen Lesart ein »Es war nicht alles falsch« durch, auch wenn hierarchische Bewertungen verurteilt werden. Während der Rassismus als bewertende unwissenschaftliche Übertreibung erscheint, bleibt die »reine Rassenlehre« bei Benedict eine Wissenschaft. Eine derartige Position traf gerade in Deutschland auf fruchtbaren Boden und wurde mit dem Mythos verkoppelt, der »Rassismus« sei nach 1945 diskreditiert gewesen. Die »reine Rassenlehre« stellt indes eine doppelte Legende dar, insofern es eine »reine Lehre« ohne explizite Bewertungen nie gab und selbst eine »nichtwertende Rassenlehre« stets implizite Bewertungen wie Rassifizierungen enthielte und folglich im gesellschaftlichen Raum als rassistisch zurückzuweisen wäre (vgl. Kap. 1.1.1).

1.2.2 Enge Fassung des Begriffs

Rassismus-Definitionen, die derzeit noch immer die Mehrheit bilden bzw. die den wissenschaftlichen Mainstream repräsentieren, vollziehen eine multiple Reduktion des Phänomens. *Erstens:* Der Rassismus wird wesensmäßig auf eine Ideologie verkürzt. Während Ruth Benedict ihn als »Dogma« bezeichnete, versah der Brite Ivan Hannaford seine anerkannte Studie aus dem Jahr 1993 mit dem Titel *Race: The History of an Idea in the West. Zweitens:* Der Rassismus wird noch immer auf die Variante des biologistischen Rassismus (»wissenschaftlicher Rassismus«) reduziert bzw. auf Konstruktionsprozesse hierarchisch strukturierter »menschlicher Rassen«. *Drittens:* Der Rassismus wird chronologisch auf eine Phase beginnend mit den ersten Rassentheorien der Aufklärung verkürzt oder genealogisch mit der zweiten Hälfte des 19. Jh.s verkoppelt. *Viertens:* Der Rassismus wird häufig auf das Verhältnis von »Weiß« und »Schwarz«

begrenzt, während andere Opfer- wie Tätergruppen in faktischer wie potenzieller Hinsicht ausgeblendet bleiben. Auf diese Weise gerät etwa die lange Kontinuität des Antisemitismus als Rassismus aus dem Blickfeld oder es wird in nahezu apodiktischer Manier die Behauptung aufgestellt, dass »Weiße nicht Opfer von Rassismus sein können«. *Fünftens:* Der Rassismus wird geografisch auf Europa bzw. den Westen verengt. Gewiss kommt dem »weißen Mann« bei der globalen Verbreitung des Rassismus sowie seiner umfassenden praktischen wie ideologischen Ausarbeitung eine dominante Rolle zu, eine singuläre räumliche Fokussierung wird indes dem im umfassenden Sinne globalen Phänomen – denkt man z. B. an den relevanten innerasiatischen Rassismus (vgl. Kap. 1.4.9) – nicht gerecht. *Sechstens:* Zahlreiche Definitionsversuche blenden relevante Spielarten des Rassismus aus. So heißt es beispielsweise auf der Startseite des Vereins »Gib Rassismus keine Chance«: »Es gibt viele Definitionen von Rassismus. Im Allgemeinen versteht man darunter Handlungen, Redeweisen oder Einstellungen, die Menschen aufgrund ihrer Hautfarbe, Kultur oder ethnischen Herkunft bevorzugen oder benachteiligen.« Hinsichtlich der Spielarten des Rassismus grenzt diese Definition u. a. den Klassismus, den antimuslimischen Rassismus, den eugenischen Rassismus sowie den Antifeminismus und Antiqueerismus aus (vgl. Kap. 1.3).

Die Definitionen des derzeitigen Mainstreams stellen verengte Fassungen des sozialen Phänomens dar und erweisen sich für eine kritische Gesellschaftstheorie als ungeeignet. Enge Fassungen sind außerstande, eine methodische Arbeitsplattform zu bieten, um diverse Spielarten des Rassismus mittels einer einheitlich-dimensionierten wissenschaftlichen Kategorie zu erfassen und so das Phänomen für eine komparatistische Systematisierung ganzheitlich zu erschließen. Ein Beispiel für eine verengte bzw. falsche Fassung bietet auch die Definition der Wikipedia. Dort heißt es: »Rassismus ist eine Ideologie, die ›Rasse‹ in der biologistischen Bedeutung als grundsätzlichen bestimmenden Faktor menschlicher Fähigkeiten und Eigenschaften deutet.« Der Ansatz der Wikipedia verkürzt das Phänomen sowohl auf den Aspekt der Ideologie als auch auf biologische Eigenschaften als Differenzmerkmale. Die kulturalistische Rassismusvariante bliebe folglich unbeachtet, der antimuslimische Rassismus ließe sich nicht als Rassismus fassen, das gespannte Netz von Ideologemen, Ausgrenzungspraxen, struktureller und institutioneller Diskriminierung, das vorrangig der Herrschaftsetablierung und -sicherung sowie dem Machterhalt und der Vorteilswahrung dient, bliebe unberücksichtigt. Eine hinreichende Erfassung des sozialen Phänomens Rassismus ist auf dieser definitorischen Basis nicht möglich.

Auch stark rezipierte Ansätze wie der des britischen Politikwissenschaftlers Robert Miles überwinden die reduktionistische Sichtweise nicht und fokussieren einseitig auf den Aspekt des Ideologischen sowie auf die »klassischen Rassenlehren«. Zahlreiche moderne Definitionsversuche erweitern zwar die zugrunde gelegte Eigenschaft um kulturelle Merkmale, fassen wie bei Christoph Butterwegge den Rassismus indes weiterhin als ein »Denken, das nach körperlichen bzw. nach kulturellen Merkmalen gebildeten Großgruppen unterschiedliche Fähigkeiten, Fertigkeiten, und/oder Charaktereigenschaften zuschreibt [...]«.

Positiv hervorzuheben ist der Ansatz des tunesisch-französischen Soziologen Albert Memmi, für den der Rassismus maßgeblich funktional zu erfassen ist. Für Memmi geht es beim Rassismus um die Sicherung von Privilegien, um die Produktion wie Reproduktion von Vorherrschaft. Memmis Ansatz bietet ebenso den Vorteil, dass der Fokus auf biologischen sowie auf kulturellen Merkmalen als Differenzkriterien des konstruierten Unterschieds liegt. Den Prozess der Rassifizierung verortet Memmi als triadisches Verfahren, das aus den Elementen Differenz, Wertung und Verallgemeinerung besteht. Während der Vorgang der Differenzbildung den Unterschied produziere, der real oder rein fiktiv sein könne, interpretiere der Vorgang der Wertung diesen zugunsten der Wir-Gruppe, deren Merkmale als »gut« taxiert würden, die Eigenschaften der Fremdgruppe hingegen als »schlecht«. Der Vorgang der Verallgemeinerung entspricht bei Memmi den diskursiven Rassifizierungstechniken der Kollektivierung (vgl. Kap. 2.1.1) sowie der Verewiglichung (vgl. Kap. 2.1.4).

Memmis Ansatz erfasst somit die Funktion des Rassismus, vermeidet eine Merkmalsverengung und beschreibt relevante Prozesse der diskursiven Rassifizierung. Gleichzeitig besteht jedoch auch bei Memmi das definitorische Problem darin, dass er Rassismus als »verallgemeinerte und verabsolutierte Wertung tatsächlicher oder fiktiver Unterschiede zum Nutzen des Anklägers und zum Schaden seines Opfers, mit der seine Privilegien oder seine Aggressionen gerechtfertigt werden sollen« versteht. Somit wird Rassismus erneut auf den Aspekt der Ideologie (»Wertung«) verkürzt. Memmis Definition ermöglicht es jedoch, sämtliche Spielarten des Rassismus (vgl. Kap. 1.3) sowie alle Varianten (vgl. Kap. 1.4) zu erfassen und eröffnet über die Herrschaftssicherung als primäre Funktion sowie die »individuelle und kollektive Stärkung des Ichs« als sekundäre Funktion sowohl soziologische als auch psychologische bzw. psychoanalytische Annäherungen an den Rassismus. Problematisch bleibt bei Memmi indes nicht nur die Reduktion der Herrschaftssicherung auf ihren ideologischen Aspekt, sondern ebenso die Betonung des Sachverhalts der Bewertung der konstruierten Gruppen. Memmi übersieht auf diese Weise die eigentliche Relevanz der sozialen Spaltung, die auch ohne Wertungen auskommen und funktionieren kann.

1.2.3 Weite Fassung des Begriffs

Zu den weiten definitorischen Fassungen zählt der Ansatz von George M. Fredricksen (1934–2008), der Rassismus als vorliegend betrachtet, »wenn eine ethnische Gruppe oder ein historisches Kollektiv auf der Grundlage von Differenzen, die sie für erblich und unveränderlich hält, eine andere Gruppe beherrscht, ausschließt oder zu eliminieren versucht«. Diese Kurzdefinition hebt nicht nur auf den Herrschaftsaspekt ab, sondern vermeidet auch die Gefahr, die Wertung der Differenz für das Vorhandensein des Rassismus als essenziell zu betrachten. Bei den diskursiven Rassifizierungstechniken steht bei Fredricksen die Verabsolutierung bzw. Hypostasierung (vgl. Kap. 2.1.6) des konstruierten Antagonismus zwischen der Wir-

Gruppe und der Fremdgruppe im Mittelpunkt des Prozesses. Auch Fredricksen überwindet jedoch nicht den Mangel, Rassismus immer wieder verkürzend als Ideologie zu interpretieren und primär auf rassistische Einstellungsmuster zu fokussieren. Der Untersuchungsgegenstand, so heißt es etwa, entspringe einer »Denkweise, wodurch ›sie‹ sich von ›uns‹ dauerhaft unterscheiden, ohne dass es die Möglichkeit gäbe, die Unterschiede zu überbrücken«. Die Praxis der Separierung existiert jedoch häufig vor Ideologemen der Unterscheidung, die diesen Prozess begleitend legitimieren. Der Ansatz des US-amerikanischen Kulturhistorikers eröffnet indes sowohl ideologische wie praxeologische Betrachtungsweisen, da er rassistische Einstellungen mit Diskriminierung, Hass und Gewalt verkoppelt.

1.2.4 Definitorische Grundlage

In Abgrenzung zu den multiplen Reduktionismen der engen Rassismusdefinitionen betont der hier zugrundegelegte Ansatz, dass Rassismus sowohl eine Struktur, ein Prozess wie eine Ideologie darstellt, dass die dem Konstruktionsprozess zugrunde liegende Eigenschaft zwar zwingend erforderlich ist, aber sowohl real als auch fiktiv sein kann und als Merkmal sowohl eine soziale, kulturelle, biologische, religiöse oder sonstige Größe dienen kann, dass die Ursprünge des Rassismus bereits in der Antike auszumachen sind und dass potenziell betrachtet alle Menschen Opfer von Rassismus sein können. Der Ansatz intendiert somit eine analytische Arbeitsplattform darzustellen, um sämtliche Spielarten (vgl. Kap. 1.3) wie Varianten des Rassismus (vgl. Kap. 1.4) systematisch zu integrieren und für eine Komparatistik ganzheitlich zu erschließen.

Die Definition des Rassismus als spezifisches wie strategisches Macht- und Herrschaftsverhältnis betont dabei, dass es sich um prozessuale Aspekte (Verhalten) wie strukturale Aspekte (Verhältnisse) handelt, wobei soziale Verhältnisse als geronnenes Verhalten interpretiert werden. Prozessual betrachtet handelt es sich beim Rassismus um intentionales, rationales Handeln von Menschen bzw. Men-

schengruppen, was nicht ausschließt, dass vor allem der Alltagsrassismus ebenso durch nicht-intentionales Verhalten geprägt sein
kann. Der Rassismus darf weder als Vorurteil noch als Bildungsde-
fizit oder Kommunikationsproblem verstanden werden, insofern rassistisches Verhalten primär planvoll ist und die Errichtung und/oder
Sicherung von Vorherrschaft und Macht auf diversen Gebieten intendiert. Auf der Seite des Verhaltens stellt der Rassismus eine individuelle wie kollektive Strategie zwecks Produktion und Reproduktion von Dominanz dar, die systematisch die Realisation der Vorteilsaneignung und -wahrung beabsichtigt.

Die zugrunde gelegte Definition versteht Rassismus als ein gesellschaftliches Verhältnis, das aus diskursiven bzw. narrativen Rassifizierungstechniken (vgl. Kap. 2), strukturellen (vgl. Kap. 3) wie institutionellen Mechanismen (vgl. Kap. 4), Formen unmittelbar gewalttätiger Art (vgl. Kap. 5) sowie alltäglicher Diskriminierung (vgl.
Kap. 6) besteht. Zum Rassismus zählen Diskurse, die Gesellschafts-
gruppen durch Spaltung narrativ konstruieren und dabei zumeist
aufwerten wie abwerten. Zu nennen wären hierbei Gesetze wie Bestandteile des Staatsbürgerschaftsrechts, des Wahlrechts, des Aufenthaltsrechts, des Arbeits- und Sozialrechts sowie Praxen, Normen und
Verfahrenstechniken in Institutionen wie dem Bildungswesen, der
Polizei, den Arbeits- und Sozialämtern oder den Medien. Als gesellschaftliches Verhältnis reguliert der Rassismus den Zugang zu ökonomischen, sozialen, politischen und kulturellen Ressourcen zum Vorteil der »Wir-Gruppe«. Der hier zugrundegelegte Ansatz ließe sich wie
folgt zusammenfassen: Der Rassismus ist ein Macht- und Herrschaftsverhältnis, das aus Einstellungen, Verhaltensweisen wie Strukturen
besteht und vorliegt, wenn auf Basis eines willkürlichen Differenzkriteriums, das biologischer, kultureller oder sonstiger Natur sein kann,
eine Gesamtheit von Menschen in eine »Wir-Gruppe« und eine
»Fremdgruppe« mit der Intention gespalten wird, die diskursiv wie
nichtdiskursiv konstruierten »Anderen« zwecks Vorteilsaneignung
bzw. -wahrung zu beherrschen, auszuschließen oder gar zu töten.

Die Elemente des Rassismus bilden nach Foucault eine netzwerk-
förmige Struktur, insofern sie auf vielfältige Weise miteinander ver-

flochten sind und sich wechselseitig referenzieren. Als Macht- und Herrschaftsverhältnis stellt sich der Rassismus für uns primär als »Rassismus von oben« dar, dessen Machtaspekte nur im Rahmen des jeweils konkret-historischen Herrschaftsgefüges hinreichend erfasst werden können. Als soziales Verhältnis bedarf der Rassismus einer hegemonialen Verankerung, einer konsensualen Zustimmung seitens relevanter Bevölkerungsteile. Der »Rassismus von oben« bedient sich dabei instrumentell nicht zuletzt psychologischer, psychoanalytischer wie massenpsychologischer Mobilisierungsvarianten, die u. a. Neid, Missgunst, Ängste und Hass schüren. Der »Rassismus von oben« bildet mit »dem Rassismus von unten« eine dialektische Einheit, bei der die »rassistische Elite« als Akteur die Rolle der eigentlich treibenden, übergreifenden Kraft spielt. Insofern es sich beim Rassismus zumeist um ein System mit gravierenden Auswirkungen auf die jeweilige Nationalökonomie handelt und um ein global zu denkendes Herrschaftsverhältnis im Kontext weltwirtschaftlicher Strukturen, sind die Funktionen wie Effekte des Rassismus ebenso im Rahmen einer politischen Ökonomie zu erschließen, sodass eine transdisziplinäre Analyse vorteilhaft wäre, die diverse Einzelwissenschaften einbezieht, wenngleich der Rassismus aus unserer Sichtweise primär soziologisch zu interpretieren ist.

1.3 Spielarten des Rassismus

Unterschiedliche Ausprägungen des Rassismus bezüglich der jeweiligen Gruppe rassistisch Dominierter werden als »Spielarten des Rassismus« bezeichnet. Es lassen sich unseres Erachtens 15 Spielarten bzw. Rassismen benennen.

1.3.1 Der Antisemitismus

Der Antisemitismus ist in Gestalt der antiken Judenfeindschaft eine der ältesten Formen des Rassismus überhaupt. Seine Analyse als rassistisches »Urmuster« sowie seine Betrachtung im Kontext der Shoah (»Holocaust«) sind von besonderer Relevanz, zumal er häufig als Stichwortgeber für die Pejoration anderer »Fremdgruppen« dient. Die »Beschneidungsdebatte« im Jahr 2012 und ihre antisemitischen Ausfälle verdeutlichen, dass die Vorstellung von einer Ablösung durch andere Rassismen irrig ist. Besondere Aufmerksamkeit verdient der »sekundäre Antisemitismus« als judenfeindlicher Post-Shoah-Rassismus, dessen Spezifikum der einem israelischen Psychoanalytiker zugeschriebene Satz: »Die Deutschen werden den Juden Auschwitz nie verzeihen« verdeutlicht. Die Geschichte des antisemitischen Rassismus verweist darauf, dass nicht nur die Shoah singulär ist, sondern der Antisemitismus als solcher, insofern dieser von Anfang an ein mörderischer war und bereits in der Antike eliminatorische Züge annahm. Komparatistische Vergleiche – auch solche, die keinen Holocaust-Revisionismus darstellen, insofern sie die Shoah ausklammern – sollten sich der Tatsache der Singularität dieses Rassismus aufgrund seiner Tiefe, seines Alters, seiner Kontinuität und seines mörderischen Wesens bewusst sein. Sätze wie »Muslime sind die Juden von heute« sind nicht zuletzt deshalb entschieden zurückzuweisen, weil sie die Relevanz des Antisemitismus im 21. Jh. vollständig verkennen und die Tatsache missachten, dass sich der antimuslimische Rassismus in Deutschland nicht zuletzt aus einem »umgelenkten Antisemitismus« speist.

1.3.2 Der Antinegrismus

Der Antinegrismus ist neben dem Antisemitismus eine der Hauptformen des Rassismus. Es geht dabei um die Jahrhunderte währende Unterdrückung von »Schwarzen« durch »Weiße«, um »Weißsein« sowie um Bilder vom »Schwarzen« sowie dessen alltägliche Diffamierung und Diskriminierung bis in die heutigen Tage. Den Hass von Rassisten bekommen u. a. schwarze Fussballspieler zu spüren. Schwarze Italiener wie z. B. Mario Balotelli, schwarze Deutsche, schwarze Franzosen darf es in den Augen rassistischer Fussballfans nicht geben. Schmährufe der übelsten Art sind Alltag und keineswegs nur auf Fußballstadien beschränkt. Erfolgreiche und siegesbewußte »Schwarze«, die nicht für eine afrikanische, sondern eine europäische Fussballmannschaft spielen, passen nicht in die Vorstellungswelt von Rassisten. Der »Schwarze« hat Knecht zu sein und kein eleganter Herr in Gestalt eines erfolgreichen, dribbel- und kopfballstarken Fussballmillionärs. Touristischer Beliebtheit erfreuen sich auch noch immer »Mohrenfiguren« in einem Café in Dresden. Hier scheint die Welt noch in Ordnung zu sein, der »Schwarze« nimmt die Rolle ein, die der weiße Herr ihm als Träger von Leuchten, Fruchtkörben oder sonstigen Accessoires zugeschrieben hat. Dies sind Bilder, die uns seit unserer Kindheit in Kinderbüchern, Comics, Filmen und in Gestalt von Spielfiguren wie etwa dem »Schwarzen Peter« begleiten. Die Trennung davon scheint offensichtlich schwerzufallen. Die Entfernungen rassistischer Termini aus Kinderbüchern stößt nahezu auf eine Empörungswelle, die sich in keiner Weise aus Ängsten vor literarischer Zensur hinreichend erklären läßt. Wie schwer die Benennung von Tatbeständen als Rassismus insbesondere dann fällt, wenn es um Traditionen geht, verdeutlicht in den Niederlanden der Streit um die Figur des »Zwarte Piet« (vgl. Kap. 6.3). Doch es geht beim antinegriden Rassismus »nicht nur« um Kinderbücher und Comics, sondern auch um den alltäglichen institutionellen Rassismus, dem Menschen schwarzer Hautfarbe noch immer ausgeliefert sind. Eine Form des institutionellen Rassismus stellt das »Racial Profiling« (richtiger: »Racist Profiling«) dar. Immer wieder werden »Schwarze« diskriminiert, wenn sie einzig und allein aufgrund ihrer Hautfarbe einer Polizeikontrolle unterzogen werden (vgl. Kap. 4.6). Wie die Erschießung eines unbewaffneten Jugendlichen in Ferguson im Bundesstaat Missouri gezeigt hat, kann »Schwarzsein« auch heutzutage noch immer das Leben kosten und dies, wie der Fall Oury Jalloh nahe legt, nicht nur in den USA.

1.3.3 Der Antiziganismus

Der Antiziganismus bezeichnet den Rassismus gegenüber Menschen, die als »Zigeuner« konstruiert werden. Der antizigane Rassismus umfasst dabei abwertende Stereotype, diskriminierende sowie ausgrenzende Verhaltensweisen, die von Verfolgung und Vertreibung bis hin zu Pogromen, Zwangssterilisierungen, Internierungen und Völkermord in Gestalt des Porajmos (Bezeichnung für den Völkermord an den europäischen Roma durch den deutschen Nationalsozialismus) reichen. Der Antiziganismus ist eine Erscheinung vom ausgehenden Mittelalter bis hin zu zahllosen antiziganistischen Ausschreitungen im 21. Jh. Erst seit Oktober 2012 existiert ein Denkmal für die im deutschen Faschismus ermordeten europäischen Sinti und Roma südlich des Reichstagsgebäudes in Berlin. Neben Sinti und Roma sind und waren vom Antiziganismus u. a. Jenische sowie Menschen ohne festen Wohnsitz betroffen, sofern es sich etwa um Reisende handelte, die als »herrenloses Gesindel« diskriminiert wurden.

Beim Antiziganismus zeigt sich das Prinzip der wechselseitigen Anleihe aus den diskriminierenden Diskursen anderer Rassismen. So wurden beispielsweise Motive der christlichen Judenfeindschaft auf die neue Opfergruppe übertragen. Da für die christliche Judenfeindschaft das Motiv des »Gottesmordes« zentral war, erhob man gegenüber Sinti und Roma den Vorwurf einer Komplizenschaft. So hätten diese etwa die Nägel für das Kreuz Christi geschmiedet. Wiederum andere Pejorative lauteten, es seien Sinti und Roma gewesen, die der heiligen Familie auf ihrer Flucht nach Ägypten die Herberge verweigert hätten, die Jesus Christus nicht gestattet hätten, auf dem Weg nach Golgatha vor ihrem Haus eine Ruhepause einzulegen oder es sei ein Sinto gewesen, der den das Kreuz tragenden Jesus bestohlen hätte. Wie die Juden, so seien auch »die Zigeuner« verflucht und zur ewigen Wanderschaft verdammt. Der auf den »Zigeunern« lastende »Fluch« wurde auch mit der pseudoreligiösen Behauptung begründet, es handele sich bei Sinti und Roma um die Nachfahren des biblischen Kain, der seinen Bruder Abel erschlug. Adaptierte

Narrative transferierten so das deutlich ältere antisemitische Stereotyp vom »Ewigen Juden« in den antiziganistischen Diskurs.

1.3.4 Der antiindigene Rassismus

Der antiindigene Rassismus ist mit der Eroberung Mittel- und Südamerikas eng verbunden. Bezüglich der Thematik des Rassismus sind die Vorstellungen der spanischen Eroberer, der Konquistadoren, über die indigenen Völker bedeutsam sowie die Unterwerfung, Kolonisierung und Ausrottung der Ureinwohner. Das Ende der Conquista wird gemeinhin auf das Jahr 1697 datiert, der Zerstörung des letzten unabhängigen Maya-Staates im heutigen Guatemala. Der antiindigene Rassismus umfasst auch die Ausrottung sowie das Massensterben der »Indianer« Nordamerikas. Insofern der Terminus »indigene Völker« marginalisierte Bevölkerungsgruppen bezeichnet, die Nachkommen von Bevölkerungen darstellen, die von Kolonisation oder Eroberung betroffen waren, umfasst die Begrifflichkeit des antiindigenen Rassismus auch den heutigen Umgang von Staaten und ihren Angehörigen mit »indigenen Ureinwohnern«. Der Begriff antiindigener Rassismus erfasst so auch das Verhältnis des »weißen Mannes« zu den australischen Aboriginal in historischer Perspektive und bezüglich seiner aktuellen Relevanz.

1.3.5 Der Kolonialrassismus

Der Begriff Kolonialrassismus verdeutlicht die enge Verbindung von Rassismus und Kolonialismus. Der moderne Rassismus ist eng verkoppelt mit dem atlantischen Dreieckshandel sowie mit der dunklen Seite der Aufklärung, die für die Legitimierung der Sklaverei sorgte. Rassentheorien wie rassistische Vorstellungen sind kein »Abfallprodukt der Aufklärung«, sie stellen vielmehr ein genuines Element ihrer Vermessungs- und Klassifizierungsmanie dar, die nicht zuletzt den Zweck verfolgte, die Vorherrschaft des »weißen Mannes« mit

Hilfe des rassistischen Wissens zu sichern. »Die Rasse der Neger«, so schrieb Voltaire (1694–1778) im Jahr 1755, »ist eine von der unsrigen völlig verschiedene Menschenart, wie die der Spaniels sich von der der Windhunde unterscheidet. Man kann sagen, dass ihre Intelligenz nicht einfach anders geartet ist als die unsrige, sie ist ihr weit unterlegen«.

Der Rassismus als Macht- und Herrschaftsverhältnis etablierte in den Kolonien nicht nur eine hierarchische Rangordnung verschiedener Ethnien, um diese gegeneinander auszuspielen und so die »weiße Vorherrschaft« zu sichern, er regulierte auch über diverse Gebote und Verbote die Beziehung zwischen den »Kolonialherren« und den »Kolonialisierten«. Im Jahr 1899 schrieb der preußische Historiker Heinrich von Treitschke:

> »Das Völkerrecht wird zur Phrase, wenn man dergleichen Grundsätze auch auf barbarische Völker anwenden will. Einem Negerstamm muss man zur Strafe seine Häuser anzünden, ohne ein solches Exempel richtet man da nichts aus. Es ist nicht Humanität und […] Rechtsgefühl, sondern schimpfliche Schwäche, wenn das Deutsche Reich heute nicht nach diesen Grundsätzen verfährt.«

In Gestalt des Völkermords an den Herero und Nama setzte der Kolonialrassismus auch das Mittel des Genozids (vgl. Kap. 5.12) ein. Zu konstatieren ist ein historischer Zusammenhang zwischen der kurzen, aber besonders aggressiven Phase des deutschen Kolonialismus und der faschistischen Eroberungs- und Vernichtungspolitik im Osten.

1.3.6 Der Klassismus

Der Klassismus benutzt als Differenzkriterium zwischen »Wir-Gruppe« und »Fremdgruppe« die Klassen- und Schichtzugehörigkeit bzw. die soziale Lage. Opfer des klassistischen Rassismus sind marginalisierte Schichten, Menschen in prekären Lebenslagen, wie etwa Arbeitslose, Sozialhilfeempfänger, Obdachlose, Arme oder die Arbeiterklasse als solche. Als Differenzkriterium dient neben dem geringen Einkommen oder dem Haushaltsvermögen auch ein niedriger Bildungsabschluss bzw. ein fehlender Schul- oder Berufsabschluss. Die Argumentationsweise klassistischer Rassisten bedient sich zumeist des ökonomistischen Utilitarismus. Die Wertigkeit von Menschen misst der klassistische Rassist an ihrem Beitrag zum Volkseinkommen und versieht die dergestalt konstruierten Gruppen mit den Etiketten »produktiv« und »unproduktiv«. Der Klassismus erweitert die Dichotomie zwischen Weiß und Nichtweiß um die Dimension von »höherwertigeren Weißen«, deren Fortpflanzung zu fördern sei und »minderwertigeren Weißen«, deren stärkere »Vermehrung« zum Untergang der »weißen Rasse« führe. Der Klassismus hat im Kontext aktueller Integrationsdebatten an Relevanz gewonnen und benutzt aktuell neben der Klassen- und Schichtzugehörigkeit bzw. der sozialen Lage auch die Herkunft aus Migration als Differenzkriterium und diskriminiert Migranten als »unproduktiv« bzw. als »ökonomischen Ballast«. Hinsichtlich des Entwurfs bevölkerungsdystopischer Szenarien ist der Klassismus eng mit dem eugenischen Rassismus verkoppelt.

1.3.7 Die Kranken- und Behindertenfeindlichkeit

Die Kranken- und Behindertenfeindlichkeit stellt eine Spielart des Rassismus dar, die Menschen mit Behinderungen zu »Behinderten« sowie kranke Menschen zu »Kranken« konstruiert, diffamiert, aus der Gesellschaft ausgrenzt sowie benachteiligt. Wie andere Rassismen, so besitzt auch die Kranken- und Behindertenfeindlichkeit eine ideologische, eine praxeologische sowie eine strategische Funktion. Im Mittelalter sowie in der Neuzeit bemühten sich narrative Diskurse zumeist eine »Behindertenrasse« zu konstruieren, indem sie die Vererbbarkeit von Krankheiten, deren Ursache man zumeist nicht kannte, auf der Basis eines generativen Blutskontinuums postulierten. Da erst im Jahr 1873 der norwegische Arzt Gerhard Henrik Armauer Hansen (1841–1912) das Leprabakterium entdeckte, hielt sich zuvor hartnäckig der Versuch, Leprakranke zu einer »verfluchten Rasse« zu machen, deren Krankheit durch »unreines Blut« vererbt werde. Leprakranke waren von separierenden Praxen betroffen, die sie de facto aus der mittelalterlichen Gesellschaft exkludierten, sie mussten nicht nur abgesondert wohnen, sondern sich auch durch spezielle Kleidung sowie durch das »Klappern« zu erkennen geben und wurden meist Opfer rassifizierender Maladisierung (vgl. Kap. 2.2.3), d. h. für den Ausbruch anderer Krankheiten wie der Pest verantwortlich gemacht. Während die funktionelle Seite der Kranken- und Behindertenfeindlichkeit in der mittelalterlichen Gesellschaft zumeist in einer Pseudorationalisierung unerklärlicher Phänomene bestand, dient sie in der bürgerlich-kapitalistischen Gesellschaft primär dem normierenden Leistungszwang, der Abweichungen vom konstruierten Standard definiert und für gesellschaftliche Stratifizierungsprozesse zu instrumentalisieren beabsichtigt. Die Kranken- und Behindertenfeindlichkeit betrifft so auch diejenigen Menschen, die nicht zu Kranken und Behinderten konstruiert werden. Die gesellschaftlich produzierte Angst »des Abrutschens« wird eingesetzt, um mehr Leistung zu erpressen und Äußerungen körperlichen Unwohlseins zu unterdrücken. Die Rezeption der anglo-amerikanischen »Disability Studies« führte in jüngster Zeit zur Übernahme des Terminus »Ableism«. Insofern »Disability Studies« danach fragen, was »Ableism« und Rassismus gemein haben und so den Rassismus auf »biologistische Rasselehren« reduzieren und die Kranken- und Behindertenfeindlichkeit nicht als Spielart des Rassismus begreifen, hilft die Übernahme dieses Anglizismus keineswegs weiter. Der Terminus »Feindlichkeit« ist jedoch gleichfalls unglücklich, insofern er den Rassismus psychologisiert bzw. als psychische Störung pathologisiert statt auf die soziologischen Komponenten des Macht- und Herrschaftsverhältnisses zu fokussieren. Problematisch ist ebenso die Übernahme des essentialisierenden Terminus »Behinderter«. Zwar benutzen auch andere Spielarten des Rassismus bei ihrer Terminologie die Begrifflichkeit des rassifizierenden Konstruktionsprozesses, in diesem Fall ist die Gefahr der Beeinflussung des Realsprachgebrauchs aber höher zu veranschlagen.

1.3.8 Der eugenische Rassismus

Der eugenische Rassismus entstand im Kontext der Anwendung der Resultate der Humangenetik auf die Bevölkerungs- und Gesundheitspolitik in den 1880er Jahren. Biologistische Positionen wurden von Francis Galton (1822–1911), dem Halbcousin Charles Darwins (1809–1882), sowie dem Soziologen Herbert Spencer (1820–1903) populär gemacht. Während die Eugenik zunächst eine anglo-amerikanische Bewegung war, gewann diese zu Beginn des 20. Jh.s als »Rassenhygiene« in Deutschland an Einfluss und führte im deutschen Nationalsozialismus u. a. zur Zwangssterilisierung, zur Ermordung als »erbkrank« konstruierter Menschen sowie zum NS-Massenmord. Der eugenische Rassismus lässt sich auch als »biologistischer Sozialrassismus« begreifen, insofern seine maßgebliche Funktion darin bestand, soziale Ungleichheiten in den sich rasch entfaltenden kapitalistischen Gesellschaften biologistisch zu legitimieren. Der eugenische Rassismus wandte das ursprüngliche Rassekonzept innereuropäisch an und spaltete Menschen gemäß der Etiketten »valid« und »invalid« bzw. »nützlich« und »unnütz«. Im Kontext des eugenischen Rassismus mutierte die Charakterisierung »invalid« zu »lebensunwert« und führte im deutschen Nationalsozialismus zu mörderischen Konsequenzen. Im Kontext der modernen Gen- und Biotechnologien wie der Reproduktionsmedizin lassen sich qualitativ neue Gefahren konstatieren, die Szenarien einer »eugenischen Gesellschaft« heraufbeschwören, die u. a. der Spielfilm »Gattaca« (Andrew Niccol, USA 1997) thematisiert.

1.3.9 Der Antiasiatismus

Der Antiasiatismus ist maßgeblich ein Produkt des Kolonialismus und greift auf pejorative Stereotype zurück, die bereits von den USA sowie den europäischen Kolonialmächten gegen China und Japan geschürt wurden. Der Antiasiatismus (»gelbe Gefahr«) verbreitete sich an der US-amerikanischen Westküste im Kontext der Migration von Arbeitskräften aus Japan und China und wurde als multimediale Kampagne (»yellow peril«) geführt, die zu zahlreichen Pogromen führte. Der antiasiatische Rassismus spielte auch im Kontext der Politik des »Weißen Australien« gegen die Migration von »Nicht-Weißen« aus dem asiatischen Raum eine relevante Rolle. Der Terminus »White Australia Policy« bezeichnet eine auf gesetzlicher Grundlage in den Jahren zwischen 1901 und 1973 betriebene restriktive Einwanderungspolitik. In den USA war der antiasiatische Rassismus außerhalb des Kontextes der Migrationspolitik nach dem japanischen Angriff auf Pearl Harbour sowie während des Vietnam-Kriegs von Bedeutung.

1.3.10 Der antiirische Rassismus

Der antiirische Rassismus entstand als Kolonialrassismus im Kontext der Eroberung Irlands seitens normannischer Eroberer. Während die Eroberer sich als kultiviert konstruierten, erblickten sie in den Iren, um deren Unterdrückung zu rechtfertigen, ein unzivilisiertes, faules Bauernvolk. So hieß es etwa in der im Jahr 1188 erschienenen *»Topographia Hibernica«* des normannischen Adeligen Giraldus Cambrensis (1146–1223):

> »But although they are richly endowed with the gifts of nature, their want of civilization, shown both in their dress and mental culture, makes them a barbarous people. For they wear but little woollen, and nearly all they use is black, that being the colour of the sheep in this country. Their clothes are also made after a barbarous fashion.«

Im Jahr 1366 wurden gleich mehrere Gesetze (»Statutes of Kilkenny«) erlassen, welche die Etablierung einer rassistischen Segregation zwischen der anglonormannischen Herrscherschicht und der ursprünglichen gälisch-irokeltischen Bevölkerung beabsichtigten (vgl. Kap. 5.1). Im 16. und 17. Jh. kam es in verstärktem Maß zu Landenteignungen, um englische Siedler und Soldaten auf Kosten der irischen Urbevölkerung zu versorgen. Während in den ersten Jahrhunderten die Unterdrückung der Iren primär kulturalistisch begründet wurde, entwickelten sich ab 1860 darwinistische Ansätze sowie biologistische Rassentheorien zu den primären legitimatorischen Varianten des antiirischen Rassismus, in deren Kontext »die Iren« zu einer »abergläubischen Rasse« mutierten.

1.3.11 Der Antislawismus

Der Antislawismus bzw. die Slawenfeindlichkeit ist eine der ältesten Formen des Rassismus, die angesichts ihrer Relevanz hinsichtlich des Vernichtungskriegs der deutschen Wehrmacht im Osten historisch, politisch und moralisch unzureichend aufgearbeitet ist. Der Antislawismus richtet sich gegen einzelne Völker wie z. B. Russen oder Polen oder aber auch gegen alle rassifizierend als »Slawen« konstruierte Menschen. Die Ursprünge des im Deutschen Kaiserreich sich etablierenden Antislawismus reichen weit zurück in die deutsche Geschichte. Sie sind verbunden mit der Historie des Deutschen Ordens und der mittelalterlichen Ostexpansion sowie ihrer spezifischen politischen wie historiografischen Adaption im 19. Jh. Verflechtungen heterogener Rassismen zeigen sich hierbei nicht zuletzt in Gestalt des Historikers Heinrich von Treitschke. Während dieser für seinen Antisemitismus bekannt ist, geriet in Vergessenheit, dass seine Werke den Deutschen Orden zum »christlich-preußischen Kulturträger« gegen das Slawentum konstruierten. Treitschke knüpfte an den antiken Topos vom kulturell unterlegenen Barbaren an und stilisierte die Niederlage der Ordensritter in der Schlacht bei Tannenberg zu einer Niederlage des zivilisierten Abendlands gegen das östliche Barbarentum.

Wie stark der Antislawismus und der Sozialdarwinismus in der deutschen Elite des wilhelminischen Kaiserreichs verankert waren, verdeutlicht die Freiburger Antrittsrede des Soziologen Max Weber aus dem Jahr 1895, in der es hieß:

> »Der polnische Kleinbauer im Osten ist ein Typus sehr abweichender Art von dem geschäftigen Zwergbauerntum, welches sich hier in der gesegneten Rheinebene durch Handelsgewächsbau und Gartenkultur an

die Städte angliedert. Der polnische Kleinbauer gewinnt an Boden, weil er gewissermaßen das Gras vom Boden frißt, nicht trotz, sondern wegen seinen tiefstehenden physischen und geistigen Lebensgewohnheiten. Ein Ausleseprozeß also scheint es zu sein, den wir sich vollziehen sehen. Beide Nationalitäten sind in die gleichen Existenzbedingungen seit langer Zeit hineingestellt. Die Folge war nicht, daß sie, wie der Vulgärmaterialismus sich vorstellt, die gleichen physischen und psychischen Qualitäten annahmen, sondern dass die eine der andern weicht, dass diejenige siegt, welche die größere Anpassungsfähigkeit an die gegebenen ökonomischen und sozialen Lebensbedingungen besitzt. Diese verschiedene Anpassungsfähigkeit selbst bringen sie, so scheint es, als feste Größe mit, sie könnte vielleicht im Verlaufe generationenlanger Züchtungsprozesse so, wie sie in Jahrtausenden entstanden sein mag, wieder verschoben werden, aber für die Erwägungen der Gegenwart ist sie ein Moment, mit welchem wir als gegeben zu rechnen haben.«

1.3.12 Der antimuslimische Rassismus

Der antimuslimische Rassismus umfasst den Rassismus gegenüber Muslimen und stützt sich auf die europäische Islamfeindlichkeit, die sich im Kontext der Kreuzzüge ab 1095 in neuer Qualität formierte, nachdem bereits im 7. und 8. Jahrhundert Muslime u. a. als Häretiker diffamiert wurden. Die Bedeutung des antimuslimischen Rassismus in den USA sowie als gesamteuropäische Erscheinung wurde breiteren Bevölkerungskreisen durch die Attentate des norwegischen neofaschistischen Massenmörders Anders Behring Breivik im Juli 2011 bewusst, der zuvor ein Hassvideo sowie ein umfangreiches Pamphlet mit dem Titel »2083: A European Declaration of Independence« in das Netz stellte. Anschläge auf Moscheen zählen in Europa nahezu zur Alltäglichkeit. So handelte es sich beim Anschlag auf eine schwedische Moschee am 1. Weihnachtsfeiertag 2014 bereits um die zwölfte derartige Attacke des Jahres. Wie schwer es dem Mainstream in Deutschland fällt, antimuslimischen Rassismus als Rassismus zu benennen, wird daran deutlich, dass es am 31. Dezember 2014 bei »Tagesschau.de« heißt:

»Merkel verurteilt islamkritische Demonstrationen. Hinter Protesten gegen angebliche Überfremdung steht oft Kälte und sogar Hass, sagte die Kanzlerin in ihrer vorab aufgezeichneten Neujahrsansprache. Es sei selbstverständlich für Deutschland Flüchtlinge aufzunehmen. Sie seien ein Gewinn für alle.«

Selbst dort, wo es ganz offensichtlich um Rassismus geht, verwendet der öffentlich-rechtliche Sender den Terminus »Islamkritik« statt die Wortwahl »antimuslimischer Rassismus«. Auch zu Beginn des Jahres 2015 benutzte das öffentlich-rechtliche Fernsehen noch immer die Termini »islamkritische Proteste«, »das islamkritische Pegida-Bündnis« sowie »die islamkritische Pegida-Bewegung«. Die Titulierung von Pegida als »islamkritisch« stellt ein eklatantes Beispiel für die Verleugnung des Rassismus im öffentlichen Diskurs dar und setzt Zeichen, die den Rassisten zu weiteren Handlungen ermutigen. In der *FAZ* heißt es in einem Artikel vom 30. März 2016:

»Die Alternative für Deutschland (AfD) positioniert sich weiterhin als islamkritische Partei. ›Bau und Betrieb‹ von Moscheen seien zu untersagen, heißt es in einem neuen aus Niederbayern stammenden […] Entwurf zum Grundsatzprogramm.«

Nicht zuletzt im Kontext des antimuslimischen Rassismus wird die Frage debattiert, inwiefern und inwieweit Rassismen miteinander verglichen werden dürfen, ob etwa ein Vergleich zwischen dem Antisemitismus und dem antimuslimischen Rassismus zwangsläufig zu einer Relativierung der Shoah bzw. einer Unterschätzung des sekundären Antisemitismus führt.

1.3.13 Der Antifeminismus

Der Antifeminismus bzw. Sexismus ist ein Rassismus, der Unterschiede der biologischen Geschlechtsmerkmale instrumentalisiert, um die konstruierte Gruppe der Männer und die der Frauen antagonistisch zu positionieren mit dem Ziel der umfassenden Diskriminierung der Frauen, die u. a. zum Einhalten von Geschlechtsnormen im

Interesse der Männer gezwungen werden sollen. Der Antifeminismus ist in vielfältiger Weise mit anderen Rassismen verschränkt, so können etwa schwarze Frauen sowohl Opfer des Sexismus als auch des antinegriden Rassismus sein. Die Verknüpfungsweisen können sich abhängig von der sozialen Lage der betroffenen Frauen höchst unterschiedlich gestalten. So spielt bei der Verschränkung zumeist auch der Klassismus eine relevante Rolle.

Wie andere Rassismen, so ist auch der Antifeminismus nicht auf seine ideologische Seite zu verkürzen. Er ist keine Ideologie, sondern das Macht- und Herrschaftsverhältnis der Männer über die homogenisierte, naturalisierte und essentialisierte Gruppe der Frauen. In der feministischen Literatur wird der Sexismus häufig nicht als Rassismus gefasst mit den Argumenten, dass weiße Frauen beispielsweise am antinegriden Rassismus bzw. Kolonialrassismus partizipierten, dass sich der Sexismus mit dem Klassismus verschränke, dass Männer und Frauen individuell voneinander abhängig seien. Den Argumenten mangelt es unseres Erachtens an Tragfähigkeit, um den Antifeminismus explizit als Nicht-Rassismus zu charakterisieren, insofern beispielsweise auch der Antisemitismus mit der Kranken- und Behindertenfeindlichkeit sowie dem Antiqueerismus verschränkt war und behinderte sowie homosexuelle Juden zu den ersten Opfern des nationalsozialistischen Antisemitismus zählten. Der antinegride Rassismus geht beispielsweise gleichfalls komplexe Verschränkungen mit dem Klassismus ein. Im 21. Jh. profitiert ein schwarzer US-amerikanischer Unternehmer, der durchaus vom »racist profiling« betroffen sein kann, wie ein weißer Unternehmer vom antinegriden Rassismus und der damit einhergehenden rassistischen Lohnstratifizierung. Das Verhältnis eines Fabrikbesitzers zu den lohnabhängig Beschäftigten stellt auch nicht nur ein kollektives Verhältnis dar, sondern zugleich ein individuelles Bezugssystem. Sicherlich gibt es Unterschiede, insofern die Verflechtungsstrukturen beim Antifeminismus alltäglicherer Natur sein dürften: Indes verfügen in diesem Sinne alle Rassismen über Spezifika. Eine gewisse Sonderstellung des Sexismus kommt gleichwohl auch bei uns zum Tragen, wenn etwa von Klasse, *Rasse* und Gender als den drei soziologischen Schlüsselkategorien die Rede ist, deren inter- bzw. transsektionelles Verhältnis analytisch präzise zu erfassen ist.

1.3.14 Der Antiqueerismus

Der Antiqueerismus als Rassismus betrifft Personen, die im biologischen oder sexuellen Bereich als abweichend von der Norm der Mehrheitsgesellschaft definiert bzw. konstruiert werden. Rassistisch Diskriminierte sind u. a. Homosexuelle, Lesben, Bisexuelle, Intersexuelle, Transfrauen und Transmänner, die sich dem Zwang der Heteronormativität ausgesetzt sehen, der nicht selten in offene Feindschaft mündet. Während der Terminus »queer« (»seltsam«, »andersherum«) früher überwiegend als diskriminierende Fremdbezeichnung diente, wird er heute von Menschen, die nicht den Vorstellungen der Heteronormativität entsprechen, zumeist als Eigenbezeichnung benutzt. Der Terminus der Heteronormativität verdeutlicht die Funktion dieser Spielart, die maßgeblich darin besteht, patriarchale Strukturen durch die Nichtgefährdung des binären Geschlechtercodes zu stabilisieren. Die »Zwangsheterosexualität« lässt sich folglich als ein zentrales Teildispositiv des Rassismus begreifen, das gleichfalls Normen, Gesetze, rassistisches Wissen, Vorstellungen über den »männlichen und weiblichen Körper« sowie institutionelle Verfahrenstechniken etc. umfasst. Der Antiqueerismus als Spielart des Rassismus stellt ein Macht- und Herrschaftsverhältnis dar, das in funktioneller Hinsicht darauf abzielt, Heterosexualität als Norm zu stützen, um patriarchale Vorherrschaft, Dominanz und Vorrechte aufrechtzuerhalten. Die queere Person wird in der Weltanschauung des Rassisten folglich als eine Bedrohung für die gesellschaftliche Ordnung, als eine Gefährdung von Sitte und Anstand und als eine fundamentale Infragestellung der eigenen Festlegung begriffen.

1.3.15 Antimigrantischer Rassismus und Etabliertenvorrechte

Der antimigrantische Rassismus stellt ebenfalls eine Spielart des Rassismus dar. Gemeint ist die praktische und ideologische Beanspruchung von mehr Rechten seitens sogenannter Alteingesessener im Vergleich zu den Neuankömmlingen. Von Etabliertenvorrechten tangiert waren nach 1945 in Deutschland die »Heimatvertriebenen«, die nicht selten kollektiv von Ablehnung, Hass und Schmähungen betroffen waren. Da viele von Ihnen aus Ostpreußen kamen wurden unterschwellig auch antislawische Ressentiments transferiert. Der Dominanzanspruch der Alteingesessenen wurde ideologisch durch die Behauptung untermauert, die Flüchtlinge bekämen auf Kosten der »Einheimischen« alles, obwohl sie im Osten nichts besessen hätten, ihre Besitzangaben seien ein einziger Schwindel, um sich an den Geldern des Lastenausgleichsgesetzes zu bereichern. Die narrative Rassifizierung zeichnete sie als raffgierige Menschen, die als ehemalige »Heil-Hitler-Jubler« selber Schuld an ihrem Schicksal trügen. Die Spielart der Etabliertenvorrechte fungiert als intendierte Wahrung des eigenen Besitzstandes, den man durch die Neuankömmlinge bedroht sieht. Man befürchtet, teilen bzw. abgeben zu müssen und will die eigenen Privilegien auf Kosten »der Anderen« sichern bzw. diese auf »Platz Zwei« verweisen. Etabliertenvorrechte lassen sich vor allem im Kontext von Migrationsbewegungen mobilisieren.

Migrationen umfassen zumeist unterschiedliche historische Wellen, sodass sich auch die zuerst eingewanderte ethnische Gruppe von der nachfolgenden in rassistischer Weise abgrenzen kann. Dies verdeutlicht beispielsweise eine Episode der US-amerikanischen Sitcom »Golden Girls«, in der Sophia Petrillo mit ihrer Tochter Dorothy noch einmal ihre alte Wohnung besichtigt, in der mittlerweile Migranten aus Mexiko wohnen, die von Sophia zum Entsetzen ihrer Tochter rassistisch beschimpft werden. Die Tochter erinnert daraufhin Sophia daran, dass sie doch selbst italienische Einwanderer gewesen seien. Antimigrantischer Rassismus spielt auch in Deutschland angesichts der aktuellen Entwicklungen eine relevante Rolle und zeigt sich anhand von Übergriffen auf Personen mit Migrationshintergrund, antimigrantischer Kampagnen sowie Überfällen und Brandanschlägen auf Unterkünfte für Asylsuchende.

Bei den diversen Rassismen gilt es einerseits ihre unterschiedlichen sozialen Funktionen zu erfassen, die im Verlauf des historischen Prozesses vielfältigen Modifikationen ausgesetzt sein können, sowie andererseits in komparatistischer Betrachtung Verflechtungen, wechselseitige Anleihen und multiple Verstärkungsprozesse zu untersuchen sowie auf der Basis der Analyse Gemeinsamkeiten zu eruieren. Eine dieser zentralen Übereinstimmungen der Rassismen liegt u. a. in der sozialen Funktion der Realisation ökonomischer, politischer, kultureller und/oder religiöser Vormachtstellung einer Gruppe über eine andere mittels einer Vielzahl von Praxen wie Ideologemen. Zu analysieren sind also die konkreten sozialen Funktionen der jeweiligen Rassismen, die Intentionen und Befindlichkeiten der involvierten Subjekte sowie die konkreten Strukturen, Handlungsweisen und Denkmuster wie Legitimationsvarianten in ihren historischen Verlaufsprozessen.

1.4 Historische Varianten des Rassismus

Eine Geschichte des Rassismus muss eine Antwort auf die Fragen liefern, wann, wo und warum das Phänomen erstmals aufgetaucht ist, über welche Vorläuferstrukturen es verfügt und welche Modifikationen im Laufe des historischen Prozesses zu verzeichnen sind. Der Rassismus ist eine sozialhistorische Erscheinung, dessen Wesen man verschleiert, wenn er zur Eigenschaft des Menschen anthropologisiert oder als ein geschichtlich ewig Seiendes enthistorisiert wird.

1.4.1 Der antike Rassismus

Die Geschichte des Rassismus beginnt in der Antike. Der antike Rassismus diente im klassischen Griechenland und im Römischen Reich primär der Etablierung und Aufrechterhaltung des Systems der Sklaverei. Bezüglich der ideologischen Dimension des Rassismus lieferte die griechische Literatur und Philosophie eine Apologie der Versklavung des Menschen durch den Menschen, die maßgeblich mit dem Terminus des Barbaren (»Stammler«, »Stotterer«) verbunden war. Die Begrifflichkeit des Barbaren entwickelte sich von einem Terminus, der ursprünglich lediglich Menschen als »nicht-des-Griechischen-mächtig« charakterisierte, zu einem dichotomen Konstrukt, das Griechen und Nichtgriechen antagonistisch gegenüberstellte und letztere als unzivilisiert, unkultiviert, roh und sittenlos stigmatisierte. Das Ideologem leitete über zur Vorstellung einer naturgegebenen Sklaverei fremder, als kulturell unterlegen konstruierter Völker. So betonte der griechische Dramatiker Euripides (485/484–406 v. Chr.), dass der Barbar nur des Griechen Diener sein dürfe, nie aber sein Herr, »denn er ist als Knecht geboren, jener als ein freier Mensch«. Der griechische Philosoph Aristoteles (384–322 v. Chr.) bediente sich ausgiebig der diskursiven Rassifizierungstechnik der Naturalisierung (vgl. Kap. 2.1.3), um das soziale Verhältnis von »Herr und Gehorchendem« als natürlich gegeben und zum Vorteil beider erscheinen zu lassen. Sklavesein wird bei Aristoteles zur ontologischen Natur des versklavten Subjekts, wobei er das Wesen des Sklaven zugleich auf sein Sklavesein reduziert. Bei Aristoteles tritt die ideologische Funktion des Rassismus offen zutage, insofern er durch Naturalisierung und durch Essentialisierung gesellschaftliche Macht- und Herrschaftsverhältnisse verschleiert. Die Unterordnung der Barbaren unter die Griechen vergleicht Aristoteles mit der Zähmung eines wilden Tieres. Eigenschaften fremder Völker, die als minderwertig diffamiert wurden, galten in der Antike als klimabedingte, vererbte Charaktere. Die antike Klimatheorie trug so dazu bei, sozial konstruierte Gegensätze zu verewiglichen. Im Kontext der Versklavung von Menschen tauchten erste Haut- und Haarfarbenpejorative auf, so avancierte die Bezeichnung »Pyrrhias« (»Rotschopf«) für die versklavten Thraker in antiken Komödien zum üblichen Sklavennamen.

Die ideologische Dimension des Rassismus diente nicht nur zur Legitimation der Sklaverei, sondern auch zur Rechtfertigung klassistischer sozialer Ungleichheit. Eine Schlüsselrolle kommt der folgenden Erzählung in der *Politeia* Platons (428/427–348/347 v. Chr.) zu:

> »Ihr alle im Staat seid Brüder, so erzählen wir ihnen im Märchen. Gott aber, der Schöpfer, hat euch, die ihr zu Herrschern berufen seid, Gold bei eurer Erschaffung beigemischt, weshalb ihr auch die Geehrtesten seid. Den Helfern gab er Silber bei, Eisen und Kupfer den Bauern und Handwerkern. Weil ihr alle verwandt seid, erzeugt ihr zumeist Kinder nach eurer Art; manchmal nur wird aus einem goldenen Vater ein silberner Spross entstehen und aus einem silbernen ein goldener und ähnlich bei den anderen. Den Herrschern befiehlt Gott nichts so scharf zu bewachen wie den Stoff, der den Seelen ihrer Kinder beigemischt ist. Wenn ihr Spross Erz oder Eisen beigemischt erhalten hat, dann dürfen sie sich in keiner Weise erbarmen, sondern müssen ihm die seiner Natur zukommende Stellung geben und ihn an Handwerkern und Bauern verstoßen. Wenn aber von diesen Ständen ein Kind Gold und Silber bei sich trägt, dann müssen sie es ehren und empor führen [...]«.

Das Kriterium der Vererbung (»zumeist Kinder nach eurer Art«) ist bei dieser Textstelle bereits gegeben, jedoch stellt die Heredität noch keinen strikten biologistischen Determinismus dar, sodass Platon explizit den Umgang mit Ausnahmefällen thematisiert.

In der Antike ausgeprägt war auch die Spielart des Antifeminismus bzw. Sexismus. Antike Philosophen konstruierten auf dichotome Weise das »Männliche« und das »Weibliche«, wobei dem »Männlichen« die Rolle des Herrschers, des Gebieters und dem »Weiblichen« die Rolle der Beherrschten zukam. Zwar galt die Frau in der Antike als Bestandteil des Menschengeschlechts, doch verglichen mit dem Mann nahm sie lediglich eine subdominante Position ein, die bei Aristoteles aus »ihrem Wesen« folgte. Die Deutung der Frau als minderwertig bzw. als defizitär kommt in folgender Passage deutlich zum Ausdruck: »Die Frau ist durch ihren Mangel an natürlicher Wärme unfähig, ihren menstruellen Ausfluss bis zu jenem Punkt der Läuterung zu bringen, wo er zum Samen wird. Ihr einziger Beitrag zum Embryo ist daher der Körper und ein Boden auf dem es wachsen kann.« Die Vorstellung, dass nur der Samen die Quelle für das neue Leben in sich trage, führte bei Aristoteles zur Diskriminierung

der Frau als »verkrüppeltes Männchen«. Gesellschaftlich zugeschriebene und kulturell konstruierte Rollen werden auf diese Weise naturalisiert und erscheinen als Ausdruck einer »Physis des Weiblichen«, deren »Unvollkommenheit« ihren Ausschluss von Staatsge-
schäften erfordere. Während die Polis Sache des freien mit Verstand
ausgestatteten Mannes sei, entspräche der »Natur des Weiblichen«
die Führung des Haushalts sowie die Erziehung der Kinder.

Neben der rigiden Naturalisierung und Essentialisierung des
Weiblichen in Verbindung mit diversen diesbezüglichen Praxen begegnet uns der antike Rassismus auch in Gestalt der Eugenik. Platons Schrift *Politeia* enthält eine detaillierte Beschreibung eines
umfassenden Systems eugenischer Reproduktionsherrschaft, das
von der staatlichen Heiratsvermittlung, streng reglementierter Zeugung bis hin zur Kindstötung reichte. Vom antiken Sparta ist bekannt, dass man Neugeborene ermordete, die als gebrechlich oder
schwächlich angesehen wurden. In der »Politik« des Aristoteles
heißt es: »Zur Aussetzung oder dem Aufziehen der Neugeborenen
soll ein Gesetz vorschreiben, dass man kein behindertes Kind aufziehen darf.«

Neben dem Klassismus, dem Antifeminismus und dem eugenischen Rassismus ist der Antisemitismus einer der ältesten Rassismen überhaupt. Von antisemitischen Ausschreitungen und Pogromen in der Antike berichtet bereits die Hebräische Bibel. So ließ
etwa der seleukidische Herrscher Antiochos IV. Epiphanes den jüdischen Tempel schänden, indem er ein Schwein auf dem Altar schlachten und das Blut auf jüdische Schriftrollen gießen ließ. In römischer
Zeit liegen die Gründe des antiken Antisemitismus im Wesentlichen
im Herrschaftsanspruch des Imperium Romanum gegenüber den
unterdrückten Völkern begründet. Im Kontext der »Jüdischen Kriege« entwickelten römische Literaten, Politiker und Gelehrte umfassende pejorative Feindbildstereotype, um den überraschend starken
Gegner der Verachtung preiszugeben. Äußerst vielfältig sind beispielsweise die antijüdischen Pejorative des römischen Geschichts-
schreibers Publius Cornelius Tacitus (58–120 n. Chr.). »Die Juden«
werden als Verbreiter von Krankheiten dargestellt, als faules, sinn-

liches, nach Macht strebendes, gottloses wie blasphemisches Volk, welches das ganze Menschengechlecht hasse und welches perverse, exklusive Riten praktiziere. Das antipodische Konstrukt des Rassismus spiegelt sich im Satz: »Dort ist alles unheilig, was bei uns heilig ist; andererseits ist bei ihnen erlaubt, was bei uns ein Frevel ist.« Verbreitet war im antiken Antisemitismus bereits der Hohn und Spott auf den Ritus der Beschneidung, den Tacitus »abscheulich« nennt. Die offen feindselige Haltung gegenüber der Beschneidung ist seit alters mit der »Sexualisierung« (vgl. Kap. 2.5.1) »des Juden« verknüpft, die von der Vorstellung, der Beschnittene könne »es nicht richtig besorgen« bis hin zum »lüsternen, überpotenten, allseits bereiten Juden« reicht. Das rassistische Konstrukt zwischen sexueller Impotenz bzw. Potenz im Zusammenhang der Zirkumzision dient bis auf die heutigen Tage dem Schüren der Kastrations- wie der Konkurrenzangst.

Im Kontext der »Jüdischen Kriege« wurde »der Jude im Inneren« zum Gegner, zum Ersatz für den räumlich entfernten Feind. Der Antisemitismus speiste sich aus einer Sichtweise, die das Judentum als eine Delegitimation der römischen Herrschaft betrachtete, insofern es dem Gegner anfänglich gelang, militärische Erfolge zu erzielen. Ins Visier geriet die jüdische Gemeinde auch, weil sie sich bedingt durch den strikten Monotheismus dem römischen Herrscherkult verweigerte und dem Kaiser die Aura der göttlichen Macht streitig zu machen schien. Demgegenüber lagen die Gründe des frühchristlichen Antisemitismus im militanten Absolutheits- wie Machtanspruch einer ehemals jüdischen Sekte, deren Ablösungsprozess von der Mutterreligion bereits mit Paulus beginnend offen antisemitische Züge annahm.

Die Relevanz der antiken Ausprägung für die weitere Historie des Rassismus liegt darin, dass die rassistischen Konstrukte antiker Philosophen von maßgeblichen Gelehrten der europäischen Aufklärung aufgegriffen wurden, was u. a. für die antike Klimatheorie gilt, aber auch für die bereits bei Aristoteles vorhandene Vorstellung, aus dem physiologischen Äußeren eines Menschen ließe sich auf dessen seelische Beschaffenheit schließen. Die Bedeutung der

Schriften insbesondere der frühchristlichen Kirchenlehrer des vierten Jh.s lag nicht zuletzt darin, dass sie das »Judenbild« der mittelalterlichen Kirche in Gestalt des Vorwurfs vom »Gottesmord« entscheidend prägten und damit eine antisemitische Kontinuität generierten. Der antike Rassismus formte die historisch folgenden Erscheinungsformen ideologisch, da Naturalisierung und Essentialisierung als diskursive Rassifizierungstechniken bereits stark ausgeprägt waren.

Insofern der antike Rassismus bereits Vererbungskonstrukte generierte, in der Regel aber noch vielfältige Übergänge zwischen der »Wir-Gruppe« und der »Fremdgruppe« gestattete, was nicht zuletzt daran ersichtlich ist, dass Aristoteles selbst Metöke (»Ansiedler«, d. h. Fremder ohne Bürgerrecht) war, ließe sich von einem Prärassismus sprechen, bei dem bereits viele Charakteristika ausgeprägt, andere indes erst im Keim vorhanden waren.

1.4.2 Der mittelalterliche Rassismus

Der mittelalterliche Rassismus zeichnete sich dadurch aus, dass er eine bipolare Ordnung entlang der Religionsachse konstruierte. Während die Christen als »Anhänger der wahren Religion« die »Wir-Gruppe« bildeten, wurden ihnen alle Anderen antagonistisch gegenübergestellt. Für die »Fremdgruppe« war entweder der Terminus »Heide« geläufig, sofern es sich um Nichtchristen handelte, oder aber die Begrifflichkeit »Häretiker«, sofern aus Sichtweise der Kirche »Abweichler« von der christlichen Rechtgläubigkeit gemeint waren. Im Kontext der Kreuzzüge bezeichnete die mittelalterlich-christliche Tradition mit »Heiden« vor allem die Muslime; so bezeichnete etwa der mittelalterliche Historiograf Otto von Freising (1112–1158) den muslimischen Herrscher als »Heidenfürsten«.

Der mittelalterliche Antisemitismus bewirkte eine höchst prekäre soziale Lage »der Juden«, insofern diese weitgehend aus der sich christlich definierenden Feudalgesellschaft ausgegrenzt waren. Die mittelalterlichen Zünfte verboten ihnen die Mitgliedschaft. Der Erwerb von Grundbesitz wurde untersagt. Die Kreuzzugsbewegung führte zu einer qualitativen Verschärfung des Antisemitismus; ganze jüdische Gemeinden wurden ausgeraubt, geplündert und fielen den einsetzenden Massenmorden zum Opfer, wie u. a. im Jahr 1096 Metz, Rouen, Speyer, Worms, Mainz, Trier, Köln und Xanten. Eine relevante Rolle spielte dabei die Rassifizierungstechnik der Spionisierung (vgl. Kap. 2.4.4), insofern man den Juden unterstellte, Verbündete der Muslime zu sein. Als im Jahr 1321 in Frankreich Leprakranke der Brunnenvergiftung bezichtigt wurden, daraufhin zuerst interniert und anschließend ermordet wurden, kursierte das Gerücht, die Juden hätten die Kranken angestiftet, um Frankreich an die Muslime auszuliefern und als Gegenleistung Jerusalem zu erhalten. Der französische König instrumentalisierte die antijüdische Stimmung im Land, um sich der Güter der Juden zu bemächtigen. Das durch Papst Innozenz III. im Jahr 1215 angeordnete Zinsannahmeverbot führte zum rassistischen Stereotyp des »Wucherjuden«. Statuen von Juden an romanischen Kirchen, die Geldverleiher darstellten, sollten diese für des Lesens und Schreibens unkundige »einfache Leute« mit dem Begriff der Schande in Verbindung bringen. Der »jüdische Geldverleiher« wurde an den Kirchen-Pranger gestellt, ein unehrenhaftes, unchristliches Gewerbe wurde essentialisierend zum Wesen »des Juden« generiert. Der mittelalterliche Antisemitismus bediente sich ebenso der Rassifizierungstechnik der Kriminalisierung (vgl. Kap. 2.4.2), die in Gestalt der Brunnenvergiftung auftauchte, des Ritualmordvorwurfs (William von Norwich, 1144; Werner von Bacharach, 1287) sowie der Anklage des Hostienfrevels (Paris 1290, Deggendorf im 14. Jh.). Die Motive der Kriminalisierung lagen zumeist in der Beraubung jüdischer Bürger sowie in der Entledigung der Schuldscheine jüdischer Gläubiger und knüpften an das durch die frühchristlichen Kirchenlehrer verbreitete Motiv des Juden als »Christusmörder« an. Eine Funktion der »Blutlegenden« bestand darin, die Transsubstantiationslehre als christliches Dogma in der Breite der Bevölkerung zu verankern, zumal es diesbezüglich nicht an skeptischen Haltungen mangelte. In Gestalt perspektivisch entstehender Wallfahrtsorte, die »blutenden

Hostien« oder ermordeten (christlichen) Kindern gewidmet wurden, versprachen sich Teile des Klerus lukrative Einnahmequellen.

Zu den antisemitischen Praxen zählten im Mittelalter die durch das IV. Laterankonzil im Jahr 1215 angeordneten Bekleidungsvorschriften. Der sogenannte Judenring, der auch »gelber Fleck« genannt wurde, musste seit dem 13. Jh. in vielen Ländern getragen werden. Zu den diversen Varianten der Verhöhnung und Demütigung der Juden gehörte auch die sogenannte »Judensau«, bei der es sich seit dem 13. Jh. um Skulpturen an christlichen Kirchen handelte sowie ab dem 15. Jh. um typografische Motive in Gestalt von Flugschriften. Zu sehen ist zumeist eine Sau, an deren Zitzen sich als Juden konstruierte Personen säugen. Auch bei den ca. 30 erhalten gebliebenen kirchlichen Reliefs ist die Sexualisierung (vgl. Kap. 2.5.1) »des Juden« auffallend, dessen Verhöhnung nicht nur darin bestand, dass Schweine im Judentum als unrein gelten, sondern ebenso in der Unterstellung, es handele sich bei Juden um Menschen mit zoophilischen, abartigen bzw. perversen Sexualpraktiken (vgl. Kap. 2.5.4).

Neben dem Antisemitismus spielte der antimuslimische Rassismus im Mittelalter eine relevante Rolle. Die Muslime wurden mit diversen Termini wie »Sarazenen«, »Häretiker« oder »Maure« etikettiert. Der antimuslimische Rassismus spiegelte sich auch in der europäischen Nationalliteratur wie etwa im französischen Rolandslied aus dem frühen 12. Jh. sowie im altspanischen Heldenlied *Cantar de Mio Cid* aus dem frühen 13. Jh. Christliche Theologen und Literaten diffamierten Muslime zumeist als »Polytheisten«, »Teufelsanbeter«, »verkappte Agarener« sowie als »Ungläubige«. Endzeitlich-inspirierte Diffamierungen sahen die Muslime als Handlanger des Antichristen, was sich u. a. beim Abt und Ordensgründer Joachim von Fiore (1130–1202) sowie dem englischen Philosophen Roger Bacon (1214–1292/1294) findet. Im Verlauf der »Türkenkriege« wurde der bislang dominierende Terminus des »Sarazenen«, der ursprünglich lediglich eine geografische Beschreibung (»östlich«) meinte, aber im weiteren historischen Verlauf die Muslime der »Lügnerei« sowie der »Aufschneiderei« bezichtigte – insofern er die Behauptung enthielt, Muslime täuschten vor, aus der Verbindung von Abraham und Sarah und damit von Isaak und nicht von Ismael abzustammen – durch die Begrifflichkeit des »Türken« abgelöst, der zum antipodischen Begriff der Christenheit avancierte und kollektivierend wie essentialisierend mit Grausamkeit, Barbarentum, Feindschaft Christi sowie dem Antichristen verkoppelt wurde.

Im Mittelalter existierte kein antinegrider Rassismus, es wurden indes erste Grundlagen für eine spätere Diskriminierung auf assoziativer Ebene gelegt. Die mittelalterlichen Chronisten benutzten für die Pest gemeinhin zwar nicht den Terminus »Schwarzer Tod«, sondern sprachen vom »großen Sterben«, doch im Kontext der Epidemien verfestigte sich die Assoziation von schwarz mit »unheilvoll«, »sündig« und »schrecklich«. Schwarz wurde im Mittelalter zunehmend von einer neutralen Farbe zu einer Visualisierung der das Böse aktivierenden bzw. hervorrufenden Dunkelheit sowie mit dem von Noah verfluchten Sohn Ham assoziiert. Illustrationen kamen auf, welche die Hölle mit »dunkelhäutigen Teufeln« ausstaffierten, wodurch Grundlagen für den späteren Antinegrismus gelegt wurden. Dieser durchaus noch ambivalente Trend (vgl. »schwarze Madonnenfiguren«) spiegelte sich etymologisch in der Bedeutungsvielfalt des griechischen Wortes »moros«, das für die andalusischen Muslime benutzt wurde und sowohl »dunkel« und »schwarz« als auch »blind« und »töricht« bedeuten konnte. Eine Person, welche blind ist, sitzt im Dunkeln und kann folglich die Botschaft Gottes nicht empfangen, derjenige, der sich im Hellen befindet, kann sehen und ist offen für die göttliche Verkündung, so die verbreitete Vorstellung. Dunkelsein bekam den Charakter der Gottlosigkeit in Gestalt der Hölle zugeordnet, während Hellsein mit dem Himmel assoziiert wurde. Während die Unschuldigkeit der Engel in ihrem »Weißsein« zur Geltung kam, wurde die Bosheit des Teufels durch sein »Schwarzsein« (häufig indes auch durch »Rotsein«) ausgedrückt. Die Verknüpfung von Dunkel mit Sündigkeit, von Schwarz mit Verfluchtsein begann sich im Mittelalter unheilvoll zu verfestigen, was auch der Terminus »hellemor« (»Höllenmohr«) für den Teufel illustriert; ein Begriff, den auch der mittelalterliche Lyriker Walther von der Vogelweide (1170–1230) benutzte.

Im späten Mittelalter legte die sogenannte »deutsche Siedlungs-zeit« erste Grundlagen für den Antislawismus. Gewaltsame Missio-nierung und Kolonisierung, ein eroberungsorientierter »Drang nach Osten« sowie militärische Unterwerfungen mischten sich mit frühen Formen ideologischer Abwertung des »Slawen«.

Die Relevanz des mittelalterlichen Rassismus besteht in der Eta-blierung einer intoleranten Dominanzkultur, die Zugehörigkeit und Nichtzugehörigkeit entlang des Religiösen dual manifestierte. Das konstruierte Andere, das »Nichtchristliche« wurde verfolgt, ver-bannt, vertrieben oder gar in Gestalt pogromartiger Überfälle getö-tet bzw. in kriegerischen Auseinandersetzungen wie gegen die Albi-genser erbittert bekämpft. Übergänge von der »Fremdgruppe« (Hä-retiker, Muslime, Juden etc.) zur »Wir-Gruppe« blieben indes noch möglich, wenn auch um den Preis kultureller bzw. identitärer Selbst-aufgabe in Gestalt der Taufe bzw. der Widerrufung, sodass auch beim mittelalterlichen Rassismus noch von Prärassismus zu spre-chen ist.

1.4.3 Der frühneuzeitliche Rassismus

In der Geschichte des Rassismus stellt das Jahr 1449 ein Schlüssel-jahr dar. Die vom spanischen Großinquisitor Torquemeda erstmals für den Rat der Stadt Toledo verfassten *Estatutos de limpieza de sang-re* (»Statuten zur Reinheit des Blutes«) stellen einen qualitativen Entwicklungsschritt dar, insofern diese das soziale Gebilde von »Wir-Gruppe« und »Fremdgruppe« als generationenübergreifend wie unüberbrückbar konstruierten und aus dem Christentum, dem bislang jede Person per Taufe gleichberechtigt angehörte, ein Rasse-konstrukt machten, das in fundamentaler Weise zwischen sogenann-ten Alt- und Neuchristen unterschied. Erstere wurden privilegiert und letztere diskriminiert und gleichsam unter den Generalverdacht des »Kryptojudentums« gestellt. Die »Estatutos« etablierten ein Differenzkriterium, dem man nicht entrinnen konnte, da sich die ge-nealogische Herkunft nicht posthum korrigieren ließ. Die »Estatutos« existierten in Gestalt vielfältiger Versionen und unterschieden sich zumeist darin, wie viele Generationen an »Altchristen« für das Vorhandensein eines vermeintlich »reinen Blutes« für erforderlich gehalten wurden. Die rassistische Funktionalität der »Statuten« war vielfältiger Natur. »Blutreinheitsnachweise« entschieden über die Vergabe von Ämtern und Posten in der Kirche, in Behörden sowie beim Militär. Ihr Einfluss erstreckte sich sogar darauf, welche Zeugen bei Gericht zugelassen wurden und welche nicht; ihre Relevanz durchzog die gesamte spanische Gesellschaft sowie die spanischen Kolonien.

Hintergrund der »Statuten« bildete die Reconquista, die Rückeroberung des muslimischen Spaniens durch die katholischen Könige, die mit Antisemitismus einherging und die Juden unter Druck setzte, sich taufen zu lassen. Aufgrund ihres vergleichsweise höheren Bildungs- und Qualifikationsgrads gelang es den Conversos öffentliche sowie kirchliche Ämter zu erhalten, was recht rasch den Neid und die Missgunst ihrer Konkurrenten erweckte. In Cordoba kam es 1473 zu Ausschreitungen gegen Conversos, denen man vorwarf zu »judaisieren«. Wenige Jahre später wurden im ganzen Land Inquisitionstribunale errichtet, welche die Conversos als ihren eigentlichen Gegner betrachteten und die tausende »Neuchristen« auf Scheiterhaufen verbrennen ließen. Mit der Eroberung Granadas im Jahr 1492 endete nicht nur die Reconquista, sondern auch die über 2000-jährige Geschichte des spanischen Judentums, das maßgeblich zur kulturellen und wirtschaftlichen Blüte Al-Andalus' beigetragen hatte. Am 31. März 1492 unterzeichneten Isabell I. und Ferdinand II. das Alhambra-Edikt, das die Vertreibung der Juden aus Spanien vorsah. Die spanische Nationalstaatsbildung zeichnete sich so durch den engen Konnex von Nationalismus und Rassismus aus. Wer sich nicht taufen ließ, egal ob Jude oder Muslim, musste das Land verlassen. Die Gründung des spanischen Nationalstaates war zugleich antisemitisch wie antimuslimisch und nährte die für die weitere Geschichte des Rassismus relevante Praxis wie Fiktion von einem kulturell einheitlichen, homogenen Staatsvolk. Wenige Wochen nach der Kapitulation des maurischen Herrschers kam es zur

Vertragsunterzeichnung der Krone mit Christoph Kolumbus, der am 12. Oktober in der Überzeugung die gewünschte Seeroute nach Indien entdeckt zu haben auf der Insel Guanahani landete.

In den Jahren nach 1492 wurde der Terminus der »Race« im Spanischen geläufig. Zwar existierten einzelne Verwendungen des Wortes schon im 13. Jh., ein gezielter Gebrauch als Markierung der jüdischen wie muslimischen Konvertiten setzte sich indes aber erst nach der Vertreibung der Juden und Muslime durch. In der spanischen Literatur tauchte der »Raca-Begriff« *(rraça)* erstmals im Jahr 1438 in einer Erzählung des Priesters Alfonso Martinez de Toledo (1398–1470) auf, in der es heißt:

> »Man nehme zwei Söhne an, den eines Bauern und den eines Ritters. Beide wüchsen im Gebirge unter der Erziehung eines Mannes und eines Weibes auf. Du wirst sehen, dass der Bauer sich weiterhin über die Dinge eines Dorfes, so wie ackern, graben und Holz einsammeln erfreuen wird, während der Sohn des Ritters sich nur dann erfreuen wird, wenn er reitend Waffen zu horten vermag und Messerstiche erteilen darf. Dies beabsichtigt die Natur, so wirst Du dieses in jenen Orten, in denen Du leben wirst, Tag für Tag beobachten können, so dass der Gute einer guten Rasse von seiner Herkunft angezogen wird und der Benachteiligte, einer gemeinen Rasse und Herkunft angehörig, unabhängig wer er ist und wie reich er sein mag, sich niemals von einer anderen Herkunft angezogen fühlen wird, als woher er ursprünglich stammt.«

Vergleicht man die Erzählung mit den Passagen Platons (vgl. Kap. 1.4.1), so ist der Unterschied eklatant. Das »Rassekonstrukt« kennt keine Ausnahmen mehr, die Zuordnungen sind starr, sie folgen deterministisch der Herkunft und werden generationenübergreifend verewiglicht. Die inquisitorische Fahndung nach einem Bruchteil vermeintlichen »jüdischen Bluts« kommt im Jahr 1599 in einem Votum des Priesters Augustin Salucio zugunsten einer Reform der »Statuten zur Reinheit des Blutes« zum Ausdruck, wenn es heißt: »Denn um Rasse zu haben, genügt ein jüdischer Urgroßvater, obwohl die restlichen fünfzehn Ururgroßeltern außerordentlich fromme und adlige Christen sein mögen.« Der Terminus der »Rasse« als Pejorativum legitimierte den Ausschluss der Conversos von Pfrün-

den der katholischen Kirche und sicherte so die Vorherrschaft der
»Altchristen«. Die »Estatutos« illustrieren überdeutlich die funktionelle Bestimmung des Rassismus als Vorteilsaneignung und -wah-
rung, als strategisches Mittel multipler Dominanz und markieren
zugleich den Übergang prärassistischer Konstrukte der Antike sowie des Mittelalters zum neuzeitlichen Protorassismus, bei dem bereits alle wesentlichen Elemente ausgeprägt waren (vgl. »Protomodell«).

Für die frühe Neuzeit ist auch die Reformation in Rassismus-the-
oretischer Hinsicht relevant, insofern sich der entwickelnde Protes-
tantismus nicht nur gegen die römisch-katholische Kirche, sondern
sowohl antisemitisch vom Judentum als auch antimuslimisch-rassistisch vom Islam abgrenzte. Die Schriften Martin Luthers (1483–
1546) verdeutlichen die doppelte rassistische Abgrenzung, die auch
für das sich herausbildende europäische Identitätskonstrukt von
zentraler Bedeutung war. In der Bußpredigt *Von den Juden und ihren Lügen* ruft Luther im Jahr 1543 hinsichtlich der Juden die Fürsten dazu auf, »ihre Synagogen niederzubrennen, ihre Häuser zu zerstören und sie aus allen evangelischen Ländern auszuweisen«. Neben
der diskursiven Rassifizierungstechnik der Diabolisierung (vgl.
Kap. 2.6.3) gelangt auch die Maladisierung (vgl. Kap. 2.2.3) zum
Einsatz, wenn es heißt:

> »Ein solch verzweifeltes, durchböstes, durchgiftetes, durchteufeltes
> Ding ist's um diese Juden, so diese 1400 Jahre unsere Plage, Pestilenz
> und alles Unglück gewesen sind und noch sind. Summa, wir haben rech-
> te Teufel an ihnen.«

In seinen »Türkenschriften« diffamierte Luther »die Türken« als
»Antichristen« und stellte sie als irrgläubige »Mahometisten« dar,
die einem »falschen Propheten« folgten und eine häretische Lehre
verkündeten. Den Koran charakterisierte Luther als Bibelplagiat,
den Islam als eine intolerante Religion sowie den Propheten Moham-
med als Gottesleugner, der den Kreuzestod Jesu und die Lehre von
der Dreifaltigkeit in Abrede stelle. Zum Zeitpunkt der sogenannten
»Türkenkriege« wurde der Kampf gegen den militärischen Gegner

multimedial geführt. Flugschriften »Wider die Türken«, Türkenpredigten (»missa contra Turcas«), geistliche wie weltliche Türkenlieder, Türkenkalender, Türkenmadonnen sowie das tägliche Türkenläuten dienten der Zeichnung eines Bildes, das »die Türken« kollektivierend als gottlose Menschen, als »Bluthunde« mit »boshaftem Teufelssinn«, als grausame Barbaren charakterisierte. Die »Dämonisierung« wie »Satanisierung« der Fremdgruppe bildete ein gängiges Motiv der Kampagne. Zum Zeitpunkt der Türkenkriege verschlechterte sich auch die Situation der Sinti und Roma, deren Anwesenheit im deutschsprachigen Raum seit Anfang des 15. Jh.s belegt ist. Nachdem die Reichstage des Heiligen Römischen Reiches 1496 und 1498 sie für vogelfrei erklärten, bezichtigte man sie, Spione der Türken zu sein und mit dem außenpolitischen Gegner zu paktieren.

Die Bedeutung des frühneuzeitlichen Rassismus besteht darin, dass dieser eine Art »Protomodell« darstellte und sich der Rassismus der Reconquista mit der spanischen Nationalstaatsbildung verknüpfte. Die frühneuzeitlichen Rassendiskurse unterschieden sich von den antiken und mittelalterlichen dergestalt, dass sie das soziale Konstrukt *Rasse* generationenübergreifend biologisch verewiglichten, den Gegensatz als unüberwindbar konstruierten und selbst Ausnahmefälle oder Übergänge, die noch die antiken Philosophen thematisierten, deterministisch in Abrede stellten. Die Metapher vom »reinen Blut« attestierte den antipodisch-konstruierten Adjektivierungen zwischen »Wir-Gruppe« und »Fremdgruppe« quasi-biologische Eigenschaften. »Fremdsein« wurde zum statischen Erbekonstrukt.

1.4.4 Der moderne Rassismus des europäischen Kolonialismus

Der Terminus Conquista (spanisch für »Eroberung«) bezeichnet die Ende des 15. Jh.s sowie im 16. und 17. Jh. sich vollziehende Unterwerfung der indigenen Bevölkerung Mittel- und Südamerikas. Zu

Spanien, das im Jahr 1565 in Florida die erste nördliche Kolonial-
stadt gründete, gesellten sich bei der Eroberung Nordamerikas England, Frankreich und die Niederlande hinzu.

»Entdeckung« und Landnahme gingen bei der Conquista Hand in
Hand, gefolgt von der Eroberung und Ausplünderung der Indige-
nas, deren Zahl von geschätzten 70 bis 80 Millionen innerhalb kür-
zester Zeit bedingt durch Krieg, Ermordung, Ausbeutung, Krank-
heiten und Existenzberaubung auf ein Zehntel des ursprünglichen
Umfangs sank. Die Eroberer wurden mit dem Sammelbegriff Kon-
quistadoren (»los conquistadores«) bezeichnet und bestanden aus
Abenteurern und Soldaten, die im Namen der spanischen Krone an
Gold, Land und billigen Arbeitskräften interessiert waren. In der
Mitte des 16. Jh.s gesellten sich zu den spanischen Konquistadoren
englische und französische »Glücksritter«. Durch den Prozess der
Conquista wurde Spanien nach Portugal zu einer der ersten europä-
ischen Kolonialmächte. In der Geschichte des Rassismus stellt der
Kolonialismus eine entscheidende neue Phase dar, insofern er eine
Herrschaftsbeziehung zwischen Kollektiven etablierte, die sich auf
diverse Praxen sowie ein Sendungsbewusstsein stützte, das die eigene kulturelle Überlegenheit sowie die Minderwertigkeit der Koloni-
sierten propagierte und daraus die Berechtigung für die Eroberung,
Ausplünderung und Vernichtung ganzer Reiche sowie die Versklа-
vung der indigenen Bevölkerung ableitete. Der antiindigene sowie
der antinegride Rassismus in Gestalt des transatlantischen Dreieckshandels kreierten spezifische Herrschaftssysteme wie Rassifizierungstechniken, die bis in die heutige Zeit nachwirken. Beim antiindigenen Rassismus »legitimierte« der Topos des Kannibalen (vgl.
Kap. 2.6.4) die Versklavung der Indigenen, ihre Ausplünderung,
Vergewaltigung und Erniedrigung. Die Indigenas wurden als Göt-
zendiener diffamiert sowie als »unzivilisierte Wilde«; ein Motiv, das
sich auf das antike Stereotyp des Barbaren stützte.

Der spanische Kolonialismus etablierte einen differenzierten Ge-
nealogismus, der sich am Konstrukt der Hautfarben orientierte, wobei die »weiße Hautfarbe« den Bewertungsmaßstab abgab. Visuelle
Darstellungen lehrten breiten Bevölkerungsschichten, dass aus ei-

nem Spanier und einer »Indianerin« ein »Mestize« entstünde, aus einem Spanier und einer »Negerin« ein »Mulatte«, aus einem »Neger« und einer »Indianerin« ein »Zambo«. Im Spanischen bzw. Portugiesischen wird dieses System als »castas« bezeichnet; es stellte eine diffizile soziale Ordnung dar, die abgestuft diskriminierte, aber keine unüberwindbaren Schranken in Gestalt interklassistischer Heiratsverbote kannte. Der diskriminierende Charakter der »castas« ist bereits an den verwendeten Bezeichnungen erkennbar, die in der Regel umso rassistischer wurden, desto höher der imaginierte »Mischungsgrad« war. So entstünde aus einem »Indianer« und einer »Negerin« ein »Lobo« (»Wolf«) sowie aus einem »Indianer« und einer »Mestizin« ein »Coyote« usw. Nicht zuletzt die Vergabe von Tiernamen verweist auf den offen rassistischen Charakter der »castas«. Im System der »castas« galt der »weiße Kolonialherr«, ein in Spanien geborener Mann, als »blutrein«. Ihm blieben die Schlüsselpositionen in der Verwaltung sowie der katholischen Kirche vorbehalten. Seine Nachfahren, die in Lateinamerika von einer »weißen Frau« geboren wurden, galten ebenfalls als »reinblütig« und bildeten zumeist die soziale Mittelschicht. Beim System der »castas« ist der Kolonialrassismus vor allem daran erkennbar, dass die Grundeinteilung der »castas« in »Halb-, Viertel- und Achtelweiße« sich am »weißen Mann« bzw. am Anteil »weißen Blutes« orientierte. Die Lehre von der Blutreinheit, ursprünglich im Kontext der »Estatutos de limpieza de sangre« gegen Juden und Mauren gerichtet, wurde in den Kolonien gegen sogenannte »Mischlinge« angewandt. Eine »weiße Hautfarbe« galt als Indikator für Blutreinheit, desto weißer die Haut, umso höher war die Chance in der sozialen Hierarchie eine der oberen Ränge einzunehmen. Die Politik der »Limpieza de sangre« stellte eine der zentralen rassistischen Praxen dar, um in der sogenannten »Neuen Welt« eine an den Interessen der spanischen Kolonialmacht ausgerichtete soziale Hierarchisierung bzw. Stratifizierung zu etablieren. Nicht zuletzt das System der »castas« illustriert, dass der Rassismus Struktur, Institution, Praxis, Strategie und Ideologie zugleich ist.

Bedingt durch die Dezimierung der Indios setzte die spanische Kolonialmacht bereits recht früh auf schwarze Sklaven aus Afrika.

Der europäische Sklavenhandel begann im Jahr 1441, als portugiesische Händler erstmals Menschen aus dem heutigen Marokko nach Südportugal entführten. Päpstlicherseits wurde die Versklavung im Jahr 1455 legitimiert. Schon Ende des 15. Jh.s verkaufte man Afrikaner auf zahllosen portugiesischen Märkten als Sklaven und blühte der Sklavenhandel im Kontext der Plantagenwirtschaft der Zuckerindustrie. Die Zahl der Deportierten lässt sich heute nur grob abschätzen. Es ist davon auszugehen, dass zwischen dem 16. Jh. und 1867 insgesamt bis zu 30 Millionen Afrikaner versklavt wurden. Von denjenigen unter ihnen, die man nach Übersee deportierte, überlebten bereits Millionen die Atlantikpassage nicht. Der transatlantische Dreieckshandel war ein europäisches Massenverbrechen und ist zugleich zutiefst mit der sich herausbildenden Vorstellung von einer »negriden Rasse« verknüpft. Der spanische Terminus »negro« ist seit 1516 überliefert und war von Anfang an mit der Behauptung der Minderwertigkeit des »Schwarzen« verknüpft. Zwar gab es Sklaverei schon seit der Antike, doch der europäische Sklavenhandel war ein rassistisches Novum, insofern Millionen Menschen betroffen waren, die alle schwarz waren und deren Versklavung ein intellektuelles Heer aus Wissenschaftlern, Literaten, Politikern und Kirchenoberen intradisziplinär legitimierte. Der transatlantische Sklavenhandel führte zu einer Globalisierung der Wirtschaft in einem bislang nicht bekannten Ausmaß, wodurch bereits im 15. Jh. auch Deutsche und andere Nationalitäten, die noch nicht als unmittelbare Kolonialherren in Erscheinung traten, in Gestalt des Elends der Sklaven vom Rassismus profitierten. Die Institution der Sklaverei wurde auf juristischer Ebene durch eine Vielzahl von Gesetzen abgesichert. South Carolina verankerte die Institution der Sklaverei gesetzlich im Jahr 1669 und legte im Jahr 1686 zulässige Strafen für Sklaven u. a. für Flucht und Arbeitsverweigerung fest. Die gesetzliche Formierung der Institution der Sklaverei sorgte sukzessive dafür, dass spätestens zu Beginn des 18. Jh.s »Schwarzsein« und Sklavesein zu einem Synonym wurden, ebenso »Weißsein« und Freisein.

Neben dem antinegriden Rassismus dominierte auf dem Doppelkontinent der antiindigene Rassismus. Landnahmen waren in Nordamerika recht früh von Massakern und Kriegsgräueln begleitet. Bereits der Krieg gegen die Pequot im Jahr 1637, die nahezu vollständig vernichtet wurden, zeigte die Richtung der kommenden zwei Jahrhunderte. Schon im 17. Jh. wurden die Kriege »Indianerkriege« genannt und zumeist nach indigenen Völkern oder deren Häuptlingen betitelt. Auf diese Weise erschien nicht der »weiße Eroberer« als der eigentliche Aggressor, sondern indigene Völker, die angeblich friedliche Siedler beim Ausbringen ihrer Saat heimtückisch ermordeten. Es ist ein vielfach gezeichnetes Bild, das auch vom US-amerikanischen Western verbreitet wurde.

Die essenzielle Beteiligung der Aufklärer an der Legitimation von Kolonialismus und Sklaverei verdeutlicht Inhalt und Zahl der anthropologischen Schriften. Erst die Aufklärung erfand den »Neger« und entwickelte das Konstrukt der »schwarzen Rasse«. Der deutsche Philosoph und Ethnograf Christoph Meiners (1747–1810) bezeichnete »Schwarze« als »Halbmenschen«, Immanuel Kant versah sie mit den Attributen »faul«, »stark«, »schwatzhaft«, »furchtvoll« und »unehrenhaft«; während die »Rasse der Weißen« alle Triebfedern und Talente besäße, habe die »Rasse der Neger« lediglich eine Befähigung zum Knechtsein. Wissenschaftler des neuen Wissenschaftszweigs der Kraniometrie (»Schädelvermessung«) argumentierten mit physiognomischen Indikatoren und behaupteten, dass »im Durschnitt die afrikanischen Mohren doch in etwas näher ans Affengeschlecht, als die Europäer gränzen«. Beim antinegriden Rassismus war das »Tier-Konstrukt« ein zentraler Mechanismus der Dehumanisierung und schloss beim französischen Naturforscher Georges-Louis Leclerc Comte de Buffon (1707–1788) die geläufige Vorstellung ein, dass Afrikaner in sexuellem Kontakt mit Orang Utans stünden und mit ihnen gemeinsame Nachkommen zeugten. »Neger« wie Affen betrachtete Buffon als degenerierte Menschen. Die Meinung, dass der Schwarze eher dem Affen ähnele als dem weißen Europäer, teilte die Mehrheit der Aufklärer. Der Vater der biologischen Taxonomie Carl von Linné setzte den Menschen an die Spitze seiner genealogischen Ordnung und unterteilte ihn in vier Variationen, denen er jeweils eine Hautfarbe zuteilte (vgl. Kap. 1.1.1).

Den »Americanus« charakterisierte er als rot (»rufus«), cholerisch und aufrecht, den »Europaeus« als weiß (»albus«), sanguinisch und muskulös, den »Asiaticus« als gelb (»iuridus«), melancholisch und steif, den »Afer« als schwarz (»niger«), phlegmatisch und schlaff. Auffallend sind bereits bei Linné die mit den adjektivischen Zuschreibungen einhergehenden Wertungen.

Der moderne Rassismus ist ein Produkt des europäischen Kolonialismus und ein Werk des »weißen Mannes«. Er ist ein Kind der westlichen Hemisphäre sowie ideologisch ein Resultat der europäischen Aufklärung, die als philosophische Strömung die Legitimation kolonialer Herrschaft und Ausbeutung sowie der Sklaverei lieferte. Die Philosophen der Aufklärung verstanden die klassische Antike als Vorläuferphase und knüpften an soziale Konstrukte der Rechtfertigung der Knechtung des Menschen durch den Menschen an, was insbesondere für die antike Klimatheorie gilt, die sowohl von Charles-Louis de Montesqieu (1689–1755) als auch von Kant aufgegriffen wurde. Die Bezeichnung schwarzer Menschen als minderwertige »race noir« ist kein »Ausrutscher« der Aufklärung, sie gehört zu ihrem Wesen, sie ist essenzieller Teil ihrer (negativen) Dialektik, wodurch sie zum Legitimationslieferanten der Versklavung sowie zum ideologischen Wegbereiter des biologistischen Rassismus wurde. Durch die Aufklärung erhielt der Rassismus hinsichtlich seiner ideologischen Dimension ein säkulares Fundament.

1.4.5 Der biologistische Rassismus des 19. Jh.s

Der biologistische Rassismus des 19. Jh.s ist zutiefst mit dem Zeitalter des Imperialismus verbunden, einem der aggressivsten politischen Versuche den eigenen ökonomischen und sozialen Machtanspruch auf andere Gebiete und Völker auszudehnen und das Herrschaftsbestreben rassentheoretisch durch die eigene Überlegenheit und die Minderwertigkeit der zu Unterwerfenden zu begründen. Der biologistische Rassismus (zumeist »wissenschaftlicher Rassismus« genannt) stellte hinsichtlich seiner Aggressivität ein machtvolles

Pendant der Gewaltförmigkeit imperialer Expansion dar. Er erhöhte zwecks Schaffung des Konstrukts eines »biologisch-gesunden und rassereinen homogenen Volkskörpers« den Druck auch nach Innen auf Gruppierungen, die dem konstruierten Bild des imperial herrschenden »weißen Mannes« zuwiderliefen. Wissenschaftstheoretisch betrachtet war der biologistische Rassismus ohne die Entwicklung der Darwin'schen Evolutionstheorie sowie der modernen Bio- und Medizinstatistik undenkbar.

Im Jahr 1859 erschien Darwins bahnbrechendes Werk *On the origin of species*. Martialische Begriffe wie »Kampf ums Dasein« (»struggle of life«) und »natürliche Selektion« (»natural selection«) legten den Eindruck nahe, es setze sich in der Natur der »Kraftvollere«, der »Stärkere« durch, ein imaginiertes Prinzip, welches die sozialdarwinistische Lesart auf die menschliche Gesellschaft transferierte. Der Darwin zugeschriebene Ausdruck »survival of the fittest« stammte vom britischen Soziologen Herbert Spencer, der diesen erstmals 1864 benutzte. Darwin übernahm den Terminus indes in der fünften Auflage seines Werks im Jahr 1869 und publizierte zwei Jahre darauf die Studie *Die Abstammung des Menschen*, welche die Evolutionstheorie auf den Menschen übertrug. Das Werk postulierte die Existenz verschiedener »Menschenrassen«, unterschied zwischen »wilden« und »zivilisierten Rassen« und legitimierte die vermeintliche Überlegenheit des europäischen Mannes. Der Europäer, so heißt es, habe eine mittlere Schädelkapazität von 92,3 Kubikzoll, bei Amerikanern seien es 87,5, »bei Asiaten 87,1 und bei Australiern nur 81,9«. Derartige Passagen mischten sich mit eugenischen Textstellen, wenn es hieß:

»Unter den Wilden werden die an Körper und Geist Schwachen bald eliminiert; die Überlebenden sind gewöhnlich von kräftigster Gesundheit. Wir zivilisierten Menschen dagegen tun alles Mögliche, um diese Ausscheidung zu verhindern. Wir erbauen Heime für Idioten, Krüppel und Kranke. Wir erlassen Armengesetze, und unsere Ärzte bieten alle Geschicklichkeit auf, um das Leben der Kranken so lange als möglich zu erhalten. Wir können wohl annehmen, dass durch die Impfung Tausende geschützt werden, die sonst wegen ihrer schwachen Widerstandskraft den Blattern zum Opfer fallen würden. Infolgedessen können auch die schwachen Individuen der zivilisierten Völker ihre Art fortpflanzen. Niemand, der etwas von der Zucht von Haustieren kennt, wird daran zweifeln, dass dies äußerst nachteilig für die Rasse ist.«

Trotz der äußerst bedenklichen Tendenzen des Werks darf nicht außer Acht gelassen werden, dass Darwin sich gegen eugenische Maßnahmen aussprach und sich seine Haltung in den 1880er Jahren diesbezüglich verfestigte. So bliebe das obige Zitat unvollständig, ja inkorrekt, übersehe man die wenige Sätze darauf folgende Passage, welche lautet:

> »Die Hilfe, die wir dem Hilflosen schuldig zu sein glauben, entspringt hauptsächlich dem Instinkt der Sympathie, die ursprünglich als Nebenform des sozialen Instinkts auftrat, aber […] allmählich feiner und weitherziger wurde. Jetzt können wir diese Sympathie nicht mehr unterdrücken, selbst wenn unsere Überlegung es verlangte, ohne dass dadurch unsere edelste Natur an Wert verlöre.«

Es ist bezeichnend, dass Sarrazin im Buch *Deutschland schafft sich ab* den ersten Teil zitierte, den zweiten indes ausließ. Problematisch sind bei Darwin auch diejenigen Stellen, in denen er das wissenschaftliche Werk seines Halbcousins Francis Galton bewundernd rezipiert. Francis Galton war nicht nur von der sozialdarwinistischen Lesart des Darwin'schen Werks überzeugt, sondern sprach sich explizit sowohl für die »positive« als auch für die »negative Eugenik« aus. Es ging ihm u. a. um die »Vererbbarkeit der Intelligenz«, deren Ausprägungsgrade er biologistisch rassistisch wie klassistisch verankerte. Die britische Oberschicht war für Galton deshalb Oberschicht, weil sie dafür genetisch prädestiniert war. Die Eugenik war von Anfang an ein Sozialrassismus, welcher der »Unterschicht« aufgrund ihrer vermeintlich »minderwertigen genetischen Ausstattung« die Befähigung zu wirtschaftlichen, kulturellen oder naturwissenschaftlichen Leistungen absprach.

Zur gleichen Zeit propagierte Arthur Comte de Gobineau in seiner Studie *Essai sur l'inégalité des races humaines* aus dem Jahr 1853 den Gedanken der Degeneration durch »Rassenmischung« und postulierte die Überlegenheit der »arischen Rasse«, die er als vollkommene »Urrasse« deutete. An der Verbreitung sozialdarwinistischen Gedankenguts war auch der österreichische Gelehrte Ludwig Gumplowicz (1838–1909) beteiligt, der relevante soziologische Kategorien auf den Terminus des »Rassenkampfs« zurückführte. Soziale Tätigkeit definierte Gumplowicz im Kontext des Darwin'schen Prinzips der Selbsterhaltung und postulierte, dass die Geschichte aller bisherigen Gesellschaften die Geschichte des Rassenkampfes sei. Gumplowicz legitimierte unverhohlen die imperialistische Phase des Kolonialismus als das biologische »Recht des Stärkeren« unter soziologischen Vorzeichen. Seine biologistisch-reduktionistische Sichtweise hielt Einzug in die noch junge Soziologie und prägte diese nachhaltig. Wie beim Franzosen Henri de Boulainvilliers stellte der Terminus der »Rasse« bei Gumplowicz jedoch keine biologische, sondern eine sozialhistorische Kategorie dar. Gegen Ende des 19. Jh.s erlangte auch das Werk *Grundlagen des neunzehnten Jahrhunderts* von Houston Stewart Chamberlain, der »den Germanen« ihre Berufenheit zur Herrschaft attestierte und Juden als »ewig fremde Elemente« in der europäischen Geschichte diffamierte, große Popularität. Der alldeutsche, völkische Charakter des Werks entzog sich bewusst einer Rassenlehre und setzte an ihre Stelle die mythologisierende Größe des instinktiven »Rassebewusstseins« sowie des »Rassestolzes«.

Die Gewaltförmigkeit der imperialistischen Wirtschafts- und Sozialordnung in der zweiten Hälfte des 19. Jh.s führte auch zu einer Radikalisierung des Antisemitismus, der beim deutschen Kulturphilosophen Paul de Lagarde (1827–1891) offen eliminatorische Züge annahm. Lagarde sprach nicht nur von den »nach Madagaskar abzuschaffenden rumänischen Juden«, sondern auch von einem »deutschen Lebensraum« im Osten, einem »Großgermanien ohne Judentum«.

Die Macht des Biologismus zu Beginn des 19. Jh.s belegt die Vielzahl der sich etablierenden Wissenschaftsrichtungen pseudowissenschaftlicher Natur. Anfang des 19. Jh.s blühte die Schädelkunde bzw. Phrenologie des deutschen Arztes Franz Joseph Gall (1758–

1828), der meinte, von der Schädelform auf die Gehirnform und von dort aus auf die Intelligenz sowie auf eine Vielzahl weiterer Charakteristika einer Person schließen zu können. Die Phrenologie initiierte einen Vermessungswahn und entwickelte sich weiter zur Lehre von der Schädelvermessung (»Kraniometrie«), die als Paradedisziplin moderner »Rasselehren« galt. Dem Vermessungswahn verfallen war auch der französische Anthropologe Paul Broca (1824–1880), der eine positive Korrelation zwischen der akademischen Größe eines Wissenschaftlers und der Größe seines Gehirns vermutete und mit Begeisterung tote Kollegen sezierte. Die Anthropometrie eroberte auch das Gebiet der Kriminalwissenschaft, die sich Erfolge bei der Identitätsfeststellung versprach sowie bei der Verbrecherprognostik. Der italienische Mediziner Cesare Lombroso (1835–1909) vertrat in seiner Studie *L'uomo delinquente* die Ansicht, es gebe einen angeborenen Hang zum Verbrecher, der bereits im Kindesalter anhand physiologischer Merkmale erkennbar sei. Besonders verdächtig erschienen ihm nicht nur bestimmte Schädelformen, sondern auch zusammengewachsene Augenbrauen. Der »wissenschaftliche Rassismus« bestand darauf, »exakte Wissenschaft« zu sein, sodass Unsummen nutzloser quantitativer Daten das beweisen sollten, was nicht zu beweisen war. Trotz des Postulats der Exaktheit schreckte auch Lombroso nicht davor zurück, das umfangreiche statistische Material nach Gutdünken zu interpretieren. Sinti und Roma konstruierte der Turiner Phrenologe zu einer »minderwertigen und kriminellen Rasse« und bezeichnete sie als »geborene Verbrecher und Spitzbuben«. Lombroso schrieb, sie seien eitel, wie alle Delinquenten und besäßen die Unvorsichtigkeit des Wilden sowie des Verbrechers und neigten zur Orgie. Sodann heißt es:

> »Sie lieben den Lärm und machen großes Geschrei auf ihren Märkten, sie morden kalt, um zu rauben, man hatte sie früher wegen Kannibalismus im Verdacht. [...] Bemerkenswert ist, dass diese Rasse, moralisch so niedrigstehend und unfähig zu kultureller und geistiger Entwicklung, eine Rasse, die nie ein Handwerk ausüben kann und bei der die Dichtkunst nicht über die armselige Lyrik hinausgelangt ist, es in Ungarn zu einer wunderbaren Vollkommenheit in der Musik gebracht hat – ein neu-

er Beweis dafür, dass sich beim Verbrecher Genialität vermischt mit Atavismus findet.«

Sinti und Roma werden bei Lombroso zu Kriminellen, zu einer minderwertigen »Rasse« biologisiert, die über keinerlei positive Eigenschaften verfügt, bis auf das allgegenwärtige Stereotyp vom »musikalischen Zigan«, was bei Lombroso eine Spiegelung des romantisierenden »Zigeunerbilds« seiner Zeit darstellt. Sichtbar wird die pseudowissenschaftliche Methode des Kriminalbiologen. Passt ein Sachverhalt nicht ins pejorisierende Bild, wie das positive Stereotyp der Musikalität, so wird dieser neu interpretiert und in das Gesamtbild affirmativ integriert. Schließlich darf auch das Motiv der Kannibalisierung der Sinti und Roma aus dem ausgehenden 18. Jh. bei Lombroso nicht fehlen.

In der zweiten Hälfte des 19. Jh.s setzte die biologistische Rassifizierung der Juden ein, die diese in eine Art Rangskala positionierte. Der Göttinger Gelehrte Christoph Meiners setzte »die Juden« unter die »Rasse der Weißen«, aber oberhalb von »Negern« und »Mongolen«. Die »rassentheoretische Verortung« stellte bei den meisten Autoren dieser Zeit eine sich gelehrt gebende Abwehrhaltung bezüglich der Gewährung gleicher staatsbürgerlicher Rechte für die Juden dar. Ausgelöst durch die sozialen Prozesse der Französischen Revolution erschien im Jahr 1803 in Berlin die Schrift *Wider die Juden. Ein Wort der Warnung an alle unsere christlichen Mitbürger* des Juristen Carl Wilhelm Friedrich Grattenauer (1773–1838), dessen Abhandlung zum Fazit gelangte:

> »Vergeblich ist jede Hoffnung, dass sich der verderbliche, der bürgerlichen Gesellschaft höchst gefährliche, allen Völkern feindselige Geist des Judenthums je ändern, und in einen freundlichen wohlthätigen Genius der Menschheit verwandeln wird.«

Die Formulierung »allen Völkern feindselige Geist« replizierte den antiken Antisemitismus des römischen Historikers Tacitus (vgl. Kap. 1.4.1). Grattenauers Schrift leitete eine ganze Serie antisemitischer Publikationen ein, die bezugnehmend auf die Französische Revolution den Juden die Gleichstellung verwehrten.

Auffallend ist die Masse der Hetzschriften unmittelbar in den ersten beiden Jahrzehnten des 19. Jh.s, was darauf verweist, dass die Antisemiten ihre Dominanz durch die »drohende Judenemanzipation« für gefährdet hielten und sich mittels des Rassismus strategisch dagegen zu wehren beabsichtigten. Da die in den 1860er und 1870er Jahren gewährte juristische Gleichberechtigung nicht die soziale Gleichstellung wie die volle Ebenbürtigkeit der Juden einschloss, gaben die Antisemiten auch nach der deutschen Reichsgründung nicht auf, was bereits die 1871 publizierte Schrift *Der Talmudjude* des katholischen Theologen August Rohling (1839–1931) befürchten ließ. Nach dem Börsencrash von 1873 und den damit einhergehenden Versuchen »dem Juden« die Schuld an der Aktienspekulation zu geben sowie der Aufkündigung des Bündnisses Bismarcks mit den Liberalen im Jahr 1878/79 etablierte sich der politische Antisemitismus in Gestalt der Christlich-sozialen Arbeiterpartei des Hofpredigers Adolf Stoecker (1835–1909) sowie der »Antisemitenliga«. In den Jahren zwischen 1879 und 1881 verdeutlichte der »Berliner Antisemitismusstreit«, dass der Antisemitismus in weiten Teilen der wilhelminischen Elite verankert war und sich neben dem »Radau-Antisemitismus« längst auch der intellektuelle Antisemitismus eines Heinrich von Treitschke etabliert hatte, der die deutschen Juden als gravierende Gefahr für die »innere Reichsgründung« diffamierte. Die neue Qualität des Angriffs seitens des angesehenen Historikers bestand darin, dass er das Deutschsein »germanisierte«, die Juden zu Nichtdeutschen deklarierte und den so konstruierten Gegensatz zum entscheidenden Antagonismus des deutschen Kaiserreichs proklamierte. Vom Argumentationsmuster Treitschkes, das sich der Narrative der Überfremdung, der demografischen Bedrohung, der Gefährdung einer vermeintlich homogenen Nationalkultur, der Unterdrückung von Volkes Stimme durch »Gutmenschen«, der »jüdischen Lügenpresse« sowie des sich Stilisierens zum Sprachrohr einer vermeintlichen *vox populi* bediente, führt eine unverkennbare Linie zu rechtspopulistischen Rassisten des 21. Jh.s. Die Dreyfuss-Affäre in Frankreich im Jahr 1894 und die antisemitischen Pogrome in Russland belegen, dass der Antisemitismus gegen Ende des 19. Jh.s alles andere als ein ausschließlich »deutsches Phänomen« war.

In der Mitte des 19. Jh.s nahm auch der antiindigene Rassismus verstärkt Züge des biologistischen bzw. »wissenschaftlichen Rassismus« an. Moderne »Wissenschaftsdisziplinen« wie die Phrenologie, die Kraniologie sowie die physiologische Anthropologie konstruierten »den Indianer« zur »Rasse«. Im Jahr 1839 publizierte der Arzt Samuel George Morton (1799–1851) das äußerst erfolgreiche Buch *Crania Americana*. Auf der Basis abgebildeter Schädel erklärte Morton, dass weder Intellekt noch Nationalkultur »des Indianers« tragfähig genug seien, um ihn selbst bei der besten Entwicklungsumgebung in die »zivilisierte Gesellschaft« aufnehmen zu können. Scheinkorrelationen, pseudowissenschaftliche Daten und Interessen-geleitete Interpretationen liefen bei Morton auf den Satz hinaus: »The structure of his mind appears to be different from that of the white man, nor can the two harmonise in their social relations except on the most limited scale.« Die *Crania Americana* stellte den Versuch dar, das diffamierende Verdikt von der »Minderwertigkeit der Indianer« auf eine (pseudo-)wissenschaftliche Basis zu stellen. Mortons Studie spiegelte ideologisch die nahezu zeitgleiche Ablösung der Assimilationspolitik durch eine rigide Vertreibungs- und Segregationspolitik wieder, die in den 1820er Jahren einsetzte und juristisch vom »Indian Removal Act« des Jahres 1830 begleitet wurde. Vertreibungen wie die der Cherokee, die gegen ihre Deportation erbitterten Widerstand leisteten, geschahen mit äußerstem Zwang und mit einer derartigen Brutalität, dass von einem »Trail of Tears« die Rede war. Ab Mitte des 19. Jh.s stützte sich der US-amerikanische Expansionismus auf die Ideologie des »Manifest Destiny«, die den Ursprung des biologistisch-rassistischen Konstrukts des »White Anglo-Saxon Protestant« bildete. Aufgabe des »weißen Mannes« sei es, den gesamten Kontinent zu erobern und die Zivilisation vom Atlantik bis zum Pazifik zu verbreiten. Die Eroberung sei ein manifestes Schicksal, das einem göttlichen Auftrag, einer Mission gleichkäme, um den Fortschritt zu verbreiten und das »Licht der Freiheit« in die Welt zu tragen.

In Australien erreichten die Landkonflikte in den 1850er Jahren eine neue Qualität, als Gold entdeckt wurde, was zu einem Einströmen von Menschen in Gebiete führte, die bislang von Aboriginal bewohnt wurden. Diese diskriminierte man als »nicht-rechtsfähige Subjekte«, die beliebig vertrieben werden dürften, da sie den Boden nicht wie europäische Ackerbauern bestellten. Die systematischen Vertreibungen stützten sich auf die »Terra Nullius Doktrin«, die den Aboriginal jegliches Anrecht auf das Land absprach und die Legende enthielt, es sei ein unbewohnter Kontinent betreten worden.

Der antinegride Rassismus stellte einen »Common Sense« unter den Rassetheoretikern des 19. Jh.s dar. Während der moderne Europäer bei Francis Galton auf der Skala ganz oben thront, findet sich »der Schwarze« auf der untersten Stufe. Bei Galton fungiert der »Neger« zugleich als Beleg, um das Postulat einer starren Erblichkeit der Intelligenz zu untermauern und dem Faktor Umwelt eine Abfuhr zu erteilen. In der Studie *Essays in Eugenics* aus dem Jahr 1909 heißt es:

»The Negro now born in the United States has much the same natural faculties as his distant cousin who is born in Africa; the effect of his transplantation being ineffective in changing his nature, but very effective in increasing his numbers, in enlarging the range of his distribution, and in destroying native American races.«

Die Behauptung »natürlicher Fähigkeiten« wird mit dem Stereotyp vom »potenten Neger« verbunden, dessen »Fruchtbarkeit« eine Gefährdung anderer »Rassen« darstelle. Galton schreckt noch nicht einmal davor zurück, den »Schwarzen« für das Genozid des weißen Mannes an den Indigenen verantwortlich zu machen. An anderer Stelle instrumentalisiert Galton das Konstrukt einer vermeintlichen kulturellen Unterlegenheit der »Schwarzen« zu einem anders gearteten eliminatorischen Szenario. Während die »weiße Rasse« die »Bürde der Zivilisierung« auf sich nehme, so Galton, schaffe die »schwarze Rasse« den Anschluss nicht, längerfristig würde sie daher durch »bessere Rassen« ersetzt. Die Kraniologie als Pseudowissenschaft verschärfte ihrerseits die biologische Rassifizierung des »Schwarzen« und benutzte hierfür die diskursive Technik der Animalisierung (vgl. Kap. 2.6.1). Kraniometrische Darstellungen des 19. Jh.s verglichen Schädel von »Schwarzen«, wobei es sich zumeist um fiktive oder gefälschte Zeichnungen handelte, mit denen von Schimpansen, um eine Wesensverwandtschaft zu suggerieren.

Im 19. Jh. verbreiteten sich in den USA die Baumwollplantagen immer weiter Richtung Westen. Der Baumwollboom führte zu inneramerikanischen Sklavendeportationen, die häufig mit dem Auseinanderreißen ganzer Familien einhergingen sowie einer deutlichen Verschlechterung der Arbeitsbedingungen. Trotzdem wuchs der Anteil der freien »Schwarzen«, sodass Gesetze gegen gemischt-ethnische Ehen eingeführt wurden, die in den Südstaaten erst 1967 ihre Rechtsgültigkeit verloren. Die erlassenen Ehegesetze richteten sich in einigen Bundesstaaten auch gegen Menschen asiatischer Herkunft sowie gegen Native Americans. Zwar schaffte man die Sklaverei im Jahr der Beendigung des Sezessionskrieges (1861–1865) de jure ab, vor allem in den Südstaaten wurde jedoch rasch klar, dass es bis zur Abschaffung im sozialen Alltagsleben de facto noch ein langer Weg sein würde.

Der biologistische Rassismus konstruierte nicht nur die »Rasse der Neger«, die »jüdische Rasse« sowie die »indianische Rasse«, sondern auch die »gelbe Rasse«, die Gobineau »Mongolen« nannte und mit den Attributen »klein«, »untersetzt«, »hässlich«, »unförmig« sowie »plump« versah. Im Vergleich zur »weißen Rasse« sprach Gobineau von einer deutlich niederen Intelligenz. Die vermeintliche Zivilisationsfähigkeit der »gelben Race« stelle nur die Wirkung eines Mimikry-Effekts dar, in Wirklichkeit zeichne sie sich jedoch durch das »Fehlen von Fantasie« aus. Gobineau sprach der »yellow Race« die Fähigkeit zur eigenständigen Kultur ab. Das von Gobineau postulierte Charakteristikum der »Zerstörung« als einziges Feld, auf dem die »yellow Race« fantasievoll sei, verweist auf eine Kontinuitätslinie bis hin zu den »Dr. Fu Man Chu«-Filmen des deutschen Nachkriegskinos. Das Stereotyp der »Mimikry« wiederum taucht in zahllosen Varianten bis heute auf; so dient es etwa zur Erklärung des japanischen Wirtschaftsaufschwungs nach 1945 sowie der chinesischen Wirtschaftskraft im 21. Jh. Die Vorstellung von einer Minderwertigkeit der »yellow Race« und der Höherwertigkeit der »Kaukasier« wurde auch in den USA offensiv propagiert. John Marshall Harlan, Richter des Supreme Court, äußerte sich im Jahr 1896 offiziell wie folgt:

> »There is a race so different from our own that we do not permit those belonging to it to become citizens of the United States. Persons belonging to it are, with few exceptions, absolutely excluded from our country. I allude to the Chinese race.«

Der geschürte Hass gegen chinesische Migranten führte in den USA zur Begrifflichkeit der »Chinese question« und 1871 zum »Chinesenmassaker« von Los Angeles. Ein Mob verwüstete die Straßen von Chinatown und tötete 18 chinesische Migranten. In Gestalt der Bewegung »The Chinese must go« blieb die Westküste der Vereinigten Staaten das Hauptgebiet der anti-chinesischen Ressentiments. Gegen Ende des 19. Jh.s erreichte der anti-asiatische Rassismus die Bundesebene. Im Jahr 1882 wurde der »Chinese Exclusion Act« verabschiedet, ein US-amerikanisches Bundesgesetz, das die Einwanderung in die USA untersagte. Der Antiasiatismus im Australien des 19. Jh.s weist ähnliche Züge wie der US-amerikanische auf. Chinesische Goldsucher wurden von den europäischen verprügelt, ausgeraubt und vertrieben, ohne dass staatliche Stellen eingriffen. Das rassistische Banner »Roll up – Roll up – no Chinese« entsprach der offiziellen »White Australia Policy« jener Zeit. In den 1850er und 1860er Jahren beschränkten etliche australische Bundesstaaten die Migration von Chinesen.

Der »wissenschaftliche Rassismus« biologisierte zu Beginn des 19. Jh.s ebenso die vermeintliche »Minderwertigkeit der Frau«. Die Prinzipien der »Gleichheit, Freiheit, Brüderlichkeit« sollten nur für das männliche Geschlecht gelten. Rassistische Praxen, die Frauen den Zugang zu Hörsälen versperrten und sie als lästige Konkurrentinnen ausschlossen, sollten aufrechterhalten werden. Der Antifeminismus wollte das Züchtigungsrecht des Ehemanns, das in der Weimarer Republik erst im Jahr 1928 abgeschafft wurde, verewiglichen und den häuslichen Frieden nicht durch eine berufliche Tätigkeit der bürgerlichen Frau gefährdet sehen. Die Macht des rassistischen Antifeminismus wird daran ersichtlich, dass in der Bundesrepublik Deutschland noch bis zum 1. Juli 1977 ein Mann seine Zustimmung zur Arbeitstätigkeit der Ehefrau erteilen musste und ihren Arbeitsvertrag ohne ihre Einwilligung kündigen durfte.

Dietrich Wilhelm Heinrich Busch (1788–1858), Professor für Medizin an der Friedrich-Wilhelm-Universität zu Berlin, verfasste in den Jahren zwischen 1839 und 1844 ein umfangreiches fünfbändiges Werk mit dem Titel *Das Geschlechtsleben des Weibes in physiologischer, pathologischer und therapeutischer Hinsicht*. Es heißt hier:

»An Genialität, an schöpferischer Kraft, in allem Grossartigen und Abstracten, steht das Weib zurück, und wenn sich auch Frauen in das Gebiet der Wissenschaften hinein gewagt haben, oder sich den Künsten widmeten, so sind ihre Leistungen doch immer sehr unbedeutend gewesen, so lange sie in der Sphäre der wahren Weiblichkeit verblieben. Wenn sie auch Einzelnes erlernten und erfassten, wenn sie auch in der Malerei und Musik Darstellungsvermögen an den Tag legten, so vermochten sie doch niemals in das Allgemeine einzudringen und den reinen Gedanken zu erfassen. Nie hat ein Weib in der Wissenschaft eine Epoche begründet. Dieses wäre auch dem Zwecke seines Daseins zuwider, es müsste sich selbst zerstören und aus sich selbst heraustreten, um in eine Sphäre einzugehen, die ihm nicht natürlich ist.«

Auch der Philosoph Arthur Schopenhauer (1788–1860) ist sich in seiner im Jahr 1851 erschienenen Studie *Parerga und Paralipomena* über den folgenden Sachverhalt sicher: »Schon der Anblick der weiblichen Gestalt lehrt, dass das Weib weder zu großen geistigen, noch körperlichen Arbeiten bestimmt ist.« Auch die Phrenologen und Kraniologen leisteten gegen Ende des 19. Jh.s ihren antifeministischen Beitrag. Bei Cesare Lombroso heißt es: »Wie bei allen Wirbeltieren steht auch beim Menschen das Weib an Intelligenz und Empfindungsgabe hinter dem Manne zurück.« Der Heidelberger Anatom Theodor Ludwig Wilhelm von Bischoff (1807–1882) behauptete, die Kraniometrie belege mit ihren Resultaten, dass sich die Frau aufgrund ihrer intellektuellen Unvollkommenheit weder für ein universitäres Studium noch für einen akademischen Beruf eigne.

1.4.6 Der biomächtige Rassismus des 20. Jh.s

Zu Beginn des 20. Jh.s erreichte die eugenische Bewegung, die den regulativen Zugriff auf das Reproduktionsverhalten sowohl des Einzelnen wie der Gesamtbevölkerung beanspruchte, ihren ersten Höhepunkt. Im angloamerikanischen Raum entstanden, verfügte die Eugenik in Deutschland in Gestalt der »Rassenhygiene« über eine Vielzahl militanter Nachahmer. Die US-amerikanische eugenische Bewegung war eng mit der Einwanderungspolitik verkoppelt, ihre »rassentheoretischen Bewertungen« spiegelten die Einwanderungswellen, insofern den zuerst Eingewanderten die beste »Rassengüte« attestiert wurde und den zuletzt Eingewanderten die schlechteste. Der eugenische Rassismus stellte in den USA ein gesellschaftliches Verhältnis dar, welches die Vorherrschaft des weißen, angelsächsischen Mannes biologisch begründete und alltäglich bei der Vergabe von Ausbildungsplätzen, Jobs sowie der Wohnungssuche u. a. reproduzierte. Die US-amerikanische eugenische Bewegung war im Kern ein reaktionärer Sozialkampf, dessen Ziel darin bestand, das eigene Klientel, das als »nordische Rasse« interpretiert wurde, vor anderen Einwanderergruppen zu privilegieren. Dystopische Szenarien von der Fruchtbarkeit der »minderwertigen Einwanderin« schürten Zukunftsängste im Kontext eines sich beschleunigenden Tempos kapitalistischer Entwicklung. Die gesunde angelsächsische Frau, so hieß es, dürfe sich nicht länger verweigern und der »fremden Frau« das »Kampffeld der Demografie« überlassen. Das Frauenbild der Eugenik wies dem weiblichen Geschlecht die Rolle einer machterhaltenden Gebärmaschine zu. Fremdenfeindlichkeit und Antifeminismus mischten sich mit einem Sozialrassismus, der auch die genetisch vermeintlich Schlechteren in den eigenen Reihen von der Reproduktion auszuschließen gedachte, und vor Zwangssterilisationen nicht zurückschreckte, um den »Rassenkampf« gegen »minderwertige Einwanderer« zu gewinnen.

Gegèn Ende des 19. Jh.s untersuchte der als Erfinder bekannte Alexander Graham Bell (1847–1922) in der Nähe von Boston das Phänomen der Gehörlosigkeit und warnte im Jahr 1883 in einem Memorandum vor der explosionsartigen Vermehrung der »Taubstummen«. In seiner bevölkerungsdystopischen Studie sprach er von einer eigenen, »defekten Rasse«, gegen die mittels repressiver und präventiver Maßnahmen Abhilfe zu schaffen sei. Zwar lassen sich im Memorandum keine Belege dafür finden, dass Bell Sterilisationen von Gehörlosen offen befürwortete, jedoch führten seine Denkschrift und die Aggressivität seiner Sprache, deren Duktus Gehörlose als »defekte Rasse« rassifizierte und sie als eine Bedrohung der »normalen Gesellschaft«, ja der gesamten Menschheit sowie als das Böse schlechthin erscheinen ließ, in einer bereits aufgeladenen eugenischen Atmosphäre dazu, dass Gehörlose in den USA zu den ersten Opfern von Sterilisierungsmaßnahmen zählten. Anfang des 20. Jh.s existierte in den USA bereits ein »Eheverbot für Epileptiker, Schwachsinnige und Geistesschwache«, in dessen Kontext es zu zahlreichen Zwangssterilisationen ohne gesetzliche Grundlage kam. Im Jahr 1907 wurde diese Praxis gesetzlich verankert und in zahlreichen Bundesstaaten aus »eugenischen Gründen« legalisiert.

Eine Schlüsselfigur in der US-amerikanischen Eugenik war der Biologe Charles Davenport (1866–1944), der Alkoholismus, Kriminalität, chronische Armut, Tuberkulose, Kraftlosigkeit und Sehfehler auf das Wirken jeweils eines Gens zurückführte. Solche Gene sollten laut Davenport in der Gesamtpopulation ausgemerzt werden. Im Jahr 1924 wurde der »Immigration Act« verabschiedet, ein US-amerikanisches Bundesgesetz, welches die Einwanderung beschränkte und hierfür ein Quotensystem vorsah. Dem »Imigration Act« lag eine rassistische Wertung dreier Einwanderergruppen zugrunde. Die Einstufung der asiatischen Immigranten als »rassisch minderwertig« stellte ein Resultat der Bewegung »The Chinese must go« dar, hinter der rassistische Parteien wie die »Workingmen's Party of California« steckten, welche das Schreckgespenst einer »gelben Gefahr« an die Wand malten, die dem »anglo-saxon working man« Wohnung wie Arbeit koste. Die Gefahr der »yellow peril« war ein

Standardthema des US-amerikanischen Historikers Lothrop Stoddard (1883–1950), der in seiner im Jahr 1920 erschienenen »Verschwörungstheorie« *The Rising Tide of Color against White World Supremacy* vor einer japanischen Bevölkerungsexplosion warnte, die mit expansiven Welteroberungsplänen einhergehe. Die zweite rassistische Wertung des »Immigration Acts« betraf die südeuropäischen und osteuropäischen Einwanderer, denn auch sie galten als von »minderer Rasse«. Betroffen waren schließlich auch die irischen Migranten, wobei eugenische Kampagnen mit der Behauptung aufwarteten, dass die irische Einwanderin aufgrund ihrer »Hemmungslosigkeit« fortwährend Kinder bekäme. Der Fokus gegen die Iren hatte auch religiöse Gründe, da diese meist katholisch und nicht protestantisch waren.

Der Immigration Act von 1924 offenbarte darüber hinaus die enge Verbindung zwischen der eugenischen Bewegung sowie der Rassenlehre, die in den USA durch das im Jahr 1916 erschienene Buch *The Passing of the Great Race* von Madison Grant (1865–1937) Verbreitung fand. Im Zentrum der »Rassentheorie« Grants stand die Vorstellung von der Überlegenheit der »nordischen Rasse«, die sich durch blondes Haar und blaue Augen sowie großen Wuchs auszeichne. Es handele sich, so Grant, um einen reinen europäischen Typus. Dieser »homo europaeus« sei der »white man par excellence«. Der Immigration Act von 1924 folgte der Empfehlung Grants und intendierte den »native American of colonial descent« in Gestalt des »White Anglo-Saxon Protestant« zu stärken.

Zu den führenden US-amerikanischen Eugenikern zählte auch Harry Laughlin (1880–1943), der die Stärkung der »nordischen Rasse« mittels Zwangssterilisation propagierte und im Jahr 1922 einen diesbezüglichen Gesetzesentwurf vorlegte. Darüber hinaus schlug er die Errichtung von Lagern vor, um sogenannte »Degenerierte« von der »Normalbevölkerung« zu separieren, damit es nicht zu einer weiteren genetischen Verschlechterung käme. Im Falle, dass die Regierung seinen Rat ignoriere, prognostizierte er das dystopische Szenario einer USA bestehend aus »Jukes« und »Kallikaks«, wobei es sich um fiktive Familiennamen zweier US-amerikanischer Studien handelte, die seinerzeit große Popularität besaßen. Die im Jahr 1877 erstmals publizierte Arbeit »*The Jukes: A Study in Crime, Pauperism, Disease and Heredity*« stammte vom US-amerikanischen Soziologen Richard L. Dugdale (1841–1883). Wie bereits bei Bell, so ist auch bei den ähnlich gelagerten Studien die Verwendung des Terminus »Rasse« (»race«) auffallend. Armut und Kriminalität wurden genetifiziert. Vermeintlich ausfindig machte man in derlei Werken zumeist eine »Urmutter der Rasse der Kriminellen«, die verantwortlich sei für die Armut der nachfolgenden Generationen sowie für deren »sexuelle Immoralität«. Bekanntheitsgrad erlangte beispielsweise Ada Juke, die von Dugdale als »Mutter der Kriminellen« diffamiert wurde. Darstellungen der Nachfahren Ada Jukes dienten zu Beginn des 20. Jh.s der Werbung für Sterilisierungsprogramme. Diesbezügliche Grafiken wurden zumeist mit der provokanten rhetorischen Frage verbunden: »Shall we allow the Ada Jukes of today to continue this multiplication of misery?« Dugdale meinte auf das angebliche Phänomen der »Vererbbarkeit der Kriminalität« gestoßen zu sein, als er bei Besichtigungen von Gefängnissen feststellte, dass mehrere Insassen aus der Familie »Juke« stammten. Während Dugdale »Umwelteffekte« bei der Kriminalität noch nicht in Abrede stellte, fokussierte die Epigonenliteratur ausschließlich auf das vermeintliche »Verbrecher-Gen«.

Der US-amerikanische Psychologe Henry H. Goddard (1866–1957) präsentierte die Ergebnisse einer empirisch angelegten Studie mit dem Titel *The Kallikak Family* im Jahr 1912. Eine Person, die Goddard als »feeble-minded« ausgab und die er mit dem Pseudonym »Deborah Kallikak« versah, untersuchte er »genealogisch« und behauptete einen Vorfahren namens »Martin Kallikak« gefunden zu haben. Martin Kallikak habe, so Goddard, eine ehrbare Quäkerfrau geheiratet, von welcher sich der eheliche Zweig ableite. Die Kinder, die von diesem Zweig abstammten, verfügten über keine negativen Anzeichen. Die Nachfahren des unehelichen Zweigs hingegen, die durch eine Affäre mit einer Prostituierten entstanden seien, bestünden aus Kriminellen, Prostituierten sowie kranken Menschen, die Goddard mit dem Terminus »Rasse Degenerierter« versah. Aus dieser »Rasse« stamme auch Deborah Kallikak. Für Goddard stand unstrittig fest, dass sowohl der kriminelle Charakter als auch der Grad der Intelligenz vererbt werde. Intelligenztests wurden parallel zur erstarkenden eugenischen Bewegung entwickelt und gelangten schon rasch als Massentests zum Einsatz. Von Anfang an existierte ein nahezu unauflöslicher Zusammenhang zwischen der eugenischen Bewegung und der Intelligenzmessung. So gilt etwa der Gründungsvater der Eugenik Francis Galton zugleich als Urvater einer empirisch orientierten Intelligenzerhebung. Unzählige Psychologen, die sich auf der Suche nach statistischen Testverfahren machten, teilten ebenfalls eugenische Ansichten und waren sich mit Galton und Goddard bezüglich der Prämisse der Existenz eines Intelligenz-Gens, welches nach Mendel'schen Regeln vererbt werde, einig. Der Einfluss Goddards war nicht nur in den USA beträchtlich. Auch für den deutschen Nationalsozialismus stellte die »Kallikak-Studie« Goddards ein herausragendes Beispiel für eine vorbildliche »rassenhygienische« Familienforschung dar, deren Anlage bezüglich der Stammbaumforschung zur Nachahmung empfohlen wurde. Für den deutschen Nationalsozialismus lag der Vorbildcharakter der Studie u. a. in ihrer Radikalität, endete diese doch mit dem Vorschlag, Lager einzurichten, um »Degenerierte« zu separieren:

> »In considering the question of care, segregation through colonization seems in the present state of our knowledge to be the ideal and perfectly satisfactory method. Sterilization may be accepted as a makeshift, as a help to solve this problem because the conditions have become so intolerable.«

Nach Darlegung aller medizinischen sowie rechtlichen Fragen bezüglich der Sterilisation empfahl Goddard ihre extensive Praktizierung.

Das neue Millenium zeichnete sich auch in Deutschland durch die heraufziehende Macht der Biopolitik aus. Der Industrielle Alfred Krupp (1812–1887) initiierte im Jahr 1900 eine dotierte Preisfrage mit dem Titel: »Was lernen wir aus den Prinzipien der Deszendenztheorie in Beziehung auf die innenpolitische Entwicklung und Gesetzgebung des Staates?« Als Gutachter fungierte der renommierte Wissenschaftler Ernst Haeckel (1834–1919), der vier Jahre später in der Schrift *Die Lebenswunder* formulierte:

>»Die Tötung von neugeborenen verkrüppelten Kindern kann vernünfti-
>gerweise gar nicht unter der Bezeichnung des ›Mordes‹ fallen, wie es
>noch in unseren modernen Gesetzbüchern geschieht. Vielmehr müssen
>wir dieselbe als eine zweckmäßige, sowohl für die Beteiligten wie für die
>Gesellschaft nützliche Maßregel billigen.«

An anderer Stelle heißt es:

>»Hunderttausende von unheilbaren Kranken, namentlich Geisteskran-
>ke, Aussätzige, Krebskranke usw. werden in unseren modernen Cultur-
>staaten künstlich am Leben erhalten und ihre beständigen Qualen sorg-
>fältig verlängert, ohne irgendeinen Nutzen für sie selbst oder die Ge-
>samtheit.«

Provokant stellte Haeckel sodann die Frage:

>»Welchen Nutzen hat die Menschheit davon, dass die Tausende von
>Krüppeln, die alljährlich geboren werden, Taubstumme, Kretinen [»Klein-
>wüchsige«, der Verf.], mit unheilbar erblichen Uebeln Belastete usw.
>künstlich am Leben erhalten und groß gezogen werden?«

Die Ausführungen des »Vaters der deutschen Rassenhygiene« dräng-
ten von der Theorie zur Praxis. Der Haeckel'sche Sozialdarwinismus
verstand sich als »biomächtige Politikberatung« und war sich der
praktischen Folgen durchaus bewusst. Auffallend ist bei Haeckel die
häufige Wiederkehr des Terminus »Nutzen«. Menschen besitzen
nicht mehr per definitionem ihres Menschseins unteilbare Rechte,
ihre Wertigkeit ergibt sich vielmehr aus ihrem Beitrag für das volks-
wirtschaftliche Gesamtvermögen. Die Menschenökonomie Haeckels
unterteilt Menschen in »valid« und »invalid«, in »nützlich« und
»unnütz« und spricht einem Teil der als »invalid« diffamierten Menschen ihr Lebensrecht ab, wobei die technische Seite der Ermordung
der »unnützen Esser« präzise angegeben wird (»Morphium-Gabe«)
und Mord mit Hilfe des Terminus »Euthanasie« zynisch als »Gnadenakt« verklärt wird. Die Rezeption des Darwinismus erfolgte in
Deutschland von Anfang an nicht nur unter sozialdarwinistischen,

sondern auch unter »rassenhygienischen« Vorzeichen und dies in einer der Aggressivität des deutschen Imperialismus im Vorfeld des ersten Weltkriegs entsprechenden Weise. Die Ermordung eines Zehntels der sogenannten »behinderten Menschen« durch Gift propagierte Haeckel bereits offen.

Aufschlussreich ist der Vergleich der Haeckel'schen Passagen mit dem faschistischen Propagandafilm »Opfer der Vergangenheit« aus dem Jahr 1937, dort heißt es:

> »Alles Lebensschwache geht in der Natur unfehlbar zugrunde. Wir Menschen haben gegen dieses Gesetz der natürlichen Auslese in den letzten Jahrzehnten furchtbar gesündigt. Wir haben unwertes Leben nicht nur erhalten, wir haben auch Vermehrung gewehrt. [...] Erbgesunde Menschen wohnten in halbverfallenen Lauben, Idioten und Schwachsinnigen baute man aber Paläste. [...] Viele Tausend kostet die Lebensdauer dieser Kranken an Volksvermögen. Die Verhütung erbkranken Nachwuchses ist ein christliches Brot. Wer Unkraut verhindert, fördert das Wertvolle. [...] Die Unfruchtbarmachung ist ein leichter, chirurgischer Eingriff, ist ein humanes Mittel, so dass die Nation vor grenzenlosem Elend bewahrt wird. In den letzten siebzig Jahren hat sich unser Volk um fünfzig Prozent vermehrt, während die Zahl der Erbkranken im gleichen Zeitraum um 450 Prozent gestiegen ist. Wenn diese Entwicklung so weiterginge, würde schon in fünfzig Jahren auf vier gesunde Menschen ein Erbkranker kommen. Ein endloser Zug des Grauens würde in die Nation hinein passieren, massloses Elend ein wertvolles Volk vermischen, dass mit riesen Schritten seinem Ende entgegensehe.«

Es lässt sich nicht abstreiten, dass Haeckel die Grundlagen der »Rassenhygiene« legte und der nationalsozialistischen Praxis der Zwangssterilisierung wie des systematischen Mordes an behinderten Menschen den Weg ebnete.

Das Krupp'sche Preisausschreiben unter der Ägide Haeckels gewann Wilhelm Schallmeyer (1857–1919), welcher die Schrift *Vererbung und Auslese im Lebenslauf der Völker* einreichte, in der er ausführte, die adäquate Interpretation Darwins sei der »Daseinskampf«, worunter er die fortschreitende »Auslese der besser Angepaßten unter Ausmerzung des Unvollkommeneren« verstand und zwar durch Ausrottung »der Völker, deren soziale Errungenschaften geringerwertig sind«. Dieser »gewaltige Daseinskampf«, dem man nicht entrinnen könne, sichere dem Sieger die Fortdauer in der Nachkommenschaft und führe beim Unterlegenen zum Erlöschen seines Stammes. Damit die Erfolgreichsten auch die meisten Nachkommen aufzögen, befürwortete Schallmeyer eine freiwillige oder erzwungene Unfruchtbarkeit »der Schlechtesten«, eine staatliche Ehebewilligungspolitik auf eugenischer Basis, die Feststellung der generativen Beschaffenheit jeder Person, die gerichtliche Verhinderung der Eheschließungen von Geschlechtskranken, Eheverbote für schwere Alkoholiker sowie die Etablierung der »Vererbungshygiene« als neuen, zu etablierenden Wissenschaftszweig.

Neben Schallmeyer zählte Alfred Ploetz (1860–1940) zu den Leitfiguren der deutschen »Rassenhygiene«, dessen Werk *Die Tüchtigkeit unserer Rasse und der Schutz der Schwachen* im Jahr 1895 erschien. Wie Schallmeyer forderte auch Ploetz eine »selbständige Specialdisziplin der Rassenhygiene« an deutschen Universitäten. Im zentralen Kapitel des Buchs kontrastiert Ploetz den heutigen sowie den idealen »Rassenprocess«. Während der heutige darin bestünde, »contraselektiv« in den Daseinskampf einzugreifen, er die natürliche Selektion weitestgehend außer Kraft setze und der »Rassengüte« schweren Schaden zufüge, zeichne sich die utopische Ordnung dadurch aus, dass schwächliche oder missgestaltete Neugeborene »durch eine kleine Dosis Morphium« getötet würden, die Ehe »schwächlichen oder defecten Individuen« untersagt sei, die Armen-Unterstützung nur minimal ausfalle und nur an Leute vergeben werde, »die keinen Einfluss mehr auf die Brutpflege haben«. Die Pflege der Kranken, der Blinden und Gehörlosen, wie überhaupt aller Schwachen, stelle eine »humane Gefühlsduselei« dar, die der Effektivität der »natürlichen Zuchtwahl« abträglich sei. Der einzelne zählt auch bei Ploetz nichts, wenn es um die vermeintliche »Vervollkommnung der Rasse« geht. Wie bei anderen »Rassenhygienikern« diente auch bei Ploetz das antike Sparta als Vorbild: »Als im alten Sparta das Gesetz anordnete, dass die neugeborenen Kinder in kaltes Bergwasser getaucht und die schwächlichsten unter ihnen ausgesetzt würden, schadete es einzelnen, nützte aber bewusst der Gesamtheit.« Bei

Ploetz verliert der Mensch im Unterschied zu Darwin keineswegs das Wertvollste, was ihn zum Menschen ausmacht, wenn er die praktischen Wege »rassenhygienischer Politik« beschreitet, vielmehr wird er auf diese Weise ein zur Vervollkommnung strebendes Geschöpf. Die Utopie drängte zur Praxis und hierfür rüsteten sich die Rassenhygieniker, gründeten Geheimorganisationen, besetzten Schlüsselpositionen, eroberten Institute, betrieben Bevölkerungsagitation und aquirierten hohe Geldsummen.

1.4.7 Der eliminatorische Rassismus des dt. Nationalsozialismus

Die nationalsozialistische »Rassenhygiene« konnte nahtlos an Entwicklungen in der Weimarer Republik anknüpfen, eine »Gleichschaltung« erwies sich als überflüssig, da das Gros der Anthropologen, Humangenetiker und Eugeniker bereits zuvor die »wissenschaftliche Speerspitze« der NSDAP und ihrer Organisationen bildete. Die »neue Qualität« der nationalsozialistischen Eugenik als eines zentralen Bestandteils rassistischer Eliminatorik zeigte sich indes bereits mit dem »Gesetz zur Verhütung erbkranken Nachwuchses« vom 14. Juli 1933, das keinen Zweifel daran ließ, dass die nunmehr einsetzende Praxis des eugenischen Rassismus eine hochgradige Radikalisierung einschloss. Das am 1. Januar 1934 inkrafttretende Gesetz sah Zwangssterilisationen für zahllose Fälle vor (u. a. Schizophrenie, erbliche Fallsucht, Huntington'sche Chorea, Blindheit, Taubheit) und war bewusst unpräzise gehalten, um zugleich als Instrument sozialer Disziplinierung zu dienen. Die Anzahl zwangssterilisierter Personen wird auf 400 000 Personen geschätzt, die Zahl derjenigen, die den Eingriff nicht überlebten auf 5500 Frauen und 600 Männer. Die Unfruchtbarmachung konnte von einem beamteten Arzt, von einem Direktor einer Strafanstalt oder von einem Anstaltsleiter beantragt werden; die Anwendung unmittelbaren Zwangs galt als zulässig. In einem Hamburger Urteil zur Sterilisation aus »eugenischer Indikation« vom 16. März 1934 heißt es, es sei völlig unerträglich, heute noch erbkranke Kinder aufzuziehen, da die Gefährdung des Volkes bereits weit fortgeschritten sei. Das Leben und die Gesundheit des deutschen Volkes seien höherwertiger als »das Leben des ungeborenen Erbkranken«. Der Einspruch der Klägerin wurde mit dem Argument abgewiesen, dass die Diagnose der angeborenen Gehörlosigkeit als gesichert gelte. Die Unfruchtbarmachung sei auch gegen den Willen der Klägerin auszuführen, so das Gericht. Sogenannte »Erbgesundheitsgerichte« waren für die juristische Seite der Durchführung verantwortlich, eingelegte Widersprüche wurden zumeist ablehnend beschieden, wie etwa in Berlin seitens des Psychiaters Karl Bonhoeffer (Vater von Dietrich Bonhoeffer), der als Gutachter fungierte. Das Sterilisationsgesetz wurde mittels agitatorischer Broschüren, Publikationen wie Reden propagandistisch begleitet, welche die Senkung der Ausgaben für »Minderwertige, Asoziale und hoffnungslos Erbkranke« ein »Gebot der christlichen und sozialen Nächstenliebe« nannten, um »unendliches Leid zu vermeiden«.

Zahllose Heftchen wie Lehrwerke zur Rassenhygiene führten aus, dass ein »entschiedener Kampf für die Wiedergesundung der Erbmasse« zu führen sei, da sonst das deutsche Volk in den Abgrund stürze. »Wie der Arzt dem Krankheitskeim gegenüber nicht tolerant, nicht liberal sein darf, so auch der Staatsmann, der ein Arzt des Volkes sein will. Jede Schwäche gegenüber dem Feind ist Verbrechen. Im Kampf fallen Opfer, auf beiden Seiten. Eine Kriegsführung, die aus Furcht vor Härte das eigene Volk in Gefahr bringt, übt Verrat zugunsten des Feindes«, so heißt es in einem »wissenschaftlichen Beitrag« mit dem Titel »Die Sterilisierung Minderwertiger vom Standpunkt des Nationalsozialismus« aus dem Jahr 1933. Der eugenische Rassismus war dabei aufs Engste mit dem Klassismus, dem Antisemitismus, dem Antiziganismus wie dem antinegriden Rassismus verkoppelt. Im Frühjahr 1937 wurde eine Sonderkommission gebildet, um die Zwangssterilisierung von Kindern schwarzer Soldaten aus der Zeit der frz. Rheinlandbesetzung zu organisieren, die man in der Weimarer Republik als »Rheinlandbastarde« diffamierte. Ohne gesetzliche Grundlage wurden 385 Kinder sterilisiert.

Zwar gab es auch in den Vereinigten Staaten seit der Jahrhundertwende Tausende von Zwangssterilisierungen, doch bereits die verbale Schärfe (»Kriegsführung«, »Feind«, »Kampf«, »Verrat«) weist daraufhin, dass die nationalsozialistische Zwangssterilisierung ein Vorbote der Vernichtung eines Teils der eigenen Bevölkerung darstellte. Sie kündete eine weitere Eskalationsstufe in Gestalt der sogenannten »Euthanasie«, der Ermordung Tausender Menschen, die mit dem Terminus »unwertes Leben« diffamiert wurden, an. Ein Runderlass des Reichsinnenministers Frick vom 18. August 1939 verpflichtete Ärzte und Hebammen zur Meldung neugeborener Kinder u. a. bei »Mongolismus«, »Mißbildungen jeder Art« sowie bei »Lähmungen«. Ferner zu melden waren »Kinder, die mit einem der genannten Leiden behaftet sind und das dritte Lebensjahr noch nicht vollendet haben«. Die Ermordung von ca. 6000 bis 10 000 Kindern wurde vom »Reichsausschuss zur wissenschaftlichen Erfassung erb- und anlagebedingter schwerer Leiden« organisiert. Die eingereichten Meldebögen wurden von drei Gutachtern bewertet, die über Leben oder Tod der Kinder entschieden, ohne diese zu untersuchen.

Die eliminatorische Radikalisierung des nationalsozialistischen Rassismus offenbarte im Jahr 1939 auch die sogenannte »Kinder-Euthanasie«, der 5000 »erbkranke« bzw. kognitiv oder körperlich beeinträchtigte Kinder zum Opfer fielen. Bereits kurz darauf wurde mit der planmäßigen Ermordung der erwachsenen Bewohner von Heim- und Pflegeanstalten begonnen. In den Jahren 1940 bis 1941 brachte man im Rahmen der sogenannten »Aktion T4« über 70 000 Personen in sechs zentralen Tötungsanstalten um. Ab 1942 wurden die Ermordungen dezentral fortgesetzt, ihre Gesamtzahl wird auf über 100 000 Psychiatrie-Patienten und Menschen mit Behinderungen geschätzt. Die »Euthanasie« stellte den Auftakt der nationalsozialistischen Massenmorde dar, denen im Kontext des sich radikalisierenden Antislawismus Millionen von Polen und Russen zum Opfer fielen. In Konzentrationslagern sowie Folterkellern der Gestapo starben ca. 20 000 Kommunisten und Sozialdemokraten, 5000 Homosexuelle und 1200 Zeugen Jehovas.

Im Unterschied zu den genannten Gruppen zielte die Ermordung der Sinti und Roma sowie der Juden, deren öffentliches wie privates Leben bereits seit 1933 mittels einer Unzahl diskriminierender Gesetze wie Verordnungen sowie staatlich initiierter Gewalt in elementarer Weise tangiert war, auf ein Genozid, auf die systematische, geplante und vollständige Auslöschung. Die Zahl der Shoah-Opfer wird auf sechs Millionen europäischer Juden geschätzt, die Anzahl der Opfer des Porajmos auf ca. 500 000 Personen. Hinsichtlich des bürokratisch-industrialisierten Völkermords an den europäischen Juden war der Antisemitismus des deutschen Nationalsozialismus historisch betrachtet singulär. Analysiert man die Genealogie des nationalsozialistischen Rassismus, so lässt sich neben der Historie des »deutschen Sonderweges« eine Verankerung in den Strukturen der westlichen Zivilisation der Jahrhundertwende konstatieren. Die Eroberung »minderwertiger Rassen« gehörte zum zentralen Motiv des Kolonialismus und Imperialismus, die Zwangssterilisation zu einem menschenverachtenden Topos der apokalyptischen Bevölkerungsdiskurse kapitalistischer Industrienationen im 20. Jh. Die mörderische Gewalt des deutschen Nationalsozialismus lässt sich im Rahmen einer langfristigen historischen Entwicklung des Rassismus betrachten, wozu sich die enthemmende Erfahrung des Ersten Weltkriegs sowie der Völkermord an den Herero und Nama gesellten. Der eliminatorische Rassismus des deutschen Nationalsozialismus bündelte die Geschichte diverser Spielarten des Rassismus wie insbesondere des Antisemitismus, des Antiziganismus und des eugenischen Rassismus. Er projizierte die bereits im Ersten Weltkrieg gemachten Erfahrungen zivilisatorischer Enthemmung und duplizierte den nach Außen geführten verbrecherischen Krieg im Kontext nahezu wahnhafter Vorstellungen eines »stählern-rassisch-homogenen Volkskörpers« als ebenso gewalttätigen wie mörderischen Krieg nach innen. Zwar entziehen sich Menschenverachtung, Eliminatorik und Radikalität des nationalsozialistischen Rassismus historischen Vergleichen, gleichwohl steht Auschwitz in der mörderischen Logik der Geschichte des modernen Rassismus, der maßgeblich eine Schöpfung der westlichen Zivilisation darstellt.

Die enge systemische Verbindung zwischen der nationalsozialistischen »Rassenhygiene« und dem Völkermord an den europäischen Juden spiegelt sich bei den handelnden Akteuren. So gelangte das Personal der »Aktion T4« auch bei den Vernichtungslagern Belzec, Sobibor und Treblinka im Rahmen der »Aktion Reinhardt« zum mörderischen Einsatz. Der medizinische Leiter der Tötungsanstalt Brandenburg und Bernburg, Dr. med. Irmfried Eberl wurde im Sommer 1942 der erste Lagerkommandant des Vernichtungslagers Treblinka.

1.4.8 Der kulturalistische Rassismus des 21. Jh.s

Der kulturalistische Rassismus des 21. Jh.s benutzt als Differenzkriterium zwischen der »Wir-Gruppe« und der »Fremdgruppe« primär den Terminus der Kultur. Bei dieser Variante des Rassismus wird Kultur nicht als wandelbar und historisch gewachsen dargestellt, sondern essentialisiert wie verdinglicht und so zu einem unüberbrückbaren Identitätsstifter, der Gruppenidentifikationen in Abgrenzung zu Kollektiven produziert, die als ewiglich »Andere« konstruiert werden. Auf diese Weise wird die »Volksgemeinschaft« durch die »Kulturgemeinschaft« ersetzt. Die vermeintlichen Kulturweltkarten eines Samuel Huntington verdeutlichen visuell, dass ein derartiges Verständnis von Kultur ein funktionales Äquivalent des Rassebegriffs darstellt, insofern diese mit klassischen »Rasselandkarten« weitgehend deckungsgleich sind. Die Verwendung des Wortes »Kultur« anstelle des Terminus »Rasse« dient somit als »Rasse-Äquivalent« zwecks Aufrechterhaltung des globalen Dominanzanspruchs des »weißen Mannes«. Die häufig geäußerte Vorstellung von einer Ablösung des biologistischen Rassismus durch den kulturalistischen Rassismus ist unzutreffend, insofern beispielsweise der »Sarrazin-Diskurs« belegt, dass sich auch der kulturalistische Rassismus stets biologistischer Elemente bedient und der biologistische Rassismus stets kulturalistische Argumentationsmuster aufwies.

1.4.9 Außereuropäische Varianten

Vielfältige Beispiele aus dem asiatischen Raum belegen, dass der Rassismus keineswegs nur eine europäische Erscheinungsform darstellt. Zuallererst zu nennen wäre, schon aufgrund seines Alters, das indische Kastenwesen. Ob dieses rassistisch ist oder nicht, wird auch auf internationaler Ebene seit mehreren Jahrzehnten strittig debattiert. Von der Einteilung her stellt das traditionelle Kastenwesen eine Variante des Hautfarbenrassismus dar, insofern eine hellere Haut mit einer höheren Kastenzugehörigkeit korreliert, was auch der Terminus »Varna« (»Kaste«, »Stand«) zum Ausdruck bringt, der auch soviel wie »Farbe« bedeutet. Während die Brahmanen als oberste Kaste mit »Weiß« in Verbindung gebracht wurden, war es bei den Shudra, der untersten Kaste, die Farbe Schwarz. Insofern das Kastenwesen hierarchisch strukturiert ist, intendiert die Zuordnung der Farben zugleich eine Wertigkeit. Es erfolgt somit nicht nur eine Spaltung der menschlichen Gesellschaft in Gruppen, sondern ebenso deren wertende, soziale Stratifizierung, die ein umfassendes Segregations- wie Separationssystem absichert, das sowohl Berufswahl, Partnerwahl als auch kulturelle Handlungsweisen und soziale Pflichten reglementiert. Neben der Markierung der sozialen Stratifizierung durch Farben spielt auch das Begriffspaar »rein-unrein« eine relevante Rolle. Während den Brahmanen die Reinheit zugewiesen wird, ist es die Unreinheit bei den niedrigsten Kasten, die als »unberührbar« gelten. Umfangreiche Diskriminierungen auf Basis des Kastensystems bezüglich der Ressourcenverteilung, des Zugangs zu öffentlichen Gütern sowie insbesondere zu den besseren Bildungseinrichtungen bilden Indikatoren, die belegen, dass es sich beim Kastensystem um ein System rassifizierender Dominanz handelt, um ein gesellschaftliches Macht- und Herrschaftsverhältnis. Dieser Aspekt wird auch durch die Genese des Kastensystems unterstrichen, das vermutlich die Vorherrschaft einer hellhäutigeren Eroberergruppe aus dem indoiranischen Raum in der Vedischen Zeit (ab 1500 v. Chr.) absichern sollte. Aus soziologischer Sichtweise ist es unstrittig, dass das traditionelle indische Kastensystem eine prototypische außereuropäische Erscheinungsform des Rassismus darstellt.

Eindeutig als Rassismus bezeichnen lässt sich auch der Krieg Japans gegen China im Zweiten Weltkrieg. Angestachelt von rassistischen Ideologien, welche die Minderwertigkeit der Chinesen propagierten, hatte dieser im wochenlangen Massaker von Nanking im Jahr 1937 bereits einen Vorläufer, wobei vermutlich über 200 000 Zivilisten sowie Kriegsgefangene ermordet wurden. Für Kriegsverbrechen im rassistischen Geist steht ebenso die »Einheit 731«, die als Geheimeinrichtung der kaiserlich-japanischen Armee in der besetzten Mandschurei Verbrechen wider die Menschlichkeit beging. Die »Einheit 731« war für die Erforschung und Erprobung biologischer Waffen zuständig und testete diverse Krankheitserreger experimentell an lebenden Menschen. Tausende von Menschen starben, als die »Einheit 731« in den Jahren von 1940 bis 1942 Milzbrandsporen sowie Pestbakterien aussetzte. Während des Zweiten Weltkriegs kam es auch zur systematischen Versklavung zumeist koreanischer und chinesischer Frauen und Mädchen als Zwangsprostituierte (vgl. Kap. 5.8).

Zu den diskriminierten Minderheiten zählen in Japan die »Burakumin«, die am ehesten mit den »Unberührbaren« Indiens vergleichbar sind. Bereits ihr Name, der soviel wie »Ghettobewohner« lautet, weist auf ihr jahrhundertealtes Ausgestoßensein hin. Das Differenzkriterium zur Bildung der Fremdgruppe bildete in diesem Fall die berufliche Tätigkeit. Berufe wie Gerber, Totengräber und Schlachter galten nach dem 6. Jh. als unrein und führten zur räumlichen wie sozialen Ausstoßung. Die Praxis rassistischer Segregation wie Separation wurde ideologisch durch die dehumanisierende Rassifizierungstechnik der Animalisierung (vgl. Kap. 2.6.1) untermauert; so bezeichnete man die in Ghettos Verbannten als »Vierbeiner« (»yotsu«). Soziale Kontakte und ebenso das Heiraten außerhalb der Standeskaste waren verboten. Ihre Kinder durften keine normale Schule besuchen. Nach Abschaffung der ständischen Kastenordnung im Jahr 1871 blieben Ressentiments, Diskriminierungen und Stigmatisierungen bis auf die heutigen Tage bestehen, zumal die

»Burakumin« in die Familienregister als »Neubürger« eingetragen wurden und auf diese Weise selbst bei sozialem Aufstieg sowie dem Verlassen der ehemals als Ghettos vorgesehenen Gebiete »identifizierbar« blieben. Zwar sind die Register mittlerweile nicht mehr öffentlich einsehbar, aber noch immer wird sowohl bei Heiraten als auch bei der Vergabe beruflicher Positionen auf diversen Wegen nach nicht gewünschten »Parias« gefahndet.

1.5 Funktionen und Ursachen des Rassismus

Als spezifisches Herrschaftsverhältnis dient der Rassismus vorrangig der Errichtung sowie der Sicherung der Dominanz einer Wir-Gruppe über eine bzw. mehrere Fremdgruppen. Zahlreiche Praxen sollen die Gruppenkohärenz stärken sowie wechselseitige Übergänge unterbinden oder zumindest erschweren und die intendierte ungleiche Ressourcenverteilung auf nahezu allen ökonomischen, sozialen wie kulturellen Gebieten absichern helfen, wobei die praxeologische Seite von der ideologischen Dimension des Rassismus begleitet wird. Neben der primären Zielstellung von Vorherrschaft und Vormacht sowie der damit einhergehenden Vorteilswahrung und ungleichen Aneignung des gesellschaftlichen Reichtums lassen sich vielfältige sekundäre Funktionen des Rassismus ausmachen.

Die Funktion des Rassismus im Kontext der Ableitung interner sozialer Spannungen und Konflikte auf einen Sündenbock weist daraufhin, dass sowohl »Wir-Gruppe« als auch »Fremdgruppe« nicht als homogene Größen zu betrachten sind, es vielmehr den herrschenden Klassen innerhalb der konstruierten Wir-Gruppe darum geht, Ingroup-Konflikte und Gegensätze auf einen vermeintlichen Ingroup-Outgroup-Antagonismus zu verlagern und auf diese Weise eine Entlastungsfunktion zwecks Herrschaftsstabilisierung zu erzielen. Der Rassismus dient so nicht nur der Herrschaftssicherung der Wir-Gruppe über die Fremdgruppe sondern auch der Vorherrschaft herrschender Kreise innerhalb der eigenen Reihen, indem die konstruierte Wir-Gruppe eine kollektive ideologische Aufwertung er-

fährt und den Beherrschten ein materieller Gewinn von der strukturellen wie prozessualen Ungleichbehandlung der Untergeordneten
versprochen und häufig partiell auch zugeteilt wird. Insbesondere in
krisenhaften Zeiten bewirkt der Rassismus eine Entlastung, da die
Schuld an diversen Problemen des ökonomischen, sozialen wie des
politischen Feldes an die Fremdgruppe delegiert wird. Da der Rassismus auf ideologischem Gebiet den konstruierten Gegensatz als
Weltanschauung hypostasiert, vermag die Fremdgruppe gewissermaßen »an allem Schuld zu sein«. Auffallend ist folglich, dass insbesondere ökonomische Krisenprozesse wie gesellschaftliche Umbruch-
phasen mit einer Revitalisierung rassistischer Praxen und Ideologi-
en sowie einer Zunahme rassistischer Strömungen und entsprechender
politischer Gruppierungen einhergehen.

In der Innenpolitik dient u. a. die diskursive Technik der Spionisierung bzw. Terrorisierung (vgl. Kap. 2.4.4, 2.4.5) dem Ausbau
staatlicher Überwachungsorgane. Bereits das Zeitalter der Kreuzzüge illustriert die Funktion des Rassismus, einen »Feind im Innern«
zu konstruieren, um die äußere Kriegsführung zu legitimieren.
Durch seine »innenpolitische Verortung« wird der abstrakte, exter-
ritoriale Feind greifbar und verstärkt die rassifizierende Produkti-
onstechnik der Bedrohung und der Angsterzeugung im Kontext
kriegerischer Ambitionen. Der »innenpolitische Feind« als konstruierte Doublette des äußeren Feinds trägt zugleich zur Festigung des
imaginären Wir-Kollektivs bei. Die außen- wie innenpolitische Di-
mensionierung der Rassifizierung erhöht so den Effekt der Ablen-
kung von internen Spannungen.

Auf der psychologischen Seite kompensiert der Rassismus Ich-
Schwäche, indem er durch die »Erlösung des Ichs« im »kollektiven
Wir« eine identitäre Stabilisierung verspricht sowie der verunsicher-
ten Gemeinschaft eine Kollektivdefinition per Abgrenzung. Prekäre Schichten der Wir-Gruppe vermögen Demütigungserfahrungen
sowie Minderwertigkeitsgefühle durch die Kreation eines Überle-
genheitsgefühls bezüglich der Fremdgruppe zu kompensieren. Insbesondere aktuelle Bewegungen wie »Pegida« illustrieren die Funktion des Rassismus im Kontext der Sublimierung diverser Ängste

wie z. B. »sozialer Abstieg«, »Arbeitslosigkeit«, »Sozialabbau« und »Altersarmut«. Auch die rassistische Sublimierung erfüllt maßgeblich die Funktion der Entlastung der herrschenden Klasse, indem sie von sozialen Ursachen psychischer Ängste ablenkt. Psychologisch betrachtet besteht die Entlastungsfunktion des Rassismus für die Wir-Gruppe darin, dass negativ bewertete Probleme der Gesellschaft kausal an die Fremdgruppe delegiert werden und so eine moralische Erhöhung des eigenen Kollektivs erfolgt, wodurch der Praxisdruck der Problemlösung abgeleitet werden kann. Beim aktuellen antimuslimischen Rassismus ist auf diese Weise nicht mehr die sogenannte Mehrheitsgesellschaft sexistisch, homophob oder antisemitisch, sondern »der Moslem«, der kulturalistisch rassifiziert wird, womit die Stilisierung des Wir-Kollektivs in der historischen Traditionslinie des imperialen Sendungsbewusstseins steht.

Der Rassist spaltet somit die Gesellschaft in eine »Wir-Gruppe« und eine »Fremdgruppe«, um mittels der sozial konstruierten Gruppenbildung eine Vorrangstellung zu etablieren und aufrechtzuerhalten, die ihm soziale, ökonomische wie kulturelle »Extragewinne« verspricht. Der Rassismus geht dabei von der Mitte der Gesellschaft aus. Er ist in ihren Herrschafts- bzw. Machtstrukturen verankert und wirkt von dort aus in die sozialen Ränder, welche die beabsichtigte rassistische Intention absorbieren und reflektieren. Rassistisch Dominante aus der Mitte der Gesellschaft, u. a. in Gestalt rassistischer Politiker oder Intellektueller, benutzen diverse Strategien, um den Rassismus in der sozialen Peripherie zu verankern. Dazu gehört beispielsweise das Schüren von Neid, Missgunst und von sozialen Ängsten im Kontext dystopischer Szenarien gesellschaftlicher Entwicklung. Psychoanalytische wie sozialpsychologische Elemente stellen somit integrale Bestandteile des Phänomens dar. Sie sind jedoch nur innerhalb der Rahmung von Macht und Herrschaft zu verorten bzw. interpretierbar. Während die soziologische Seite die Essenz des Rassismus reflektiert, spiegelt die psychologische bzw. psychoanalytische Seite relevante Mechanismen der Mobilisierung bzw. massensuggestiven Verankerung des Phänomens wieder. Die Angst vor dem sozialen Abstieg, vor Verlust der eigenen sozialen Position, vor unbekannten Krankheiten, vor Kriminalität und Gewalt ist die psychologische Seite des strategischen Ensembles eines gesellschaftlichen Verhältnisses, das der massenpsychologischen Verbreitung bedarf. Neben der soziologischen wie psychologischen Seite verfügt der Rassismus schließlich maßgeblich auch über eine ökonomische Seite, insofern er mit Phänomenen unmittelbarer Ausbeutung, Lohnstratifizierung sowie der Ausplünderung untergeordneter Arbeitskräfte im Kontext einer globalen Wirtschaft verbunden ist.

1.6 Zentrale Dimensionen des Rassismus

Im Folgenden wird zwischen fünf zentralen Dimensionen des Rassismus unterschieden, wobei unter Dimensionen elementare Zustände verstanden werden, die sich im Regelfall wechselseitig aufeinander beziehen, aber ebenso ein relatives Eigenleben sowie eine Eigendynamik entfalten können. Diese Entwicklungsrichtungen des Rassismus müssen nicht zu jeder Zeit das gleiche Gewicht haben. Analytisch ist es daher von Interesse, die jeweils dominante Dimension konkret-historisch zu erfassen. Die Dimensionen sowie ihre Subdimensionen haben sich keinesfalls zeitgleich entwickelt. Ihre jeweiligen Rückkoppelungen können somit recht unterschiedliche Gestalt annehmen. Im Regelfall sind die Dimensionen in den unterschiedlichen Rassismen höchst verschiedenartig ausgeprägt. Es handelt sich dabei um die folgenden fünf zentralen Zustände:
1. Diskursive Rassifizierungstechniken (vgl. Kap. 2): Die narrative Rassifizierung spielt bei der sozialen Konstruktion der Eigen- sowie der Fremdgruppe eine bedeutende Rolle. Narrative Diskurse sorgen für die erzählstrategische Spaltung der Gesellschaft in ein vermeintliches »Wir« sowie ein zumeist multiples »Ihr«. Der binäre Code des Eigenen und Fremden produziert nicht nur die Divergenz, sondern positioniert zugleich die beiden Konstrukte in ein zumeist bewertendes Verhältnis von »Wesensgleichheit« und »Verschiedenheit«. Narrative bzw. diskursive Rassifizierungstechniken sollten nicht mit dem englischen Ausdruck des »Othering« be-

zeichnet werden, da »Othering« terminologisch betrachtet suggeriert, es drehe sich primär oder gar ausschließlich um den sozial
konstruierten »Anderen«, sodass der Terminus »Othering« als un-
dialektisch zu bewerten ist. Bereits Hegel ging es primär um die
Frage der Selbstwahrnahme und Selbstkonstruktion mittels der
Produktion des Fremden. In der dialektischen Figur von Eigen-
produktion und Fremdheitskonstrukt stellt somit die Produktion
des Selbst das übergreifende Element dar und nicht die Erzeugung des »Anderen«. Den Beweggrund der binären Wir-Ihr-Form
bildet das jeweilige konkret-historische Selbstbild, was sich anhand der homosexualisierenden Rassifizierungstechnik verdeutlichen lässt. Als der österreichisch-ungarische Schriftsteller Karl
Maria Kertbeny (1824–1882) in einem Brief im Jahr 1868 erstmals
das Wort »Homosexual« benutzte, verstanden sich die britische
und französische Kolonialmacht als Größen, deren zivilisatori-
sche Aufgabe es sei, in den nordafrikanischen Kolonien dem Trei-
ben homosexueller Männer strafrechtlich ein Ende zu bereiten.
Die Wir-Gruppe konstruierte sich als Subjekt mit erfolgreich ge-
bändigten biologischen Trieben, das von der Sexualität nur
zwecks Kindererzeugung in heterosexuellen Zweierehen Gebrauch
macht, während »der Muslim«, »der Araber« der Homosexualität,
des sexuellen Lasters, der unproduktiven Ausschweifung und der
Sodomie bezichtigt wurde. Während im 19. Jh. die Fremdgruppe
homosexualisiert wurde, wird sie im 21. Jh. hingegen zumeist ho-
mophobisiert. Bei der Fremdheitskonstruktion ist foglich nicht
die Produktion der Wesensheit des Anderen der primäre Ausgangspunkt, sondern die Stilisierung des Selbst, das den Entwurf
des Eigenbildes als Positivumkehr auf den Fremden projiziert und
ihn so zum Negativ zwecks Beherrschung, Unterdrückung und
Ausgrenzung konstruiert.

2. Struktureller Rassismus (vgl. Kap. 3): Unter Strukturen verstehen wir Gebilde, die eine vielfältig formende Kraft besitzen, die
gewissermaßen der Gesellschaft ihren Stempel aufzudrücken vermögen und die über eine multi-institutionelle Wirkungskraft verfügen. Rassistische Strukturen stellen ein hierarchisches System

dar, welches die Ungleicheit der Akteure wie ihre ungleiche Behandlung in den Institutionen präformiert. Die präformierende Wirkung ist bereits existent bevor sie durch institutionelles Handeln reproduziert wird. Hierzu zählen wir u. a. die ungleiche Ressourcenverteilung in der Gesellschaft, die zentralstaatliche Handhabung der Vergabe der Staatsbürgerschaft bzw. die Regulierung der Einbürgerung und die Produktion rassistischen Wissens in materialisierten Instanzen der Gesellschaft, insofern diese beispielsweise in Gestalt des etablierten Wissenschaftsbetriebs über prägende Kraft verfügen, um institutionalisierten Abläufen sozial konstruierte Gelehrtenkenntnisse zugrundezulegen.

3. Institutioneller Rassismus (vgl. Kap. 4): Unter institutionellen Rassismus verstehen wir einen Rassismus, den gesellschaftliche Institutionen mittels sich wiederholender Abläufe sowie standardisierter Verfahrensweisen und sozial intendierter Logiken produzieren bzw. reproduzieren. Es handelt sich beim institutionellen Rassismus somit um die Erzeugung rassistischer Ungleichheit in zentralen Instanzen der Gesellschaft wie u. a. dem Schul- und Bildungswesen, dem Arbeits- und Wohnungsmarkt, der Justiz und Polizei sowie den Medien.

4. Gewaltförmige Erscheinungen des Rassismus (vgl. Kap. 5): Zwar ist der Rassismus bereits an sich ein Gewaltverhältnis, insofern er beispielsweise den Zugang zu Ressourcen, Lebensqualität und Lebenserwartung determiniert, dennoch geht er nicht zu allen Zeiten mit Ausbrüchen direkter Gewalt in Gestalt von Vertreibung, Übergriffen, Pogromen oder gar dem Völkermord einher.

5. Alltagsrassismus (vgl. Kap. 6): Unter Alltagsrassismus fassen wir den Rassismus, der durch Interaktionszusammenhänge im alltäglichen Verhalten produziert wird oder durch rassistische Symbolik hergestellt wird. Der Alltagsrassismus ist hochgradig durch Sprache und durch die alltägliche Macht suggestiver Bilder geprägt. Themen der Betrachtung stellen hier u. a. die alltägliche Kommunikation sowie mediale Unterhaltung, die Debatte über rassistische Sprache oder der Rassismus in der Kindererziehung dar. Während das Handeln der Akteure bzgl. der ersten vier Di-

mensionen des Rassismus zumeist als intentional, rational und strategisch angelegt zu charakterisieren ist, zeichnet sich das Handeln der Akteure des Alltagsrassismus etwa im Kontext alltäglicher Kommunikation dadurch aus, dass es sich ebenso um nicht-intentionales Verhalten handeln kann. Im Unterschied zum intentionalen Verhalten lassen sich bei unbewussten Reaktionen und Überzeugungen durch Aufklärungs- bzw. Bildungsarbeit Veränderungen des Akteurs bewirken, wenn ihm die Konsequenzen seines Verhaltens verdeutlicht werden.

1.7 Zusammenfassung

Der Rassismus als gesellschaftliches Macht- und Herrschaftsverhältnis existiert seit der Antike in Gestalt eines die Sklaverei absichernden Systems, das Strukturen und Institutionen ebenso wie Handlungen und Ideologien umfasste. Hochgradig ausgeprägt waren in der Antike neben dem Klassismus bereits der Antifeminismus sowie der Antisemitismus. Der Rassismus existiert in Gestalt vielfältiger Spielarten, denen sowohl die funktionale als auch die methodische Seite der Bestimmung des sozialen Verhältnisses gemein ist. Während die Funktion des Rassismus in der Etablierung sowie Absicherung von Dominanz auf verschiedenen Feldern zugunsten einer herrschenden sozialen Fraktion liegt, besteht die Methode der intentionalen Vorteilsaneignung bzw. -wahrung in der Spaltung der menschlichen Gemeinschaft in eine »Wir-Gruppe« sowie eine »Fremdgruppe«, deren vermeintlicher Gegensatz als unüberbrückbar, quasi-vererbbar, ewiglich sowie alle sozialen Sphären durchdringend konstruiert wird. Der Rassismus darf definitorisch nicht auf »Rasselehren« verengt noch vereinseitigt lediglich als Ideologie verstanden werden. Gleichwohl ist die ideologische Dimension des Rassismus in Gestalt eines ausgeprägten Sets diskursiver Rassifizierungstechniken sowie einer umfangreichen Bereitstellung rassistischen Wissens von zentraler Relevanz. Das Vorliegen des sozialen Tatbestands Rassismus ist dabei gänzlich unabhängig von der Art des zugrundegelegten Differenzkriteriums, das eine biologische, genetische, soziale, ethnische, kulturelle, religiöse oder sonstige Größe sein kann. Ebenso ist dieser soziale Tatbestand unabhängig davon, ob dieses Merkmal real existiert oder eine fiktive Entität darstellt.

Der Rassismus ist dem französischen Philosophen Foucault folgend als strategisches Dispositiv zu begreifen und methodisch mittels einer historisch-kritischen Dispositivanalyse zu erfassen, wobei der Funktionalitätsaspekt des Rassismus als Macht- und Herrschaftsverhältnis von herausragender Relevanz ist.

2 Diskursive Rassifizierung

Diskursive Techniken der Rassifizierung produzieren Deutungen, die im Kontext des Konstrukts von Wir-Gruppe und Fremdgruppe Macht- und Herrschaftsstrukturen bzw. -interessen spiegeln und narrativ verfestigen. Verbale Aspekte des Rassismus sind von Anfang an untrennbar mit Herrschaftspraxen und Machtaspekten verbunden, reflektieren und legitimieren diese, begleiten ihre Realisierung und verstärken ihre Wirkung. Diskursive Techniken der Rassifizierung dienen u. a. dem Prozess der Fremdheitsproduktion, d. h. der Klassifizierung eines Menschen oder einer Gruppe von Menschen als »nicht zugehörig«, als »anders«. Der diskursive Prozess der Produktion von Fremdheit wertet den Sprecher bzw. Erzähler zumeist auf oder versorgt ihn mit einem Identitätskonstrukt, das ihn vom rassistisch Dominierten abhebt. Die diskursive Ebene der Rassifizierung erzeugt so primär Distanz, deren imaginäre, potenzielle oder reale Aufhebung seitens des rassistisch Dominanten als Bedrohung seiner sozialen Positionierung und Vormachtstellung wahrgenommen wird.

Im Folgenden soll die Vielfalt der historisch wie aktuell existierenden Techniken in systematisierender Weise beschrieben werden. Je nach Spielart des Rassismus sind mal die einen, mal die anderen Techniken stärker ausgeprägt und diese sind jeweils auf unterschiedliche Weise miteinander verknüpft. Auffallend sind Überschneidungen, wechselseitige Anleihen sowie multiple Verwendungsweisen der Techniken bei den diversen Spielarten des Rassismus.

2.1 Grundlegende Techniken

Grundlegende Techniken der Rassifizierung sorgen für die Spaltung einer Gemeinschaft in ein »Wir« und ein »Ihr«. Der Einzelne wird nicht mehr als konkrete Persönlichkeit mit individuellen Eigenschaften wahrgenommen, sondern gilt als idealtypischer Vertreter eines Kollektivs. Er ist so, weil das Kollektiv so ist. Individuen sollen vom ersten Augenblick an als Mitglieder von Gruppen wahrgenommen und auf deren vermeintliche Charakteristika reduziert werden. Die Basistechnologien der diskursiven Rassifizierung sorgen dafür, dass den konstruierten Gruppen stereotype Eigenschaften zugeschrieben werden, die zum Wesen der Kollektive sowie zur Essenz aller zugeordneten Individuen deklariert werden. Grundlegende Techniken der Rassifizierung sorgen dafür, dass der unterstellte Gegensatz als ewiglich wie für alle gesellschaftlichen Probleme verantwortlich realisiert wird.

2.1.1 Kollektivierung und Depersonalisierung

Die diskursive Rassifizierungstechnik der Kollektivierung bewirkt, dass der »Andere« nicht als Individuum, sondern als »prototypischer Vertreter« einer Fremdgruppe wahrgenommen wird. Die Kollektivierung produziert auf der sprachlichen Ebene die Fremdgruppe in Form einer homogenisierenden Zwangskollektivierung und ist am großen »D« erkennbar, das uns in Gestalt der Formulierungen »*Die* Juden«, »*Die* Muslime«, »*Die* Araber« begegnet. Die Kollektivierung respektiert den einzelnen nicht als Individuum, missachtet seine Persönlichkeit und unterwirft ihn unabhängig von seiner eigenen Selbstdefinition einer zwangsweisen Gruppenzugehörigkeit. Die Kollektivierungstechnik nimmt dem »Anderen« seine Individualität, seinen Charakter, seine Eigenheit bzw. Besonderheit und reduziert ihn auf die Mitgliedschaft des sozial konstruierten Kollektivs oder ignoriert erforderliche Differenzierungen, heterogene Strömungen und diverse Richtungen (»*Der* Islam«).

Ein jüdischer Student erzählte mir, dass es an herzlichen Kontakten und Freunden in Berlin durchaus nicht mangele, aber dass sie, wenn er nicht anwesend wäre, von ihm stets als »dem Juden« sprächen. Im Kontext der kollektivierenden Rassifizierung werden

z. B. Menschen mit türkischen Namen als Türken und Muslime betrachtet. Das trifft auch dann zu, wenn sie die deutsche Staatsbürgerschaft besitzen, Jeside sind oder sich als säkulare Menschen verstehen.

In einer Podiumsdiskussion sagte der Publizist Ralph Giordano
(1923–2014): »Das große ›D‹ kommt gar nicht in Frage«, um wenige
Minuten darauf die Äußerung zu tätigen: »Der Islam ist das Problem«. Derartige eng mit der Generalisierung (vgl. Kap. 2.1.2) verknüpfte Kollektivierungen führen zu einer Spaltung der Gesellschaft, da sie für eine Dichotomisierung der Bevölkerung in ein an-
tagonistisches »Wir« und ein »Ihr« sorgen und so den Prinzipien
einer binären Herrschaftslogik folgen. Der Titel der von Guido
Knopp moderierten Sendung lautete bezeichnenderweise »Das
Kreuz mit dem Halbmond«. Bereits bei Martin Luther heißt es in
dessen Tischreden: »Wenn ich soviel Glauben hätte, wie ich haben
sollte, das würde mir genügen, und ich wollt den Türken erschlagen
haben [...].«

Die diskursive Rassifizierungstechnik der Kollektivierung benutzte auch Charles Dickens (1812–1870) in seinem Roman *Oliver
Twist*. Der jüdische Hehler Fagin, der Oliver das Diebeshandwerk
lehrt, wird lediglich an wenigen Stellen des Romans mit seinem
Nachnamen benannt. Stattdessen heisst es bei unzähligen Stellen:
»the Jew grinned«, »the Jew's toasting-fork«, »said the Jew«, »cried
the Jew«, »the Jew rubbed his hands« und immer wieder »the Jew«.
Fagin wird auf diese Weise nicht nur entpersönlicht, sondern von Dickens als ein prototypischer Vertreter »des Judentums« gezeichnet.
Wie »der Jude« Fagin ist, so sind alle Juden. Die Kollektivierung
sorgt zugleich für eine Verstärkung der antisemitischen Stereotype,
mit denen Dickens den Hehler ausstattet. Der kriminelle Fagin ist
so der Prototyp des »kriminellen Juden«, der geizige Hehler wird
zum Inbegriff des »jüdischen Geizhalses«, die Gesichtszüge Fagins
werden zu einer Verkörperung der Physiognomie »des Juden«, seine
Mimik und Gestik zum Inbegriff der Gebärde »des Juden« usw. usf.

Vertrat man bislang die Ansicht, dass die rassifizierende Kollektivierung etwa in Gestalt der Termini »Der Franzose« während des

Ersten Weltkriegs sowie »Der Russe« im Zweiten Weltkrieg der Vergangenheit angehöre, so wurde man anlässlich der im Sommer 2015 erfolgten Einigung mit Griechenland, die der damalige stellvertretende CDU-Vorsitzende Thomas Strobl mit dem Satz quittierte »Der Grieche hat jetzt lang genug genervt« eines Besseren belehrt. Im Februar 2016 sagte der US-Präsidentschaftskandidat Donald Trump: »Ich denke, der Islam hasst uns. Es gibt da einen riesengroßen Hass. Und wir müssen dem auf den Grund gehen.«

2.1.2 Generalisierung

Die Generalisierung sorgt dafür, dass Stereotypisierungen auf den einzelnen übertragen werden, insofern sie diesen als Charaktermaske des stereotypisierten Kollektivs behandelt. Die Generalisierung ist an der expliziten bzw. impliziten Allaussage (»Alle Juden sind …«) erkennbar. Von einem Menschen chinesischer Herkunft erwartet man, dass er ein Rechengenie ist, von einem russischen Staatsbürger, dass er säuft und von einem US-amerikanischen Staatsbürger, dass er fettleibig ist. Die Kollektivierungen »Die Chinesen«, »Die Russen«, »Die Amerikaner« (vgl. Kap. 2.1.1) gehen bei der Generalisierung folglich mit einer Gruppenzuschreibung stereotyper Charakteristika einher, die mit positiven (»Rechengenie«) oder negativen Bewertungen (»Alkoholismus«, »Fettleibigkeit«) verknüpft sein können.

Die Generalisierung stellt eine Form der verallgemeinernden Stereotypisierung dar. Die Klischeebildung kann rein fiktiver Natur sein oder sich der Methode »So lügt man mit Statistik« bedienen. Ein Beispiel hierfür wäre die Aussage »Ärzte verdienen viel zu viel«. Die Aussage stellt eine Verallgemeinerung dar, insofern die Eigenschaft des »zu hohen Einkommens« einer Berufsgruppe kollektiv im Sinne eines All-Satzes zugeschrieben wird. Der Grund hierfür liegt zumeist im arithmetischen Mittel, das vom Wesen seiner Natur her die Unterschiede der in die Summe eingehenden Werte verwischt. Eine nähere Analyse könnte beispielsweise ergeben, dass es eine relativ kleine Gruppe von Fachärzten gibt, die überdurchschnittlich viel verdient, während eine größere Ärztegruppe gar um das finanzielle Überleben ihrer Praxis kämpft. Auf diese Weise wurden z. B. »die Deutschen« im Jahr 2012 »Weltmeister im Sekttrinken«. Die generalisierte Aussage könnte dazu führen, dass bei der Einladung eines deutschen Gastes im Ausland der Sekt im Kühlschrank nicht fehlt und der Gastgeber überrascht wäre, dass der Besucher Antialkoholiker ist und mit einem Mineralwasser Vorlieb nimmt.

Es stellt sich die Frage, an welcher Stelle derartige Klischees bzw. Stereotypisierungen den Punkt zur rassifizierenden Generalisierung überschreiten. Ist die Vorstellung vieler Griechen, männliche deutsche Urlauber trügen Jesuslatschen eine rassifizierende Generalisierung? Ist die Ansicht, alle Engländer äßen »Fish and Chips« und alle Bayern Knödel, bereits Rassismus oder etwa Äußerungen wie »die Berliner sind hart aber herzlich«, »E-Techniker sind disziplinierter als Maschinenbauer«? In der Regel dürfte dies hier nicht zutreffen. Als Macht- und Herrschaftsverhältnis setzt Rassismus bezüglich des Verhaltens der Akteure gemeinhin die Intention voraus, durch die Stereotypisierung für sich bzw. die eigene Wir-Gruppe einen Vorteil zu erzielen. Das Vorhandensein des Rassismus ist darüber hinaus zumeist an der Existenz eines bereits bestehenden Machtgefälles gebunden. Es stellt eine Verharmlosung wie Verschleierung des Rassismus dar, wenn die Wochenzeitung *Die Zeit* vom 11. Februar 2016 drei Profile von Menschen abdruckt und diese mit der Unterschrift »Die Macht der Vorurteile. Woher sie kommen. Wem sie nützen. Und warum man sie so schwer loswird« versieht. Während die erste männliche Person Opfer des antimigrantischen Rassismus und/oder des antimuslimischen Rassismus sein könnte und die zweite männliche Person Opfer des Antiqueerismus, ist die Person in der Mitte der drei Bilder eine »Blondine«. Zwar mögen »Blondinenwitze« durchaus diskriminierend sein, stellen indes keinen Rassismus dar, insofern weder ein Machtgefälle noch ein intentionales Agieren im Kontext von Vorherrschaft vorliegt (gleichwohl der Übergang zum Sexismus fließend sein mag!). Der Rassismus ist eben kein Vorurteil wie *Die Zeit* suggeriert, die auf diese Weise zur Mystifizierung des

Rassismus beiträgt und die per Titelseite relevante Spielarten des Rassismus, von denen Menschen seit Jahrhunderten in gravierendem Maß betroffen sind, auf eine Stufe mit »Blondinenwitzen« stellt. Die Aufmachung der »Zeit« verschleiert den Sachverhalt, dass in der überwiegenden Anzahl der Fälle weiße Personen zur Tätergruppe zählen und verschiebt Herrschaftsverhältnisse in Gestalt gruppenbezogener inner- bzw. transnationaler Machtungleichgewichte auf die Ebene individuell-subjektiver Vorurteile.

Entscheidend sind somit die Aspekte des Machtgefälles wie der Funktionalität, die auch bei Stereotypisierungen den Punkt des Übergangs benennen. Eine Stereotypisierung, die in der Absicht erfolgt, selber besser abzuschneiden, sich soziale Vorteile zu verschaffen, die Vorherrschaft der eigenen Wir-Gruppe gegenüber einer sozial konstruierten Fremdgruppe abzusichern oder die eigene Überlegenheit zu betonen, um den anderen gruppenbezogen abzuwerten, stellt zweifellos eine generalisierende Rassifizierung dar. Dies schließt jedoch nicht aus, dass es auch nicht-intentionales rassistisches Verhalten geben kann. Rassismus läge beim unbewussten Agieren etwa dann vor, wenn das verbale Handeln des Akteurs in gesellschaftliche Strukturen sowie Sichtweisen eingebettet ist, welche die stereotypisierte Gruppe bereits benachteiligen, diskriminieren oder als ungleichwertig konstruieren. Soziologisch betrachtet stellt das Kriterium bei der Beantwortung der Frage somit der kontextuelle Rahmen von Macht und Herrschaft dar. Selbst der gegen die gegnerische Mannschaft eines Eishockeyspiels gerichtete Ruf »Knödelfresser« ist zwar eine Beleidigung, stellt jedoch noch keinen Rassismus dar, insofern ein Münchner bei der Wohnungssuche in Berlin deshalb weder benachteiligt sein dürfte noch in Deutschland zu einer Gruppe gehört, auf die der Sachverhalt des Machtungleichgewichts zutrifft. Der Ausspruch eines Berliner Zugschaffners zu seinem Kollegen beim Einstieg einer Kreuzberger Schulklasse: »Da haste 'nen Zug voller Kanaken« ist hingegen nicht nur wegen der Wortwahl eindeutig rassistisch, sondern auch deshalb, weil er Menschen trifft, die bereits wegen ihrer Hautfarbe bzw. ihres Migrationshintergrunds tagtäglich gruppenbezogen wie individuell diskriminiert werden und vom Faktum des Machtungleichgewichts betroffen sind.

Ein erschreckendes Beispiel für die rassifizierende Diskurstechnik der Generalisierung stellt ein Rassismus-Vorfall an der Universität Leipzig dar. Im Kontext der Vergabe eines Praktikums schrieb eine Professorin für Biochemie in einer E-Mail an einen indischen Studenten:

»Unfortunately I don't accept any Indian male student for internships. We hear a lot about the rape problem in India which I cannot support. I have many female students in my group, so I think this attitude is something I cannot support.«

Dem Studenten, der sich über die rassistische Generalisierung beklagte, antwortete die Professorin wie folgt:

»I fully agree that this is a generalization and may not apply to individuals. However it is also unbelievable that the Indian society is not able to solve this problem for many years now. [...] Many female professors in Germany decided to no longer accept male Indian students for these reasons, and currently other European female association are joining. Of course we cannot change or influence the Indian society, but only take our consequences here in Europe.«

Das Beispiel illustriert nicht nur die Verankerung rassistischer Diskurstechniken in der Mitte der Gesellschaft, sondern auch die enge Verbindung zwischen der ideologischen und der praktischen Seite des Rassismus, war doch in diesem Fall die rassistische Generalisierung unmittelbar mit dem Ausschluss von einem Praktikumsplatz verbunden. Rassistisches Denken und rassistische Exklusionspraxis gingen hier Hand in Hand. Der Leipziger Fall verdeutlicht indes noch mehr. So erfolgte mit dem Satz »Ich habe einen Fehler gemacht« zwar eine zaghafte Entschuldigung, diese war jedoch mit dem Versuch verbunden, dem Opfer der rassistischen Handlung eine Mitschuld zu geben sowie sich als Leidtragende eines Rufmordes zu stilisieren. Der Leipziger Fall ist ein Beispiel dafür, dass in Deutschland Rassismus noch immer nicht mit Namen benannt wird und die Täter-Opfer-Beziehung in der durch Druck von Außen erfolgten

Aufarbeitung eines rassistischen Ereignisses häufig eine Verkehrung erfährt. In der Pressemitteilung der Universität Leipzig hieß es, die Biochemie-Professorin habe betont: »Ich lehne Studenten nicht wegen ihrer Rasse oder ihres Geschlechts ab.« Die Äußerungen seien vielmehr »aus dem Zusammenhang gerissen worden. Sie sei alles andere als rassistisch und fremdenfeindlich eingestellt«. Der Pressestelle der Leipziger Universität fällt es noch nicht einmal auf, dass der Teminus »Rasse« hier als eine natürliche, biologische Größe benutzt wird und der Sachverhalt des Rassismus damit erneut vorliegt. Der Rassismus ist in Deutschland in einem Maß verankert, dass Vorwürfe diesbezüglich nicht nur reflexhaft zurückgewiesen bzw. als »Missverständnisse« bagatellisiert werden, sondern rassistische Sprache und Handlungsweisen erst gar nicht erkannt werden.

In einem Artikel der Tageszeitung *Die Welt* vom 2. April 2015 zum »Wahlverhalten amerikanischer Juden« hieß es: »Juden verdienen wie Anhänger der Episkopalkirche, wählen aber wie Puerto Ricaner«. Der Redaktion war die Tatsache, dass es sich bei dem zitierten Bonmot nicht nur um eine rassifizierende Generalisierung handelt, sondern zugleich um eine Perpetuierung klassischer antisemitischer Stereotype, offensichtlich nicht bewusst, was den Sachverhalt indes weder entschuldigt noch abschwächt.

In einem Gespräch über die griechische Staatsschuldenkrise äußerte eine Kollegin den Satz, ich könne doch nicht abstreiten, dass auch »die Griechen« so einiges tun müssten, um die Finanzkrise zu beheben. Eine solche generalisierende Äußerung (»Alle Griechen müssen sparen!«) trägt dazu bei, dass konkrete ökonomische wie soziale Probleme im Kontext der Europäisierung und Globalisierung ethnisiert und in Form einer indirekten Schuldzuweisung kollektiviert werden. Die »griechische Kollektivschuldthese« entlastet auf diese Weise nicht nur die eigentlich Verantwortlichen, sondern öffnet zugleich Spielräume für einen rassifizierenden Diskurs über »die griechische Mentalität«, über »faule Südeuropäer« und »unfähige, korrupte Griechen«.

Das Maß der antisemitischen Stereotypisierung im Roman *Oliver Twist* führte bereits zu Lebzeiten Dickens zu einer Kontroverse. Der

Autor des Vorworts einer jüngeren englischsprachigen Ausgabe versuchte den Antisemitismus des britischen Literaten zu entschuldigen, indem er auf einen an eine jüdische Frau gerichteten Brief Dickens verwies, mit dem dieser auf ein Protestschreiben reagierte. »Fagin«, so schrieb Dickens, »is a Jew because it unfortunately was true, of the time, to which the story refers, that that class of criminal almost invariably was Jew.« Auch das Antwortschreiben Dickens als vermeintliche Entschuldigung bedient sich der rassifizierenden Generalisierung sowie der Markierung (vgl. Kap. 2.1.5).

Im Kontext des antimuslimischen Rassismus sorgt das Narrativ der Generalisierung derzeit vor allem für die Etablierung eines Generalverdachts. So forderte etwa der republikanische Präsidentschaftsbewerber Donald Trump kurze Zeit nach dem Anschlag von San Bernardino im Dezember 2015 ein Einreiseverbot für Muslime in die USA und begründete die »vollständige und komplette Schließung« der US-Grenzen für Muslime mit der Bemerkung, dass »breite Teile der muslimischen Bevölkerung einen großen Hass auf Amerikaner« hätten. Auch in Deutschland erlebt man nach den Ereignissen von Köln in der Silvesternacht 2015 ein qualitativ neues Maß an Akzeptanz gegenüber grundlegenden narrativen Rassifizierungstechniken. Entscheidend sei, so sagt Alice Schwarzer bei Markus Lanz im Januar 2016, dass es »Männer aus dem muslimischen Kulturkreis« waren, während die Tagesschau-Specherin Susanne Daubner am 14. Januar 2016 zur Silvesternacht in Hamburg sich auf Polizeiberichten stützend ausführte: »Insgesamt gebe es acht Tatverdächtige, so dass Landeskriminalamt, alle mit Migrationshintergrund.« Dabei akzentuierte sie das Wort »alle« in einer Weise, als beabsichtige sie es bis zu den Akteuren von Pegida und *Politically Incorrect* herüberschallen lassen zu wollen, mit dem Signal: »Seht doch, wir beteiligen uns auch an der rassistischen Markierung und Generalisierung. Wir sind keine Lügenpresse.« Nicht nur, dass auf diese Weise rassistische Kräfte Bestätigung und neuen Schub erhalten, es handelt sich auch um einen qualitativen Tabubruch im öffentlich-rechtlichen Raum, der mit mühsam erreichten medienethischen Konsensen in einer Weise bricht, dass aus dem Prinzip, keinen

Gebrauch von rassistischer Generalisierung und Markierung zu machen, derzeit ein »Jetzt erst recht!« wird. Der Journalist Daniel Bax kommentierte diese Entwicklung zu Jahresbeginn 2016 mit den Worten:

> »Längst vorbei sind auch die Zeiten, in denen es zu den journalistischen Standards gehörte, die Nationalität oder Herkunft von mutmaßlichen Straftätern nicht zu nennen. Im Pressekodex, den sich die im Deutschen Presserat zusammen geschlossenen Medien einmal freiwillig und aus gutem Grund auferlegt haben, heißt es dazu, die Nennung der Religion oder Herkunft der Täter sei nur dann erwähnenswert, wenn es einen unmittelbaren Zusammenhang mit der Tat gebe.«

Das Schüren von Ressentiments gegenüber rassistisch Dominierten scheint mittlerweile auch im öffentlich-rechtlichen Raum eher zum guten Ton zu gehören, während Frau Schwarzer zeitgleich suggeriert, dass es einen kausalen Konnex gibt, dass die Ursache sexualisierter Gewalt »der muslimische Kulturkreis« sei.

2.1.3 Essentialisierung und Naturalisierung

Die rassifizierende Essentialisierung verdichtet die zugeschriebenen Charakteristika zum Wesen der »Wir-Gruppe« sowie im Zusammenspiel mit der Kollektivierung zur bestimmenden Eigenheit des Individuums. Im Kontext des kulturalistischen Rassismus sorgt die Essentialisierung dafür, dass aus nicht-erblichen Eigenschaften biologistische Konstrukte werden, die als generationenübergreifende Stigmata fungieren. Diese Stigmata wie etwa »der homophobe Muslim« (vgl. Kap. 2.5.3) dienen dazu, konkrete Personen zu entmenschlichen bzw. aus den Reihen der Wir-Gruppe auszuschließen.

Im Kontext der essentialisierenden Rassifizierungstechnik lässt sich begründen, warum der Terminus »Neger« ein rassistischer Begriff ist. Häufig begegnet man der Argumentation, der Begriff sei nicht rassistisch, insofern er nichts anderes als »schwarz« bedeute und lediglich auf die Hautfarbe einer Person hinweise. Die Begrifflichkeit »Neger« ist ein rassistischer Sprachgebrauch, insofern die

Hautfarbe derart betont wird, dass ein physiognomisches Merkmal zur Essenz einer Person verklärt wird. Das »N-Wort« identifiziert das Wesen eines Menschen mit einem singulären körperlichen Merkmal und reduziert den Charakter des dergestalt Markierten auf eine äußerliche Erscheinung. Die Überbetonung des Körpermerkmals findet seinen Ausdruck in der entsubjektivierenden Benennung des anderen, dessen Wesen mit der Äußerlichkeit der Haut gleichgesetzt wird. Dadurch konstruiert man zugleich den »Anderen« als abweichend, als »nicht-weiß«, womit »Weißsein« sich zum Maßstab der Dinge erhebt. Die körpermerkmalsbezogene Reduzierung beim »N-Wort« stellt eine relevante Form der Essentialisierung dar.

Die Naturalisierung ist eine Rassifizierungstechnik, die einen sozialen, kulturellen, religiösen oder historischen Tatbestand zu einer natürlichen Größe konstruiert. Die Absicht der Naturalisierung besteht darin, die historische Genese sowie das eigentliche Wesen des Tatbestandes zu verschleiern sowie den Sachverhalt als unveränderbar, als ewig, als quasi-biologisch zu konstruieren. In der Antike wurde auf diese Weise die Sklaverei naturalisiert (vgl. Kap. 1.4.1). Die Naturalisierung der antiken Sklaverei benannte diese nicht als einen gewaltförmigen Ausnahmezustand, sondern konstruierte sie zur Normalität, die sich jeglicher Veränderung entzöge, da Sklaverei von Natur aus so vorgesehen sei. Die Naturalisierung stellt dergestalt betrachtet eine Form der Entsoziologisierung sozial konstruierter Sachverhalte dar, die auf diese Weise legitimierend verewiglicht werden.

2.1.4 Verewiglichung

Die diskursive Rassifizierungstechnik der Verewiglichung verdeutlichte Anfang 2015 im Kontext des antimuslimischen Rassismus die Serie »Islam und Europa« des Magazins *stern*. Das auf die Serie bezugnehmende Cover war mit dem Titel »Der ewige Zorn« versehen sowie mit dem Untertitel »Von Napoleon bis zu den Anschlägen von Paris – 200 Jahre blutige Konfrontation«. Die durchaus vielfältige

wie wechselvolle Historie bezüglich der Thematik wird hier auf ihre
konfrontative Seite reduziert und somit zum eigentlichen Wesen des
Verhältnisses stilisiert. Das Titelbild essentialisiert indes die Konfrontation nicht nur, sondern verstetigt sie darüber hinaus chronologisch (»der ewige Zorn«). Vergangenheit, Gegenwart und Zukunft
werden auf diese Weise unentrinnbar mit der Problematik der Gewalt verbunden. Während der Untertitel dies noch als wechselseiti-
ges Verhältnis deklariert, verdeutlicht der Haupttitel »Der ewige
Zorn« suggestiv, dass der aktive Part auf der Seite des Islam liegt
und Europa das »Opfer der Muslime« sei. Hierfür wurde der Buch-
stabe »O« des Wortes Zorn mittels Hilal gebildet, wobei das arabi-
sche Wort هلال (hilal) soviel wie Mondsichel bedeutet. Da Hilal wie
fünfstrahliger Stern, die das »O« von »Zorn« bildeten, muslimische
Symbole darstellen, erscheint der Islam als eine Größe, welche die
Verantwortung dafür trägt, dass die Beziehung ein blutiges Verhältnis ist. Verewiglichung und Essentialisierung gehen an dieser Stelle
Hand in Hand. Die Gewalt wird zum Wesen des Islam erklärt und
das auf blutige Konfrontation reduzierte Verhältnis verewiglicht.

An dieser Stelle zeigt sich, dass der Antisemitismus als Stichwortgeber fungiert. Die antisemitische Metapher des »ewigen Juden«
formt den »ewigen Muslim«. Damit der Parallelismus nicht zu sehr
ins Auge fällt, wird aus dem »ewigen Muslim« der »ewige Zorn«.
Jahrhundertelang sorgte das antisemitische Stereotyp des »ewigen
Juden« für die kollektive Diffamierung »der Juden«. So heißt es etwa beim deutschen Philosophen Constantin Frantz (1817–1891):
»Das jüdische Volk selbst ist der ewige Jude.« Die Metapher aus dem
Arsenal des Antisemitismus bezieht dabei die Eigenschaft des Ewig-
seins keinesfalls nur auf den imaginierten »Wandertrieb« sowie die
»Heimatlosigkeit«, sondern konstruiert vielmehr ein für alle Zeiten
unveränderbares Grundwesen des »Fremden«, was vor allem die nationalsozialistische Propaganda in biologistischer Weise betonte.

2.1.5 Markierung

Die Markierung verfolgt die Intention, essentialisierte Charakteristika wie Stigmata sichtbar werden zu lassen, den »Fremden« als Träger vermeintlich kollektiver Eigenschaften zu »outen«, um seine konstruierte Nichtzugehörigkeit zum Wir-Kollektiv stets aufs Neue zu reproduzieren. So wird in einer deutschen Tageszeitung aus dem damaligen Grünenchef Cem Özdemir ein »Türke mit deutschem Pass« und aus Zehra Yilmaz »die Kopftuchträgerin Yilmaz«. Insbesondere bei rassistischen Blogs wie *Politically Incorrect* lässt sich das Wesen der Markierung studieren. »PI« ist stolz darauf, dass in Artikeln des Blogs permanent markiert wird und fordert auch andere dazu auf, bei Straftaten die ethnische bzw. religiöse Herkunft des Täters zu benennen sowie mit der »Political Correctnes« des medienethischen Kodexes zu brechen. In religiöser Hinsicht geschieht dies bei »PI« natürlich nur, wenn ein Gewalttäter muslimischen Glaubens eine Straftat begannen hat, um auf diese Weise »den Islam« und »die Muslime« im Sinne der generalisierenden Rassifizierung als »gewalttätig« zu brandmarken. Die Markierung kann als eine diskursive Technik verstanden werden, die der Generalisierung und der Essentialisierung stets aufs Neue zur Wirkmächtigkeit verhilft, um das konstruierte Fremdkollektiv zu exkludieren.

Die diskursive Rassifizierungstechnik der Markierung erscheint sprachlich auch in Gestalt der Subjektivierung von Merkmalen des Rassifizierten. So werden etwa Menschen mit Beeinträchtigungen häufig noch immer »Behinderte« genannt. Die Verwendung des Terminus »Behinderter« statt »beeinträchtigter bzw. behinderter Mensch« – wobei letzterer Terminus die soziale Dimension der Beeinträchtigung unterstreicht – stellt sowohl eine unzulässige Form der Essentialisierung als auch eine Markierung dar.

Eine Form der ethnischen Markierung wäre es etwa, wenn ein Berliner Hochschullehrer erzählt, dass es Streitereien um Noten immer nur mit »den Türken« gebe. Auch dieses Beispiel verdeutlicht die enge Verbindung von Generalisierung, Essentialisierung und Markierung. Die Markierung im speziellen Sinn bedeutet hier, dass der zum Fremden Konstruierte alles Mögliche unternehmen kann, er aber indes seine Markierung nicht loswird. Obwohl die Mehrzahl der Studierenden mit Migrationshintergrund nicht nur integriert ist, sondern zumeist als dritte Generation auch über die deutsche Staatsangehörigkeit verfügen, werden deutsche Studierende zum »Türken« und wird das »Türkesein« kausal verantwortlich gemacht für alltägliche universitäre Konflikte um die Notenvergabe, sodass es zu einer Ethnisierung eines sozialen Konfliks (vgl. Kap. 2.3.4) kommt.

Zu beachten ist, dass auch eine Nicht-Markierung in bestimmten Kontexten rassistisch sein kann. Ein Beispiel hierfür bildet die South-Park-Folge »Chef goes Nanners« (deutsch: »Flaggenkrieg«), in der Jerome »Chefkoch« McElroy die Änderung der Stadtflagge fordert, die einen Lynchmord an einem »Schwarzen« darstellt, über den sich eine Gruppe »Weißer« freut. In der Debatte über die Stadtflagge instrumentalisiert die Bürgermeisterin von »South Park« die »Political Correctness« illegitimerweise, indem sie die Hautfarbe der abgebildeten Personen ignoriert und auf diese Weise den Rassismus der Stadtflagge leugnet. Derartige Formen von »Color-Blind-Practices« sind als rassistisch zurückzuweisen, insofern die Nicht-Markierung in Gestalt der »Color Blindness« eine Methode darstellt, um existente Rassifizierungen und ihre Effekte auszublenden.

2.1.6 Hypostasierung

Im Jahr 1931 persiflierte das politische Chanson »An allem sind die Juden schuld« von Friedrich Hollaender (1896–1976) den wachsenden Antisemitismus der Weimarer Republik. Der Refrain des Couplets lautete:

> »An allem sind die Juden schuld!/ Die Juden sind an allem schuld!/ Wieso, warum sind sie dran schuld?/ Kind, das verstehst du nicht, sie sind dran schuld./ Und sie mich auch! Sie sind dran schuld!/ Die Juden sind, sie sind und sind dran schuld!/ Und glaubst du's nicht, sind sie dran schuld/ An allem, allem sind die Juden schuld!/ Ach so!«

Das Lied war als Satire gemeint und verdeutlichte auf ironische Art die Sündenbockphilosophie des Rassismus. Hollaenders Chanson illustriert zugleich die diskursive Rassifizierungstechnik der Hypostasierung, die den produzierten Gegensatz zwischen der Wir-Gruppe und der Fremdgruppe zur Ursache aller gesellschaftlichen wie aller individuellen Probleme erklärt. Die verabsolutierende Zentralisierung bzw. Hypostasierung erhebt den konstruierten Antagonismus zwischen der Wir-Gruppe und der Fremdgruppe zu einem Konflikt, der die gesamte Gesellschaft durchzieht und prägt. Der Gegensatz betrifft somit nicht nur marginale bzw. singuläre Teilaspekte, sondern er dominiert ebenso alle Bereiche der Gesellschaft und liegt ursächlich allen ihren Problemen, Zwistigkeiten und krisenhaften Tendenzen zugrunde. Die Hypostasierung suggeriert zugleich, dass es für alle gesellschaftlichen wie privaten Schwierigkeiten einen Verursacher gibt. Die Verabsolutierung sorgt dafür, dass die postulierte Gegensätzlichkeit zwischen dem »Wir« und dem »Ihr« nicht als eine Problematik unter vielen erscheint, sondern als der Schlüssel für alle Sorgen, Ängste bzw. Konflikte und lässt die Fremdgruppe als die eigentlich Schuldigen »des ganzen Schlamassels« erscheinen. »Deutschland schafft sich ab«, so lautet die Prognose des Berliner Ex-Senators Thilo Sarrazin, der vorgibt, die eigentliche Ursache der konstatierten Krise zu kennen und sich erfolgreich als vermeintlicher Tabubrecher inszeniert. Schuld hat letztendlich die Migration aus muslimisch geprägten Ländern. Migranten aus der Türkei sowie aus arabischen Ländern tragen bei Sarrazin die Verantwortung dafür, dass aus dem erfolgreichen Markenzeichen »Made in Germany« ein problembehafteter Ladenhüter zu werden droht, der sich seiner »eigenen Kultur« nicht mehr bewusst ist und dessen Sozialsysteme angesichts des »Kinderreichtums der Migranten« kollabieren. Das eigentliche europäische Dilemma sei der Islam, der das Schlüsselproblem aller wirtschaftlichen, politischen, sozialen wie kulturellen Probleme darstelle.

2.2 Körperbezogene Techniken

Körperbezogene Rassifizierungstechniken stereotypisieren äußere Merkmale wie Gesicht, Hautfarbe oder Größe, erklären diese zum Wesen der konstruierten Fremdgruppe und schließen zumeist von körperlichen Attributen direkt oder indirekt auf psychische Eigenschaften. Um den Gegensatz zwischen »Wir-Gruppe« und »Fremdgruppe« zu verewiglichen sorgen sie dafür, dass die dergestalt benutzten Merkmalskonstrukte in Vererbungsprozesse eingebunden werden. Mitglieder der »Wir-Gruppe« erscheinen zumeist als ästhetisch schöner, die der »Fremdgruppe« gemeinhin als unproportioniert oder hässlich. Von den Körpern der Fremdgruppe können Gefahren ausgehen, insofern diese mit Krankheiten assoziiert werden. Aufgrund der Stereotypisierung äußerlicher Merkmale erscheint »der Fremde« bezüglich seiner Körperlichkeit häufig nicht mehr als Individuum, sodass er nur noch eine physiognomische Charaktermaske darstellt und sich Fremde wie ein Klon dem anderen gleichen (vgl. Kap. 2.2.4).

2.2.1 Physiognomisierung und Psychisierung

Die Physiognomisierung als Rassifizierungstechnik bedient sich der stereotypen Konstruktion der äußeren Erscheinung des Körpers und hebt häufig auf das Gesicht ab sowie dessen bildliche Darstellung. Die physiognomisierende Präsentation des Körpers ist zumeist mit der Aussage verbunden, dass sich von dieser auf Charakterzüge, seelische Eigenschaften oder auf das Temperament und die Moral einer Person schließen lasse. Physiognomisierung wie Psychisierung gehen zumeist Hand in Hand.

Der Text zu einer antisemitischen Karikatur eines Juden bei Wilhelm Busch lautet etwa: »Kurz die Hose, lang der Rock, krumm die Nase und der Stock, Augen schwarz und Seele grau, Hut nach hinten, Miene schlau – so ist Schmulchen Schievelbeiner. Schöner ist doch unsereiner!« Wie an dieser Stelle deutlich wird, geht die Physiognomisierung (»krumme Nase«, »Kleinwüchsigkeit«) nicht nur mit einer ästhetischen Wertung einher, sondern auch mit einer Psychisierung (»Seele grau«). Bei Kant wird die »Rasse der Neger« mit den psychisierenden Worten: »empfindlich, furchtvoll und unehrenhaft« beschrieben, während für die »Rasse der Weißen« gilt: »alle Triebfedern und Talente.«

In der antisemitischen Figur des »kleinen Cohn« wird die Körpergröße (Biologisierung, vgl. Kap. 2.2.2) als Differenzkriterium bemüht, die bei den biologischen Merkmalen insofern verbreitet ist, als sie den in der Rassifizierung liegenden Zweck der Minorisierung der Fremdgruppe visualisiert. Der Text des sich zu Beginn des 20. Jh.s großer Beliebtheit erfreuenden Lieds lautete: »Haben Sie nicht den kleinen Cohn gesehen? Sahen Sie ihn denn nicht vorübergehen? In der Volksmenge kam er ins Gedränge. Da haben Sie nun den Schreck, der Cohn ist weg!« Das abwertende Stereotyp des »kleinen Juden« tauchte bei einer ganzen Serie physiognomisierender Postkarten auf, die u. a. Szenen einer Musterung illustrierten. Auf einer Postkarte ist z. B. die Figur des »kleinen Cohn« mit krummen Beinen, übergroßer Hakennase und disproportionalen Gliedmaßen nackt zu sehen, während die Bildunterschrift lautet »Gruss von der Musterung. Der kleine Cohn mit der Nas unterm Maas«. Die in eleganter Uniform wohlproportioniert dargestellten Soldaten der Musterungskommission lachen über den ungeeigneten Mann, da dieser die »militärische Norm« nicht erfüllt. In einer Gesellschaft, die auch den Zivilisten an dessen militärischem Reserverang maß, wird »der Jude«, der auf weiteren Musterungspostkarten u. a. mit abstehenden Ohren dargestellt ist, als unsportlich, unästhetisch sowie unmilitärisch diffamiert. Der aufklärerische Philosoph Moses Mendelssohn (1729–1786) war von Geburt klein und verwachsen. Eine Abbildung im Berliner *Physiognomischen Almanach für 1792* – die einzige Ganzkörperdarstellung des Aufklärers – zeigt ihn neben Grenadieren Friedrichs des Großen, sodass er wie ein »Zwerg« bzw. ein »Kind« aussieht. Während »das Militärische« das Gardemaß erfüllt, ist »das Intellektuelle«, zumal in Gestalt eines Juden, klein und schmächtig. In der Darstellung des seinerzeit populären Kupferstechers Daniel

Chodowiecki (1726–1801) wird Moses Mendelssohn zum »kleinen Cohn«.

Formen der Physiognomisierung wie Psychisierung gehen häufig damit einher, der »Fremdgruppe« eine ihr eigene Gestik wie Mimik zu attestieren, die zumeist einen »diffusen Geisteszustand« andeuten soll. So heißt es im Walser-Roman »Tod eines Kritikers« Bezug nehmend auf André Ehrl-König: »Dabei warf er die Hände so heftig schräg nach oben, dass es aussah, als wolle er sie loswerden.«

Auf dem Titelbild der Broschüre »Der kleine Cohn in der Westentasche: Anekdoten und Witze« erblickt man eine zum Juden konstruierte Person mit krummen Säbelbeinen und wild artikulierenden Händen, deren Körper so groß ist, dass er in eine Jackentasche zu passen scheint. Die antisemitische Tradition, den Körper »des Juden« physiognomisch zu diminuieren, nahm »TV total« wieder auf und projizierte die Technik auf Philipp Rösler, der in einer Folge von Karikaturen wie Schnitten verniedlichend »Fipsi« genannt und mit übergroßem Kopf und kindlichem Körper (Infantilisierung, vgl. Kap. 2.3.2) dargestellt wird. Im Schnitt »Fipsi goes to Hollywood« heißt es: »Ach die Japsen müssen wieder alles Knipsen« und »Fipsi macht Knipsi«. Der Name »Fipsi« ist bewusst gewählt, suggeriert er doch einerseits eine Anknüpfung an Röslers Vornamen »Philipp«, während er andererseits an die rassistische Wortschöpfung des »Fidschi« andockt, um so die rassistische Diffamierung der vietnamesischen Arbeiter in der DDR in biologistischer Manier auf Rösler zu übertragen. »Fipsi« als der »kleine Cohn« des 21. Jh.s? Gleichsetzungen sind stets problematisch, dass es sich indes rassifizierungstechnisch betrachtet um einen Parallelismus handelt, ist nicht von der Hand zu weisen. Der Rassismus ist in Deutschland, wie diese bei »TV total« gegen Rösler ins Spiel gebrachten Ressentiments zeigen, ganz offensichtlich noch immer quotenträchtig und weil es so »gut gefiel«, blieb »Fipsi« kein »einmaliger Ausrutscher«, sondern avancierte zu einer ganzen »Fipsi-Mini-Folgen-Serie«. Wie wenig Bewußtsein es in Deutschland bezüglich des Umgangs mit dumpfen Ressentiments gibt, wird daran ersichtlich, dass auch die Grünen auf ihrer Homepage die rassistische Bezeichnung aufgriffen und den FDP-Politiker als »Philipp ›Fipsi‹ Rösler« diffamierten.

Beim Antiasiatismus benutzt die physiognomisierende Rassifizierungstechnik vor allem Hautfarbe, Lidspalte, Überbiss sowie schlechte Zähne zur Konstruktion »des Asiaten«. In Cartoons wie in der Kriegspropaganda diente auch immer wieder die Brille als Merkmal »des Fremden«, da dieser bedingt durch seine »Schlitzaugen« hochgradig kurzsichtig sei, so die gängige Annahme. In der Kriegspropaganda wurde die »Schwachsichtigkeit« auch für die Behauptung benutzt, der Feind sei aufgrund seiner »genetischen Beschaffenheit« ein ausgesprochen schlechter Schütze. Dies illustrieren z. B. die Cartoons »Commando Duck: Donald Duck Against the Japaneses« sowie »Bugs Bunny Nips the Nips«, beide Folgen aus dem Kriegsjahr 1944. Aufgrund ihres mangelhaften Sehvermögens gelingt es einer größeren Gruppe »bebrillter Feinde« nicht, Donald Duck zu treffen. Bei »Bugs Bunny Nips the Nips« wird die Zahnbeschaffenheit des Kriegsgegners mit der eines Hasen (Animalisierung, vgl. Kap. 2.6.1) verglichen, sodass es Bugs Bunny zwecks Irritation des Feindes leicht fällt, sich als Japaner zu maskieren. Auch hier ist der Kriegsgegner durchweg bebrillt.

Die physiognomisierende Rassifizierungstechnik spielt auch im 21. Jh. beim Antiasiatismus noch immer eine bedeutende Rolle. So wurde etwa Philipp Rösler in zahlreichen rassistischen Karikaturen asiatisch konstruiert und mit Überbiss dargestellt. Auch im Kontext eines ARD-Sommerinterviews mit dem damaligen Minister und Vizekanzler fand man es in keiner Weise geschmacklos, Rösler mit einer Karikatur von Klaus Stuttmann zu konfrontieren, in der dieser ihn in klassischer Weise physiognomisch zum Asiaten rassifizierte.

2.2.2 Biologisierung und Genetifizierung

Die Biologisierung als Rassifizierungstechnik ist so alt wie der Rassismus selbst. Bereits in der Antike wurden für die Fremdheitsproduktion körperliche Merkmale wie etwa die Haarfarbe bemüht (vgl. Kap. 1.4.1). Die »Rasse der Weißen« ist bei Kant nicht nur allen anderen geistig, sondern auch körperlich überlegen. Der deutsche Zoologe Johann Friedrich Blumenbach beschrieb Ende des 18. Jh.s in seinem Werk *Über die natürlichen Verschiedenheiten im Menschengeschlechte* die sogenannte »kaukasische Varietät« mit den Worten:

> »Von weißer Farbe, mit rothen Wangen, schwärzlichem oder nussbraunem Haar, gerundetem Köpf. Mit ovalem regelmäßigerem Gesicht, flacher Stirn, engerer, leicht gebogener Nase, kleinem Munde. Mit senkrecht untereinanderstehenden Vorderzähnen. Mit sanft hervorstehenden Lippen, vollem rundem Kinn. Überhaupt von jener, nach unsern Begriffen von Ebenmass, reizenden und schönen Gesichtsform.«

Die Biologisierung der »Wir-Gruppe« geht zumeist mit einer Ästhetisierung der Eigengruppe einher, die als wohlgestaltet und anmutsvoll verklärt wird, während man die Fremdgruppe unter biologischen bzw. ästhetischen Vorzeichen abwertet.

Die Genetifizierung als Rassifizierungstechnik betont die Erblichkeit der zugrundegelegten Merkmale. Die Genetifizierung stellt somit eine Schlüsseltechnik des »wissenschaftlichen Rassismus« bzw. der sich Ende des 19. Jh.s in Deutschland etablierenden »Rassenhygiene« dar. Zu betonen sei, so der Rassenhygieniker Eugen Fischer (1874–1967), dass es sich bei den körperlichen wie geistigen »Rassenmerkmalen« nur um erbliche Merkmale handeln dürfe, um »erblich übertragene, unveräußerliche körperliche, anatomische, physiologische und psychologische Merkmale«. Zu den wichtigsten »Rassenmerkmalen« zählte Fischer:

> »1. Die Haarform; 2. Die Pigmentverhältnisse, also die Färbung von Haut, Haar und Iris; 3. Die Schädelform; 4. Die Körpergröße und die Körperproportionen; 5. Physiognomische Merkmale [...] wie Nasenform, Lippenform, Form der Lidspalte usw.«

Das für die biologische Rassifizierung bemühte Ausgrenzungsmerkmal muss keineswegs nur negativ konnotiert sein. Auch vermeintlich positiv bewertete körperliche Differenzmerkmale lassen sich im Zusammenspiel diskursiver Rassifizierungstechniken für die Konstruktion einer Fremdgruppe nutzen, zumal diese kontextbezogen ebenso »Andersheit« produzieren.

2.2.2 Maladisierung

Die Maladisierung als Rassifizierungstechnik konnotiert den zum Fremden Konstruierten mit Seuchen, Epidemien, unheilbaren Krankheiten sowie mit unerklärlichen Todesfällen. Als einer der ältesten Rassismen sorgte der Antisemitismus auch bezüglich der Maladisierung für einen potenziellen Transfer auf andere Opfergruppen, was das Beispiel der Pest verdeutlicht. In den Jahren 1348 bis 1351 kam es zu einer ganzen Serie von Pogromen, die sich wellenmäßig von den Mittelmeerstädten Frankreichs bis hin nach Königsberg zogen. »Die Juden« wurden beschuldigt, durch Brunnenvergiftung die Schwarze Pest verursacht zu haben. Ganze Gemeinden verbrannten auf dem Scheiterhaufen. In späterer Zeit übertrug man diese Beschuldigung auf »die Roma«, obwohl sie zum Zeitpunkt der ersten Pestwellen noch gar nicht in Europa waren.

Die Maladisierung tritt in zwei unterschiedlichen Varianten auf. Zum einen wird die rassifizierende Behauptung aufgestellt, »der Fremde« übertrage Krankheiten bzw. verbreite diese gar in böswilliger Absicht. Zum anderen wird die Position vertreten, bestimmte phänotypische Eigenschaften »des Fremden« seien als Krankheit zu interpretieren. Die zweite Variante wurde vom britisch-US-amerikanischen Arzt Benjamin Rush (1745–1813) im Kontext des antinegriden Rassismus ins Spiel gebracht. Rush äußerte die Ansicht, dass es sich bei der schwarzen Hautfarbe um eine erbliche Krankheit handele, die er als »Negroidism« bezeichnete. Da die »Krankheit« erblich sei, sollte es seiner Ansicht nach nicht zu einer »Vermischung« zwischen »Schwarz« und »Weiß« kommen. Die Normativität des »Weißseins« wird hier an der Überzeugung sichtbar, »Schwarze« seien in Wirklichkeit erkrankte »Weiße«. Rush hielt »Negroidismus«, den er mit Lepra verglich, für heilbar und verwies diesbezüglich auf schwarze Personen, die an ihrem Körper weiße Stellen aufwiesen. Fälle von

Vitiligo, einer nicht ansteckenden, chronischen Erkrankung der Haut, die zu sichtbaren Pigmentstörungen führt, interpretierte er als einen einsetzenden Heilungsprozess, der über Generationen hinweg das »Weißsein« rekonstruiere. In das öffentliche Bewusstsein rückte die sehr seltene »Weißfleckenkrankheit« in jüngster Zeit durch das Top-Model Chantelle Brown-Young. Wie hochgradig auch im 21. Jh. dunkle Haut noch immer als »anormal« maladisiert wird, verdeutlicht die Werbung der Kosmetikmarke Dove, die ihre Produkte im Jahr 2012 mit der Empfehlung versah »für normale bis dunkle Haut«.

Zu Opfern der maladisierenden Rassifizierung wurden homosexuelle Männer vor allem im Kontext von AIDS, was bereits in den USA der 1980er Jahre der Terminus »Gay Plague« verdeutlichte, den »Der Spiegel« im Jahr 1983 gar mit »Schwulenpest« übersetzte. In anderen Medien war noch Jahre darauf von der »Homosexuellen-Krankheit« die Rede. Der Rassifizierungscharakter des Spiegel-Artikels war auch daran erkennbar, dass ein Bakteriologe mit den Worten zitiert wurde, »der Herr« halte »für die Homosexuellen immer eine Peitsche bereit«, womit der biblische Terminus der Sodomie aufgegriffen wurde und »Der Spiegel« auf diese Weise Homosexuelle noch zusätzlich durch das Verdikt der »amoralischen Unchristlichkeit« (vgl. Kap. 2.5.4) stigmatisierte.

Wie schnell Menschen Opfer einer rassifizierenden Maladisierung werden können, zeigte sich in jüngster Zeit im Kontext der Ebola-Epidemie. So waren schwarze Fussballspieler von »Ebola, Ebola-Rufen« betroffen. Opfer des antinegriden Rassismus wurde diesbezüglich auch Barack Obama, dessen Kopf in einer Bildmontage auf den Erreger montiert wurde, was mit »The disease ... It's here #Obola« versehen wurde. In Deutschland hetzten rechtsradikale Seiten im Internet mit den Worten:

> »Wie mit allen tödlichen Bedrohungen im Zusammenhang mit der Masseneinwanderung von Negern nach Europa, wird auch die Gefahr, die uns durch die Negerseuche Ebola droht, verschwiegen oder kleingeredet.«

Eine Variante der rassifizierenden Maladisierung stellt die Darstellung des Juden als »Giftpilz« dar, wie dies im antisemitischen Kinderbuch *Der Giftpilz* von Ernst Hiemer mit Zeichnungen von Philipp Rupprecht aus dem Jahr 1938 der Fall ist. Auf dem in »giftgrün« gehaltenen Cover des Buchs ist eine Art Fliegenpilz mit menschlichem Gesicht zu erkennen, das die stereotypisierte Physiognomie eines Juden aufweist. Der unmittelbare Vergleich von Menschen mit Giftpilzen wird auch in der Eingangserzählung des Buchs aufgegriffen, in der eine Mutter ihrem Sohn namens Franz beim Pilzesammeln erläutert, dass bei den Menschen der Jude der Giftpilz sei. Neben der Methode der Maladisierung benutzt das Kinderbuch die Technik der Kriminalisierung. So heißt es etwa gleich zu Beginn: »Wie die Giftpilze oft schwer von den guten Pilzen zu unterscheiden sind, so ist es oft sehr schwer, die Juden als Gauner und Verbrecher zu erkennen.«

Auffallend ist die Revitalisierung der Maladisierungstechnik vor allem im Kontext der aktuellen Flüchtlingsdebatte. So heißt es etwa auf einer Webseite der NPD: »Die Masseneinwanderung und zunehmende Asylflut bringt nicht nur Kosten in Milliardenhöhe und eine massive Kriminalitätsbelastung mit sich, sondern auch die Gefahr des Imports hierzulande tot geglaubter Krankheiten.« Jaroslaw Kaczynski, der Vorsitzende der PiS, wiederum betonte, Flüchtlinge brächten Krankheiten wie Cholera oder Ruhr nach Europa. Kaczynski wörtlich:

> »Es gibt bereits erste Anzeichen für das Aufkommen von sehr gefährlichen und seit langer Zeit nicht vorkommenden Krankheiten in Europa [...] Cholera auf den griechischen Inseln, Bakterienruhr in Wien. Verschiedenartige Parasiten, die in den Organismen dieser Menschen nicht gefährlich sind, die uns aber schaden können.«

Insbesondere die Rassifizierungstechnik der Maladisierung ist auf der Ebene der Herrschaftspraxen mit eliminatorischen Prozessen verbunden. Die Konstruktion des ›Fremden‹ als Verbreiter tödlicher Krankheiten soll nicht nur die Angst vor Ansteckung wecken, sondern auch die Tötungshemmnis senken.

2.2.3 Klonierung

Die Klonierung als Rassifizierungstechnik verfolgt die Intention, dem nicht zur Wir-Gruppe Gezählten seine Individualität zu nehmen und ihn als physiognomische Charaktermaske zu inszenieren. Die Klonierung folgt dem alltagssprachlichen Satz »Kennt man einen, kennt man alle«. So sind z. B. auf dem Titelbild des Buchs *Die Japaner kommen!* aus dem Jahr 1994 drei identische Personen zu sehen. Auch Comics verwenden diese Technik der Entindividualisierung, wie etwa das Titelbild des Kinderbuchs *Mecki bei den Negerlein*. Zu sehen sind außer dem mit individuellen Gesichtszügen gezeichneten Igel zwei mit Trommeln ausgestattete »Schwarze«, die nicht zuletzt wegen ihrer antinegriden Stereotypisierung wie eineiige Zwillinge erscheinen. Gleiches gilt für die Figuren bei »Tim im Kongo«. Während der »weiße Mann« über individuelle Gesichtszüge verfügt, stellen »Schwarze« eine physiognomische Manifestation antinegrider Stereotypisierung dar und gleichen sich »wie ein Ei dem anderen«.

Die Klonierungstechnik erfreute sich insbesondere in den US-amerikanischen Cartoons der 1930er Jahre einer großen Beliebtheit. Im Cartoon »The Birth of Jazz-Crazy-Kat« aus dem Jahr 1932 sind z. B. beim Überfliegen des Kontinents Afrika mit Baströckchen bekleidete Menschen zu sehen, die eine Kochstelle umtanzen, wobei sowohl ihre Physiognomie als auch ihre Motorik synchronisiert sind. Während die Individualität in der Regel mit dem weißen Mann konnotiert ist, gilt dies beim »Schwarzen« für die Kollektivität. Außer schwarzen Personen werden hier lediglich Tiere wie Störche sowie Musikinstrumente geklont.

Zu erkennen ist die diskursive Rassifizierungstechnik der Klonierung auch im Cartoon der Universal Studios »Scrub me Mama with a Boogie Beat« aus dem Jahr 1941, der darüber hinaus zahlreiche antinegride Stereotype bedient (»schmutzig«, »faul«, »gefrässig«, »musikalisch« u. a.). Der Antinegrismus offenbart sich hier bereits in der Namensgebung der Stadt (»Lazy Town«). Die von Bord stolzierende Schönheit, die in einer kleinen Sequenz ebenfalls geklont wird, soll hier keineswegs eine weiße Frau darstellen, sondern eine sorgfältig »geschrubbte Schwarze«, sodass die diskriminierende Aussage des Cartoons u. a. darin besteht, das »Schwarzsein« der »Schwarzen« sei nicht nur ihrer Hautfarbe, sondern auch »ihrem Schmutz« geschuldet. Der Cartoon verdeutlicht so die Allmächtigkeit der Normativität des »Weißseins«. Der »Schwarze« hat weiß zu sein, um schön zu sein. Die Attraktion in »Lazy Town« ist keine schwarze Schönheit, sondern eine »weiße Schwarze«, wobei ihre Anziehungskraft einzig und allein von ihrem »Weißsein« ausgeht, das zum Ansporn einer wahren Wasch- und Putzorgie wird. Da die »weiße Schwarze« bei noch so weißer Hautfarbe indes eine »Schwarze« bleibt, kann auch sie durch die rassifizierende Klonierungstechnik entindividualisiert werden.

Im antinegrid-rassistischen Kinderbuch *Karla erlebt Afrika* der 1950er Jahre von Ellen List fragt Karla bezüglich der schwarzen Diener: »Wie kannst du sie nur voneinander unterscheiden? Für mich sehen sie aus wie Drillinge, und wenn ich zu einem ›Makele‹ sage, ist es ganz bestimmt M'toto, und rede ich einen mit M'toto an, grinst er und sagt, er sei M'pichi.«

2.3 Kulturbezogene Techniken

Kulturbezogene Techniken arbeiten mit den binären Codes »zivilisiert versus unzivilisiert«, »kultiviert versus primitiv« sowie »vernünftig versus irrational« und sorgen dafür, dass die konstruierte Fremdgruppe auf einer niedrigeren Entwicklungsstufe zu stehen scheint, während die Wir-Gruppe als ökonomisch, technologisch, sozial und kulturell überlegen präsentiert wird. Vertreter der Fremdgruppe werden häufig mit Kindern der Wir-Gruppe verglichen, um die intellektuelle Distanz der antipodisch gegenübergestellten Gruppen zu illustrieren. Das Wesen des einzelnen erscheint durch seine kulturelle Gruppenidentität, die als homogen sowie statisch dargelegt wird, geprägt zu sein. Der Fokus liegt dabei auf kulturellen Unterschieden, während es Gemeinsamkeiten nicht zu geben scheint.

2.3.1 Entzivilisierung und Primitivierung

Entzivilisierung und Primitivierung waren als diskursive Rassifizierungstechniken bereits in der Antike ausgeprägt. Während die Fremdgruppe zu einer kollektiven Gemeinschaft konstruiert wird, die außerhalb der zivilisierten Welt steht, wird die Wir-Gruppe mit Eigenschaften wie »Kleidung«, »Esskultur«, »Technik«, »Sprachbeherrschung« und »Arbeitsethos« konnotiert.

Insbesondere im antinegriden Rassismus erscheint der »Schwarze« als eine Person, die auf einer »niedrigen zivilisatorischen Entwicklungsstufe« steht. Er wird zumeist halbnackt dargestellt, als Mensch, der die Sprache der Wir-Gruppe nicht richtig beherrscht oder wie bei »Tim im Kongo« ständig »Dingsbums« sagen muss, weil er nach Wörtern für technische Maschinen wie »Dampfer« und »Lokomotive« sucht bzw. diese nicht kennt. Im Konstrukt der Entzivilisierung beherrscht der »Schwarze« keine Kulturtechniken wie den Ackerbau, ist folglich auf die Jagd angewiesen und frönt am liebsten dem Müßiggang. Als die Lokomotive repariert werden muss, sagt der »Schwarze« bei »Tim und Struppi« sogleich: »Ich muss mal«. Die Dezivilisierung konstruiert Indigene sowie »Schwarze« als kulturell unterlegen, den weißen Mann hingegen als Kulturträger. Er ist der Messias der Zivilisation, der Licht ins Dunkel bringt. Die Primitivierung verschärft die Charakterisierung der »Unterlegenen« als rückständig. Sie erscheinen als »Steinzeitmenschen«, die zum Aussterben verurteilt sind. Bei »Tim im Kongo« gehen alle »Schwarzen« folglich barfuss. Lediglich der schwarze König bildet eine standesgemäße Ausnahme.

2.3.2 Infantilisierung

Die Infantilisierung als Rassifizierungstechnik konstruiert den anderen zum »Nicht-Erwachsenen«, was bereits beim Motiv des »kleinen Cohn« sowie bei den »Fipsi-Karikaturen« eine Rolle spielte (vgl. Kap. 2.2.1). In der »Welt der Erwachsenen« ist das Kind nicht vollwertig; in einem autoritären Elternhaus hat es zu gehorchen, den Befehlen des Vaters zu folgen. Die Infantilisierung des »Schwarzen« gehört zum Kernrepertoire des antinegriden Rassisten. In der rassistischen Ideologie kann der »Schwarze« das intellektuelle Niveau eines Kindes nicht überschreiten und muß deshalb vom »weißen Mann« geführt werden. Die Ideologie des »White Man's Burden« findet sich auch im US-amerikanischen Spielfilm »In the Heat of the Night« (Norman Jewison, USA 1967). In einer zentralen Szene des Films fragt der weiße Plantagenbesitzer den schwarzen Chief Detective: »Wissen Sie, warum ich Orchideen so liebe?« und antwortet sogleich selbst darauf: »Sie sind wie Schwarze. Sie bedürfen der ständigen Pflege und Fürsorge.«

US-amerikanische Kriegsveteranen des Zweiten Weltkriegs erzählen nicht nur, dass sie auch nach 1945 nicht im Bus vorne sitzen durften, bewusstlos geschlagen wurden, wenn sie einen öffentlichen Wasserspeicher benutzten, der für »Weiße« reserviert war, und in der Öffentlichkeit nicht bedient wurden, sondern auch, dass sie von »Weißen« mit »Boy« angeredet wurden, während Sie mit »Sir« zu antworten hatten. Im Haus des antiken Polisbürgers war auch die Frau Opfer der infantilisierenden Rassifizierungsstrategie. Wie dem Sklaven, so galt auch ihr die »Fürsorge des Hausherren«. Auch ihre Unterdrückung wurde damit gerechtfertigt, dass ihr Entwicklungsniveau das der Kinder zwar quantitativ aber nicht qualitativ überrage.

Als interpretative Übung verwende ich in Rassismus-Seminaren die Figur des »Sarotti-Mohren«, wobei die Studierenden präzise bestimmen sollen, was an dieser Figur rassistisch ist. Viele Antworten erfolgen. Rassistisch ist die Figur, weil »Schwarzsein« essenziell mit der Tätigkeit des Dienens verknüpft wird. Rassistisch ist die Figur, weil der Terminus »Mohr« einen Menschen auf seine Hautfarbe reduziert und damit biologistisch rassifiziert. Rassistisch ist die Figur, weil sie »Schwarzsein« zu Werbungszwecken missbraucht, mit dem Produkt der Schokolade konnotiert und »Schwarze« so objektiviert. Rassistisch ist die Figur, weil sie für die Fremdheitsproduktion die Methode der Exotisierung verwendet (vgl. Kap. 2.3.5), was die »Tau-

sendundeine-Nacht-Kleidung« der Figur verdeutlicht. Diese Argumente sind in der Tat alle richtig, was die Studierenden zumeist jedoch nicht erkennen, ist die Technik der Infantilisierung. Größe wie
Gesichtszüge des »Sarotti-Mohr« benutzen das in der Werbestrate-
gie übliche Kindchenschema, das die Figur sympathisch erscheinen
lassen soll. Doch das Kindchenschema wird hier nicht nur als Sym-
pathieträger eingesetzt, es handelt sich auch nicht, wie irrtümlicher-
weise vermutet, um ein Symbol für Kinderarbeit. Das infantilisie-
rende Muster diffamiert vielmehr den »Schwarzen« als intellektuell
wie geistig zurückgeblieben. Auf der sprachlichen Ebene ist für die
Infantilisierung die Verwendung des Diminutivs charakteristisch.
So lautete folglich der Titel des Kinderbuchs der 1950er und 1960er
Jahre *Mecki bei den Negerlein*.

Die Infantilisierung des »Sarotti Mohr« verdeutlichen auch die
Sarotti-Werbevideos der 1950er Jahre. Während der »weiße Mann«
und die »weiße Frau« über die Körpergröße eines Erwachsenen verfügen, hebt sich der Sarotti-Mohr durch seinen »Kleinwuchs« deutlich ab. Seine Infantilisierung wird noch dadurch unterstrichen,
dass er sich auf einer Kinderschaukel mit den Augen rollend und
zwinkernd verabschiedet. Bezeichnend ist auch, dass man seine
Fremdheitskonstruktion mittels Infantilisierung zusätzlich verstärkt, indem er stets von außen dazu kommt. Mal fällt er vom Dach
in einen vollbesetzten Bus oder springt auf einen bereits fahrenden
Zug auf, mal kommt er mit dem Flugzeug angeflogen, mal klingelt
er bei einer Familie an der Wohnungstür. Er ist »der Fremde«, dessen Nichtzugehörigkeit durch räumliche Distanz betont wird, die
dadurch gewahrt bleibt, dass er sich nach der Verteilung von »hier
ein Stückchen, da ein Stückchen« stets wieder entfernt. Die Infantilisierung als diskursive Technik des antinegriden Rassismus geht
dabei mit der Animalisierung einher (vgl. Kap. 2.6.1). Um den Jäger
und die Tiere des Waldes mit Schokoladenstückchen zu versorgen,
klettert der »Sarotti-Mohr« »einem Affen gleich« behände von einem Baum. Die allabendliche Verabschiedung bzw. Entfernung des
Sarotti-Mohr im Werbefernsehen der 50er und 60er Jahre erinnert
an das Lied der afrodeutschen Hauptdarstellerin aus dem antinegri-

den Spielfilm »Toxi«: »Ich möcht so gern nach Hause geh'n«. »Schwarz-sein« und »Deutschsein« konstruiert der Rassismus als inkompatible Größen.

2.3.3 (Ent-)Intellektualisierung

Die diskursive Rassifizierungstechnik der Entintellektualisierung betont in der Regel die großen technischen, wissenschaftlichen wie kulturellen Leistungen der Wir-Gruppe, um im Gegenzug der Fremdgruppe selbige Verdienste abzusprechen sowie generell »dem Fremden« die Befähigung dazu abzuerkennen. In der Studie *Essays in Eugenics* von Francis Galton aus dem Jahr 1909, findet sich die Entintellektualisierung in ausgeprägter Form. Der Halbcousin Darwins vergleicht in seiner Schrift die intellektuellen Leistungen der »Angelsachsen« mit denen der »schwarzen Rasse« und benutzt als Indikator hierfür die Fähigkeit, Richter, Staatsmänner, Kommandeure sowie literarische und wissenschaftliche Größen hervorzubringen. Nachdem er mit Genugtuung festgestellt hat, dass nahezu alle bedeutenden Personen weiß sind, nimmt er mit Bedauern einige Ausnahmen zur Kenntnis, um sodann den Gesamteindruck mittels einer anekdotischen Erzählung zu festigen:

> »The number among the negroes of those whom we should call half-witted men, is very large. [...] I was myself much impressed by this fact during my travels in Africa. The mistakes the negroes made in their own matters, were so childish, stupid, and simpleton-like, as frequently to make me ashamed of my own species.«

Das Ergebnis der pseudowissenschaftlichen Methode lautet bei Galton wunschgemäß, dass »Schwarze« deutlich unterhalb des intellektuellen Niveaus der Angelsachsen stehen. Angesichts der Tatsache, dass es noch bis 1962 dauerte, bis der erste schwarze Student unter Polizeischutz auch nur eine US-amerikanische Universität betreten durfte, ist der empirische Indikator Galtons (»Anzahl intellektueller Größen«) eine Farce. Von der Studie Galtons über die Untersuchung

The Bell Curve: Intelligence and Class Structure in American Life von Charles Murray und Richard Herrnstein aus dem Jahr 1994 bis hin zu Sarrazins Buch *Deutschland schafft sich ab* aus dem Jahr 2010 spannt sich ein rassistischer Bogen, der stets aufs Neue die diskursive Rassifizierungstechnik der Entintellektualisierung bemüht und so »rassistisches Wissen« bereitstellt, um »den Fremden« zu konstruieren und gestützt auf pseudowissenschaftliche Statistiken in der sozialen Praxis des Alltagslebens zu diskriminieren, damit die Vormachtstellung der Wir-Gruppe gewahrt bleibt, die im Kontext der Entintellektualisierung noch immer die des »weißen Mannes« ist. An dieser Stelle fällt die parallele Methode bei Sarrazin auf, der von »1,5 Milliarden Muslime und kein einziger Nobelpreis«* spricht und dies als einen Indikator dafür betrachtet, dass es der Glaube sei, der den Leistungswillen und die Leistungsfähigkeit der Muslime nach unten ziehe. Die kulturalistische Entintellektualisierung entzieht dem »Anderen« Anerkennung wie Respekt und stellt eine Form narrativer Demütigung dar, die ihn als minderwertig positioniert und das auf Basis von Pseudostatistiken präsentierte »rassistische Wissen« dazu benutzt, um den »Fremden« als Konkurrenten im schulischen Alltag, als Mitbewerber um einen Ausbildungsplatz oder bei der Stellenvergabe erfolgreich auszuschalten und um die Verbrechen des Kolonialismus und Imperialismus zu vertuschen. Auch der pakistanische Atomphysiker Pervez Hoodbhoy bediente sich in einem Interview mit dem Magazin *Der Spiegel* im Januar 2013 der rassifizierenden Entintellektualisierungstechnik und formulierte: »Es gibt rund 1,5 Milliarden Muslime in der ganzen Welt – aber sie können in keinem Bereich eine substanzielle Errungenschaft vorweisen. Nicht im politischen Bereich, nicht in gesellschaftlicher Hinsicht, weder in den Naturwissenschaften noch in der Kunst oder in der Literatur. Alles, was sie mit großer Hingabe tun, ist beten und fasten.«

Entintellektualisierungsvarianten finden sich indes nicht nur beim Antinegrismus sowie beim antimuslimischen Rassismus, sondern auch beim Antisemitismus. Anzuführen wäre z. B. der Aufsatz Ri-

---

* Sarrazin: »1,5 Milliarden Muslime und kein einziger Nobelpreis«, unter: https://www.youtube.com/watch?v=Z6gxFdPkoBY.

chard Wagners (1813–1883) *Das Judenthum in der Musik* aus dem Jahr 1850, in dem »der Jude« (Kollektivierung, vgl. Kap. 2.1.1) bei Wagner als unfähig bezeichnet wird »sich uns künstlerisch kundzugeben«. Unabhängig davon, ob es sich um Musiker oder Literaten handelt, kann ein Jude für Wagner weder wahre Kunst noch originelle Musik hervorbringen. Die entintellektualisierende Diffamierung der Fremdgruppe in der Musik spiegelt auch der Terminus »Negermusik«, der in Deutschland noch in den 1950er Jahren weit verbreitet war.

Die diskursive Rassifizierungstechnik der Entintellektualisierung besitzt ihr Pendant in der Intellektualisierung. Die Intellektualisierung betrifft indes nicht nur in reziproker Weise die Wir-Gruppe, insofern man diese zumeist als »intelligenter« charakterisiert, sondern sie wird auch dazu benutzt, um die Fremdgruppe zu konstruieren. Dies belegt zum einen, dass sich Bewertungen im historischen Verlauf verändern können – so war etwa das Adjektiv »intellektuell« vielfältig und widersprüchlich konnotiert – zum anderen aber auch, dass der diskursive Prozess der Rassifizierung nicht primär ein bewertender Vorgang ist, sondern ein Verfahren der sozialen Spaltung, in deren Verlauf vorrangig Distanz und Differenz hergestellt werden und erst sekundär Wertung. Diese ist allerdings weder zwingend erforderlich noch folgt sie notwendigerweise dem Schema »Wir-Gruppe = gut«, »Fremdgruppe = schlecht«. Dergestalt betrachtet können auch positive Zuschreibungen Distanz produzieren, heben sie doch ebenso darauf ab, Andersartigkeit zu kreieren. Deutlich wird dies anhand der Tatsache, dass neben der diskursiven Rassifizierungstechnik der Entintellektualisierung beim Antisemitismus auch die Technik der Intellektualisierung ausgeprägt ist und diese gleichsam über eine lange Tradition verfügt.

Die Tradition der Intellektualisierung »des Juden« griff der US-amerikanische Psychologe Kevin B. MacDonald Ende der 1990er Jahre auf, als er die Behauptung aufstellte, das Judentum verfolge eine evolutionäre Strategie, die zu einem hohen gruppenbezogenen IQ geführt habe. »Die Juden« (Kollektivierung, vgl. Kap. 2.1.1), so der Autor mehrerer diesbezüglicher Bücher, verfügten über genetische Fähigkeiten wie eine überdurchschnittliche verbale Intelligenz, die der »jewish race«, so MacDonald, einen gruppenbezogenen evolutionären Vorteil verschaffe. Interessant ist an den sich evolutionspsychologisch gebenden Studien, dass sie u. a. die enge Verflechtung diskursiver Rassifizierungstechniken mit nichtdiskursiven Ausgrenzungspraxen illustrieren. So fordert der Autor die Wiederherstellung eines »paritätischen Gleichgewichts« zwischen Juden und anderen ethnischen Gruppen durch die systematische Beschränkung ihres Zugangs zu höheren Bildungsanstalten wie beruflichen Positionen. Juden sollten darüber hinaus höhere Steuern zahlen, damit auf diese Weise ihr evolutionärer Vorteil beim Kampf um gesellschaftliche Ressourcen ausgeglichen werde. Zwar sind verbale Forderungen nicht mit deren Realisierung gleichzusetzen, deutlich wird an dieser Stelle jedoch, dass der narrative Diskurs »rassistisches Wissen« bereitstellt, das in die Praxis drängt oder bereits existente Praxen legitimiert. Der evolutionspsychologische Diskurs des Autors sowie die potenzielle Realisierung einer diskriminierenden Quotenregelung im Hochschulsystem sind als Rassismus-Dispositiv zu verstehen, dessen diskursive wie nichtdiskursive Elemente sich wechselseitig referenzieren.

In Deutschland griff Thilo Sarrazin die MacDonald-Debatte sowohl in seinem Buch als auch in der in einem Interview mit der *Welt am Sonntag* benutzten Formulierung: »Alle Juden teilen ein bestimmtes Gen, Basken haben bestimmte Gene, die sie von anderen unterscheiden« auf. Die Formulierung belegt die enge Verbindung der Intellektualisierung mit der Technik der Biologisierung und Genetifizierung (vgl. Kap. 2.2.2) sowie die Verzahnung des kulturalistischen und des biologistischen Rassismus. Das rassifizierende Stereotyp vom »intelligenteren Juden« illustriert darüber hinaus noch einmal, dass wertende Adjektivierungen auch (scheinbar) positiv ausfallen können. Übersehen werden darf dabei allerdings nicht, dass in einer militarisierten Gesellschaft wie etwa dem wilhelminischen Kaiserreich eine derartige Attributierung mit »schwächlich« oder gar »politisch verdächtig« konnotiert wurde und es auch heutzutage in der antisemitischen Propaganda vom »intelligenten« zum »verschlagenen Juden« nur ein kleiner Schritt ist.

2.3.4 Ethnisierung und Kulturalisierung

Die Rassifizierungstechnik der Ethnisierung konstruiert »Wir-Gruppe« und »Fremdgruppe« sowie die Gruppenzugehörigkeiten der Einzelnen entlang ethnischer Merkmale, die zu wesensmäßigen Differenzen konstruiert werden. Die Ethnisierung ist dabei eng verkoppelt mit der Essentialisierung (vgl. Kap. 2.1.3), sodass dem Konstrukt der Ethnizität wesensmäßige Eigenschaften zugeschrieben werden, die den Charakter des Einzelnen determinieren. Auf diese Weise ethnisieren rassistische Integrationsdiskurse komplexe soziale Phänomene wie Kriminalität und Sexismus oder auch Alltagskonflikte. Im Kontext der Dominanz derartiger Diskurse werden beispielsweise Konflikte zwischen Schülern von Lehrern nicht mehr als »alltäglich« wahrgenommen, sondern reflexhaft ethnisiert. Insbesondere die Ethnisierung von Kriminalität ist diskursiv bereits derart ausgeprägt, dass bestimmte Kriminalitätsformen unwillkürlich ethnisch konnotiert werden.

Argumentativ eng verbunden mit der Ethnisierung ist die Kulturalisierung, wobei sowohl der Terminus »Ethnie« als auch der Terminus »Kultur« im Kontext des kulturalistischen Rassismus als »Rasseäquivalente« dienen. Die Kulturalisierung konstruiert die Existenz homogener Kollektivkulturen und betrachtet den einzelnen als durch seine kulturelle Gruppenidentität deterministisch geprägt. Auf diese Weise existiert beim antimuslimischen Rassismus ein homogener islamischer Kulturraum, dem Eigenschaften wie »gewalttätig«, »frauenunterdrückend«, »homophob« und »antisemitisch« zugeschrieben werden. Die dergestalt zugewiesenen Merkmale werden zugleich als statische Charakteristika quasi-biologisiert. Insofern den im Migrationsdiskurs produzierten Kollektivkulturen zugleich Reformunfähigkeit attestiert wird, stützt sich die kulturalisierende Rassifizierung auf die Formel »Einmal Migrant – immer Migrant«, die das Zusammenspiel von Ethnisierung, Kulturalisierung und Verewiglichung verdeutlicht.

Die Konstruktion homogener Kollektivkulturen geht beim Rassismus mit der Leugnung von Gemeinsamkeiten sowie dem Inabredestellen sowohl der historischen wie der aktuellen reziproken Kulturverflechtung und -bereicherung einher. Die Form der Zwanghaftigkeit der Verneinung des kulturellen »Cross-Over« spiegeln dabei rassistische Wortkreationen wie etwa »Kültürbereicherer«.

2.3.5 Exotisierung und Orientalisierung

Die Exotisierung rassifiziert die Fremdgruppe, indem sie diese mit »fernen Ländern« konnotiert sowie mit bizarren wie fabelhaften Lebensstilen. In Walt Disney's Zeichentrickfilm »Aladdin« besitzt Jasmin, die Tochter des Sultans, den Tiger Radscha als Haustier und »Schmusekatze«. Die Exotisierung benutzt derartige Motive, um »den Anderen« als gänzlich anders zu konstruieren. Die »Andersheit« des Fremden produziert auf diese Weise die Normalität der Wir-Gruppe und hebt diese umso deutlicher von der Fremdgruppe ab. Die Exotisierung kollektiviert zugleich, insofern niemand der Wir-Gruppe über einen Tiger als Spielgefährten verfügt.

Indem die Exotisierung im Kontext des sogenannten »Edlen Wilden« den Exotisierten tendenziell mit Natur in Verbindung bringt wie den Rassifizierenden mit Zivilisation und Kultur, stellt sie zugleich eine Variante der Dezivilisierung des »Fremden« dar. Die Exotisierung kann durchaus mit »Zivilisationskritik« einhergehen, ohne dass dadurch die Schärfe der Ausgrenzung in Gestalt der produzierten Andersheit abgeschwächt würde. Das exotisierende Motiv der antagonistischen Gegenüberstellung von »Naturmensch« versus »Kulturmensch« findet sich auch im Zeichentrickfilm »Pocahontas« von Walt Disney. Während die Engländer in den Anfangsszenen mit der Stadt, dem Bau von Steinhäusern und großen Schiffen in Verbindung gebracht werden, sind es bei der indigenen Bevölkerung der Maisanbau, das Sammeln von Beeren und Früchten sowie die »wilde Natur«. Die Andersheit der Häuptlingstochter Pocahontas wird dadurch unterstrichen, dass diese die Tiere des (Ur-)Waldes als Freunde hat und imstande ist, mit »Großmutter Weide« zu sprechen und sich von dem uralten Baum weise Ratschläge geben zu lassen.

Die Form der Naturverbundenheit bei Pocahontas stellt auch beim literarischen Exotismus des 19. Jh.s eines der Hauptmotive dar und findet sich u. a. bei Karl May in Gestalt Winnetous als »edlem Häuptling der Apachen«.

Die Exotisierung ist nicht selten mit der Sexualisierung verwoben, was vor allem die »Südseeromantik« verdeutlicht. Der US-amerikanische Spielfilm »Meuterei auf der Bounty« aus dem Jahr 1962 mit Marlon Brando illustriert dies durch seine Verkoppelung von exotisierenden Fernwehbildern mit dem Motiv der sexuellen Freizügigkeit, dem Konstrukt der »natürlichen Sexualität« der »willigen Eingeborenen«.

Die Orientalisierung stellt eine Variante der Exotisierung dar und benutzt den Orient als eine Art Spiegel des westlich-kolonialen Blicks, der sich auf diese Weise seiner vermeintlichen Überlegenheit versichert und »den Orient« als imaginären Ort u. a. für die Realisation sexueller Triebe benutzt, die durch Unterdrückung und Sublimierung aufgestaut sind und sich in der »Haremsmalerei« eine virtuelle Befriedigung in Gestalt erotisierender, polygamer Fluchtorte verschaffen. Nach Edward Said (1935–2003) hat es »den Orient« nie gegeben, er ist vielmehr ein rassifizierendes Konstrukt, welches das Maß der erzeugten Andersartigkeit als Legitimation für den Kolonialismus, als Bekräftigung der Majorität des »weißen Mannes« sowie als triebableitende Spielwiese benutzt. Eine weitere Variante der Exotisierung stellt die Chinoiserie dar, die gleichsam kulturelle Unterschiede imaginiert, um Inkompatibilitäten wie wesensmäßige Andersartigkeit zu postulieren. Im Kontext der Exotisierung wurden fremde Völker in frühen Reiseberichten auch in menschlicher Gestalt mit überdimensionierten Gliedmaßen oder in Illustrationen als Einbeinige sowie als Einäugige dargestellt. Selbst Carl von Linné teilte die Menschen nicht nur nach den damals bekannten Erdteilen ein, sondern sprach darüber hinaus noch von »monströsen Menschen« als einer weiteren »Abart«.

Ein Beispiel für Exotisierung stellt auch die öffentliche Zurschaustellung von Sarah Bartmann dar, einer Frau der Khoi, die über einen Fettsteiß verfügte, d. h. einer stark ausgeprägten Fettablagerung am Gesäß. Die rassistische Praxis bestand hier nicht nur in der sexistischen Präsentation und Abbildung ihres Körpers, sondern auch in der Tatsache, dass nach ihrem Tod ihr Skelett im staatlichen französischen Naturkundemuseum in Paris ausgestellt wurde. Während Plastinate eines Gunther von Hagens für erregte medizinethische Debatten sorgen, weil es sich überwiegend um »weiße Körper« handelt, besaß ein »schwarzer Körper« weder zu Lebzeiten noch nach dem Tod relevante Rechte, die auch nur zu einem kritischen Hinterfragen geführt hätten.

2.3.6 Blasphemisierung

Der Vorwurf, die zur Fremdgruppe konstruierten Menschen praktizierten bewusst Glaubensinhalte, um die Religion der Wir-Gruppe zu verhöhnen, gehört zu einem der zentralen Stereotype narrativer Rassifizierungstechniken seit der Antike. Glaubensinhalte der Fremdgruppe werden nicht nur als inkompatibel mit denen der Eigengruppe konstruiert, sondern als den eigenen Gott verhöhnend wie verfluchend dargestellt. So findet sich im »Judenexkurs« des römischen Schriftstellers Tacitus u. a. eine Passage, in der es heißt: »Den Widder schlachten sie, gewissermaßen um dem Gott Amun Schmach anzutun; auch der Stier wird geopfert, weil die Ägypter den Apis verehren.« Die Rassifizierungstechnik der Blasphemisierung spielte auch beim vermutlich ältesten antisemitischen Pogrom eine relevante Rolle, dem Pogrom von Elephantine im Jahr 410 v. Chr., in dessen Verlauf es zur Zerstörung des jüdischen Tempels kam. Die Juden bzw. die jüdische Gemeinde wurde bezichtigt, mit der persischen Besatzungsmacht zu kollaborieren. Ägyptische Priester des der Synagoge nahegelegenen Kultes legitimierten vermutlich den Ausbruch des Konfliktes durch das Konstrukt der Blasphemisierung. Auch ihnen dürfte es um ihre Vorherrschaft wie Vorrangstellung in religiösen Fragen gegangen sein, zumal das Judentum in der Antike eine äußerst erfolgreich missionierende Religion darstellte.

Die Blasphemisierung spielte auch beim antiindigenen Rassismus eine relevante Rolle. So weist etwa Bartolomé de Las Casas (1484–

1566) darauf hin, dass seine Gegner die Unterdrückung und Ausbeutung der Indigenen mit den Worten rechtfertigten, diese beleidigten Gott, verlachten und lästerten Gott sowie die christliche Religion. Ebenso wurde im Kontext des Antiziganismus gegenüber zu »Zigeunern« konstruierten Menschen die Vorhaltung der Blasphemie erhoben. In der mittelalterlichen Gesellschaft gehörte der Vorwurf der Gotteslästerung zum Standardrepertoire christlicher Judenfeindschaft. »Das heutige Evangelium enthält viele schöne und bedeutungsvolle Worte, die Christus gesprochen hat; andererseits aber sehen wir auch das neidische, boshafte und gotteslästerliche Widersprechen der Juden«, so heißt es in einer Predigt des Franziskaners und Dompredigers Johannes Wild in der Mitte des 16. Jh.s. Bereits im Jahr 1242 diente als Begründung der öffentlichen Verbrennung des Talmud in Paris die päpstliche Behauptung, es handele sich um eine blasphemische Schrift.

2.4 Sozialitätsbezogene Techniken

Sozialitätsbezogene Techniken konstruieren die Fremdgruppe dergestalt, dass von ihr Gefahren für den sozialen Zusammenhalt ausgehen. Der Fremde ist derjenige, welcher die Wir-Gruppe bestiehlt, für die Verknappung von Ressourcen sorgt und es sich auf Kosten der Gemeinschaft gut gehen läßt. In Gestalt des Spions sowie des Schläfers, der einen Terroranschlag vorbereitet, ist der Andere »der Fremde im Inneren«, dessen Nichtzugehörigkeit dadurch unterstrichen wird, dass er mit einer gegnerischen Macht kollaboriert, seine Sympathien nicht dem eigenen Staat gelten, sondern dem militärischen oder politischen Gegner. Der »Fremde« beabsichtigt, der Wir-Gruppe ihre Führerschaft zu entreißen, so die Behauptung, und schreckt nicht davor zurück, möglichst viele Kinder zu zeugen, um »demografisch zu obsiegen«.

2.4.1 Inkompatibilisierung

Die Inkompatibilisierung konstruiert die Dichotomie von Wir-Gruppe und Fremdgruppe dergestalt, dass der Andere in all seinen vermeintlichen Wesenszügen nicht »hierher passt«, er weder die Fähigkeit noch den Willen mit sich bringt »sich einzufügen«. Der sozial konstruierte Andere wird so zum Fremdkörper, der eine Nation innerhalb der Nation darstellt, eine »Parallelgesellschaft«, die eigene antipodische Werte postuliert und lebt. Die Inkompatibilisierung betont dabei nicht nur die Nichtwandlungsfähigkeit des Anderen und setzt die Homogenität starrer bzw. invarianter Bevölkerungsgrößen voraus, sondern warnt zumeist auch vor der zersetzenden Wirkung der Fremdgruppe. So heißt es etwa bei Heinrich von Treitschke in dessen Artikel »Radikalismus und Judentum«: »Dies vaterlandslose Judentum, das sich als Nation innerhalb der Nation gebärdete, wirkte auf das noch unfertige nationale Selbstwertgefühl der Deutschen ebenso zerstörend und zersetzend wie vormals auf die versinkenden Völker des römischen Kaiserreichs.« Auch der aktuelle antimuslimische Rassismus bedient sich der Technik der Inkompatibilisierung. So heißt es in sozialen Netzwerken, »der Islam ist leider inkompatibel mit unseren Werten« bzw. »Der Islam ist zu Christentum und westlicher Welt zu 105 % inkompatibel, uns verbindet absolut nichts« oder: »Der Islam ist inkompatibel. In den islamisch geprägten Ländern ist es mit Produktivität, Innovation und Erfolg nicht weit her, wie die entsprechenden Zahlen und Daten unzweideutig darlegen. Wer den halben Arbeitstag damit verbringt, in ganzen Rudeln zum Gebet zu eilen, kann naturgemäß nichts Brauchbares auf die Reihe kriegen.« Die Inkompatibilisierung mischt sich häufig mit dem Ausmalen von Bedrohungsszenarien. Personen, die den Islam als nicht kompatibel betrachten, halten ihn zumeist auch für eine »Bedrohung der westlichen Zivilisation«. Die Inkompatibilisierung liegt schließlich auch der Debatte zugrunde, ob der Islam zu Deutschland gehört, die angesichts der Äußerung des früheren Bundespräsidenten Christian Wulff ihren (vorläufigen) Höhepunkt erreichte.

2.4.2 Kriminalisierung

Opfer der diskursiven Rassifizierungsvariante der Kriminalisierung waren über Jahrhunderte vor allem »die Juden«, die u. a. des Hostiendiebstahls bezichtigt wurden, des Betrugs, des Wuchers, der kriminellen Spekulation sowie des Kindsraubs und der Kindstötung aus »rituellen Gründen«. Beim antiasiatischen Rassismus in den USA war im 19. Jh. das Drogenmotiv stark ausgeprägt. So wurde »der Asiate« auf entsprechenden Plakaten als jemand dargestellt, der in der rechten Hand einen Revolver hält und in der linken Hand eine Opiumpfeife. In US-amerikanischen Theaterstücken Ende des 19. Jh.s wie beispielsweise im Drama *The Chinese must go* des Autors Henry Grimm verfolgte »der Asiate« die Strategie mittels »Entsittlichung« die »weiße Bevölkerung« drogenabhängig zu machen, um so die Macht im Land an sich zu reißen.

Die Variante der Kriminalisierung wird auch bei »Politically Incorrect« deutlich. Delikte, die von Personen mit arabischen oder türkischen Migrationshintergrund begangen werden (Markierung, vgl. Kap. 2.1.5) listet der Blog akribisch auf. Kriminalität wird auf diese Weise ethnisiert und ihrer soziologischen Komponenten bzw. Prädiktoren beraubt. Die Entsoziologisierung der Kriminalität verortet den sozialen Tatbestand der Kriminalität in das Wesen des Rassifizierten und erklärt den imaginären Zusammenhang aus seinem »nomadischen Wesen« bzw. einer biologistisch rassifizierenden Kulturalisierung (vgl. Kap. 2.3.4).

Das rassifizierende Narrativ der Kriminalisierung konstruierte über Jahrhunderte den Diebstahl insbesondere auch denjenigen von Säuglingen und kleinen Kindern zum Wesen der Sinti und Roma. Die Technik essentialisierender Kriminalisierung verdeutlicht heutzutage »Kopp online« des rechtspopulistischen Kopp Verlags, wo es werbend für das Buch *Albtraum Zuwanderung* des Autors Udo Ulfkotte ironisch heißt:

»Vieles, was wir als ›Diebstahl‹ sehen, ist aus der Sichtweise von Roma nur das ›Abschöpfen von Überflüssigem‹ und innerhalb der Romakultur nicht mit einem Tabu belegt. Wenn Romakinder hier zu Kindergeburtstagen eingeladen werden und ohne schlechtes Gewissen wie selbstverständlich die Geschenke mitnehmen, dann verfolgen sie damit keine ›böse Absicht‹ – sie wurden in einem anderen Wertegefüge erzogen. Und wenn erwachsene Roma unlängst wie selbstverständlich die Dortmunder Diakonie plündern und das Mitgenommene auf dem Flohmarkt verkaufen, dann hängt auch das mit ihrem Werteverständnis und ihren Normen zusammen.«

Da die Pejorisierung mittels des kulturalistischen Diebstahl-Vorwurfs noch nicht publikumswirksam genug zu sein scheint, wird – dem medialen Steigerungsimperativ folgend – mit dem Satz fortgefahren: »In orientalischen Teestuben verkaufen Roma nun mitten in Dortmund Kinder für Sex«, wobei das Adjektiv »orientalisch« für eine Verknüpfung des Antiziganismus mit dem antimuslimischen Rassismus sorgen soll. Wie erfolgreich sich die ethnisierende Kriminalisierung in Talkshows und als Buch vermarkten lässt, offenbarte im Jahr 2015 die Erfolgsgeschichte der Bochumer Streifenpolizistin Tania Kambouri, deren rassifizierende Kernbotschaft: »Wir haben uns Kriminalität importiert« lautet.

2.4.3 Asozialisierung

Die rassifizierende Asozialisierung greift u. a. die Problematik des Alkoholismus auf. Obwohl dieser als soziales Phänomen in allen gesellschaftlichen Klassen und Schichten weit verbreitet ist, liegt der Fokus der Publizistik – abgesehen von Prominenten und sich ins Koma saufenden Minderjährigen – überproportional bei Schichten in prekären sozialen Lagen, die von Armut wie Arbeitslosigkeit betroffen sind. Die diskursive Technik der Asozialisierung ist vor allem beim Klassismus weit verbreitet und sorgt dafür, dass die konkreten Lebensverhältnisse des Betroffenen als Folge seines eigenen Verhaltens interpretiert werden.

Die Asozialisierung war ein weit verbreitetes Motiv im Kontext des antiirischen Rassismus. Der katholische irische Mann wurde zum Gegenpart des strebsamen, ordentlichen angelsächsischen Mannes konstruiert. Während der eine einer ordentlichen Beschäftigung nachgeht, sich diszipliniert in die Gesellschaft einfügt, ist der andere ein der Gemeinschaft »auf der Tasche liegender« betrunkener Raufbold. Eine im Jahr 1871 im politischen Magazin *Harper's Weekly* erschienene Karikatur stellt einen auf einem Pulverfass sitzenden Iren dar, der mit einer leeren Rumflasche droht und in seiner rechten eine brennende Fackel hält. Das Pulverfass trägt die Aufschrift »Uncle Sam's«. »Amerika schafft sich ab«, so lautet die Botschaft, wenn die Einwanderungsbehörde weiterhin die Migration katholischer Iren gestatte. Die Asozialisierung geschieht in der Karikatur nicht nur durch die Assoziation des Dargestellten mit dem Alkohol, sondern auch durch seine Stilisierung zum politischen Unruhestifter, zum frevelhaften Gewalttäter, der auch vor anarchistischer Brandstiftung nicht zurückschreckt. Die narrative Rassifizierungstechnik der Asozialisierung greift auch die US-amerikanische Animationsserie »South Park« auf und wendet diese rassismuskritisch in Form hyperstereotypisierender Persiflage. Der Schüler Kenny muss nicht nur immer sterben, »weil er arm ist«, sondern »weil er ein armer Ire ist«. Die Familie McCormick gerinnt in »South Park« zum klassischen antiirischen Klischee der zweiten Hälfte des 19. Jh.s. In Kennys Elternhaus wird stets gestritten, dominieren Gewalt, Raufsucht und Trunkenheit. Kennys Vater Stuart, der eine rote Kappe mit der Aufschrift »Scotch« trägt, als auch seine rothaarige Mutter sind beide arbeitslos und nutzen den Hinterhof ihres heruntergekommenen Hauses als Produktionswerkstätte für Crystal Meth. Heutzutage spielt die narrative Rassifizierungstechnik der Asozialisierung auch beim Antiziganismus noch immer eine herausragende Rolle. »Dreckig wie ein Zigeuner« ist in vielen Ländern Europas noch immer eine feste Redewendung und auf Facebook sind Kommentare wie »asoziales dreckiges Mistvolk« leider alles andere als eine Seltenheit.

2.4.4 Spionisierung und Kollaborateurisierung

Die »Spionisierung« als diskursive Rassifizierungstechnik betraf im Mittelalter vor allem die Juden sowie nach ihrer Ankunft in Europa ebenso die Roma, die bezichtigt wurden Spione der Türken zu sein. Als Russland in der Frühphase des Ersten Weltkriegs militärische Erfolge erzielte und in Galizien einrückte, wurden die Juden sogleich verdächtigt Spione bzw. Kollaborateure der Österreicher zu sein und waren sowohl Vertreibungen als auch Pogromen ausgesetzt, die zur Flucht tausender Menschen u. a. nach Wien führte. In einem als unmittelbare Propaganda für den Völkermord gedachten Artikel von Joseph Goebbels in der Zeitschrift *Das Reich* heißt es im November 1941: »Die Juden sind unser Verderben. Sie haben den Krieg angezettelt. [...] Die Juden sind Sendboten des Feindes unter uns. Wer sich zu ihnen stellt, läuft im Krieg zum Feind über.«

Im Kontext des Zweiten Weltkriegs spielte die »Spionisierung« nach dem Überfall Japans auf Pearl Harbour beim antiasiatischen Rassismus eine relevante Rolle. Japaner, die in den USA lebten sowie US-Amerikaner japanischer Herkunft sahen sich einem Generalverdacht ausgesetzt und der potenziellen Kollaboration mit dem Feind bezichtigt. Sie wurden bis Kriegsende zwangsinterniert und verloren ihre gesamte bürgerliche Existenzgrundlage (vgl. Kap. 5.6). Unmittelbar nach dem japanischen Überfall tauchten Wimpel und Ansteckbroschen mit dem Spruch »Remember Pearl Harbour« auf sowie Plakate, auf denen »Uncle Sam« zu sehen ist, der auf seinen Knien ein zum Asiaten stereotypisiertes Kind »versohlt« und zu ihm energisch »Say Uncle!« sagt. Wie der US-amerikanische Thriller »Stadt in Angst« (John Sturges, USA 1955) verdeutlicht, der den Lynchmord an einem Farmer japanischer Abstammung in einer abgelegenen Kleinstadt im Südwesten der Vereinigten Staaten thematisiert, blieb es in den Tagen nach Pearl Harbour nicht bei chauvinistischen Illustrationen.

Im 21. Jh. tauchte das rassifizierende Motiv des Spions beim antimuslimischen Rassismus in Gestalt des Begriffs der »Schläfer« wieder auf. Auch im Video des norwegischen Attentäters Anders Behring Breivik, der Motive des »Maulwurfs«, des »U-Boots« sowie der »sechsten Kolonne« bildlich im Kontext seines Islamhasses in Szene setzte, spiegelt es sich wieder.

2.4.5 Terrorisierung

Beim antimuslimischen Rassismus zählt die »Terrorisierung« zu einer der verbreitetsten diskursiven Techniken der Rassifizierung. Geschieht im vermeintlichen Namen des Islam irgendwo auf der Welt ein Terroranschlag, so fordert der antimuslimische Rassist »den Muslim« unverzüglich dazu auf, sich von dem Ereignis und den Tätern zu distanzieren. Der »Andere« wird auf diese Weise dazu gezwungen zu akzeptieren, dass das Ereignis vermeintlich etwas mit ihm, seiner Religion, seiner ethnischen Zugehörigkeit oder Herkunft zu tun hat. Zugleich wird er auf diese Weise in »Sippenhaft« genommen und damit einer Entpersonalisierung wie Kollektivierung unterzogen. Distanziert er sich von dem Ereignis, so tappt er in die Falle einzuräumen, dass die Angelegenheit etwas mit ihm zu tun hat und verstärkt womöglich noch den Generalverdacht bei ähnlichen Vorkommnissen. Auch hilft ihm die Verurteilung der Täter bzw. eines Anschlags insofern nicht viel weiter, weil der Rassist daraufhin konstatiert, dass die Distanzierung nur mit halbherzigen Worten erfolgt sei oder man noch viel mehr tun könne, dieses aber offensichtlich bewusst unterbliebe. Selbst dann, wenn der rassistisch Dominierte auf alle an ihn gerichteten Forderungen eingeht, schwächt er die Rassifizierung nicht ab, sondern exekutiert den Prozess vielmehr. Der rassistisch Dominante wird das Mitspielen mit einem Verweis auf die Fähigkeit des »Anderen« sich zu verstellen, zu heucheln bzw. zu täuschen quittieren oder ihn gar als einen sich meisterlich tarnenden »Schläfer« bezeichnen. So heißt es Bezug nehmend auf den Terroranschlag auf die Geschäftsräume von *Charlie Hebdo* vom 7. Januar 2015 bei »Politically Incorrect«:

> »Es war vorhersehbar: Direkt nach dem islamischen Terror-Anschlag von Paris flattern Politiker und Journalisten wie aufgeregte Hühnchen umher und verkünden, dass das selbstverständlich alles ›nichts mit dem Islam‹ zu tun habe. Sie lügen allesamt wie gedruckt, weil sie die nackte Angst vor einer Eskalation durch das Aktivwerden zig tausender moslemischer Schläfer haben […].«

In einem redaktionellen »PI«-Kommentar heißt es:

> »Im Laufe des Tages werden wir sogenannte verdichtende Meldungen über den jüngsten islamischen Terror-Anschlag in Paris bekommen. Zunächst wird von ›Allahu Akbar‹ rufenden Islam(isten) berichtet werden, die ihren gekränkten Propheten Mohammed rächen wollten. Dann werden die schlimmen Provokationen des französischen Magazins Charlie Hebdo in den Vordergrund gestellt. Bald darauf wird ein ›trauriger‹ Aiman Mazyek vor die Kamera treten, der das Attentat scharf verurteilt und vehement einen Zusammenhang mit dem Islam ausschließt.«

Deutlich erkennbar ist bei »PI« die narrative Inszenierung der Gleichsetzungskette »Islam = Islamismus = Terrorismus« und die Unterstellung, Verbändevertreter des Islams täuschten Trauer vor, während hinter der Maske klammheimliche Freude lauere.

Beim antimuslimischen Rassismus ist die »Terrorisierung« damit verbunden, den Rassifizierten räumlich zu exkludieren, insofern dieser sich nicht nur von Ereignissen im eigenen Land, sondern auch von Terroranschlägen bzw. Entwicklungen im Nahen Osten und anderswo zu distanzieren hat. Auf diese Weise wird die »Arabisierung« des Islam verstärkt und dieser als nicht zum eigenen Land zugehörig exkludiert. Die »Terrorisierung« bedient sich dabei häufig der Technik der medialen, suggestiven Bildkollage. Geht es zum Beispiel um Titelbilder von Magazinen zum Islam, so werden Bilder von Gläubigen mit Fotos von Terroranschlägen, kriegerischen Konflikten oder gewaltförmigen Szenen umgeben. Berichten Fernsehsender über Konflikte im Nahen Osten, so wird ein Minarett eingeblendet, auch wenn ein inhaltlicher Konnex zur Nachricht nicht existiert. Die »Terrorisierung« als Strategie der Fremdheitsproduktion ermöglicht stets aufs Neue die »Wir-Ihr-Dichotomie« zu reproduzieren, diese mit der Wertung »friedlich versus gewalttätig« zu etikettieren und so sämtliche soziale Gewalterscheinungen kausal mit »dem Islam« bzw. »den Muslimen« zu verknüpfen.

Die Relevanz der Terrorisierungstechnik zeigte sich auch anlässlich der hohen Flüchtlingszahlen aus Syrien im Herbst 2015. »Dies sind keine Flüchtlinge, dies sind Terroristen« sagte ein polnischer Mann vor laufender Kamera, der an einer rechten Kundgebung gegen die Aufnahme von Flüchtlingen in Warschau teilnahm. Der Bürgermeister der französischen Stadt Rouen, die sich weigerte Flüchtlinge aus Syrien aufzunehmen, kommentierte dies mit dem Satz, er habe von Sicherheitsstellen gehört, ein Prozent unter ihnen seien Terroristen und dies sei angesichts der gewünschten Zahl der Aufzunehmenden zuviel. Die deutsche *BILD-Zeitung* mischte ebenso mit und fragte in übergroßen Lettern bereits am 5. Oktober 2014: »Tarnen sich ISIS-Terroristen als Flüchtlinge?« Zwar müssen Sicherheitsstellen diese Problematik durchaus in ihr Kalkül einbeziehen, die rassifizierende Instrumentalisierung dieser Frage dient jedoch einzig und allein der Stimmungsmache gegen aufzunehmende und zu integrierende Flüchtlinge.

Die Terroranschläge in Brüssel vom 22. März 2016 rassistisch instrumentalisierend heißt es bei »Politically Incorrect«: »Genauso wie vor ein paar Monaten in Paris gilt auch für die Anschläge in Brüssel, dass der Terror aus dem ganz ›normalen‹ Islam kommt.« Während ein Kommentar der *BILD-Zeitung* zu den Anschlägen von Brüssel und Lahore am 28.3.2016 mit der Überschrift »Ja, der Islam hat ein Terror-Problem« versehen ist, munkelt *Der Spiegel* zwei Tage zuvor: »Die gefährliche Rückkehr der Religionen«. Nach den Brüsseler Terroranschlägen verweigerte die polnische Regierung die Aufnahme von Flüchtlingen aus Syrien.

2.4.6 Demografisierung und Politisierung

Die Demografisierung stellt »den Fremden« als Bedrohung für die »Mehrheitsgesellschaft« durch die Behauptung dar, »die Fremdgruppe« werde durch eine höhere Geburtenrate die Wir-Gruppe verdrängen und politisch wie kulturell marginalisieren. Das Motiv war im wilhelminischen Kaiserreich beim Antisemitismus ausgeprägt und findet sich bei Heinrich von Treitschke in Sätzen wie: »Im Großen und Ganzen ist die unverhältnismäßig schnelle Vermehrung der jüdischen Bevölkerung seit 1816 unverkennbar« oder etwa: »Die Kinder Israels vermehren sich in Berlin genauso heftig wie einst in Ägypten.«

Dystopische Bevölkerungsprognosen gehören zum Kernbestand-teil des Rassismus und finden sich in nahezu allen seinen Spielarten. Eng verflochten mit der Demografisierung »der Juden« war im deut-schen Nationalsozialismus die des eugenischen Rassismus. National-sozialistische Plakate agitierten mit der Aufschrift »So würde es en-den« und illustrierten eine vermeintliche Bedrohung durch einen »qualitativen Bevölkerungsabstieg bei zu schwacher Fortpflanzung der Höherwertigen«. Andere Schautafeln waren überschrieben mit dem Titel »Die Gefahr der stärkeren Vermehrung der Minderwerti-gen«. Der nationalsozialistische Propagandafilm »Opfer der Vergan-genheit« aus dem Jahr 1937 verkoppelte die demografische Dystopie mit dem eliminatorischen Antisemitismus durch die Worte: »Das jü-dische Volk stellt einen besonders hohen Anteil an Erbkranken. Auch für sie müssen gesunde deutsche Volkgenossen arbeiten.« Die Schlüsselstellen des Buchs *Deutschland schafft sich ab*, das Motive der rassifizierenden Demografisierung aufgreift, lauten: »Die Araber und Türken haben einen zwei- bis dreimal höheren Anteil an Gebur-ten, als es ihrem Bevölkerungsanteil entspricht« sowie: »Ganze Clans haben eine lange Tradition von Inzucht und entsprechend vie-le Behinderungen. Es ist bekannt, dass der Anteil der angeborenen Behinderungen unter den türkischen Migranten weit überdurch-schnittlich ist.« Die Relevanz der Bevölkerungsdystopie im Denken des Rassisten belegt auch das Video des norwegischen Attentäters Anders Behring Breivik, das den antimuslimischen Rassismus nicht zuletzt demografisch inszeniert.

Eng verknüpft mit der Demografisierung ist die Politisierung, was die Termini »Judaisierung« und »Islamisierung« zum Ausdruck bringen, die sowohl demografisch wie politisch konstruiert sind – so spricht Breivik etwa vom »Bevölkerungsdschihad« – als auch vom »kulturellen, institutionellen und ökonomischen Dschihad«. Die Po-litisierung konstruiert die »Fremdgruppe« als ein Kollektiv, das die Intention verfolgt, die Macht im Staat und in der Gesellschaft zu übernehmen, der »Wir-Gruppe« ihre soziale, politische, ökonomi-sche wie kulturelle Vormachtstellung zu entreißen, sie zu unterwer-fen sowie zu unterdrücken. Im Kontext der demografisierenden wie politisierenden Rassifizierung wird aus der »Fremdgruppe« eine umfassende Gefahr, ja eine tödliche Bedrohung für die »Wir-Gruppe«. Die Politisierung als Rassifizierungsstrategie geht häufig mit Verschwörungstheorien einher, wie zu Beginn des 20. Jh.s beim Antisemitismus in Gestalt der gefälschten »Protokolle der Weisen von Zion«, die eine angebliche Weltverschwörung »der Juden« belegen sollten. Die Politisierung trägt auf diese Weise dazu bei, das Konstrukt von »Wir-Gruppe« und »Fremdgruppe« in umfassender Weise zu antagonisieren und den Gegensatz zum bestimmenden Faktor zu erklären, der die gesamte Gesellschaft durchdringt. Die Hypostasierung (vgl. Kap. 2.1.6) des konstruierten Antagonismus läuft bei der Politisierung letztendlich auf einen »Existenzkampf« hinaus, auf ein »Entweder wir oder sie«, der die Wahl jeglicher Mittel im »kollektiven Selbstverteidigungskampf« legitimiert. Das antisemitische Schlagwort vom »jüdischen Bolschewismus« in der Zeit des Nationalsozialismus, das von Ernst Nolte in der Historikerdebatte aufgegriffen wurde, um in revisionistischer Weise den Opfern des nationalsozialistischen Völkermords eine Mitschuld zu geben, illustriert dies in besonderer Weise.

2.5 Sexualitätsbezogene Techniken

Sexualitätsbezogene Techniken konstruieren den fremden Mann als Konkurrenten um die »weiße Frau«, während die fremde Frau zugleich als willfähriges Objekt der eigenen Begierde erniedrigt wird. Neben der Figur des Fremden als »hyperpotentem Lüstling« begegnet uns »der Andere« indes auch in Gestalt des Beschnittenen, der Kastrationsängste sowie die Furcht eines drohenden Potenzverlustes spiegelt. Der »fremde Mann« kann sowohl feminisiert wie homosexualisiert werden oder aber wegen vermeintlicher Frauen- und Homosexuellenfeindlichkeit kritisiert werden. Sexualitätsbezogene Techniken bedienen sich schließlich auch der Pejorisierung des »Fremden« indem dieser mit allen nur erdenklichen verbotenen Sexualpraktiken in Verbindung gebracht wird.

2.5.1 Sexualisierung und Erotisierung

Bis in die Talkshows hat es die Debatte um das Titelbild des Buchs von Marius Jung *Singen können die alle! Handbuch für Negerfreunde* gebracht. Nicht nur, dass das Buch das »N-Wort« benutzt, auf dem Cover ist auch noch der unbekleidete Autor zu sehen, dessen Genitalbereich mit einem blumengeschmückten, roten Geschenkschleifchen verpackt ist. Für den schwarzen Comedian sowie für den Verlag ist es ein karikierender Witz und kein rassistisches Titelbild, weil der Autor selbst ja »Schwarzer« sei und folglich nicht antinegrid-rassistisch sein könne. Das Argument ist höchst verwunderlich. Selbstverständlich kann ein schwarzer Autor wie in diesem Fall antinegrid-rassistisch sein, genauso wie ein Jude, der seinen Hass über Israel ausgießt, Antisemit ist und eine »muslimische Bürgerin« wie Necla Kelek zu den Wortführern des antimuslimischen Rassismus in Deutschland zählt.

Beim antinegriden Rassismus spielte die sexualisierende wie erotisierende Rassifizierung stets eine Schlüsselrolle. Auch in sexueller Hinsicht waren Sklavinnen ihren Herren vollständig ausgeliefert und gänzlich rechtlos. Bis auf die heutigen Tage greift die Werbeindustrie das Motiv auf und degradiert »Schwarze« zum Sexualobjekt weißer Personen, die sich den imaginären Traum erfüllen, über den schwarzen Körper zu herrschen wie Plantagenbesitzer im »Good Ol' South«. Auch in der Weimarer Republik spielten Sexualisierung wie Erotisierung im Kontext der sogenannten »Schwarzen-Schmach-Kampagne« eine relevante Rolle. Der Körper der »weißen Frau« war in der multimedial geführten Propaganda der Gefahr ausgesetzt von »den schwarzen Horden« der französischen Soldaten, die das Rheinland besetzten, missbraucht zu werden. Wie die »Tiere« würden die »Negersoldaten« ihre Bedürfnisse befriedigen und junge Mädchen in Freudenhäuser einsperren. Der »Schwarze« als »sexuelle Bestie« mit übergroßem Penis stellte als »biologischer Konkurrent« das Pendantbild zum »Schwarzen« dar, der dem weißen Herren oder der weißen Herrin gefügig zu sein hatte. Die Verkoppelung von Rassismus und Sexismus enthüllte auch ein Werbeplakat mit dem Titel

»Irgendwann nimmt man nicht mehr irgendwas« der Fernsehzeitung *Hörzu*. Zu sehen war ein weißer Mann mit Anzug und Krawatte, der eine schwarze Frau mit einer Tellerlippe – wie sie etwa bei Teilen der Mursi- und Surma-Frauen in Äthiopien üblich ist – in seinen Armen hält.

Auch der Antisemitismus bediente sich der Sexualisierung und Erotisierung, was dem *Stürmer* zu seiner Wirkmächtigkeit verhalf. Die sexualisierende Rassifizierung tauchte hier sowohl im Motiv des »Knabenmordes«, der an die mittelalterliche Ritualmordlegende anknüpfte, wie in Gestalt des Juden als »Rasseschänder« auf, der die »arische Unschuld« verführt. So war etwa zu lesen: »Was diese jüdischen Verbrecher angerichtet haben, ist nicht mehr gut zu machen. Hunderte von geschändeten Frauen und Mädchen weinen in sich hinein.« Im Propagandafilm »Jud Süß« heißt es: »Der Jude hat die Hand auf unseren Frauen und auf unseren Töchtern.« Charakteristisch für den Film »Jud Süß« ist, dass in der Schlussszene des Films der Justizmord an Oppenheimer mittels der rassifizierenden Sexualisierung legitimiert wird, wenn es heißt:

> »Wo sich aber ein Jude mit einer Christin fleischlich vermenget, soll er mit dem Strang vom Leben zum Tode gebracht werden. Ihm zur wohlverdienten Strafe, jedermann aber zum abschreckenden Exempel.«

Die Sexualisierung des »Fremden« als triebgesteuertem Omnipotenten offenbart auch die »Anti-Rösler-Kampagne« von »TV total«. So heißt es hier: »Fipsi kann die ganze Nacht«. Im Kontext der infantilisierenden Rassifizierung wird hier indes »der Fremde« als nicht ernstzunehmender Sexualkonkurrent der Lächerlichkeit preisgegeben. Die beiden Varianten des Narrativs der Sexualisierung illustriert auch der Antisemitismus überdeutlich. So wird »der Jude« entweder als Person dargestellt, die einen übersteigerten Sexualtrieb besitzt oder als Mann, der es bedingt durch die Beschneidung »der Frau nicht richtig besorgen kann«. Während die Hyperpotenz »des Juden« psychoanalytisch betrachtet Ausdruck des Sexualneides ist, spiegelt das Bild des impotenten Juden die Kastrationsangst, die auch der US-amerikanische Anti-Zirkumzisions-Comic »Foreskin

Man« indirekt aufgreift, indem er die Begleiterin des »arischen Sigurd-Batman-Verschnitts« in narzisstischer Weise singen lässt: »Foreskin Man, I need your lovin' tonight. It's the only thing that makes me feel right.« Die Vorstellung vom vermeintlich »verstümmelten Juden«, der »es nicht richtig besorgen kann«, fand bereits in römischen Spottliedern ihren Widerhall. Impotenz wie Hyperpotenz schlossen sich als konstruierte Größen antisemitischer Sexualisierung somit keinesfalls aus. Antizirkumzisionskampagnen bewegen sich folglich im bipolaren Raum zwischen sexueller Konkurrenz- und Kastrationsangst, die zwei Seiten ein und derselben Medaille darstellen. Ende des 16. Jh.s bemühte auch William Shakespeare in seinem antisemitischen Stück *Der Kaufmann von Venedig* die jahrhundertealte Aversion gegen die Zirkumzision. Ist der »christliche Schuldner« nicht in der Lage, in der gesetzten Frist den geliehenen Betrag zu begleichen, so will der jüdische Kaufmann Shylock das Recht erhalten, ein Pfund Fleisch aus seinem Körper herauszuschneiden. Im englischen Original heißt es im Unterschied zur deutschen Übersetzung indes nicht »cut out«, sondern »cut off«, was gezielt Ängste vor einer »Beschneidung« im Sinne einer Kastration des christlich-venezianischen Kaufmanns Antonio wecken soll.

Der Roman *Tod eines Kritikers* von Martin Walser bedient sich gleichfalls der Methode rassifizierender Sexualisierung »des Juden«. So heißt es beispielsweise: »Ehrl-Königs sexuelle Delikatesse, Schwangere bis zum dritten Monat.« An einer anderen Stelle lässt der Autor in seinem Hass auf Marcel Reich-Ranicki den Kritiker Ehrl-König sagen: »Mich würde schon mal interessieren: Teragen Sie nie einen Büstenhalter oder nur, wenn Sie im Fernsehen auftreten.« Bei einer weiteren Stelle heißt es, »dass Ehrl-König nichts so zuwider sei wie eine ferigide, perimitive Ferau, eben eine dumme Gans« usw.

In den aktuellen Debatten im Kontext der »Flüchtlingskrise« spielt die narrative Rassifizierungstechnik der Sexualisierung und Erotisierung erneut eine zentrale Rolle. Ein Beispiel hierfür stellt die Zeitschrift des Philologenverbandes Sachsen-Anhalts (3/2015) dar, in welcher der Vorsitzende sowie die stellvertretende Vorsitzende im Leitartikel zur Flüchtlingsdebatte schreiben:

»Wenn man die aktuellen Bilder der Flüchtlingswelle verfolgt, ist es nicht zu übersehen, dass viele junge, kräftige, meist muslimische Männer als Asylbewerber in die Bundesrepublik Deutschland kommen [...]. Auch als verantwortungsbewusste Pädagogen stellen wir uns die Frage: Wie können wir unsere jungen Mädchen im Alter ab 12 Jahren so aufklären, dass sie sich nicht auf ein oberflächliches sexuelles Abenteuer mit sicher oft attraktiven muslimischen Männern einlassen?«

Der Artikel beginnt mit den Worten: »Eine Immigranteninvasion überschwappt Deutschland [...]«. Desweiteren heißt es: »Viele der Männer kommen ohne ihre Familie oder Frauen und sicher nicht immer mit den ehrlichsten Absichten.«

2.5.2 Feminisierung und Homosexualisierung

Insbesondere in patriarchal-strukturierten Gesellschaften mit offener oder latenter Homosexuellenfeindlichkeit spielt die diskursive Rassifizierungstechnik der Feminisierung und der Homosexualisierung der Fremdgruppe eine Rolle, was wiederum auf Zusammenhänge zwischen Rassismus und Maskulinismus verweist. Feminisierung und Homosexualisierung müssen indes keineswegs Hand in Hand gehen, da historisch betrachtet dass Patriarchat zwar stets mit Sexismus nicht immer jedoch mit Homosexuellenfeindlichkeit einherging.

Opfer der feminisierenden Rassifizierungstechnik waren bereits seit der Antike die Juden. Anknüpfungspunkt hierfür bildete die Zirkumzision, die im Kontext der Kastrationsangst als Entmännlichung interpretiert bzw. diffamiert wurde. Bereits der römische Dichter Juvenal benutzte die Technik der antisemitischen Feminisierung für seine Schriften. Gleiches gilt auch für den Dichter Marcus Valerius Martialis. Für die antiken Schriftsteller war der »enthäutete Jude« ein kastrierter Jude, dessen Penis durch die Beschneidung zur Klitoris mutiert sei. Der antisemitische Konstruktionsprozess kreierte auf diese Weise einen spezifisch »jüdischen Körper«. Der als Entmännlichung interpretierte Akt der Beschneidung führte zum

Bild des Juden als »Weib«. Den tiefen Konnex der antisemitischen Feminisierung mit der Misogynie verdeutlichen die Schriften des Philosophen Otto Weininger (1880–1903), der Anfang des 20. Jh.s in Wien die Gleichsetzung »des Juden« mit »der Frau« populär machte. Bei Weininger verbinden sich Antifeminismus wie Antisemitismus zur Identifikation des Menschlichen mit dem Männlichen, wodurch sowohl »das Weib« als auch »der feminisierte Jude« sozial exkorporiert werden. Da »das Weib« bei Weininger entintellektualisiert und in Gestalt der ihr attestierten wesensmäßigen Lüsternheit und Geilheit sexualisiert wird, gerinnt auch das Konstrukt »des Juden« zum geistlosen »geilen Vorhautlosen«. Sigmund Freud schrieb, dass »die Beziehung zum Kastrationskomplex das dem Juden und dem Weib Gemeinsame« bei Weininger sei.

Neben dem Antisemitismus ist das scheinbare Paradox von der Feminisierung wie Maskulinisierung des »fremden Mannes« auch beim Antiasiatismus wie beim Antinegrismus ausgeprägt. So geschieht beim antinegriden Rassismus die Feminisierung des schwarzen Mannes durch die Zuschreibung von Eigenschaften, die im rassistischen Konstrukt »weiblich« konnotiert sind wie etwa »Ängstlichkeit« und »Schutzbedürftigkeit«, während im Kontext der Bestialisierung wie Brutalisierung (vgl. Kap. 2.6.2) »der Schwarze« als »Sexualprotz« mit übergroßem Phallus erscheint.

Rassistische Feminisierungsstrategien sind in vielfältiger Weise mit Homosexualisierungsvarianten in der Absicht verknüpft, »den Fremden« mittels addierter Diffamierungspotenz umso entschiedener von der Wir-Gruppe zu entfremden. Die rassifizierende Homosexualisierung findet sich auch auf den Seiten rassistischer Weblogs wie u. a. »Kybelines Weblog«. Hier heißt es etwa: »Ob die nun auch noch alle schwul werden da unten im Busch [...] da kommt's nun auch nicht mehr drauf an. Das sind doch sowieso alles Sodomisten und Rektalanalytiker!«

Im Jahr 1948 spielte der Schauspieler Alec Guiness die Rolle des jüdischen Hehlers Bob Fagin in der Verfilmung des Romans *Oliver Twist* von Charles Dickens. Nur wenige Jahre nach der Befreiung des Konzentrations- und Vernichtungslagers Auschwitz ist der Film ein erschreckendes Beispiel für den Antisemitismus nach 1945, bei dem weder die Rassifizierung der Physiognomisierung wie Psychisierung fehlt noch die Methode der Homosexualisierung »des Juden« Fagin. Der Hehler erscheint als ein Krimineller, der die jugendliche Diebesbande auch in sexueller Hinsicht ausbeutet. Betrachtet man das Filmfoto des langbärtigen, mit dem Konstrukt der »jüdischen Hakennase« sowie mit feminisierten Gesichtszügen und funkelnden Augen dargestellten Fagin, der mit Fingerhandschuhen, die offene Spitzen aufweisen, gestohlene Schmuckketten in seiner spinnenförmigen Hand hält, so wirkt das Foto aus heutiger Sicht wie die Karikatur einer antisemitischen Nazizeichnung. Für die Homosexualisierung »des Juden« ist die im Film an Fagin gestellte Frage des kriminellen Jugendlichen Jack Dawkins charakteristisch, welche lautet: »Do you want him?« und die der Bandenchef mit einem erotisierenden Grinsen beantwortet. Im Roman von Charles Dickens heißt es an der entsprechenden Stelle indes: »This is him, Fagin, my friend, Oliver Twist« (diese Formulierung übernahm bei der entsprechenden Szene auch die britische Filmversion von 1933). Doch auch Dickens lässt die Homosexualisierung als diskursive Rassifizierungstechnik keineswegs aus. So fährt die Romanstelle mit den Sätzen fort: »The Jew grinned; and, making a low obeisance to Oliver, took him by the hand, and hoped he should have the honour of his intimate acquaintance.«

Die Homosexualisierung als Rassifizierungstechnik ist auch beim antiasiatischen Rassismus weit verbreitet. Kreiert wird auf diese Weise ein spezifisch »asiatisch-männlicher Körper«, der sich durch Weichheit, »Weiblichkeit« und latente Schwächlichkeit auszeichnet. Die feminisierende Homosexualisierung »des asiatischen Mannes« dient dem »weißen Mann« dazu, sich seiner »körperlichen Überlegenheit« sowie seiner »heterosexuellen Normalität« zu vergewissern. Den medialen Trend der Ent-Maskulinierung »des asiatischen Mannes« greift im antirassistischen Sinne »South Park« in der Episode »Tweek x Craig« der 19. Staffel auf. Hyperstereotypisierend wird hier die Ursache »westlicher Homosexualität« in japanischen »Manga-Comics« (korrekter: Yaoi) verortet, wodurch man den »antiasiatischen Trend« der Homosexualisierung auf groteske Weise verulkt, der derzeit die etwa im Kontext von Vietnamkriegsfilmen dominante Brutalisierung »des Asiaten« (vgl. Kap. 2.6.2) ablöst.

2.5.3 Misogynisierung und Homophobisierung

Die rassifizierende Misogynisierung sorgt im Kontext des antimuslimischen Rassismus aktuell dafür, Muslime als frauenfeindlich zu diffamieren. Die Technik dient dem Rassisten u. a. zur eigenen Entlastung. Antimuslimische Rassisten können sich so als Vertreter der Aufklärung geben, als Verteidiger der Menschenrechte, als Protagonisten einer dem Leitbild der Geschlechtergleichheit verpflichteten Moderne. Der Islam sowie Muslime erscheinen auf diese Weise als antimodern, als frauenfeindlich, als archaisch.

Am »Tag der offenen Moschee« war ich in Berlin in drei Moscheen unterwegs. In einer kargen Einraummoschee im Wedding beteten die Männer vorne, die Frauen hinten. Nach dem Gebet stellte ein »Vertreter der Mehrheitsgesellschaft« sogleich die Frage: »Warum sind Frauen im Islam nicht gleichberechtigt und beten hinten?«. In einer zweiten Moschee in Heinersdorf, die über zwei gleichausgestattete Räume verfügt, war wieder Zeit zum Gebet. Nach dem Gebet fragte sogleich ein Mann: »Warum sind Frauen im Islam nicht gleichberechtigt und beten drüben und nicht hier?« In der Sehitlik-Moschee am Columbia-Damm war Zeit zum Abendgebet. Die Frauen beteten auf der schönen Empore. Wie der deutsche Kaiser im Berliner Dom verfügten sie über einen Logenplatz. Nach dem Gebet erfolgte die gleiche Frage indes erneut. In einem »postmigrantischen Theater« sah ich einen Sketch. Ein Mann steuerte ein Auto, die Frau saß hinten. Kommentar der im Sketch gespielten Mehrheitsgesellschaft: »Selber Autofahren dürfen die ja nicht!« Zweite Szene: Die Frau fuhr, der Mann saß daneben. Kommentar: »Jetzt lassen sich die Paschas auch noch chauffieren!« Dritte Szene: Ein Mann fuhr, zwei Frauen saßen hinten. Kommentar: »Jetzt kommen die schon mit mehreren Frauen hierher!«

Noch immer gibt es Sexismus sowie patriarchalische Herrschaft und machtbezogenene Strukturen in zahllosen Gesellschaften dieser Erde. Die rassifizierende Misogynisierung zeichnet sich indes dadurch aus, dass sie mit dem Finger auf Muslime zeigt und sagt: »Das sind die Frauenfeinde«. Um zu ihrem Ziel zu gelangen, bedient sich die Misogynisierung Aussagen wie: »Die Muslime sind frauenfeindlich«, »der Islam ist eine frauenverachtende Religion« und folgt so der essentialisierenden Generalisierung (vgl. Kap. 2.1.2). Das große »D« dient auch hier der Entdifferenzierung zwecks rassistischer Diskriminierung. Soziale Probleme werden nicht auf ihre Ursachen hin analysiert, soziologische Variablen wie Bildung, Schichtzugehörigkeit, Alter, elterlicher Erziehungsstil, politische Orientierung werden mißachtet, um Frauenfeindlichkeit gewissermaßen zu »islamisieren« sowie Sexismus monofaktoriell-kausal »dem Islam« in die Schuhe zu schieben (Kulturalisierung, vgl. Kap. 2.3.4). Auch der Antisemitismus in der patriarchalischen Gesellschaft des wilhelminischen Kaiserreichs bediente sich bereits der misogynisierenden Rassifizierung, die sich bei einigen bürgerlichen Frauenrechtlerinnen einer ebenso großen Beliebtheit erfreute wie die Misogynisierung heutzutage bei Alice Schwarzer im Kontext des antimuslimischen Rassismus, die von einem »blauäugigen Import von Männer-Gewalt spricht«; eine Formulierung, welche die Funktion des Rassismus, eklatante Probleme der Gesellschaft an »den Fremden« zu delegieren, verdeutlicht. Auf diese Weise scheint es sexualisierte Gewalt in der sogenannten Mehrheitsgesellschaft nicht zu geben, »das Böse« kommt von Außen, vom »unzivilisierten, wilden Mann«. Die homophobisierende Rassifizierung folgt dabei dem gleichen Muster wie die Misogynisierung und blendet die historische Tatsache aus, dass bspw. die strafrechtliche Verfolgung von Homosexuellen von der britischen Kolonialmacht in Ägypten gegen einheimische Widerstände durchgesetzt wurde (vgl. Kap. 1.6).

2.5.4 Sodomisierung

Die Sodomisierung ist eine der ältesten Rassifizierungstechniken, worauf schon ihr Name verweist, der sich auf die biblische Erzählung von »Sodom und Gomorrha« stützt. Das erste allgemeine deutsche Strafgesetzbuch, die *Constitutio Criminalis Carolina* aus dem Jahr 1532, nennt Sodomie als strafbare Handlung, worunter das christliche Mittelalter keineswegs nur den Geschlechtsverkehr mit Tieren (»Zoophilie«) verstand, sondern letztendlich alle Formen von Sexualität außer derjenigen zwecks Zeugung von Kindern innerhalb der Ehe. Der Terminus der Sodomie erfasste somit den außerehelichen Geschlechtsverkehr, die Homosexualität als auch den Analverkehr. Der Vorwurf der Sodomie spielte bei den neuzeitlichen Hexenprozessen eine relevante Rolle und diente der mittelalterlichen christlichen Kirche zur diskursiven Rassifizierung von Gruppen, die der Häresie beschuldigt wurden. Im Kontext des antimuslimischen Rassismus schreckte auch Necla Kelek nicht davor zurück, das alte diskriminierende Stereotyp wiederzubeleben und äußerte sich bezüglich des muslimischen Mannes wie folgt:

> »Die Menschen haben nicht die Fähigkeit, ihre Sexualität zu kontrollieren, und besonders der Mann nicht. Und der ist ständig eigentlich herausgefordert und muss auch der Sexualität nachgehen. Er muss sich entleeren, heißt es, und wenn er keine Frau findet, eben dann ein Tier. Das hat sich im Volk so durchgesetzt, das ist ein Konsens.«

Die Sodomisierung als Rassifizierungstechnik betraf auch immer wieder die Juden, wofür nicht zuletzt das Motiv der sogenannten »Judensau« ein beredtes Zeugnis ablegt. In Luthers Schrift *Von den Juden und ihren Lügen* heißt es:

> »Es ist hier zu Wittenberg an unserer Pfarrkirche eine Sau in Stein gehauen; da liegen junge Ferkel und Juden drunter, die saugen; hinter der Sau steht ein Rabbin, der hebt der Sau das rechte Bein empor, und mit seiner linken Hand zieht er den Pirzel [d. h. Schwanz, d. Verf.] über sich, bückt sich und guckt mit großem Fleiß der Sau unter den Pirzel in den Talmud hinein, als wollt er etwas Scharfs und Sonderlichs lesen und ersehen [...].«

2.6 Dehumanisierende Techniken

Dehumanisierungstechniken stellen die aggressivste Variante narrativer Rassifizierung dar, insofern sie die »Fremdgruppe« systematisch als nicht-menschlich konstruieren, jegliche Gemeinsamkeit mit der »Wir-Gruppe« in Abrede stellen und auf diese Weise dazu beitragen die Tötungshemmnis zu senken. Der Andere erscheint hier in tierischer Gestalt, als Bestie, als Teufel, als Kannibale, als Vampir oder gar als Ungeziefer, das es zu zertreten gilt.

2.6.1 Animalisierung

In der zweiten Hälfte der 1880er Jahre erlangte der im Jahr 1884 in die USA eingereiste Fedor Jeftichew Berühmtheit. Der in St. Petersburg geborene Jeftichew litt wie auch bereits sein Vater an Hypertrichose. Auf Grund der ausgeprägt starken Behaarung waren bereits in jungen Jahren Zirkusdirektoren und Schausteller auf ihn aufmerksam geworden, wie etwa P. T. Barnum (»Barnum and Bailey Circus«). Aus vermarktungsstrategischen Gründen präsentierte Barnum den multilingualen Jeftichew als eine Art »wilden Hundemenschen« und ließ ihn in seiner Show bellen und knurren. Die animalisierende Präsentation Jeftichews bezog sich indes nicht nur auf den jungen Jeftichew und dessen Vater, sondern besaß darüber hinaus einen antislawistischen und somit gruppenbezogenen Unterton. Zu erkennen ist dies auf Werbeplakaten, indem dieser nicht nur als »Jo'Jo' the Russian Dog faced boy« angekündigt wurde, sondern auf einem englischen Plakat aus dem Jahr 1874, welches den damals Sechsjährigen gemeinsam mit seinen Vater zeigt, auch als »The hirsute [»zottig«, d. Verf.] Kostroma People from the primeval forests of central Russia«. Auch P. T. Barnum setzte auf diese Strategie und erfand die Geschichte eines Jägers, der angeblich im russischen Kostroma Vater und Sohn in einer primitiven Höhle gefunden habe. Die Primitivierung des »asiatischen Russen« als unzivilisiertem »Tiermenschen« gehörte zum untrennbaren rassistischen Nar-

rativ der Show. Die Animalisierung bezog sich nicht nur auf Jeftichew selber, sondern auf den »russischen Untermenschen«, der nur
tierische Laute von sich geben könne und sich letztendlich der Zivilisierung verschlösse. Jeftichews Ankündigung als »half boy« und
»half dog« stellte so ein Synonym für die Animalisierung wie Bar-
barisierung des »asiatischen Russlands« dar. Geografisch betrachtet
zählt Kostroma indes zum Westteil Russlands bzw. dem »Goldenen
Ring« um Moskau. Dies interessierte das sensationslüsterne Publikum jedoch nicht. Kostroma wurde zum Synonym für das »wilde,
weite Russland«, die Heimat der »Halbmenschen«.

Die Animalisierung als Rassifizierungstechnik stellt eine radika-
le Form der Entmenschlichung dar, die nicht nur den rassistisch Dominanten als gebildet, als zivilisiert und kultiviert konstruiert, sondern auch dazu dient, die Tötungshemmnis zu senken. Bei der animalisierenden Rassifizierung erscheint »der Fremde« zumeist in
Gestalt eines Affen, eines Ungeziefers, eines Hundes oder einer
Schlange. Insbesondere der Antinegrismus bediente sich der Animalisierung. Bereits die frühen Rassenlehren der Aufklärung rechtfertigten die Versklavung der »Schwarzen« damit, dass diese dem Affen näher stünden als dem Menschen. So diente das Rangsystem der
»Rassen« bei Christoph Meiners, der von »Orang-Utans«, »Negern«,
»Finnen/Lappen«, »Mongolen«, »Juden« sowie von »Weißen und
Christen« sprach, zur Legitimation der Sklaverei. Die animalisierende Rassifizierung des »Schwarzen« ist auch heutzutage seitens des
antinegriden Rassismus noch immer eine der zentralen Techniken
der Fremdheitsproduktion. Nahezu sämtliche schwarzen Profifuss-
baller wurden Opfer rassifizierender Animalisierung. Im Herbst
2014 geriet der brasilianische Fussballclub Gremio Porto Alegre in
die Schlagzeilen, dessen Fans den Torwart des FC Santos rassistisch
beleidigten, indem sie »macaco« riefen, Affenlaute von sich gaben
und sich mit beiden Händen unter die Arme griffen.

Während ein derartiges Verhalten mehrheitlich als nicht akzepta-
bel gilt, ist der subtilere Rassismus vergleichsweise noch weit davon
entfernt, erkannt und entsprechend geahndet zu werden. So kann
die deutsche Presseagentur nach dem 2:1-Sieg Italiens gegen Eng-

land bei der Fussball-WM 2014 in Brasilien Balotelli problemlos als »Dschungelkönig« bezeichnen, was nahezu sämtliche deutsche Zeitungen übernahmen. Auch der Terminus »Dschungelkönig« stellt ein Beispiel für antinegride Animalisierung dar, insofern dieser die Geschichte des englischen Schriftstellers Edgar Rice Burroughs aufgreift, der im Jahr 1912 in einem Pulp-Magazin die Figur des Tarzan schuf. Das Buch *Tarzan of the apes* erschien zwei Jahre darauf. Zwar soll »Tar-zan« gemäß der Erklärung seines literarischen Schöpfers »weiße Haut« bedeuten, indes verkörpert die Figur nicht das Bild des »Weißen«, sondern das des Wolfskindes, eines Findelkindes, das von Affen aufgezogen wird. Tarzan ist ein Mensch, der mit der Natur des Urwaldes und nicht mit der Kultur der Zivilisation verbunden ist. Was primär zählt, ist seine Körperlichkeit, seine Wildheit und nicht sein Intellekt. Als Wolfskind ist er halb Mensch halb Tier, er teilt menschliche Eigenschaften wie tierische Charakteristika. Als Mensch ist er der »edle Wilde«, als Tier ist er ein »Killer«. Durch die Vereinigung menschlicher Charakteristika mit tierischen Dispositionen ist er im Urwald überlegen und vermag sich zum Herrn des Dschungels, zum »Dschungelkönig«, aufzuschwingen. Die Bezeichnung Balotellis als »Dschungelkönig« ist ein klassisches antinegrides Stereotyp, das einen »Schwarzen« in Verbindung mit einem Affen bringt, ihn mit einem Gorilla vergleicht, der furchteinflössend auf seinen Brustkorb trommelt und wilde Laute von sich gibt, wobei zugleich betont wird, dass ein »Schwarzer« mehr sei als ein Tier, dieser sich jedoch auf der untersten Stufe des Menschseins befinde. »Dschungelkönig« stellt eine rassistische Entintellektualisierung Balotellis dar. Es ist ein Terminus, der diesen als Tiermensch diffamiert, ihn auf Körperlichkeit reduziert. Der »Dschungelkönig-Logik« folgend erzielt Balotelli keine strategischen Tore, sondern kraftstrotzende Treffer. Balotelli ist für den dpa-Journalisten der schwarze Tarzan. Trotz seines Namens erschien der »Dschungelkönig« bereits auf dem Titelbild der kanadischen Buchausgabe aus dem Jahr 1914 mit schwarzer Hautfarbe.

Der ehemalige deutsche Fussballspieler Gerald Asamoah berichtet in seiner Autobiografie *Dieser Weg wird kein leichter sein ...* gleichfalls über die Alltäglichkeit antinegrid-rassistischer Animalisierung beim Sport. So habe es bei einem Spiel seines damaligen Vereins Hannover 96 gegen Cottbus von der ersten Minute an Pfiffe gegen ihn und Otto Addo gegeben, »die sich in Hasstiraden steigerten. Wir wurden mit Bananen beschmissen, permanent ertönten Urwaldgeräusche, dieses eklige ›Uhhh, uhhhh, uhhh‹ nachgeahmte Affengeräusche«.

Von der Animalisierungstechnik sind indes keinesfalls nur Fussballspieler betroffen. So traf die Rassifizierung in wiederholtem Maß auch die schwarze Justizministerin Frankreichs Christiane Taubira. Neben Fotomontagen im Internet, die Taubira neben einem Affenbaby zeigen, titelte die rechtsextreme Wochenzeitung *Minute*: »Maligne comme un signe: Taubira retrouve la banane« (»Schlau wie ein Affe, Taubira findet die Banane«), was rassistische Eltern dazu animierte, ihre Kinder anzustacheln bei Auftritten der Ministerin mit Bananenschalen zu winken. Auch im Alltag ist das Motiv in vielfältiger Weise präsent. Im Jahr 2014 waren T-Shirts der US-amerikanischen Kleidermarke »Just Add A Kid« zu sehen, auf denen der gezeichnete Unterkörper eines Affenkindes zu sehen war, das in der linken Hand eine Banane hielt. Die T-Shirts wurden an speziellen Kleiderbügeln befestigt, auf denen das Gesicht eines schwarzen Kindes zu sehen war, das auf diese Weise zu einem »Affenmenschen« konstruiert wurde.

Das Schiff des britischen Freibeuters und Weltumseglers William Dampier (1651–1715) ankerte im Jahr 1688 vor der Nordwestküste Australiens. Der Versuch der Briten, die dortigen Aboriginal zum Wassertragen zu gewinnen, scheiterte. Dampier notierte diesbezüglich: »Alle Zeichen, die wir nur machen konnten, halfen nicht. Sie blieben vielmehr unbeweglich wie die Stöcke stehen, bleckzähnten wie die Affen.« Die Aboriginal bezeichnete er als die »allerelendesten Menschen auf der ganzen Welt«, sie würden »sich – die menschliche Natur ausgenommen – vom dummen Vieh nur wenig unterscheiden«.

Auch der Antisemitismus des deutschen Nationalsozialismus offenbarte seine eliminatorische Intention nicht zuletzt durch die animalisierende Rassifizierung der Juden, die u. a. mit Ratten verglichen wurden. So heißt es im nationalsozialistischen Propagandafilm »Der ewige Jude« aus dem Jahr 1940:

> »Ratten sind hinterlistig, feige und grausam und treten meist in großen Scharen auf. Sie stellen unter den Tieren das Element der heimtückischen, unterirdischen Zerstörung dar. Nicht anders als die Juden unter den Menschen.«

Auch im Film »Jud Süß« aus dem gleichen Jahr tauchte die Animalisierung als Rassifizierungstechnik auf, wobei indes ein anderes Tier gewählt wurde. Kurz nachdem der Einzug der Juden durch das Stadttor zu sehen ist, debattieren die baden-württembergischen Landstände über die Entwicklung, wobei es in dieser Szene heißt:

> »Zu Hunderten ziehen die Juden in die Stadt. Die Bevölkerung ist in hellem Aufruhr. Wie die Heuschrecken kommen sie über unser Land. [...] Der Jude hat die Hand auf der Münze, auf dem Salz, auf Bier, aufm Wein, ja sogar auf dem Getreide.«

Beim Antisemitismus begegnet uns das rassifizierende Narrativ der Animalisierung ebenso in Gestalt der bereits genannten »Judensau« (vgl. Kap. 1.4.2). Erhalten geblieben ist eine ganze Reihe kirchlicher Reliefs, bei denen neben der Animalisierung auch die Sodomisierung (vgl. Kap. 2.5.4) »des Juden« auffallend ist, dessen Verhöhnung nicht nur darin besteht, dass Schweine im Judentum als unrein galten, sondern gleichsam in der Diffamierung, es handele sich um Menschen mit zoophilen, abartigen bzw. perversen Sexualpraktiken.

Das Motiv der »Judensau« griff der islamfeindliche Blog »Politically Incorrect« als Logo auf und transponierte es antimuslimisch-rassistisch. Zu sehen ist eine physiognomisch zum Schwein konstruierte Person mit Turban und »marokkanischen Pantoffeln«. Eine blond-bezopfte Europa in weißem Gewand, die mit Wikingerhelm und Speer in Gestalt einer Schreibfeder sowie einem Schild mit Kreuz und der Aufschrift »Europa« ausstaffiert ist, tritt der animalisierten Person in den Hintern und befördert sie auf diese Weise in Richtung Türkei, die in der Farbe rot dargestellt ist, während Europa grün kolloriert ist. Neben der Rassifizierungstechnik der Animalisierung sowie der biologistisch konstruierten Europa begegnen uns hier somit auch Varianten der räumlich-geografischen Zuschreibung, der Exterritorialisierung des zum Fremden Konstruierten.

Die animalisierende Rassifizierungstechnik setzte »TV total« auch bei Philipp Rösler ein. Da hieß es: »Die Fipsi-Fliege ist los! Fipsi ist nicht mehr im deutschen Bundestag, sondern treibt jetzt als asiatische Tigermücke sein Unwesen in Deutschland!« Zu sehen war die Fotomontage einer blutsaugenden Tigermücke (Vampirisierung, vgl. Kap. 2.6.5) mit dem Kopf von Rösler.

Ende 2014 entzündete sich in Deutschland an der animalisierenden Rassifizierungstechnik eine strittige Debatte. Anlass war die in einem Schulbuch abgebildete Karikatur des türkischen Staatsoberhauptes Recep Tayyip Erdogan als Kettenhund, die zuvor die FAZ abgedruckt hatte. Die Animalisierung »des Türken« als zähnefletschendem Hund stammt noch aus der Zeit der sogenannten »Türkenkriege«. In Kinderbüchern der Nachkriegszeit war die Bezeichnung eines Kettenhundes als »Sultan« noch gebräuchlich, wie beispielsweise bei *Kater Mikesch*; auch bei den Brüdern Grimm findet sich der Name im Tiermärchen »Der alte Sultan«. Wie stark in Deutschland eine konsequente Haltung gegenüber Rassifizierungstechniken spaltet, wird daran deutlich, dass einige CDU-Abgeordnete dies als »völlig inakzeptabel« bewerteten, während der baden-württembergische Ministerpräsident Winfried Kretschmann von Presse- und Meinungsfreiheit sprach und in diesem Kontext gar populistisch Erdogan angriff.

Über die Jahrhunderte betraf die diskursive Rassifizierungstechnik der Animalisierung auch die Frauen. So heißt es etwa bei Giovanni Boccaccio (1313–1375):

> »Das Weib ist ein unvollkommenes Tier, es ist getrieben von tausend unerfreulichen Leidenschaften, welche schon beim Erinnern abscheulich sind, geschweige denn beim darüber Nachdenken. [...] Kein anderes Tier ist unreiner als die Frau. Noch nicht einmal das Schwein, mag es sich auch noch so tief im Schlamm wälzen, übertrifft sie an Hässlichkeit.«

Opfer der Animalisierung wurden schließlich über die Jahrhunderte auch immer wieder Menschen mit Beeinträchtigungen. So beschreibt etwa Victor Hugo (1802–1885) im Roman *Der Glöckner von Notre-Dame* die Szene bezüglich des Auffindens des Kindes »Quasimodo« im Vorhof des Doms wie folgt:

> »Es ist kein Kind Agnes.‹ ›Es ist ein halber Affe‹, bemerkte Gauchère. ›Wahrhaftig ein verabscheuungswürdiges Ungeheuer‹, bemerkte Jehanne. […] ›Ich glaube‹, sagte Agnes la Herme, ›es ist ein Tier, das Kind eines Juden und eines Zuchtschweins, etwas Unchristliches, das man ersäufen oder verbrennen muss.‹ ›Ich glaube‹, meinte Gaultière, ›dass es von niemand wird zurückgefordert werden.‹ ›O Gott!‹ rief Agnes, ›die armen Ammen im Findelhause, brächte man ihnen dies kleine Untier, es zu säugen! Eine Hexe sollte es lieber säugen!‹«

Im Kontext des Antislawismus hieß es in einer Rede von Heinrich Himmler bei einer Gruppenführertagung in Poznań (Posen):

> »Achten Sie darauf, dass diese Untermenschen Sie immer ansehen, immer dem Vorgesetzten ins Auge sehen müssen. Das ist wie beim Tier. Solange es seinem Bändiger ins Auge sieht, so lange tut es nichts. Seien Sie aber immer darüber klar: es ist eine Bestie. Mit dieser Einstellung werden wir den Russen ausnutzen können, mit dieser Einstellung werden wir dem Slawen immer überlegen sein. Mit einer anderen Einstellung nicht.«

Auch in jüngster Zeit bedienten sich Politiker der Animalisierung. Ende Juli sprach bspw. der britische Premierminister David Cameron von »Schwärmen an Flüchtlingen«. Der Vergleich von Menschen mit Heuschrecken, die einem die Luft zum Atmen und das Essen auf dem Teller streitig machen, taucht aktuell bei der Stimmungmache zugunsten einer Abschottungspolitik gegenüber der Not von Flüchtlingen und Asylsuchenden häufiger auf.

2.6.2 Bestialisierung und Brutalisierung

Der rassifizierende Diskurs der Bestialisierung ist eng verwandt mit der Animalisierung. Im Unterschied zur Animalisierung wird indes

»der Fremde« nicht mit einer diversen Zahl von Tieren konnotiert, sondern zumeist mit dem Gorilla. Der Fremde ist eine Art »Kampftier«, dem sich der rassistisch Dominante unterlegen fühlt. Minderwertigkeitskomplexe auf deutscher Seite im Kontext des verlorenen Ersten Weltkriegs ließen sich so in Gestalt der »schwarzen Bestie« kompensieren. Gegen eine Bestie kann auch der beste Soldat nichts ausrichten, da es sich hierbei nicht um einen der »soldatischen Ehre« verpflichteten Kämpfer handelt, sondern um ein »Untier« in Menschengestalt, das sämtliche humanen Werte mit Füßen tritt. Insbesondere die »Schwarze Schmach-Kampagne« bediente sich der Bestialisierung »des Schwarzen«, der hünenhaft und übergroß dargestellt wurde und der wie »King Kong« die weiße Frau nächtens entführt, um sie zu vergewaltigen. Das Bild von der »schwarzen Bestialität« konnte sich dabei auf ältere Reiseberichte stützen, welche die Sensationslust der Leserschaft mittels entsprechender Bilder befriedigte.

Der US-amerikanische Stummfilm aus dem Jahr 1915 »The Birth of a Nation« stellte die Aufstellung »schwarzer Regimenter« als ein Verbrechen der Nordstaaten dar und bediente sich gleichfalls des rassifizierenden Narrativs der Bestialisierung und Brutalisierung. Im Unterschied zu den »weißen Soldaten«, die den Prinzipien von Disziplin und Ehre verpflichtet sind, treten »Schwarze« im Film als marodierende, plündernde, brandschatzende und vergewaltigende Horde auf. Während »das Soldatische« sowie »das Gentlemanlike« mit »Weißsein« identifiziert werden, steht »Schwarzsein« für Disziplinlosigkeit sowie für brutale Übergriffe auf die Zivilbevölkerung. Die »militärische Ehre« gebührt dem »weißen Mann«, während »Schwarze« in Uniform nichts sind als bestialische Vergewaltiger, deren Brutalität und Tötungslust auch nicht vor der Ermordung wehrloser alter Menschen halt macht.

Der Antisemitismus greift die Technik der Brutalisierung immer wieder bei Darstellungen des rituellen Schächtens auf und etikettiert »die Juden« in diesem Kontext als besonders grausame und gefühllose Menschen, die den Tieren ihr Mitleid versagen. Das Motiv bearbeitete der Propagandafilm »Der ewige Jude«, dessen Schächtszenen »den Juden« als Tierquäler brandmarken sollten.

Die auch beim antiasiatischen Rassismus präsente Technik der Bestialisierung und Brutalisierung wurde ebenso auf Rösler angewandt, indem man das Charakteristikum »ethnisierter Brutalität« in einer Bildkollage benutzte, bei der Röslers Kopf in eine Fotografie montiert wurde, die einen südvietnamesischen General bei der Erschießung eines wehrlosen Anhängers des Vietcongs zeigt. Das Gesicht des Vietcongs ersetzte der Facebook-Betreiber, der bereits zuvor Rösler öffentlich beleidigte, durch sein eigenes Konterfei. Auch dies ist kein Zufall, insofern das Brutalitäts-Motiv des zum Asiaten Rassifizierten bereits in den Dr. Fu Man Chu-Filmen eine herausragende Rolle spielte, die sich basierend auf den Romanen von Sax Rohmer in den 1960er Jahren in Deutschland einer großen Beliebtheit erfreuten und die den britischen Schauspieler Christopher Lee als »asiatische Bestie« bekannt machten. Das antiasiatische Motiv der Brutalisierung spielt schließlich auch bei etlichen Vietnamkriegs-Filmen eine relevante Rolle, die »den Asiaten« zum besonders grausamen, boshaften wie heimtückischen Menschen stilisieren. Die Brutalisierung »des Asiaten« stellt das Pendantbild zur Feminisierung bzw. Homosexualisierung »des Asiaten« dar (vgl. Kap. 2.5.2).

2.6.3 Diabolisierung und Dämonisierung

Die Diabolisierung oder Verteufelung des »Fremden« konnotiert ihn sprachlich wie wesensmäßig mit der Figur des Teufels. U. a. wurden im Mittelalter Sinti und Roma als »Teufelsbrut« bezeichnet sowie zu Hexen konstruierte Frauen als »Teufelshuren«. Im Kontext des Hautfarbenrassismus sind von der Diabolisierungstechnik schwarze Menschen besonders stark betroffen. Der achte James Bond Film mit dem Titel »Leben und sterben lassen« (Guy Hamilton, GB 1973) bediente sich in vielfältiger Weise der diabolisierenden Rassifizierung schwarzer Personen. Bond-Gegenspieler Kananga wird nicht nur mittels diverser Masken sowie der »schwarzen Magie« mit Satan in Verbindung gebracht, sondern auch dadurch, dass er sich aus dem Erdinneren dem Teufel gleich mittels eines Aufzugs effektvoll an die

Erdoberfläche befördert. Die Diabolisierung konstruiert den »Anderen« als besonders böse und niederträchtig. Nicht nur das »Schwarze« im Film reihenweise James Bond den Tod wünschen oder sich als Verräter entpuppen, Kananga verfolgt darüber hinaus den »teuflischen Plan«, US-amerikanische Rauschgiftsüchtige (»Weiße«!) durch kostenlose Verteilung von Heroin abhängig zu machen und so seine Einnahmen aus dem Drogengeschäft (Kriminalisierung, vgl. Kap. 2.4.2) zu vervielfältigen.

Neben Menschen mit dunkler Hautfarbe waren vor allem Juden von der diabolisierenden Rassifizierung betroffen. So bildete man diese gemeinsam mit dem Teufel ab oder sprach davon, sie hätten ein Horn auf der Stirn. Bereits die Kupferbibel Matthäus Merians (1593–1650) von 1630 zeigt das Bild des gehörnten Moses. Ursprünglich handelte es sich um einen Übersetzungsfehler der hebräischen Wurzel קרן (qaran), sodass Moses kein »strahlendes Antlitz« erhielt, sondern stattdessen als »gehörnter Moses« dargestellt wurde, der bei Merian in seiner Rechten die Tafeln mit den Bundesgesetzen hält. Diesen Fehler replizierten zahlreiche christliche Kunstwerke, so z. B. die Moses-Darstellung des neapolitanischen Barockmalers Jusepe de Ribera (1591–1652) im Jahr 1638. Auch die Statuen des Moses bei Michelangelo Buonarroti (1475–1564) wie die Skulptur in der Kirche San Pietro in Vincoli bei Rom stellen einen »gehörnten Moses« dar. Offen bleibt die Frage, ob und inwieweit diese Darstellungen antisemitisch interpretiert wurden oder ihre interpretative Ambivalenz gar billigend in Kauf genommen wurde. Dies von vornherein als abwegig auszuschließen, würde sowohl den Grad des mittelalterlichen Antisemitismus als auch die Existenz bildlicher Adaptionen des Motivs verkennen, die in interpretativer Hinsicht die Absicht offenbaren, »den Juden« durch die Nähe zum Teufel zu dehumanisieren.

Die antisemitischen Ritualmord- sowie Hostienfrevelanschuldigungen (vgl. Kap 1.4.2) stellen Varianten der antisemitischen Diabolisierung dar, die auch das Wort vom »Hexensabbat« spiegelt. Die nationalsozialistische Wochenzeitung *Der Stürmer* bediente sich der Methode und benutzte im Dezember 1938 die Titelüberschrift »Kinder des Teufels«. Bereits im März 1936 war eine Karikatur zu sehen, die einen katholischen Geistlichen an einem Schreibtisch abbildete, der einen Brief aufsetzt. Die Unterschrift lautet: »Herr vergib ihnen. Warum manche Pfaffen Großdeutschland hassen? Der Teufel versteht's, dass muss man ihm lassen.« Hinter dem christlichen Würdenträger ist ein Teufel zu erblicken, der den Brief diktiert und mittels »Hakennase« physiognomisch zum Juden konstruiert ist.

Am frühgotischen Hauptportal des Wetzlarer Doms (ca. 1260) ist ein Kragstein zu sehen, der in trauter Zweisamkeit den an seinen Hörnern erkennbaren Teufel sowie eine durch Judenhut identifizierte Person zeigt. Insofern der Teufel den Juden umklammert hält, wird dieser sowohl als »verstockt« wie auch als Gehilfe konstruiert. Andere Kragsteine wie der vom Bamberger Dom bringen Juden mit dem Satan dergestalt in Verbindung, dass der Jude als eine vom Teufel geblendete Person erscheint. Auch der sekundäre Antisemitismus zeichnet sich bis auf die heutigen Tage dadurch aus, dass die Maske des Teufels mit einem Judenstern auf der Stirn versehen wird. Zu den Varianten der indirekten Diabolisierung, die den Juden als Gehilfen oder sexuellen Gespielen des Teufels konstruieren, zählt auch die sogenannte »Judensau« am Martinsmünster im französischen Colmar, die um ca. 1350 entstand. Zu sehen ist indes nicht wie bei den sonst üblichen Figuren ein Schwein, sondern ein am Teufelshorn und Teufelsfuß erkennbarer Satan, dem die durch Judenhut markierte Person am After saugt.

Die Figur des Teufels bemühte auch Luther in zahlreichen Predigten und Schriften. U. a. schreibt Luther: »Der Türke ist Gottes Rute und des Teufels Diener, das hat keinen Zweifel« oder: »Wie der Papst der Antichrist ist, so ist der Türke der leibhafte Teufel.« Von der Verteufelung ist bei Luther keineswegs nur der außenpolitische Feind betroffen. Die Diabolisierung trifft vielmehr auch die Juden. So heißt es etwa: »Die Juden sind junge Teufel, zur Hölle verdammt« und weiter: »Darum, wo du einen rechten Juden siehst, magst du mit gutem Gewissen ein Kreuz für dich schlagen und frei und sicher sprechen: Da geht ein leibhafter Teufel«. In Luthers Schrift *Von den Juden und ihren Lügen* lesen wir: »Da ist kein menschliches Herz gegen uns Heiden. Solches lernen sie von den Rabbinern in den Teufels-nestern ihrer Schulen.«

Der mittelalterlich-christliche Antisemitismus bemühte für die Diabolisierung des Juden zumeist das Johannes-Evangelium Vers 8:44, in dem es heißt:

> »Wäre Gott euer Vater, so liebtet ihr mich; denn ich bin von Gott ausge-gangen und komme von ihm; denn ich bin nicht von selbst gekommen, sondern er hat mich gesandt. Warum versteht ihr denn meine Sprache nicht? Weil ihr mein Wort nicht hören könnt! Ihr habt den Teufel zum Vater, und nach eures Vaters Gelüste wollt ihr tun. Der ist ein Mörder von Anfang an und steht nicht in der Wahrheit; denn die Wahrheit ist nicht in ihm.«

Die Diabolisierung als Rassifizierungstechnik benutzen auch hass-getränkte antisemitische Internetblogs, welche die Behauptung auf-stellen, der Gott der Juden sei mit dem Teufel identisch, und die hier-für den obigen Vers zitieren. Bis zum heutigen Tag verwenden fa-schistoide Blogs wie »Der Honigmann sagt« den Terminus von der »Synagoge des Satans«, einer Begrifflichkeit aus der Offenbarung Vers 3:9, den selbst Päpste wie der von Johannes Paul II. seligge-sprochene Pius IX. antisemitisch instrumentalisierten.

Neben den Juden waren von der narrativen Rassifizierungstech-nik der Diabolisierung in der mittelalterlichen Gesellschaft ebenso Sinti und Roma betroffen, die häufig als »Tatern« bezeichnet und so mit dem außenpolitischen Feind, den Tartaren, eine ehedem geläufi-ge Bezeichnung für »die Türken«, in Verbindung gebracht (vgl. auch Spionisierung, Kap. 2.4.4) wurden. Dabei wurden sie häufig als schwarz wie der Unterwelt entsprungen charakterisiert.

Im Kinderbuch *Trau keinem Fuchs auf grüner Heid und keinem Jud bei seinem Eid* von Elvira Bauer, erschienen im Stürmer-Verlag Nürn-berg im Jahr 1936, lautet die Überschrift gleich zu Beginn: »Der Va-ter des Juden ist der Teufel«. Der dazugehörige Text fährt fort:

> »Als Gott, der Herr, die Welt gemacht, hat er die Rassen sich erdacht: Indianer, Neger und Chinesen und Juden auch, die bösen Wesen. Und wir, wir waren auch dabei: Die Deutschen in dem Vielerlei. Dann gab er allen ein Stück Erde, damit's im Schweiß bebauet werde. Der Jude tat da

gleich nicht mit! Ihn anfangs schon der Teufel ritt. Er wollt' nicht schaffen, nur betrügen, mit Note 1 lernt er das Lügen vom Teufelsvater
schnell und gut und schrieb's dann auf in dem Talmud.«

Im Kinderbuch *Der Giftpilz* heißt es, Bilder und Text »zeigen uns den
Juden als das, was er in Wirklichkeit ist, als Teufel in Menschengestalt«.

Im Kontext der sogenannten »Indianerkriege«, welche die militärische Seite des antiindigenen Völkermords darstellen, war in der
Propaganda von der gebotenen »Ausrottung der roten Teufel« die
Rede, um den weißen Siedler zu schützen. Mittel- und südamerika-
nische Bilderchroniken enthielten Abbildungen indigener Priester,
die den Teufel verehren und Satan mit frischem Brennholz für sein
»Höllenfeuer« versorgen. Indigene Kulte wurden als Teufelsanbe-
tung diffamiert, die es auszurotten galt. Woher stammt die Vorstellung, so ließe sich fragen, dass die Indigenen Nordamerikas eine eigene »Rasse« von roter Hautfarbe seien (»race rouge«)? Bereits Carl
von Linné charakterisierte die Indigenen Nordamerikas als »homo
americanus rubescens«. Jüngere Studien weisen daraufhin, dass das
»Rotsein« im Kontext der Diabolisierung der Indigenen entstanden
sein könnte. Zwar brachte man im Verlauf des Mittelalters die Hölle
mit der Farbe Schwarz in Verbindung, doch die Farbe für den Teufel
war sowohl Schwarz als auch Rot. Darstellungen, welche die Indigenen Süd- und Mittelamerikas als Teufelsanbeter darstellen, könnten
in Nordamerika mit der Vorstellung der puritanistischen Christen
einhergegangen sein, dass der sie umgebende Fremde sowohl eine
Gefährdung wie eine Verlockung bzw. Versuchung des Teufels sei, eine Art Prüfung für das auserwählte Volk Gottes, die es zu bestehen
gelte. Die bislang bemühte Theorie, das »Rotsein« beruhe auf der
Verwendung roter Erdfarben, die Teile nordamerikanischer Indigener für die Kriegsbemalung verwendeten, bildet nicht mehr den al-
leinigen Erklärungsansatz. Bis heute hält sich der Terminus »red de-
vils« als Bezeichnung unzähliger Sportclubs und als martialisch gedachte Selbstbenennung von Militäreinheiten und Rockergangs.
Bereits Alexis de Tocqueville (1805–1859) schrieb in seinem Werk *In
der nordamerikanischen Wildnis*, einer Reisebeschreibung aus dem

Jahr 1831: »Was ist das für ein Teufelsland, wo man Bären als Wachhunde hält.«

Die rassifizierende Technik der Diabolisierung begegnet uns schließlich auch bei Victor Hugo, der die Romanfigur »Quasimodo« als »Teufelsbrut« bezeichnete. Ausgiebig wird die Diabolisierung eines Menschen auch von Patrick Süskind im Roman *Das Parfüm* zwecks Charakterisierung von Jean-Baptiste Grenouille benutzt, der sowohl über einen Klumpfuß wie über einen Buckel verfügt. Beide Merkmale stellten im Mittelalter zentrale physiognomische Charakteristika des Teufels bzw. des Antichristen dar.

Eng verwandt mit der Diabolisierung ist die Dämonisierung, welche die Fremdgruppe mit den Etiketten »böse«, »boshaft«, »falsch«, »übelwollend«, »herzlos«, »hart« und »kalt« versieht. So stellt das Titelbild des Magazins *Cicero* im August 2014 die Frage »Ist der Islam böse?«. Auch das Titelcover des Novemberheftes bedient sich der Dämonisierung. Zu sehen ist eine bärtige Person, aus deren schwarzen Bartspitzen schwerbewaffnete Kämpfer laufen. Die Augen der Person sind nicht erkennbar, sie sind durch eine weiße Brille verdeckt, die mit der weißen Kopfbedeckung korrespondiert. Die Gesichtszüge der Person sind abweisend und grimmig konstruiert, was durch schwarze, kräftige Augenbrauen wie Gesichtsfalten verstärkt wird. Vergleicht man die *Cicero*-Karikatur mit dem Poster für den »Jud Süß Film« aus dem Jahr 1940, so sind die Parallelen erschreckend. Auch der »Jud Süß« Film bediente sich der rassifizierenden Technik der Dämonisierung. Der Film charakterisiert den Geheimen Finanzrat Oppenheimer als intrigant, skrupellos, rachsüchtig wie kaltherzig. »Jud Süß« weist ebenso auf die enge Verwandtschaft der Dämonisierung mit der Diabolisierung hin, insofern die »Boshaftigkeit Oppenheimers« im Film sukzessive teuflische Charakterzüge erhält.

2.6.4 Kannibalisierung

Das Narrativ der Kannibalisierung ist eng mit der Conquista verknüpft und diente zur Legitimation der Ausplünderung wie Versklavung der Indigenen. Das Kannibalen-Motiv konstruierte den »Anderen« zu einem »Menschenfresser«, der außerhalb der menschlichen Zivilisation steht und folglich keine Gnade für sich beanspruchen könne. Der Ausdruck »Kannibale« geht dabei auf Kolumbus zurück, was auf die enge Verbindung des Motivs mit den ökonomischen wie politischen Zielen der Konquistadoren verweist. Außer im Logbuch des Kolumbus taucht das Stereotyp auch in der damaligen Reiseliteratur sowie in illustrierenden Kupferstichen auf. Bspw. begegnet uns das Kannibalismus-Motiv etwa in der *Cosmographie* des Sebastian Münster (1488–1552) aus dem Jahr 1550. Über die »Neuen Inseln« weiß Münster zu berichten, dass sich die Bewohner bei Kolumbus über ihre Nachbarvölker beklagten, da diese Kannibalen seien und auf Beutezüge gingen, um sie zu fangen, totzuschlagen und zu »fressen«. Die gefangenen Knaben würden sie wie die Kapaune [kastrierter Hahn, d. Verf.] mästen bis sie feist seien, die Betagteren hingegen würden sie sogleich schlachten und verspeisen. Bereits bei Münster findet sich die Behauptung, dass fremde Völker um Schutz gegen »Menschenfresser« bitten. Die Konquistadoren erscheinen so als die Befreier der von den Kannibalen bedrohten »Naturvölker«. Es ist ein legitimatorisches Motiv, das jüngst der Mel Gibson Spielfilm »Apocalypto« (Mel Gibson, USA 2006) aufgriff. Der Konquistador mutiert auf diese Weise vom realen Völkermörder an den Azteken und Maya zum christologischen Befreier, zum Bruder unterdrückter Völker. Die Ankunft des »weißen Mannes« stellt auf diese Weise nicht den Beginn eines Genozids dar, sondern einen Befreiungsakt seitens des »weißen Erlösers«. Bis auf den heutigen Tag ist der Kannibalismus eine mächtige kollektive europäische Fantasie, um den europäischen Völkermord an den Indigenen zu rechtfertigen.

Die legitimatorische Funktion des »Kannibalen-Motivs« verdeutlichen auch die Lebenserinnerungen des Buren-Präsidenten Ohm Krüger (1825–1904). Da heißt es:

> »Einer der Kaffern, den man gefangen hatte, behauptete, verborgene Höhlen zeigen zu können, in denen Elfenbeinzähne aufgehäuft seien. Pretorius sandte Krüger mit diesem Kaffer ab, um die Zähne zu holen.

Auf diesem Gange fand Krüger noch viele blutbefleckte Kleidungsstücke, die den von Kaffern ermordeten Frauen und Kindern gehört hatten, ebenso Überbleibsel von Körperteilen, die die Kaffern am Spieße gebraten hatten, gar geröstete Schultern, Arme usw.«

Sodann heißt es:

»Kurz danach war der Widerstand der Leute Makapaans gebrochen. Aus den Höhlen waren sie nicht herauszubringen gewesen, und auf jeden, der sich näherte, hatten sie geschossen. So blieb nichts übrig, als sie auszuhungern. Viele Hunderte kamen denn auch durch Hunger um. Ein kleiner Teil rettete sich auf unterirdischen Wegen durch die Berge. Eine Anzahl wurde gefangen und vor ein Kriegsgericht gestellt; ehe Krüger, der gerade auf der Jagd gewesen war, zurückkam, waren sie standrechtlich erschossen. Die Erschießung dieser Menschenfresser war unumgänglich notwendig geworden, zumal keine Schuldigen ausgeliefert wurden und der Häuptling selbst verschwunden blieb.«

Wie bei diesem Bericht, so wird auch bei zahllosen anderen Erzählungen überdeutlich, dass der Rassifierungsdiskurs der Kannibalisierung der Legitimation der Verbrechen des weißen Mannes dient.

Das dehumanisierende Motiv des Kannibalismus findet sich auch beim Antiziganismus und wird gegen Ende des 18. Jh.s von Heinrich Moritz Gottlieb Grellmann (1756–1804) in dessen antiziganistischem Werk *Historischer Versuch über die Zigeuner* aufgegriffen. Gleichwohl es sich um ein den Antiziganismus tief prägendes Werk handelte, destruierte Grellmann das Schauermärchen vom »menschenfressenden Zigeuner«. Die Legende sei ebenso zweifelhaft wie die vom Kindermord, so Grellmann in der zweiten Auflage seines Werks aus dem Jahr 1787. Die Ausführlichkeit, mit der sich Grellmann mit dem Kannibalismus-Motiv auseinandersetzte, verweist indes auf die Relevanz des Transfers des ursprünglich antiindigenen Motivs der Conquista auf die Roma.

Die Kannibalisierung als diskursive Rassifizierungstechnik traf neben den Indigenen und Roma auch die Juden und als Hexen diffamierte Frauen. Der Vorwurf betraf die Juden zwar vergleichsweise seltener, trauchte jedoch bereits im vierten Jahrhundert beim Kirchenvater Johannes Chrysostomos (349–407) in dessen acht antijüdischen Predigten auf und wurde im Jahr 1803 vom Berliner Schriftsteller Friedrich Bucholz (1768–1843) in der Studie *Moses und Jesus* benutzt. Bezug nehmend auf die Eroberung Jerusalems durch das Römische Imperium heißt es: »Es ist bekannt, wie viele Tausende in Jerusalem Hungers starben; es ist bekannt, daß Väter Heu und Mütter ihre Kinder fraßen, um ihre Schätze zu retten.« Den jüdischen Opfern der Belagerung wird nicht nur die Empathie versagt, sie werden als »geldgeile Kinderfresser« dehumanisierend diffamiert.

2.6.5 Vampirisierung

»Wie erkennt man einen Juden?« so fragt der Lehrer die Schüler im Spielfilm »Hitlerjunge Salomon« (Agnieszka Holland, Deutschland, Polen 1990) und antwortet: »Der Jude hat einen watschigen Gang, sein Blick ist listig und hinterhältig, er schaut einem niemals gerade in die Augen, er fuchtelt mit den Händen, gestikuliert über Frieden, er kriecht vor euch, aber lässt eure Aufmerksamkeit nach, springt er euch an die Kehle.« Die Zuspitzung der Konstruktion »des Juden« mittels multipler Entfremdungskonstrukte läuft was Stimmhöhe und Erregung des Lehrers unterstreichen auf das Vampirmotiv hinaus, »der Jude« ist derjenige, der »dem Arier« an die Gurgel will, der ihn aussaugen, der ihn töten will. Das antagonistische »Wir« oder »Sie« kann sich dabei auf das Motiv des Überlebenskampfs zwischen Mensch und Vampir stützen, das bereits der deutsche Stummfilm Nosferatu aus dem Jahr 1922 in Szene setzte. Vergleicht man die Konstruktion des Juden im Film »Hitlerjunge Salomon« mit der Szene, die den sich im Irrenhaus befindlichen Häusermakler Knock schildert, der wild gestikulierend nach Fliegen schnappt, um sich an ihrem Blut zu laben, ist die Ähnlichkeit frappierend. Die Analogie der antisemitischen Motive geht indes noch weit darüber hinaus. Überdeutlich erkennbar ist die antisemitische Physiognomisierung des Grafen Orlok. In der Maske gehen antijüdische Physiognomisierung und Vampirisierung Hand in Hand. Epocheübergreifende

Strukturlinien werden erkennbar, die sich vom Grafen Orlok über die bezüglich ihres Aussehens wie Verhaltens antisemitisch konstruierten »Ferengi« des Star-Trek-Universums bis hin zur Darstellung des »Monster-Mohel« im US-amerikanischen Anti-Zirkumzisions-Comic »Foreskin Man« erstrecken. Auch der Foreskin Man will das Blut des Säuglings und scheint vom Nosferatu-Film in ein Comicheft gesprungen zu sein. Die Disney Variante von Charles Dickens *A Christmas Carol* mit Jim Carrey als Ebenezer Scrooge aus dem Jahr 2009 lässt die Technik der Vampirisierung ebenso nicht außen vor. So wird Scrooge bei Disney nicht nur in Gestalt der sogenannten »Judennase«, sondern auch in Form des buckligen Rückens als Jude konstruiert. Der bucklige Rücken wiederum bildet eine Schnittstelle zum Vampirmotiv, was der Nosferatu Film illustriert. Überdeutlich wird das Vampir-Motiv bei Disney auch anhand der extrem überzeichneten langen dürren Finger, die nahezu Spinnenförmigkeit annehmen.

Der Nosferatu-Film verdeutlicht darüber hinaus die multiplen Verflechtungen rassifizierender Konstruktionsprozesse. Neben der Vampirisierung und Physiognomisierung sind es im Murnau-Film die Animalisierung und Maladisierung. Die Unzahl der Ratten, die den Grafen Orlok begleiten, bringen die Pest mit sich, für die der Mob den aus der Irrenanstalt geflohenen Knock verantwortlich macht. Antagonisten der These vom antisemitischen Charakter des Films behaupten, dies sei ein unerlaubter assoziativer Transfer, der den antisemitischen Missbrauch der Murnau-Motive durch den nationalsozialistischen Propagandafilm »Der ewige Jude« in den Nosferatu-Film projiziere. Die Argumentation übersieht, dass die von Murnau gewählten Stereotypisierungen bereits seit dem Mittelalter antisemitisch konnotiert waren und nicht erst beim Nazi-Regisseur Fritz Hippler. Dies gilt im Kontext der Vampirisierung vor allem für das antisemitische Blutmotiv, das mit der Behauptung einherging, »der Jude« sei durch die Beschneidung bedingt blutarm und benötige folglich zur Auffrischung unentwegt frisches Blut. Das bereits seit dem Mittelalter im Kontext der Transsubstantiationslehre verbreitete Pejorativ wurde auch in der Neuzeit im Kontext der »Ritualmordlegende« aufgegriffen. Der Einwand übersieht außerdem, dass mit der Säkularisierung die religionsphilosophische Fundierung der Figur des »Ewigen Juden« an Bedeutung verlor und das Motiv der »Blutarmut« nunmehr mit dem Vampirmythos verkoppelt wurde. Bereits in der Konstruktion der »Unsterblichkeit« des Ahasveros lag eine Wesensverwandtschaft zur Charaktereigenschaft des Vampirs als »Untotem«, als »bleichem Nachlebenden«. Ebenso ließ sich an die Bezeichnung des Wucherers als »Blutsauger« im Kontext des wirtschaftlich geprägten Antisemitismus anknüpfen. Dies alles ist keineswegs eine suggestive Rückprojektion in den Murnau-Film, zumal das Vampir-Motiv in der Biedermeierzeit an Zugkraft gewann und bereits in der im Jahr 1828 aufgeführten Oper von Heinrich Marschner »Der Vampyr« deutschsprachige Bühnen eroberte. Längst vor Murnau und Hippler mutierte der »Ewige Jude« vom »Unsterblichen« zum »Untoten« und übernahm im literarischen Antisemitismus des 19. Jh.s in Personalunion auch die Funktion des Vampirs. Zu erinnern sei schließlich auch daran, dass im Mittelalter die Juden für den Ausbruch der Pest verantwortlich gemacht wurden (vgl. Kap. 1.4.2).

In den 1920er Jahren wurde das »Vampirmotiv« von antisemitischen Parteien für ihre Propagandazwecke benutzt, wie z. B. auf einem Wahlplakat der Christlich-Sozialen Partei Österreichs aus dem Jahr 1920, das einen doppelzüngigen, menschlichen Kopf mit einem roten Schlangenkörper darstellt. Die Schlange saugt das Blut ihres Opfers auf und erstickt bzw. erdrosselt das Land Österreich, das in Gestalt eines schwarzen Adlers dargestellt ist. Das Gesicht der Schlange benutzt das biologistische Stereotyp der Hakennase; Schläfenlocken und Kippa sollen darüber hinaus »den Juden« markieren.

Die Verknüpfung von Animalisierung und Vampirisierung in Gestalt der Schlange findet sich in ähnlicher Form auch bei antiasiatischen Plakaten im Kontext des Zweiten Weltkriegs auf US-amerikanischer Seite. Die Schlange ist dabei zumeist mit überlangen spitzen Giftzähnen versehen, was beim antiasiatischen Rassismus die Vampirisierung mit der Physiognomisierung bzw. Biologisierung verknüpft, insofern die Konstruktion »des Asiaten« häufig per Zahnfehlstellungen sowie überscharfen spitzen Eckzähnen geschah.

Das Vampir-Motiv, das im europäischen Raum stark antisemitisch geprägt ist, trifft indes auch weitere Opfergruppen, so vor allem Roma und »Schwarze«. In Internet-Blogs ist beispielsweise die folgende Textpassage zu finden:

> »Ich stand da so an der Bushaltestelle – und daneben zwei Zigeunermädchen – zumindest glaub ich das waren welche. Und ich überleg halt so, dass ich Zigeuner irgendwie komisch finde – so übersinnlich – und dann muss ich plötzlich wieder an Vampis denken – also sag ich denen so im Geist – eher aus Spass und Langeweile – ›Hey ich weiß, dass ihr Vampire seid‹. Da hören die auf einmal auf zu sprechen – und drehen sich zu mir um und schauen mich an – beide auf einmal – das war irgendwie seltsam.«

Nahezu regelmäßig vom dumpfen Rassismus betroffen ist auch der Profifussballspieler Mario Balottelli, der in einer Fotomontage mit Teufelshörnern und Fledermausflügeln dargestellt wurde, wobei der Rasen ein kreisförmiges Erdloch aufwies, als wäre Balotelli als leibhafter Satan soeben der Hölle entsprungen. Bei der Vampirisierung spielt auch die Animalisierung in Gestalt der Fledermaus eine relevante Rolle.

2.6.6 Parasitierung

In der Biologie versteht man unter Parasitierung einen Vorgang, bei dem ein Parasit eine Pflanze oder einen Baum befällt, um aus der Besiedelung einen einseitigen Nutzen auf Kosten des Wirtes zu ziehen. Parasitierung bezeichnet hier eine Rassifizierungstechnik, die in Anlehnung an das Geschehen in der Natur die konstruierte Fremdgruppe als Parasiten diffamiert. Die Wir-Gruppe wird dabei als Wirt betrachtet. In analoger Weise kommt die Fremdgruppe von außen dazu, besiedelt als Gastvolk das Wohngebiet des Wirtsvolks und hält sich am Gastgeber schadlos. Wie in der Natur so ist auf Dauer die Existenz des Wirtsvolks existenziell gefährdet oder nimmt qualitativ gesehen deutlichen Schaden.

Von der diskursiven Rassifizierungstechnik der Parasitierung waren vor allem die Juden betroffen. Zwar kam während des deutschen Nationalsozialismus der Animationsfilm als Goebbels'sches Propagandamittel nie richtig aus den Startlöchern, indes bildet der Trickfilm »Vom Bäumlein das andere Blätter hat gewollt« aus dem Jahr 1940 ein Beispiel für antisemitische Parasitierung. Während die Sonne im Wald untergeht ist ein kleines Bäumlein auf die Pracht seiner goldenen Blätter stolz. Die friedliche Stimmung von zwitschernden Vöglein kippt indes als es heißt: »Aber wie es Abend ward, ging der Jude durch den Wald.« Sein unsympathisch konstruierter Charakter wird dadurch unterstrichen, dass er einem Raben, der die Tiere des Waldes vor ihm wie vor einer Katze warnt, mit der Faust droht. Der mit jüdischer Kopfbedeckung, langem dunklen Bart sowie antisemitisch-stereotypisierter Physiognomie gezeichnete Jude pflückt alle Blätter des Bäumleins und stopft sie in einen großen Sack. Daraufhin heißt es: »Er geht eilends fort und lässt das leere Bäumlein dort.« Der Text des Zeichentrickfilms basiert auf einem gleichnamigen Gedicht Friedrich Rückerts aus dem Jahr 1813, das den Gedanken der dehumanisierenden Parasitierung dadurch unterstreicht, dass dem Bäumlein außer »dem Juden« noch weitere Unbill in Gestalt eines »großen Wirbelwindes«, einem »argen Wetter« sowie einer blattfressenden »alten Geis« drohen. Das Gedicht Rückerts stellt einen Beleg für die Verankerung des Antisemitismus in den gebildeten Literatenkreisen der deutschen Romantik dar. Der als krimineller, boshafter wie hassgetränkter Mensch stereotypisierte Jude des NS-Propagandafilms wird mit der Dunkelheit konnotiert sowie als raffgierig geschildert, als ein Gast, der sein Wirtsvolk bedenkenlos aussaugt und wie ein Schädling zu vernichten droht.

Die Metapher von den Juden als »Gästen« sowie den Christen als ihren »Hauswirten« findet sich bereits bei Martin Luther in dessen Schrift *Von den Juden und ihren Lügen* aus dem Jahr 1543. So heißt es dort:

> »Insonderheit wenn ihr Prediger seid, wo Juden sind, da haltet an mit Fleiß bei euren Herrn und Regenten, daß sie ihr Amt bedenken, wie sie Gott schuldig sind, und die Juden zur Arbeit zwingen, den Wucher ver-

bieten und ihrem Lästern und Fluchen steuern. Leiden wir doch mehr von ihnen als die Welschen von den Spaniolen! Die nehmen den Hauswirt Küche, Keller, Kasten, Beutel ein, fluchen ihnen dazu und drohen ihnen den Tod. Ebenso tun uns die Juden, unsre Gäste, auch; wir sind ihre Hauswirte. So rauben sie und saugen uns aus, liegen uns auf dem Halse, die faulen Schelme und müßigen Wänste, saufen, fressen, haben gute Tage in unserem Hause, fluchen zum Lohne unserm Herrn Christus, Kirchen, Fürsten und uns allen, drohen und wünschen uns ohne Unterlaß den Tod und alles Unglück. Denke doch, wie kommen wir armen Christen dazu, daß wir solch faules, müßiges, unnützes, böses, schädliches Volk, solche lästerlichen Feinde Gottes umsonst nähren und reich machen sollen, wofür wir nichts kriegen als ihr Fluchen, Lästern und alles Unglück, das sie uns tun und wünschen können?«

Der Terminus des Wirtsvolks fand gegen Ende des 19. Jh.s in wachsendem Maß Einlass in den Sprachgebrauch des Sozialdarwinismus sowie des völkischen Nationalismus und wurde u. a. von Heinrich von Treitschke und Paul de Lagarde populär gemacht. Bei Lagarde heißt es 1887:

»Es gehört ein Herz von der Härte der Krokodilshaut dazu, um mit den armen ausgesogenen Deutschen nicht Mitleid zu empfinden und um die Juden nicht zu hassen, um diejenigen nicht zu hassen und zu verachten, die aus Humanität diesen Juden das Wort reden oder die zu feige sind, dies Ungeziefer zu zertreten. Mit Trichinen und Bazillen wird nicht verhandelt, Trichinen und Bazillen werden auch nicht erzogen, sie werden so rasch und so gründlich wie möglich vernichtet.«

Die Metapher vom Juden als Parasiten, der das Wirtsvolk aussaugt, spielte vor allem in der nationalsozialistischen Wochenzeitschrift *Der Stürmer* eine herausragende Rolle. *Der Stürmer* berief sich dabei auf Hitlers *Mein Kampf,* wo es schon 1924 hieß, dass »der Jude« der »ewige Parasit« bleibe, »ein Schmarotzer, der wie ein schädlicher Bazillus sich immer mehr ausbreitet, sowie nur ein günstiger Nährboden dazu einlädt. Die Wirkung seines Daseins aber gleicht ebenfalls der von Schmarotzern: wo er auftritt, stirbt das Wirtsvolk nach kürzerer oder längerer Zeit ab«. Die narrative Rassifizierungstechnik der Parasitierung ist dergestalt betrachtet aufs engste mit dem eliminatorischen Antisemitismus verknüpft.

2.7 Zusammenfassung

Diskursive Rassifizierungstechniken sorgen für die Spaltung, für die Produktion wie Reproduktion zweier sich antagonistisch gegenüberstehender Gruppen, der »Wir-Gruppe« sowie einer oder mehrerer »Fremdgruppen«. Der Antagonismus wird als primärer Sachverhalt (»Schlüsselfrage«) konstruiert sowie häufig als mit friedlichen Mitteln unlösbar dargestellt. Folgt man den Aussagen der narrativen Diskurse, so durchdringt der dergestalt gebildete Gegensatz alle Sphären der Gesellschaft und ihre Subsysteme (»Hypostasierung« bzw. »Verabsolutierung«) und ist generationenübergreifender Natur (»Verewiglichung«). Unabhängig von der Art der zugrundegelegten Merkmale wird der Antagonismus als quasi-erblich gedacht, ein Wechsel von der Wir-Gruppe zur Fremdgruppe ist de facto ausgeschlossen (»Unüberbrückbarkeit«). Während es sich bei der Generalisierung und Essentialisierung um unverzichtbare Basistechniken handelt, ist eine Wertung von Wir-Gruppe und Fremdgruppe zwar meist vorhanden, jedoch nicht zwingend für das Vorliegen des rassistischen Sachverhalts erforderlich.

Um die beiden konstruierten Gruppen mit adjektivischen Zuschreibungen zu versehen, welche die Wir-Gruppe in der Regel aufwerten sowie die Fremdgruppe für gewöhnlich abwerten, gelangen verschiedene Diskurstechniken zum Einsatz. Die Entfremdung der Fremdgruppe kann ebenso mittels vermeintlich positiver Zuschreibungen geschehen, da diese gleichsam die Funktion der Attributierung der Nichtzugehörigkeit erfüllen und so den Prozess der Fremdheitsproduktion exekutieren.

Die Technik der adjektivischen Stereotypisierung kann noch weitere als die bislang beschriebenen Zuschreibungen beinhalten. So werden beispielsweise »Schwarze« häufig mit den Attributen »ängstlich«, »faul«, »gefräßig« und »schmutzig« versehen. Insbesondere das Motiv des »Schwarzen« als »Feigling« taucht im Stummfilm immer wieder auf, wobei man das »Schwarzsein« zum Wesen der Person essentialisiert, wenn dieser vor lauter Ängstlichkeit und Entsetzen ganz weiß wird. Comics und der Stummfilm bedienen sich beim

Antinegrismus immer wieder Wasch- oder Putzszenen, wobei die nicht zu erreichende Norm »natürlich« das »Weißsein« ist, das die Filmklamotte auch durch herunterfallendes Mehl erzeugt. Die adjektivischen Zuschreibungen sorgen für die Abwertung des »Fremden« und lassen sich so für ein alltägliches »Fremden-Bashing« instrumentalisieren, bei dem der »Andere« als minderwertig, kulturlos, dumm, faul, träge, kriminell, gefährlich, homophob, sexistisch, unnütz und gewalttätig etc. diffamiert wird.

Der Rassismus darf nicht auf narrative Techniken der Rassifizierung verkürzt werden, insofern eine solche Sichtweise sein Wesen als Macht- und Herrschaftsverhältnis verfehlt. Narrative Praxen sind zumeist mit nichtdiskursiven Dimensionen des Rassismus eng verzahnt, eilen diesen voraus oder begleiten sie, um die Rassifizierung als solche zu verstärken, zu legitimieren und ideologisch zu festigen. Ohne ihre materielle Rahmung sind sie jedoch weder verständlich noch in ihrer Wirkmächtigkeit hinreichend zu begreifen.

3 Struktureller Rassismus

Unter strukturellen Rassismus verstehen wir zentrale Normen, Regulierungen sowie Kodifizierungen, die als Gebilde die Gesamtgesellschaft wie eine Art zugrundeliegendes Fundament prägen und die sich in diversen Institutionen in Gestalt rassifizierender Ungleichbehandlung sowie in entsprechenden Denkmustern und Verhaltensweisen äußern. Der strukturelle Rassismus stellt eine Art determinierende Größe dar und bildet eine zumeist unhinterfragte Basis des sozialen Handelns der rassistisch Dominanten wie der rassistisch Dominierten. Rassistische Strukturen sind omnipräsent und formen nahezu alle sozialen Abläufe der Gesellschaft. Der struktu-relle Rassismus stellt die übergreifende Verkörperung der macht- und herrschaftspolitisch bedingten Ungleichwertigkeit zugunsten der Dominanzgruppe dar. Er begegnet uns u. a. in Form ungleicher Ressourcenverteilung bei ökonomischen, sozialen, kulturellen und politischen Mitteln sowie in der daraus resultierenden signifikanten Differenz bezüglich der Lebensqualität bzw. der Lebenserwartung des dominanten »Wir« und des benachteiligten wie beherrschten »Ihr«. Der strukturelle Rassismus verkörpert die systemische Manifestation der Bevorteilung der Wirgruppe, die in repetitiven Interaktionen bzw. Sozialtechniken zum Tragen kommt. Mitglieder der Dominanzgruppe besitzen die Erwartungshaltung, dass ihrem sozial konstruierten Status des »Dazugehörens« bzw. des »Zuerstgekommenseins« im öffentlichen wie privaten Leben Rechnung getragen wird, sie in Konkurrenzsituationen bessere Chancen besitzen und über umfassende Definitionsmacht verfügen. Der strukturelle Rassismus zeigt sich in formalisierten Praxen, die in diversen gesellschaftlichen Institutionen das Machtgefälle stets aufs Neue reproduzieren sowie in den Einstellungen und Handlungsweisen rassistisch dominanter Individuen. Die materielle und symbolische Bevorzugung umfasst dabei Vorrechte bei der Vergabe von Jobs und Wohnungen, bei der Erteilung von Zeugnissen und Zensuren sowie bei der staatlichen Alimentierung bzw. fiskalischen Umverteilung. Dies wird als Selbstverständlichkeiten dargestellt, während die rassistisch Beherrschten Benachteiligungen täglich aufs Neue erfahren und erleiden müssen. Die Vormachtstellung der rassistisch Dominanten stellt einen »weißen Fleck« dar, insofern alltägliche Privilegien auf Grund ihrer strukturellen Verankerung scheinbare Natürlichkeiten darstellen, so dass ihre soziale Konstruktion häufig nicht mehr wahrgenommen wird. Die Ausblendung der Benachteiligung rassistisch Beherrschter und die Leugnung der Privilegierung rassistisch Dominanter gehören zum elementaren Bestandteil der strukturellen Norm rassistischer Stratifizierung.

Ein omnipräsentes Gebilde im Kontext des Rassismus stellt beispielsweise »Weißsein« dar. »Weißsein« bildet (noch immer) eine elementare Grundlage des sozialen Handelns und kanalisiert bereits im Vorfeld die potentiellen Handlungen der Akteure bevor diese agieren. Als rassistische Struktur stellt »Weißsein« geronnenes Verhalten vorheriger Generationen bzw. sozialer Kräfteverhältnisse dar, das materialisiert bspw. in Gestalt von Gesetzen und Verordnungen vorliegt und so den aktuellen Interaktionsbeziehungen handelnder Subjekte vorgelagert ist. Eine weiße Frau und ein schwarzer Mann, die sich etwa in Virginia im Jahr 1965 begegneten, wussten zumeist von der Gültigkeit des »Racial Integrity Act« aus dem Jahr 1924, der die strikte Separierung in »Weiß« und »Nichtweiß« exekutierte, hatten Kenntnis vom Verbot »gemischt-ethnischer Eheschließungen« sowie von der vergleichsweise drastisch härteren Bestrafung eines »außerehelichen Geschlechtsverkehrs«. Das im Jahr 1924 verabschiedete Gesetz stellte im Jahr 1965 eine ihren möglichen Handlungen vorgeordnete Größe dar. Wenn sich auf Grund der vielfältigen Alltagsmächtigkeit der »White Supremacy« damals überhaupt eine weiße und eine schwarze Person kennenlernten, dann dürften sie durch ihr Verhalten in der Regel die Wirkmächtigkeit des Gesetzes reproduziert haben. »Weißsein« als rassistische Struktur war in den

USA zu Beginn der 1960-er Jahre eine allumfassende Norm, die darüber entschied, welche Schule man besuchen durfte, in welchem Stadtteil man wohnte, welche Arbeit und welche Bezahlung man dafür erhielt. »Weißsein« entschied über die Qualität der Gesundheitsversorgung ebenso wie über die statistische Lebenserwartung und stellte in den 1960er Jahren ein hegemoniales soziales Gefüge dar, welches das Denken und Verhalten tief prägte. Die hyperstrukturierende Wirkung von »Weißsein« machte sich im Alltag dadurch bemerkbar, dass sich seine Gestaltungskraft von der Benutzung eines öffentlichen Wasserspeichers, des vorne oder hinten Sitzens im Bus, des demütig auf den Boden Blickens bis hin zum Wechseln der Straßenseite, um Konflikten aus dem Weg zu gehen, erstreckte.

Eine rassistische Struktur wie das »Weißsein« zeichnet sich folglich dadurch aus, dass sie über eine multiple Wirkmächtigkeit verfügt, die das soziale Handeln der Akteure präformiert und auf eine Abweichung des machtpolitisch gewünschten Verhaltens mit einem vielfältigen »Bestrafungs-Set« zu reagieren vermag, das von abschätzenden Blicken, sozialer Isolierung bis hin zur unmittelbaren körperlichen Gewaltanwendung bzw. einer Verurteilung reicht. Die Reproduktion der rassistischen Struktur wird dabei nicht nur durch sozialisationsspezifische Internalisierung der hegemonialen Norm sowie durch Strafe erzwungen sondern auch durch die Bewusstheit der Akteure, dass ihre individuelle Auflehnung die dominante Struktur nicht außer Kraft zu setzen vermag und dass ein sozialer Kampf nicht nur vieler Akteure und Bündnispartner bedarf, sondern auch einen langen Atem erfordert.

3.1 Ungleiche Ressourcenverteilung

Zu den strukturellen Ausgrenzungspraxen des Rassismus zählt auf der ökonomischen Ebene die Einschränkung des Zugangs der Fremdgruppe zu den Ressourcen der Gesellschaft, ihr qualitativ wie quantitativ ungleicher Anteil am Reichtum sowie die per Gesetz bzw. ungleicher Rechte regulierte Benachteiligung auf wirtschaftlichem Gebiet. So war es den minorisierten Juden im Mittelalter bis weit in die Neuzeit hinein häufig verwehrt, Landbesitz zu erwerben oder sich einer Zunft anzuschließen. Der Ausschluss der Juden aus der korporierten Berufsausbildung bzw. -ausübung schränkte ihre ökonomische Chancengleichheit strukturell ein, insofern die christlichen Zunftregeln de facto auf ein umfassendes Berufsverbot für Juden hinausliefen. Die Situation für Sinti und Roma stellte sich vergleichbar dar. Auch in ihrem Fall verteidigten die Zünfte die Privilegien ihrer Mitglieder und verboten ihnen die Ausübung von Handwerksberufen in ihren Territorien. Zur politischen Ökonomie des Rassismus der mittelalterlichen Gesellschaft zählte ebenso die Tatsache, dass es Juden untersagt wurde, christliche Sklaven zu beschäftigen und man ihnen auferlegte, heidnische Sklaven, die sich taufen ließen, in die Freiheit zu entlassen. Als es im Frühmittelalter noch jüdischen Großgrundbesitz gab, zwang diese Festlegung die jüdischen Eigentümer de facto zur Aufgabe.

In jüngster Zeit belegt die Republik Südafrika, dass ungleiche Ressourcenverteilung nicht notwendigerweise von einer aktuell existenten gesetzlichen Regulierung gestützt sein muss. Selbst dort, wo es de jure keine Einschränkungen (mehr) gibt, können rassistische Strukturen noch recht lange Zeit fortwirken insbesondere in der politischen Ökonomie des Wirtschaftsgeschehens bzw. der Verfügungsgewalt über Produktionsmittel und Ressourcen. So zeigt sich das Erbe der südafrikanischen Apartheidspolitik anhand beliebiger ökonomischer und sozialer Kennziffern. Geht es um Arbeitslosigkeit oder Armut, ist stets der schwarze Bevölkerungsanteil überproportional repräsentiert. In der Weltsicht des Rassisten stellt dieser Sachverhalt kein strukturelles Resultat des Rassismus dar, sondern das Produkt einer fiktiven »Rassentheorie«, die »Weißsein« zur Norm von Intellektualität, wirtschaftlicher Schaffenskraft und des planmäßigen, rationalen Handelns kürt.

3.2 Die Vergabe der Staatsbürgerschaft

Zwar ist der Erhalt der deutschen Staatsbürgerschaft kein Allheilmittel gegen den Rassismus, doch in Deutschland bildet die Verfügung oder Nichtverfügung über den deutschen Pass gleichwohl noch immer eines der strukturellen Fundamente des Rassismus. Die Erteilung des Dokuments ist aufs Engste mit dem »Ius-sanguinis-Prinzip« verzahnt, das auf dem Reichs- und Staatsangehörigkeitsrecht des deutschen Kaiserreichs aus dem Jahr 1913 beruht, dessen § 4 lautete: »Durch die Geburt erwirbt das eheliche Kind eines Deutschen die Staatsangehörigkeit des Vaters [...]«. Eine diesbezügliche Vorläuferstruktur bildete das preußische Gesetz »Über die Erwerbung und den Verlust der Eigenschaft als preußischer Untertan sowie über den Eintritt in fremden Staatsdienst« aus dem Jahr 1842. Die Regulierung der deutschen Staatsangehörigkeit nährt die Vorstellung der Existenz sogenannter generationenübergreifender »Biodeutscher«, eines Deutschen erster Klasse wie eines Deutschen per »Gnadenakt« und verfügt so über eine gesellschaftlich prägende Ordnungsstruktur mit vielfältigen institutionellen Wirkungen. Rassistisch Dominante können sich durch das Festhalten des deutschen Staats am »Prinzip des Völkischen«, das durch den deutschen Nationalsozialismus in ideologischer wie in praktischer Hinsicht qualitativ verschärft wurde, darauf stützen, dass sie als die »eigentlichen Deutschen« zählen, denen bei öffentlichen Institutionen, bei der Ressourcenverteilung, der Arbeitsvergabe sowie bei Privilegien Vorrang zu gewähren sei. Das »Ius-sanguinis-Prinzip« steht dergestalt betrachtet in der Traditionslinie der »Limpieza-de-sangre-Politik« des spanischen Nationalstaates (vgl. Kap. 1.4.3). Die Vorstellung einer »blutsmäßigen Abstammung«, für die allein der Vater verantwortlich zeichnet (»patrilineares Abstammungsprinzip«), ist seitdem ein ideologischer Nährboden für rassistisches Gedankengut und provoziert die Vorstellung vom »Fremden«, vom »Ausländer«, von der Erfordernis der »Reinerhaltung der Rasse«, der »Bewahrung des völkischen Charakters« der Nation sowie ihrer »kulturellen Identität«. Das »Ius sanguinis« stellt eines der Kernelemente des strukturellen Rassismus dar, insofern es sich hierbei um ein scheinbar materielles Substrat handelt, das die Gesamtgesellschaft in all ihren Institutionen formt. Zugleich führt es zu gravierenden ideologischen Konsequenzen hinsichtlich der Prägung des Bewusstseins, insbesondere in Bezug auf eine scheinbar existente natürliche Gegebenheit des »Wir« und »Ihr«. Durch sein Vererbbarkeitskonstrukt verfestigt das »Ius sanguinis« Vorstellungen biologistischer Rassetheorien. Es stellt die gesetzliche Normierung der Vorrangstellung rassistisch Dominanter dar, die ihre Gruppenzugehörigkeit und Vormachtstellung juristisch gestützt an die Kinder weitergeben können, wodurch die sozial konstruierte Differenz zwischen der dominanten und der beherrschten Gruppe verewiglicht wird. Die materiell fixierte Vererbbarkeit der Dominanz per Gesetz stützt die ideologische Vorstellung von der Existenz einer biologischen Mitgliedschaft wie einer ehernen »Nationalkultur«, die selbst den Eingebürgerten zum »nicht eigentlich Deutschen« konstruiert.

3.3 Die Regulierung der Einbürgerung

Die jahrzehntelang aufrechterhaltene Ablehnung bzw. Leugnung Einwanderungsland zu sein sowie die Erschwernisse bei der Einbürgerung haben praktisch wie ideologisch die »Wir-Ihr-Spaltung« innerhalb der deutschen Gesellschaft verfestigt. Dies trifft ebenso für die Art und Weise der Regulierung der Einbürgerung zu. Diskurse wie die »Leitkulturdebatte« im Jahr 2000 haben keine »Zugehörigkeitskultur« geschaffen, sondern standen in der Tradition des nationalsozialistischen »Reichsbürgers«, der dem deutschen Staat besonders verpflichtet zu sein hatte und durch sein Verhalten beweisen musste, dass er »gewillt und geeignet ist, in Treue dem Deutschen Volk und Reich zu dienen«. Die in Deutschland offiziell gültigen Einwanderungstests stellen zwar in der Regel keine intellektuelle Hürde dar, praktizieren indes aber noch immer die Vorstellung, dass ein Deutscher derjenige ist, der sich dem »völkischen Charakter« anpasst, der seine eigene Identität aufgibt und der sich ohne wenn und aber für sein »Deutschsein« entscheidet. »Deutschsein« wird auf diese Weise zu einer statisch homogenen Kulturgröße, zu einem naturalisierten bzw. essentialisierten entweder oder Prinzip, dem nur durch bedingungslose Assimilation, durch ein Aufgehen im »biologischen Volkskörper« zu entsprechen sei. Einbürgerungstests suggerieren Menschen, die häufig bereits Jahre in Deutschland leben, nicht nur, dass sie noch immer nicht dazugehören, sondern auch dass sie sich erst noch zu beweisen hätten. Der Einbürgerungstest wirkt letztendlich als Signal der Abgrenzung gegenüber Menschen, die häufig bereits Jahrzehnte ihres Lebens hier gelebt und gearbeitet haben. Er baut psychologische Hürden auf und signalisiert Abwehr ebenso wie ein Nicht-Willkommensein. Ein Höhepunkt diesbezüglich stellte der sogenannte »Anti-Muslim-Test« dar, der als offizieller Gesprächsleitfaden im Rahmen des Einbürgerungsverfahrens seitens des Landes Baden-Württemberg diente, um Migranten muslimischen Glaubens im Geiste einer Kollektivverdachtsthese auf »Verfassungstreue« zu befragen. Dieser bediente sich antimuslimischer Stereotype, die den einzubürgernden Muslim als potenziell gewalttätig, patriarchal, archaisch, homophob, antisemitisch und terroristisch konstruierten.

3.4 Die Erteilung des aktiven und passiven Wahlrechts

Während in Deutschland Einbürgerungswillige beweisen müssen, dass sie der deutschen Sprache mächtig sind und über ein staatsbürgerliches Grundwissen verfügen, mussten Afroamerikaner in den USA bis zum 6. Augst 1965 nachweisen, dass sie des Lesens und Schreibens kundig waren, um wählen zu dürfen. Mitgliedern konstruierter Fremdgruppen ist es bei allen Spielarten des Rassismus in der Regel erschwert bzw. gar untersagt, das passive wie aktive Wahlrecht wahrzunehmen bzw. öffentliche Ämter zu bekleiden. Häufig geschieht dies dadurch, dass Bedingungen aufgestellt werden, welche die »Fremdgruppe« nicht zu erfüllen imstande ist. Bspw. war im Römischen Kaiserreich zeitweise die Bekleidung eines öffentlichen Amtes von der Teilnahme am Kaiserkult abhängig; eine Praxis, welche die jüdische Bevölkerung exkludierte; die Verweigerung des Kaiseropfers durch Christen führte sogar zeitweise zu ihrer Verfolgung.

Nach den Protesten der US-amerikanischen Bürgerrechtsbewegung, dem »blutigen Sonntag« von Selma am 7. März 1965, an dem die Polizei des Bundesstaates Alabama hunderte schwarze Demonstranten niederknüppelte, unterzeichnete der US-amerikanische Präsident Lyndon B. Johnson am 6. August 1965 das neue Wahlrechtsgesetz. Geblieben sind bis heute vielfältige Varianten, die auf der Mikroebene Wählerrestriktionen bewirken. Bereits die Vorzeigepflicht von Ausweispapieren sowie die Verkürzung der Wahlzeiten zeitigt relevante Auswirkungen auf das US-amerikanische Wahlergebnis.

Auch das Einwanderungsland Deutschland verwehrt Menschen das demokratische Wahlrecht. Für die Wahlen zum Berliner Abgeordnetenhaus besitzen beispielsweise derzeit über 14 % der volljährigen Berliner kein Wahlrecht. Dies stellt nicht nur eine Ausgrenzung bezüglich des Wählens dar, sondern ist darüber hinaus ein Symbol konstruierter Nichtzugehörigkeit, welche die Fragmentierung »Deutscher = Wähler«, »Nichtdeutscher = Nichtwähler« vertieft und somit Vorstellungen des »Wir« und »Ihr« verfestigt. Per Wahlrecht wird in europäischen Einwanderungsländern auf diese Weise Ausgrenzung praktiziert, die sowohl über eine förmliche wie über eine symbolische Relevanz verfügt.

3.5 Staatliche Gesetzgebung, Normierung und Regulierung

Neben der Regulierung der Staatsbürgerschaft sowie der Einbürgerung existiert auf staatlicher Ebene eine Vielfalt von Gesetzen, Normen und Regeln, die sich als elementare Bestandteile des strukturellen Rassismus begreifen lassen. Hierfür soll beispielhaft die gesetzliche Verankerung des Kopftuchverbots in etlichen deutschen

Bundesländern betrachtet werden. Gut ein Jahr nachdem das Bundesverfassungsgericht Ende Januar 2015 per Grundsatzbeschluss feststellte, dass ein pauschales Kopftuchverbot für Lehrkräfte in öffentlichen Schulen mit der Verfassung nicht vereinbar sei, wird dem Urteil auf Länderebene noch immer nicht entsprochen. Hingegen wird versucht, eine »konkrete Gefahr« bezüglich des Schulfriedens zu konstruieren, um kopftuchtragenden Muslima weiterhin das Lehramt zu verwehren. Kopftuchverbote in Deutschland stellen eine Diskriminierung vonseiten des Staates dar, insofern sie das Grund- und Menschenrecht der Religionsfreiheit einschränken. Eine Normkollision lässt sich nicht konstruieren, da es potenziellen muslimischen Staatsbediensteten, die ein Kopftuch tragen, nicht darum geht, für ihre Religion im öffentlichen bzw. staatlichen Raum zu werben, sondern einer im Koran verankerten Bekleidungsvorschrift Folge zu leisten, die sie für sich persönlich als relevant erachten. Neben der Einschränkung der Religionsfreiheit ist in elementarer Weise ebenso das im Grundgesetz verankerte Grundrecht der Berufsfreiheit (Art. 12 Abs. 1) tangiert. Staatlich verankerte Kopftuchverbote stellen einen strukturellen Rassismus dar, insofern sich ihre Wirkung nicht nur auf den öffentlichen Bereich bezüglich der Verbeamtung erstreckt, sondern ebenso gravierende Diskriminierungen in diversen gesellschaftlichen Institutionen, im privatwirtschaftlichen bzw. öffentlichen Leben einschließt sowie eine Verstärkung rassistischer Diskurse bedingt, die kopftuchtragende Muslima als unterdrückt, bildungsfern, unemanzipiert, fanatisch, potenziell terroristisch und anti-westlich diffamieren. Struktur und narrativer Diskurs verstärken sich so und führen zu Diskriminierungen wie abwertenden Blicken in öffentlichen Verkehrsmitteln, unhöflicher Behandlung bei Behörden, geringeren Chancen auf dem Arbeitsmarkt, Benachteiligungen bei der Wohnungssuche sowie bei der jüngeren Generation zu schlechteren Noten, negativeren Schulempfehlungen und geringschätzigen Bemerkungen seitens des Lehrpersonals. Das Kopftuchverbot stellt ein Beispiel für eine rassistische Struktur dar, insofern es vielfältige Wirkungen in der Gesamtgesellschaft determiniert, Diskurse prägt, Lebenschancen wie Lebensqualitäten beeinflusst und ein fundamentales Spaltungspotential in sich birgt, das binäre Zuordnungscodes wie »westlich versus östlich«, »gebildet versus ungebildet« oder »emanzipiert versus unemanzipiert« als praxisrelevante Antagonismen aktiviert. Das Kopftuchverbot bildet ein elementares Beispiel für einen strukturellen Rassismus, da es eine grundlegende Bezugsbasis darstellt, die vielfältigen institutionellen und alltäglichen und im Extremfall auch gewaltförmigen Diskriminierungen zugrunde liegt. Als rassistische Struktur bildet das Kopftuchverbot einen Unterbau, der als Rahmung fungiert sowie als materielles Referenzsystem rassistischer Diskurse dient. Das Kopftuchverbot illustriert darüber hinaus die Funktion des Rassismus als ein Macht- und Herrschaftsverhältnis, insofern es dafür sorgt, dass sich »die westliche Frau« als überlegene »Wir-Gruppe« zu inszenieren vermag, deren Vorrangstellung als vermeintlich gebildetere und emanzipiertere Frau auf dem Arbeitsmarkt sowie bei staatlichen bzw. öffentlichen Beschäftigungsverhältnissen zu respektieren sei. Der Kopftuchstreit als rassistischer Diskurs lässt sich so primär als Disput um die Vormachtstellung der »weißen, nicht-muslimischen Frau« begreifen, sekundär als Entlastungsvehikel, um unerreichte emanzipatorische Bemühungen bzw. Gender-Ungleichheiten in westlichen Gesellschaften zu maskieren sowie tertiär als ideologisches Psychopharmakon individueller wie gruppenbezogener Hybris eines »Besser- bzw. Emanzipierterseins«. Staatliche Kopftuchverbote bilden das rechtliche Substrat eines Kopftuch-Dispositivs, das ebenso Titelbilder von Magazinen, alltägliche Erfahrungen der Diskriminierten, öffentliche Übergriffe, empirisch messbare Diskriminierungsmuster auf dem Arbeits- und Wohnungsmarkt sowie abwertende Urteilsbildungen umfasst.

3.6 Rassistisches Wissen

Zum strukturellen Rassismus zählt auch das »rassistische Wissen«, worunter die seitens anerkannter wissenschaftlicher Institutionen bzw. geachteter Wissenschaftler produzierten Ideologeme, Theorien sowie Wissensbestandteile verstanden werden, die eine Wirkung auf viele Institutionen der Gesellschaft bzw. handelnde Akteure erzeugen. Zugleich beeinflussen sie auch das gesellschaftlich geformte Alltagswissen sowie die spezifischen Verschränkungsformen zwischen dem alltäglichen und dem wissenschaftlichen Wissen. Als Beispiel hierfür soll eine Filmszene aus dem Italo-Western »Django Unchained« (Quentin Tarantino, USA 2012) dienen, in welcher der Plantagenbesitzer Calvin J. Candie im Jahr 1858 bei einem Dinner die Frage aufwirft: »Warum töten die uns nicht?« Er beantwortet diese Frage mit der Pseudowissenschaft der Phrenologie (vgl. Kap. 1.4.5), indem er »Schwarzen« einen größeren Gehirnteil attestiert, der für Gefügigkeit und Unterwürfigkeit verantwortlich sei sowie einen kleineren für Kreativität und Genie. Calvin Candie hat sein ganzes Leben auf »Candyland« verbracht. Als Kind ist er von einer schwarzen Amme großgezogen worden, umsorgt von schwarzen Hausdienern, auf den Baumwollfeldern seines »Vaters« hat er tagtäglich schwarze Sklaven schuften sehen. Weiße Schulbücher lehrten ihn weiße Geschichte. Der New Yorker Sklavenaufstand des Jahres 1712, der Stono-Aufstand des Jahres 1739, bei dem über 80 Sklaven erbitterten Widerstand gegen das eingesetzte Militär leisteten, der im Jahr 1800 von Gabriel Prosser geführte Aufstand in Virginia, der Aufstand von Nat Turner im Jahr 1831 sowie der Aufstand an Bord des Schiffes »La Amistad« im Jahr 1839 usw. kamen darin nicht vor. Im Kontext zahlreicher Sklavenaufstände wurden durchaus etliche »Weiße« getötet. Zwar wurde dieses Bild im Kontext des Films »Die Geburt einer Nation« (D. W. Griffith, USA 1915) bedient, um Angst vor den Folgen des Emanzipationsprozesses zu wecken, es störte aber eher die ideologische Mainstream-Konstruktion vom tumben, ängstlichen und passiven »Schwarzen« und spielte in der Mitte des 19. Jh.s noch keine Rolle. Seine persönliche Erfahrung auf Candyland, sein subjektives Erleben auf einer Baumwollplantage in den Südstaaten, die Erzählungen der weißen Lehrer, die Überlieferung seines »Daddy's« und dessen »Daddy's« bilden für Calvin Candie die Grundlage seiner Vorstellung vom »gefügigen, unterwürfigen Schwarzen«. Als erwachsener Mann verkoppelt er diese

unreflektierten Alltagserfahrungen mit der zu seiner Zeit als wissenschaftlich, als objektiv, als empirisch belegt geltenden Lehre von der
Phrenologie, deren Überprüfbarkeit er am »Schädel des alten Ben«
meint unter Beweis stellen zu können. Das »wissenschaftliche Wissen« scheint ihm Bestätigung zu bieten für dasjenige, was er schon
immer wusste. Es stabilisiert sein Alltagswissen und sorgt für dessen pseudo-naturwissenschaftliche Untermauerung. Die Verschränkung des unreflektierten Alltagswissens mit dem »wissenschaftlichen Wissen« produziert ein nahezu unerschütterliches Weltbild,
das sich durch die Bekanntschaft mit dem schwarzen Kopfgeldjäger
Django Freeman auch nur für einen Bruchteil einer Sekunde irritie-
ren lässt. Familiäre wie schulische Sozialisation, nicht-hinterfragte
alltägliche Beobachtungen und naturalisierende statt soziologisie-
rende Wahrnehmung bilden verkoppelt mit scheinbar empirisch-
statistisch überprüfbaren naturwissenschaftlichen Erkenntnissen
»intellektueller Größen« das Konglomorat des rassistischen Wissens, welches seine Wirkung und Relevanz auf verschiedenen Feldern zu entfalten vermag. Das rassistische Wissen von der »Unkrea-
tivität der Schwarzen«, welches u. a. Francis Galton verbreitete (vgl.
Kap. 1.4.5) sorgt für die Stabilisierung des gesellschaftlichen Kon-
senses ihrer Unterdrückung, für die Legitimation der juridisch verankerten Versklavung, für die Hybris des »White Pride« sowie die
alltägliche Diskriminierung, Entrechtlichung und Gewaltanwendung. Die Figur des Calvin J. Candie in »Django Unchained« generiert so zur personifizierten »Normalität des Weißseins« und nicht
zur Randerscheinung eines vorurteilsbeladenen wie hassgetränkten
Psychopathen. Seine Gedanken sind nicht abnormal, sie sind vielmehr struktureller Natur bzw. symptomatisch für die weiße US-amerikanische Sklavenhaltergesellschaft in der Mitte des 19. Jh.s.

3.7 Zusammenfassung

Der strukturelle Rassismus bezieht sich auf das ökonomische, soziale wie kulturelle Gefüge der Gesamtgesellschaft, er ist Organisations- wie Institutions-übergreifender Natur und manifestiert sich weitgehend unabhängig von den sozialen Akteuren. Den Normen, Wertorientierungen sowie Regeln der Gesellschaft ist er inhärent und stellt ein auf Dauer angelegtes Verhältnis rassistischer Ungleichheit dar, dessen systemische Wirkung durch die alltägliche Anwendung von Gesetzen und Vorschriften sowie darauf basierender Handlungen produziert wird. Da der strukturelle Rassismus die gesamte Gesellschaft durchdringt und formt, hat er zugleich tiefe Auswirkungen auf die Denk- und Einstellungsmuster von Akteuren. Er beeinflusst auf diese Weise sämtliche Abläufe staatlicher wie gesellschaftlicher Institutionen und der sich in diesen Instanzen vollziehenden Aktionen. Die sozialen Akteure stellen zwar keine starren Charaktermasken dar, sind jedoch durch Handlungsvorgaben in Gestalt von Paragrafen, Ablaufregeln und Dienstvorschriften dazu verpflichtet, die systemische Privilegierung der rassistisch Dominanten mittels ihrer Tätigkeit auf Kosten der rassistisch Dominierten stets aufs Neue zu reproduzieren.

Der strukturelle Rassismus stellt eine alle Bereiche der Gesellschaft prägende Formung dar und manifestiert sich vielfach institutionell. Er lässt sich begreifen als eine formalisierte und verstetigte Norm, deren materialisiertes Muster einen Anpassungszwang erzeugt, dem der rassistisch Dominierte nicht zu entsprechen vermag. Diese Norm ist in Deutschland noch immer das »Weißsein«, das »Deutsch als Muttersprache«, das »ich bin Deutscher und meine Eltern sind Deutsche«, sowie das »Deutsch-Aussehen-Prinzip«. Auf dieser Strukturbasis werden Entsprechungen der Norm mit Vorrang bei der Arbeitsplatz- und Wohnungsvergabe belohnt, Abweichungen hingegen mit vergleichsweise schlechteren Schulempfehlungen geahndet, mit Polizei- und Ausweiskontrollen, mit suboptimaler gesundheitlicher Versorgung sowie mit rassistischen Witzen bestraft. Der strukturelle Rassismus stellt ein gesellschaftliches Leitdispositiv (vgl. Kap. 1.2.4) dar, eine Art Prägestempel rassifizierender sozialer Ordnung mit vielfältigen Wirkungen. Zentrale Elemente bilden folglich Rassifizierungen, die multiple Institutionen der Gesellschaft netzwerkförmig tangieren und die institutionelle Interaktionen einschließen, welche die rassistische Diskriminierung durch Wechselwirkungseffekte verstärken.

4 Institutioneller Rassismus

Unter Institutionen verstehen wir im Kontext des institutionellen Rassismus gesellschaftliche Einrichtungen wie beispielsweise Ämter, den Bildungs- und Ausbildungssektor, die Justiz und Polizei, den Gesundheitsbereich sowie das jeweilige innerinstitutionell gültige Regelsystem. Die rassistische Diskriminierung ist beim institutionellen Rassismus nicht primär Ergebnis des Handelns der Akteure, da sich diese zumeist im Rahmen institutionalisierter Vorgaben, behördlicher Abläufe und Verfahrensvorschriften bewegen, die das Verhalten lenken. Der institutionelle Rassismus ist nicht auf Vorurteile, mangelnde Kenntnisse oder psychische Probleme einzelner handelnder Subjekte rückführbar, sondern ist vielmehr den Abläufen, Logiken und Schemata der gesellschaftlichen Einrichtungen, die das Handeln der beteiligten Subjekte formen, inhärent. Zwar verfügen die beteiligten Individuen bzw. sozialen Gruppen über Spielräume ihres Agierens, reproduzieren jedoch durch ihr Handeln letztendlich immanente Normen, vorgegebene Bestimmungen, behördliche Vorschriften sowie Anordnungen übergeordneter Instanzen. Die institutionellen Settings des Handelns sind zumeist formeller Art, können indes im Rahmen von Weisungshierarchien durchaus auch informeller Natur sein.

4.1 Rassismus im Bildungs- und Ausbildungssektor

Während meiner Zeit als Hochschullehrer an der Universität Marburg verabschiedeten sich zwei Studentinnen mit der Bemerkung, sie seien froh, dass sie so schnell eine Referendariatsstelle in Wiesbaden erhalten hätten in einer ganz normalen deutschen Schule. Zu

Hause angekommen grübele ich, was denn eine »ganz normale Schule« ist. Gemeint war offensichtlich eine Schule ohne hohen Anteil an Schülern mit Migrationshintergrund. Es sind nicht zuletzt solche Vorstellungen wertender »Normalität« auf die sich der schulische Rassismus alltäglich stützt. Während die einen Kinder dem Normalisierungsmuster entsprechen, stellen die anderen Kinder die »Abweichung« dar, bilden »Problemfälle«, die »Defizite« haben. Verfügt ein Schüler, so ließe sich fragen, dessen Spracherwerb des Deutschen verspätet erfolgt, der als »nicht der Norm entsprechend« betrachtet wird, über gleichwertige schulische Karrierechancen? Dies ist in Deutschland mitnichten der Fall. In welchem Maß bereits kleinste Sachverhalte von Lehrern perzipiert werden, ist im Bildungswesen durch empirische Studien bezüglich der Relevanz von Vornamen bei der Notenvergabe bekannt. Klassisches Schubladendenken à la »Kevin«, das »Unterschichtkind«, produziert eine soziale Benachteiligung, die über Schulerfolg bzw. Schulversagen mitentscheidet. Wieviele Signale es gibt, fällt mir bei einem gymnasialen Klassenfoto auf. Es handelt sich um eine sechste Klasse, Ende der 1960er Jahre. Der Anteil der Kinder aus der Arbeiterklasse ist noch nicht sehr hoch. Nur zwei Jungen auf dem Foto tragen kurze Lederhosen, alle anderen »Nichtarbeiterkinder« lange Stoffhosen. Beide Schüler mit kurzen Hosen werden sitzenbleiben. Ungleichheitsstrukturen reproduzieren sich auf vielfältige Weise in den Bildungsbereich, was eine Fülle von Indikatoren verdeutlicht. Zu nennen wäre die statistisch belegte Benachteiligung von Arbeiterkindern bezüglich des Hochschulzugangs. Nicht nur, dass die Korrelation zwischen der sozialen Situation des Elternhauses und dem Schulerfolg hoch ist, es entscheiden sich auch deutlich weniger Abiturienten aus Arbeiterhaushalten für ein Studium. Hinsichtlich des klassistischen Rassismus trägt die Struktur des Bildungssystems maßgeblich dazu bei, die Klassen- und Sozialstruktur zu reproduzieren und so die gesellschaftlichen Machtverhältnisse zu perpetuieren.

Schulische Probleme in deutschen Ballungszentren werden im Regelfall nicht durch qualitativ verbesserte Finanzierung, kleinere Klassen, Konzepte betreuter Ganztagsschulen oder Personalverstärkung gelöst, sondern im Interesse der rassistisch Dominanten in Form wachsender Segregationsprozesse, die jüngst als »Deutsch-Garantie-Klassen« in Erscheinung treten. Dort werden nur Schüler mit besseren Deutschkenntnissen aufgenommen, wodurch an die Segregation in Gestalt der sogenannten »Ausländerregelklassen« angeknüpft wird. Das Privileg der rassistisch Dominanten, dass ihre Kinder eine bessere Bildung erhalten, soll auf Kosten der »Anderen« gewahrt bleiben. Eine Vertiefung sozialer Differenzen ist dadurch vorprogrammiert. Rassistische Diskriminierung illustriert auch das Instrument der Schulempfehlung, die zwar nicht bindend ist, die aber Schüler mit Migrationshintergrund und mit sozial schwächerem Elternhaus diskriminiert. Es ist deutscher Schulalltag, dass Susanne mit einem Notendurchschnitt von 2,2 eine Empfehlung für das Gymnasium erhält, während den Eltern von Turgut mit einem Durchschnitt von 2,0 ein Wechsel der Tochter auf die Realschule empfohlen wird. Das System der Schulempfehlungen lässt sich als institutioneller Rassismus bewerten, insofern es schulische Karrierechancen und die weitere Lebenslaufbahn von Kindern rassifiziert. Häufig spielen dabei unausgesprochene Assoziationsketten wie: »Das Elternhaus wird Fatma bei einer Gymnasialbildung nicht unterstützen können«, »Fatma wird ja wohl doch nicht studieren« eine relevante Rolle. Rassistische Verhaltensweisen in institutionellen Kontexten können dergestalt betrachtet durchaus auch nicht-intentionalen Charakters bzw. unbewusster Natur sein.

Im Jahr 2016 ist die »UN-Behindertenrechtskonvention« seit sieben Jahren in Kraft. In Artikel 24 verpflichten sich die Vertragsstaaten wie Deutschland dazu, »ein integratives Bildungssystem auf allen Ebenen« zu realisieren. Das intendierte Ziel stellt die gemeinsame Schule von Schüler mit und ohne Behinderung dar. Hinsichtlich der Umsetzung stellt der verantwortliche UN-Fachausschuss lapidar fest: »Es gibt große Sorgen zur Implementierung des Artikels 24 in ihrem Land.« Erst vor kurzem wurde in Baden-Württemberg der Sonderschulzwang gar erst abgeschafft. Die mangelhafte Inklusion stellt in der Tat einen Indikator für den tief verwurzelten Rassismus in Deutschland dar. Weder existiert eine Kultur, die Inklusion für einen Gewinn aller Seiten hält, noch eine Mentalität, welche die Vielfalt von Kindern mit unterschiedlichen Muttersprachen als pädagogische Bereicherung betrachtet. In der vierten Klasse der Grundschule teilte man uns Schülern die Schulempfehlungen mit. Ein Kind, das zur Sonderschule gehen sollte, weinte darüber bitterlich. Die Lehrerin beruhigte das Kind mit den Worten, dass es dort viel besser gefördert werden könne. Der betroffene Schüler glaubte den Worten der Lehrerin. Mit dem Kind wechselte auch ein Lehrer, gegen den Eltern Beschwerde eingereicht hatten, weil er Kinder schlug, zur Sonderschule. In den 1960er Jahren signalisierte bereits das Wort »Sonderschule« eine verbale Kontinuitätslinie zur »Aussonderung« des eugenischen Rassismus.

4.2 Rassismus im Arbeitsleben

Wie in anderen sozialen Feldern, so ist auch der institutionelle Rassismus im Arbeitsleben vielfältiger Natur. Ein Bewerber um eine Arbeitsstelle, der über einen »fremden Namen« verfügt, hat bereits damit zu kämpfen, überhaupt zu einem Vorstellungsgespräch eingeladen zu werden. Geht es um das Arbeitsleben, so zeigt sich die ökonomische Funktion des Rassismus in aller Deutlichkeit. Es geht um die (Re-)Produktion segmentierter Arbeitsmärkte, um die Schlechterbezahlung rassistisch Dominierter und um ihre Abdrängung in prekäre Arbeitsverhältnisse. Es ist alles andere als ein Zufall, dass der Anteil von Personen, die nicht über die deutsche Staatsangehörigkeit verfügen, vor allem in Sektoren mit schlechter Bezahlung und ungeschützten Arbeitsverträgen besonders groß ist. Eine Vielzahl gesetzlicher Vorschriften und Regeln sorgt für eine rassistische Segmentierung des Arbeitsmarktes. Gültiger Bestandteil des »Gesetzes über den Aufenthalt, die Erwerbstätigkeit und die Integration von Ausländern im Bundesgebiet« ist beispielsweise der § 39, der vorsieht, dass die Bundesagentur für Arbeit einer Aufenthaltserlaubnis zur Ausübung einer Beschäftigung zustimmen kann, wenn »für die Beschäftigung deutsche Arbeitnehmer sowie Ausländer, die diesen hinsichtlich der Arbeitsaufnahme rechtlich gleichgestellt sind oder andere Ausländer, die nach dem Recht der Europäischen Union einen Anspruch auf vorrangigen Zugang zum Arbeitsmarkt haben, nicht zur Verfügung stehen«. Diese sogenannte Vorrangprüfung drängt in Deutschland lebende Nicht-EU-Bürger systematisch in prekäre Beschäftigungsverhältnisse wie etwa die Leiharbeit. Die Vorrangprüfung ist eindeutig als rassistische Klausel zu werten und verdeckt über die Staatsbürgerschaft nur notdürftig, dass sie in der Tradition von Theorien steht, die den »Vorrang der eigenen Rasse« propagierten. Dies wird besonders dann offenbar, wenn es um Menschen geht, die hier geboren und aufgewachsen sind, seit längerem hier leben und auf diese Weise gegenüber »Biodeutschen« und »Europäern« per Gesetz diskriminiert werden. Antirassismus bedeutet an dieser Stelle ein entschiedenes Engagement dafür, dass die rassistische Vorrangprüfung fällt. Am 4. Dezember 2014 ist im Kontext der Asylgesetzgebung vom Bundestag lediglich eine Lockerung der Vorrangprüfung beschlossen worden. Aufgrund eines drohenden Arbeitskräftemangels fordern nicht nur Gewerkschafter, sondern auch Wirtschaftsvertreter ein diesbezügliches Umdenken. Wie so häufig geht es eher um den erwarteten ökonomischen Nutzen als um Menschenrechte, Menschenwürde und Chancengleichheit.

Eine bedrückende Anzahl von Studien belegt, dass bei der Bewerbung für eine Praktikumsstelle der Rassismus bereits bei der Auswahl der Bewerber mit am Tisch sitzt. So ergab eine »Testing-Studie« des »Instituts zur Zukunft der Arbeit«, dass die Chancen von Bewerbern mit türkischem Namen bei vergleichbarer Qualifikation um ein Viertel geringer waren. Zwar werden anonymisierte Bewerbungen die Problematik des Rassismus im Arbeitsleben nicht lösen, stellen indes einen ersten Schritt dar, der einen Prozess des Umdenkens initiieren kann. Bleiben werden aber indes auch dann vielfältige Probleme, die von der Benachteiligung bei Aufstiegschancen sowie bei der innerbetrieblichen Weiterbildung bis hin zur schlechteren Bezahlung bei gleicher Arbeit und Qualifikation reichen.

4.3 Rassismus auf dem Wohnungsmarkt

Die Diskriminierung auf dem deutschen Wohnungsmarkt zeigt sich in der Tatsache, dass es Personen mit Migrationshintergrund deutlich schwerer haben eine Wohnung zu finden. Bei empirischen Studien wurden fingierte Bewerbungsunterlagen eingereicht, die bei gleichen Sicherheiten und vergleichbaren Biografien dazu führten, dass Frau Müller signifikant häufiger einen Besichtigungstermin erhielt als Frau Öztürk. Auch das Antidiskriminierungsgesetz hat an diesem Sachverhalt kaum etwas geändert, zumal die Situation in den Großstädten derzeit die Wohnungssuche erschwert und Vermieter genügend Bewerber zur Auswahl haben. Diskriminierung im Sinne des Antidiskriminierungsgesetzes ist nur schwer belegbar, auch wenn sich per »Testing« nachweisen lässt, dass eine Wohnung, die bei einem Bewerber mit schwarzer Hautfarbe angeblich schon vergeben war, noch immer zu haben ist. Das Antidiskriminierungsgesetz führt indes dazu, dass rassistisch Dominierte bei der Wohnungssuche nicht auch noch beleidigt werden. Ihre Wohnungssituation hat sich dennoch kaum verbessert. Noch immer werden sie bei vergleichbarer Einkommenslage in weniger beliebte Stadtteile abgedrängt und müssen mit schlechteren Wohnungen vorliebnehmen. Der »Sachverständigenrat deutscher Stiftungen für Integration und Migration« (SVR) sowie die Integrationsbeauftragte der Bundesregierung konstatierten die Existenz »ungerechtfertigter Ungleichbehandlungen auf dem Wohnungsmarkt« sowie den Sachverhalt, dass Einwandererfamilien »besonders oft in benachteiligten Stadtvierteln wohnen«. Der SVR stellte ebenso fest, dass »kommunale Wohnungsgesellschaften versuchen durch inoffizielle Quotierungen den Anteil an Einwanderern zu begrenzen«. Urteile wegen Rassismus bei der Wohnungssuche sind aufgrund der schwierigen Beweislage eher selten. Im Januar 2010 verurteilte das Oberlandesgericht Köln einen Hauseigentümer zu 5000 Euro Schadensersatz, dessen Hausverwalterin gegenüber einem Paar afrikanischer Herkunft äußerte, dass die Wohnung nicht an »Neger … äh Schwarzafrikaner oder Türken« vermietet werde. Die rassistische Aussage wurde nicht bestritten.

Im Auftrag der Antidiskriminierungsstelle des Bundes erschien im April 2015 eine Expertise zur »Diskriminierung auf dem Wohnungsmarkt«. Die Studie stellte u. a. fest, dass Untersuchungen auf der Basis eines gepaarten Face-to-Face-Testing, bei der sich zwei Personen unabhängig voneinander um dieselbe Wohnung bewarben, vor allem bei sichtbarer Religionszugehörigkeit zur Diskriminierung führte.

4.4 Rassismus im Gesundheitswesen

Institutioneller Rassismus im Gesundheitswesen ist verkoppelt mit der narrativen Rassifizierungstechnik der Maladisierung (vgl. Kap. 2.2.3). »Der Fremde« ist der Überträger von Krankheiten, er ist derjenige, der HIV positiv ist. Schwarze Patienten sind im Blick vieler Ärzte intuitiv Risikopatienten, die mit den gefährlichsten Krankheiten in Verbindung gebracht werden. Die Diskriminierung von Menschen mit Migrationshintergrund, die vorgeblich der Mehrheitsgesellschaft auf der Tasche liegen, spiegelt sich auch im Gesundheitswesen in der Vorstellung des Simulanten. Der in der Ärzteschaft kursierende Terminus »Morbus Bosporus« ist kein Produkt individueller Vorurteile. Gefragt wird nicht danach, ob Sprachbarrieren bei der Verständigung über medizinische Themen die Ursache des Phänomens sein könnten. Auch wird nicht geforscht, ob kulturelle Unterschiede in der Befindlichkeitsbeschreibung sowie der Wahrnehmung des Körpers existieren oder ob der Patient durch seine Sorge, den medizinischen Sachverhalt verständlich machen zu können, den Schmerz durch Angst verursacht stärker empfindet und schildert. Stattdessen wird der Patient als Komödiant und Heuchler diffamiert. So heißt es in einem »Rettungsdienst-Blog«: Morbus Bosporus ist der »anatolische Ganzkörperschmerz«, dessen Schwere und Bedrohlichkeit stetig zunimmt, er wird »vom Patienten, häufig aber auch von Angehörigen, eindrucksvoll demonstriert. Zu beachten ist, dass diese Erkrankung häufig auftritt, wenn unzählige Angehörige anwesend sind«. Bei längerer Wartezeit würde sich der Zustand des Patienten häufig urplötzlich drastisch verschlechtern, so die rassistische »Witzelei« des Blogs.

Die Gefahr der unter Ärzten, Sanitätern wie Pflegekräften kursierenden rassistischen Termini wie »Morbus Bosporus« bzw. »Morbus Mediterraneus« besteht nicht zuletzt darin, dass sie zu einer schlechteren Versorgung von Patienten mit Migrationshintergrund führen, da diese aus der Sichtweise des Personals vermutlich eh nicht ernsthaft erkrankt sind. Im Extremfall kommt so eine lebensrettende Maßnahme zu spät. Ebenso produzieren die narrativen Rassifizierungstechniken der Entintellektualisierung (vgl. Kap. 2.3.3) ihre Wirkung in Verbindung mit realen sprachlichen Schwierigkeiten. Der Patient wird auf diese Weise entmündigt, indem man ihm – forciert durch knappes Zeitmanagement sowie die unzureichende Ausstattung mit Dolmetschern im Gesundheitswesen – den medizinischen Sachverhalt erst gar nicht erläutert und ihn somit im Unklaren lässt. Mangelhafte Information kann Angststrukturen verstärken und psychosomatische Effekte verursachen.

Von hoher Relevanz ist ebenso die ungleiche Verfügung über ökonomische Ressourcen, die sich in der Gesundheitsversorgung widerspiegelt. Während in den USA »Schwarze« zumeist vom schlechter ausgestatteten öffentlichen Gesundheitssystem Gebrauch machen müssen, profitiert ein überproportional großer Anteil der »weißen Bevölkerung« vom Status des Privatpatienten. Von Bedeutung ist der noch immer verschwindend geringe Anteil »Schwarzer« in der US-amerikanischen Ärzteschaft. Eine Rolle spielt schließlich die räumliche Segregation (vgl. Kap. 5.1), welche die rassistisch Dominanten mit einer besseren medizinischen Infrastruktur als die rassistisch Dominierten versorgt; ein Faktum, das über ein längeres oder ein kürzeres Leben entscheiden kann.

4.5 Der Rassismus der Medien

Die Ermordung des Afroamerikaners Michael Brown in Ferguson führte in den USA nicht nur zu einer Diskussion über den institutionellen Rassismus innerhalb der Polizei, sondern auch über den Rassismus in den Medien. Hintergrund der Debatte »Which Picture Would They Use?« war ein Foto des Erschossenen, das der Nachrichtensender NBC News verwendete. Zahlreiche Afroamerikaner veröffentlichten auf Twitter daraufhin zwei Bilder von sich und fragten: »If they gunned me down, which picture would they use?« Eine Afroamerikanerin z. B. twitterte zwei Fotos von sich. Während sie auf dem ersten mit freundlich lächelndem, geschminktem Gesicht, einer Perlenkette um den Hals, roter Robe und rotem Examenshut zu sehen ist, blickte sie auf dem anderen Foto kalt und ausdruckslos in die Kamera, unfrisiert und mit einem weißen Unterhemd angezogen. Ihre gestellte Frage beantwortete sie wie folgt:

> »They wouldn't show the smiling girl who graduated abroad at one of the best schools in the country. The media would portray me as a hard and mean-looking girl who was asking for it. They wouldn't honor the life I had lived, but rather, justify the reason I was dead.«

Wie hochgradig die alltägliche Beteiligung der Medien am Rassismus ist, belegen exemplarisch ebenso zahllose Fälle des Antiziganismus. So agierten allein zwei kurz aufeinanderfolgende »Maischberger-Talkshows« gegen Sinti und Roma. Die erste Talkshow, die im September 2013 gesendet wurde, trug den Titel: »Feindbild Sinti und Roma: Sind wir zu tolerant?«, und die im darauffolgenden Oktober ausgestrahlte Sendung skandierte unter der Headline: »Die Armutseinwanderer – Ist Deutschland überfordert?« Nicht nur die Titel sprechen bereits für sich, auch die Gästeliste. Bei Maischberger eingeladen wurde der Autor des Artikels »Die Roma kommen: Raubzüge in der Schweiz«, der stellvertretende Chefredakteur der rassistischen Schweizer Wochenzeitung »Die Weltwoche« Philipp Gut, der auf diese Weise in der ARD das Recht erhielt, ein antiziganistisches Titelbild zu verteidigen, welches ein Roma-Kind zeigte, das mit einer Pistole auf den Betrachter zielte. Titelbild wie Leitartikel suggerierten, den Kindern der Roma werde kriminelle Energie in die Wiege gelegt. »Die Weltwoche« stilisierte Kriminalität zum quasibiologischen Wesen der konstruierten Fremdgruppe. Neben der ethnisierenden Essentialisierung des sozialen Phänomens Kriminalität generalisierte der Artikel in Gestalt des großen »D« (»Die Roma«) und setzte so die konstruierte Fremdgruppe dem Kollektivverdacht des Raubes aus. Die Schweiz erschien auf diese Art als ein zutiefst bedrohtes Land, das von einer »plündernden Völkerwanderung« überrollt werde. Bezeichnend war, dass für das Titelbild die Aufnahme eines Fotografen benutzt wurde, die in Wirklichkeit ein Kind mit einer Spielzeugpistole am Rande einer Müllhalde im Kosovo zeigte. Wie hochgradig der Artikel von Philipp Gut rassifizierte, wird an folgender Passage, einem affirmativ aufgegriffenen Zitat eines leitenden schweizerischen Kriminalbeamten, deutlich: »Wenn Sie in Genf zwei junge Zigeuner antreffen, die alleine unterwegs sind, haben sie zu 99 Prozent einen Schraubenzieher in der Hosentasche.«

Das zweite Beispiel bezüglich des Antiziganismus illustriert das Zusammenspiel unterschiedlicher Institutionen bei der Rassifizierung. Im griechischen Farsala im Bezirk Larisa entdeckten Polizisten im Oktober 2013 bei einer Hausdurchsuchung in einer Roma-Siedlung ein ca. fünfjähriges Mädchen namens Maria, das im Gegensatz zu den anderen Familienmitgliedern hellblondes Haar und grüne Augen hatte. Die Polizisten nahmen das Mädchen mit und begründeten dies mit dem Verdacht, das Kind sei ein Entführungsopfer, weil es aufgrund seines Aussehens nicht zu den Eltern der anderen Kinder passe. Europaweit berichtete die Presse. Die britische Boulevard-Presse sprach gar von einer neuen »Maddie« und suggerierte durch den Vergleich mit dem im Jahr 2003 aus dem Ferienhaus ihrer Eltern in Portugal verschwundenen und seitdem als vermisst geltenden britischen Mädchens, dass es sich um einen kriminellen Akt handeln müsse. Die irischen DNA-Tests bewiesen jedoch, dass es sich um ihre leiblichen Kinder handelte. In Italien verlangten Politiker der rechtspopulistischen Lega Nord von der Regierung, italienische Roma-Lager nach »blonden Kindern« zu durchsuchen. Nach einer mehrwöchigen Hysterie machten die Behörden Marias leibliche Mutter ausfindig, eine Roma in Bulgarien, welche die Geschichte der griechischen Zieheltern, sie habe ihnen ihr Kind überlassen, bestätigte. Obwohl der Entführungsvorwurf damit in sich zusammenfiel, gab man Maria ihren Zieheltern nicht zurück, sondern zur Adoption frei (»Kinderdiebstahl«!). Auch in Deutschland berichtete die Presse breit über den Fall und bediente sämtliche antiziganistischen Klischees. In Presseartikeln diverser deutscher Tageszeitungen und Illustrierter war die Rede von »bandenmäßiger Kindesentführung«, »geplanter Zwangsverheiratung«, »zum Betteln geschickt«, »den Tanzbär machen«, »blonder Engel für den Organhandel gestohlen« etc. Insbesondere das Jahrhunderte alte antiziganistische Stereotyp vom Kinderdiebstahl erfuhr seine mediale Revitalisierung. Der »Fall Maria« war ein Lehrstück in Sachen Rassismus, bei dem sich institutioneller Rassismus bei Medien, Polizei und Justiz, klassistischer Sozialrassismus, Hautfarbenrassismus, biologistischer Rassismus und Antiziganismus verschränkten.

Medien machen sich indes nicht nur des direkten Rassismus' sondern auch des indirekten Rassismus' schuldig. Hierüber kam es im September 2015 zu einer öffentlichen Debatte, als Bundesjustizminister Maas dem Global Player Facebook vorwarf, rassistische Kommentare in sozialen Netzwerken nicht zu löschen. Der Rassismus in sozialen Netzwerken stellt bezüglich seines Ausmaßes sowie seiner Aggressivität ein qualitativ neuartiges Phänomen dar, zumal sich im Herbst 2015 überdeutlich zeigte, dass der Weg häufig von sozialen Netzwerken, in denen man dem verbalen Hass freien Lauf lässt, auf die Strasse und dort zur Gewalttat führt.

4.6 Rassismus bei Justiz und Polizei

Ein schwarzer Student in meiner Statistikvorlesung am Institut für Soziologie der Universität Heidelberg teilte mir mit, er käme jeden Morgen mit dem Zug und werde immer und immer wieder am Hauptbahnhof von der Polizei einer Personenkontrolle unterzogen. »Racial Profiling« ist eines der wohl gravierendsten Beispiele bezüglich des institutionellen Rassismus. Die Problematik fängt bereits beim Terminus an, der wie so viele andere Begriffe suggeriert, dass es »Rassen« gebe. Korrekterweise ist der Sachverhalt somit als »Racist Profiling« zu bezeichnen. »Racist Profiling« meint, dass Kontrollen seitens der Polizei, von Zollbeamten, Sicherheitskräften oder Beamten der Einwanderungsbehörde sich nicht auf objektivierbare Verdachtsmomente stützen, sondern der »Logik der Rassifizierung« folgen, sodass »nicht-weiße Personen« überproportional kontrolliert werden. »Racist Profiling« benutzt somit Merkmale, die den Spielarten des Rassismus als klassische Differenzkriterien dienen wie »ethnische Zugehörigkeit«, Hautfarbe, Religion oder die »ausländisch« anmutende Kleidung einer Person. Von »Racist Profiling« sind in den USA und in Deutschland vor allem Menschen mit schwarzer Hautfarbe betroffen sowie Personen, denen ein vermeintlich »typisch muslimisches Aussehen« attestiert wird. »Racist Profiling« verstößt nicht nur gegen den Gleichheitsgrundsatz, das Diskriminierungsverbot und die Menschenrechte, sondern verstärkt ebenso rassistisches Denken in der Gesamtbevölkerung. Personen, die etwa im Zug, im Bahnhofs- oder Flughafenbereich entsprechender Personenkontrollen Gewahr werden, verinnerlichen auf diese Weise ein rassistisch geprägtes Gefahrenbild. People of Colour werden so unbewusst mit Kriminalität konnotiert. Eine entsprechende Obrigkeitshörigkeit sorgt zusätzlich dafür, dass der Zeuge die Szene in der Regel nicht mit »Racist Profiling« verbindet, sondern zumeist unreflektiert denkt, der Kontrollierte werde sich schon irgendwie verdächtig gemacht haben. »Racist Profiling« stärkt auf diese Weise den Alltagsrassismus (vgl. Kap. 6). In diesem Sinne verfügt auch Racist Profiling über Konsequenzen, die über die Institution Polizei hinausreichen (vgl. Kap. 3).

Während »Racist Profiling« in den USA – wenn auch offensichtlich ohne große Wirkung – sowie in Großbritannien verboten ist, hat sich Deutschland noch immer nicht dazu durchringen können, »Racist Profiling« zu verbieten. »Racist Profiling« spielt auch in der Anfangsszene des US-amerikanischen Spielfilms »In the Heat of the Night« (Norman Jewison, USA 1967), der die Atmosphäre Ende der 1960er Jahre einfängt, eine Rolle. Der in einem Bahnhof einer Südstaaten-Kleinstadt auf einen Anschlusszug wartende »Schwarze«, der wegen seines »Schwarzseins« sogleich verdächtigt wird einen Mord begangen zu haben, erweist sich nicht als der gesuchte Täter, sondern als ein Polizist der Mordkommission Philadelphias. In den USA der 1980er und 1990er Jahre ereigneten sich immer wieder Unruhen im Kontext von Übergriffen der Polizei. Einer der bekanntesten Fälle war der des Afroamerikaners Rodney King, der im Jahr 1991 in eine Polizeikontrolle geriet. Obwohl das Video eines Amateurs belegte, dass vier weiße Polizisten den bereits unbeweglich am Boden liegenden King mit zahlreichen Stockschlägen und Fußtritten brutal traktierten, wurden diese in erster Instanz seitens der Justiz freigesprochen, was in Los Angeles 1992 zu gewalttätigen Unruhen führte. Der Fall Rodney King ist ein Beispiel dafür, dass es beim »Racist Profiling« zu einem Zusammenwirken des institutionellen Rassismus von Polizei und Justiz kommt. Weiße Polizisten können in der Regel sicher sein, dass es nicht zu einer Strafverfolgung kommt bzw. dass ein Verfahren vor einem zumeist weißen Schwurgericht mit Freispruch endet. Von Rodney King zieht sich eine Spur bis hin zu Michael Brown im Jahr 2014 sowie Walter Scott im April 2015.

Im Unterschied zu den USA ist in Deutschland »Racist Profiling« gesetzlich verankert. De jure kann es sich auf § 22 Abs. 1a des Bundespolizeigesetzes stützen, das nicht nur dem verfassungsrechtlichen Grundsatz der Gleichheit widerspricht sondern auch den von Deutschland ratifizierten Menschenrechtskonventionen. Der Passus gestattet der Bundespolizei zur Verhinderung oder Unterbindung unerlaubter Einreise in das Bundesgebiet jede Person kurzzeitig anzuhalten, zu befragen oder ihre Ausweispapiere zu verlangen »soweit auf Grund von Lageerkenntnissen oder grenzpolizeilicher Erfahrung anzunehmen ist, dass diese zur unerlaubten Einreise genutzt werden«. Antirassismus bedeutet demzufolge, dass eine Abschaffung diesbezüglich zwingend geboten ist. Im Dezember 2010 kam es in

Deutschland zu einem Vorfall mit gerichtlichem Nachspiel. Auf der Fahrt von Kassel nach Frankfurt a. M. wurde im hessischen Treysa ein Reisender mit schwarzer Hautfarbe von Bundespolizisten angesprochen und aufgefordert sich auszuweisen. Dieser verweigerte das jedoch. Eine diesbezügliche Klage wurde vor dem Verwaltungsgericht Koblenz entschieden. Im Urteil heißt es, der als Zeuge benannte Beamte äußerte zu der Kontrolle des Klägers, »er halte sich nicht an ein bestimmtes Schema. Wenn er die Vermutung habe, ein Reisender komme nicht aus einem Schengen-Staat, er sich also möglicherweise illegal in Deutschland aufhalte, frage er, wohin der Reisende fahre und frage unter Umständen nach Ausweispapieren. Er spreche Leute an, die ihm als Ausländer erschienen. Dies richte sich nach der Hautfarbe, aber auch danach, ob der Reisende Gepäck bei sich habe oder ob er alleine irgendwo im Zug stehe. Der Kläger sei hierbei aufgrund seiner Hautfarbe ins Raster gefallen«. Trotz der Tatsache, dass sich Rassismus nicht präziser beschreiben lässt, wies das Gericht die Klage ab. Das Oberverwaltungsgericht Rheinland-Pfalz gelangte als Revisionsinstanz jedoch zur Ansicht, das Urteil verstoße gegen das Diskriminierungsverbot des Grundgesetzes insofern »die Hautfarbe des Klägers das ausschlaggebende Kriterium für die Ausweiskontrolle gewesen sei«.

4.7 Zusammenfassung

Der institutionelle Rassismus beschreibt den Rassismus, der sich innerhalb des institutionellen Gefüges der Gesellschaft abspielt. Er umfasst u. a. rassifizierte Diskriminierungen in Schulen und Universitäten, in Betrieben, in Behörden und Ämtern sowie im Gesundheitssystem, die nicht primär auf dem individuellen Verhalten des Rassifizierenden basieren, sondern dem Normengefüge der Gesellschaft geschuldet sind. Der institutionelle Rassismus stellt die Verkörperung des geronnenen Verhaltens der dominanten Gruppe dar, ein Organisationsgefüge, das diese gesetzt hat, um ihre Vorherrschaft mittels Normen, Verordnungen, Erlassen, Gesetzen wie Verfahrensabläufen zu reproduzieren. Da es sich um gesellschaftlich legitimierte Techniken handelt, wird der institutionelle Rassismus zumeist nicht als solcher wahrgenommen. Effekte des institutionellen Rassismus werden so als individuelles Versagen rassifizierter Subjekte gedeutet. Agierende Akteure begreifen ihr Handeln nicht als rassifizierend, sondern als normenadäquat, als gerecht, als sich in Übereinstimmung mit gesellschaftlich sanktionierten Praxen befindlich. Der institutionelle Rassismus bleibt, da er als normengerecht antizipiert wird, somit häufig unsichtbar, obwohl seine Effekte bezüglich der dominanten wie der beherrschten Gruppe höchst unterschiedlich ausfallen. Nach den Ereignissen in Ferguson schreibt ein Benutzer eines sozialen Netzwerks, dass der Drogenkonsum von »Schwarzen« und »Weißen« wenn überhaupt, dann nur geringfügig voneinander divergiere, »Schwarze« jedoch gleichwohl wesentlich häufiger wegen Drogenverbrechen verhaftet und verurteilt würden.

Symptomatisch sind auch die Antworten der Bundesregierung auf eine »Kleine Anfrage der Fraktion Die Linke« im Sommer 2015 (Drucksache 18/5435) sowie auf eine schriftliche Frage des Grünen-Abgeordneten Volker Beck (schriftliche Frage Monat 06/15, Arbeitsnummer 6/230). In beiden Fällen wird die Existenz eines institutionellen Rassismus in deutschen Behörden rundweg bestritten. Selbst angesichts der vom CERD (»Committee on the Elimination of Racial Discrimination«) gerügten Praxis des »Racist Profiling« schreibt die Bundesregierung: »Aufgrund der bislang zur Kenntnis gelangten Anzahl von Beschwerden gegenüber der Bundespolizei und der Antidiskriminierungsstelle, bei denen sich die Petenten auf subjektiv als unberechtigt empfundene polizeiliche Maßnahmen beziehen, besteht bisher kein Ansatz für die Feststellung eines Strukturproblems.« Die institutionelle Alltäglichkeit des »Racist Profiling« stellt sich für die Bundesregierung somit als Problematik »subjektiven Empfindens« dar. Im Schreiben an den Abgeordneten Beck heißt es: »Eine pauschale wie unreflektierte Verwendung des Begriffs ›institutioneller Rassismus‹ lehnt die Bundesregierung ab, da der Begriff sowohl unbeabsichtigte, unbewusste und indirekte Diskriminierungen als auch eine staatlich organisierte, systematische

Benachteiligung von Bevölkerungsgruppen umfasst.« Dies könne, so heißt es, im weiteren Verlauf begründend, »mit Blick auf unsere demokratischen Institutionen, deren rechtsstaatlich verfasste Strukturen und hier geltende gesetzliche Normen missverstanden werden«, womit die Bundesregierung offen dem »UN-Ausschuss für die Beseitigung der Rassendiskriminierung« widerspricht. Selbst angesichts der NSU-Mordserie und dem diesbezüglichen Agieren deutscher Behörden wird die Problematik des institutionellen Rassismus seitens der Regierung offen in Abrede gestellt.

5 Gewaltförmige Erscheinungen des Rassismus

Unmittelbar gewaltförmige Erscheinungen des Rassismus vonseiten des Staates, der Staatsorgane oder nicht-autorisierter Instanzen bzw. Einzelpersonen gegen rassistisch Dominierte gehören zu den elementaren Bestandteilen des Rassismus. Die Phänomene reichen von Bedrohung und Einschüchterung, Drangsalierung, Segregation, pogromartigem Übergriff und sexualisierter Gewalt bis hin zur Vertreibung und dem Genozid. Gewaltförmige Erscheinungen unterstreichen den Sachverhalt, dass Rassismus nicht auf seine ideologische Dimension bzw. auf Diskurse und narrative Rassifizierungstechniken reduziert werden darf. Der Rassismus ist ein Gewaltverhältnis, das im Extremfall tötet.

5.1 Segregation

Segregation bezeichnet die zwangsweise Trennung konstruierter Menschengruppen und stellt eine der wichtigsten Praxen des Rassismus dar. Nach der sukzessiven Aufhebung der Sklaverei wurde das Prinzip rassistischer Segregation in den USA zum Alltag. Der Oberste Gerichtshof der Vereinigten Staaten bekräftigte in mehreren Urteilen die Segregationspolitik. Im Jahr 1883 bestätigte der Gerichtshof ein Urteil des Staates Alabama, der einen Afroamerikaner und eine weiße Frau wegen außerehelichen Geschlechtsverkehrs in Tateinheit mit Verletzung der Bestimmungen des Staates gegen die »Rassenmischung« zu zwei Jahren Gefängnis verurteilt hatte. Im Urteil hieß es:

»If any white person and any negro, or the descendent of any negro to the third generation, inclusive, though one ancestor of each generation was a white person, intermarry or live in adultery or fornication with each other, each of them must, on conviction, be imprisoned in the penitentiary to hard labor for the county for no less than two or more than seven years.«

Da vergleichbar hohe Strafen für außerehelichen Geschlechtsverkehr bei »ethnisch-homogenen Paaren« zuvor nicht verhängt wurden, war es offensichtlich, dass das Urteil der Einhaltung der Segregationspolitik in Alabama diente. Der »Supreme Court« lehnte den Einspruch der Verurteilten ab, womit die Segregationspolitik in ehelicher wie sexueller Hinsicht verfestigt wurde (»Pace v. Alabama 106 U.S. 583/1883«). Eheverbote zwischen »Weißen« und »Nichtweißen« existierten bis 1967 noch in 16 Bundesstaaten der USA. Im Jahr 1896 entschied der Supreme Court über die Zulässigkeit einer gesetzlichen Regelung im Bundesstaat Louisiana, die getrennte Zugabteile für »Weiße« und »Schwarze« vorsah und Zuwiderhandlung mit Ordnungsgeld ahndete. Im Urteil »Plessy v. Ferguson« lehnte der Supreme Court den Einspruch ab und erklärte die rassistische Segregationspolitik des im Jahr 1890 erlassenen »Separate Car Act« für verfassungskonform. Drei Jahre später bezog sich das Urteil »Cumming v. Richmond County Board of Education« auf die Separationspolitik in öffentlichen Schulen. Der Supreme Court hielt die staatliche Unterstützung von »High Schools«, die nur den Zugang »weißer Schüler« gestatteten, nicht für gesetzeswidrig. Über die Zuteilung von Geldern, so urteilte das Gericht, könne die Stadt Richmond County des Bundesstaates Georgia frei entscheiden. Erst ein halbes Jahrhundert später wurde dieses Urteil, welches verdeutlichte, dass die Separationspolitik mit einer substanziell ungleichen Infrastrukturversorgung einherging, durch die Entscheidung »Brown versus Board of Education« im Jahr 1954 revidiert.

Die gesetzlich verankerte rassistische Segregation strukturierte in den USA den öffentlichen Raum sowie die öffentliche Versorgung in umfassender Weise. Schilder wie »white area«, »we serve white's only«, »white only men's restroom«, »we wash for white people only« usw. bestimmten das städtische Erscheinungsbild. Die räumliche Segregation erstreckte sich von Wohnvierteln, Bildungseinrichtungen, öffentlichen Transportmitteln und Wartesälen, Hotels, dem Gesundheitswesen, Kinos, Sportstätten und öffentlichen Toiletten bis hin zum Wasserspender und wurde von der Ideologie des »separate but equal« legitimierend begleitet. In den US-Streitkräften galt die Segregation offiziell bis zum Jahr 1948, war aber indes schon gegen Ende des zweiten Weltkriegs brüchig geworden. Erst der Civil Rights Act aus dem Jahr 1964 erklärte die Praxis der Segregation für verfassungswidrig.

Segregation betraf während des Mittelalters auch Juden u. a. in Gestalt der Judengassen, Judenviertel oder Judenghettos, die in seltenen Fällen aus Schutzgründen freiwillig bezogen wurden. So handelte es sich etwa bei der Frankfurter Judengasse um einen Ghettozwang, dem die Juden im Jahr 1462 Folge leisten mussten. Eine Form der Segregation stellt auch die Kennzeichnungspflicht dar, die u. a. sowohl Juden als auch Muslime traf. So beschloss das Vierte Laterankonzil im Jahr 1215, die Tracht der Juden und Muslime habe sich von der Kleidung der Christen zu unterscheiden. Die Umsetzung überließ das Konzil den einzelnen Regionen, sodass unterschiedliche Erkennungsmerkmale existierten, bei Juden u. a. der »Judenhut«, ein gelber Fleck sowie ein roter Ring. Segregation in Gestalt räumlicher Separation ging dabei mit der Einschränkung der Bewegungsfreiheit einher. Beispielsweise war es Juden während der Herrschaft des deutschen Nationalsozialismus in vielen Gegenden nicht gestattet Wälder und Parks zu betreten. Auch öffentliche Plätze wurden als verboten deklariert sowie Sperrstunden eingeführt. Zusammen mit der Einführung der Kennzeichnungspflicht ab dem 19. September 1941 in Gestalt des »Judensterns« wurde es Juden untersagt, ihren Wohnort zu verlassen. Das Ausreiseverbot im Oktober 1941 stellte eine weitere Vorbereitungsmaßnahme für den Völkermord dar. Die rassistische Markierung der Juden begründeten Tageszeitungen mit der angeblichen Forderung des deutschen Volkes, »dass den Juden in der Heimat die Möglichkeit genommen wird, sich zu tarnen und damit jene Bestimmungen zu durchbrechen, die dem deutschen Volksgenossen die Berührung mit den Juden ersparen«. Ein gesetzliches Badeverbot für Juden in öffentlichen Schwimmanstalten existierte seit 1938. Im gleichen Jahr erfolgte die rassistische Separation jüdischer Schulkinder, denen nur noch die Möglichkeit blieb, jüdische Schulen zu besuchen. Im Runderlass hieß es, »dass es für deutsche Schüler unerträglich ist, mit Juden in einem Klassenzimer zu sitzen«. Die Ghettoisierung der jüdischen Bevölkerung Polens, die wenige Wochen nach dem deutschen Überfall auf Polen einsetzte, wurde ideologisch vom Rassifizierungs-Narrativ des Juden als »Seuchenträger« (Maladisierung, vgl. Kap. 2.2.3) begleitet. Der Segregation bzw. räumlichen Separation innerhalb des Deutschen Reiches diente die Einweisung der jüdischen Bevölkerung in sogenannte »Judenhäuser« bzw. »Ghettohäuser«, die gewachsene nachbarschaftliche Kontakte zerschlagen sollten und der Überwachung wie Vorbereitung der Deportation dienten (vgl. Kap. 5.6).

In der Republik Südafrika war die Segregation – hier zumeist als Apartheid bezeichnet – ein essenzieller Bestandteil des Regimes. Die Segregation, welche das gesamte soziale Leben regulierte, hatte nahezu bis zum Ende des Apartheid-Regimes im Jahr 1990 Bestand und bezog sich u. a. auf den Ausschluss bei Wahlen, der Einschränkung der Freizügigkeit beim Wohnen und Aufenthalt sowie beim Hochschulzugang. In den Jahren nach 1948 wurde die Segregation durch eine Reihe weiterer verschärfender Gesetze gestützt (»große Apartheid«). Im Jahr 1949 verbot der »Prohibition of Mixed Marriages Act« den Eheschluss zwischen einem »Weißen« und einer »farbigen (coloured) Person«. Nachdem bereits im Jahr 1927 der »Immorality Act« den Sexualverkehr zwischen »Weißen« und »Schwarzen« unter Strafe gestellt hatte, erweiterte im Jahr 1950 ein Ergänzungsgesetz diese Regelung auf alle »Nichtweißen«. Im Jahr 1950 rassifizierte der »Population Registration Act« die Bevölkerung in drei Gruppen, die als »white person«, »coloured person« sowie »native« bezeichnet wurden. Die räumliche Segregation vollzog im selben Jahr der »Group Areas Act«, der den konstruierten »Rassen« jeweils eigene Wohngebiete zuwies.

Eine frühe Variante rassistischer Segregation stellen die Statuten von Kilkenny aus dem Jahr 1366 dar. Die Statuten zielten auf eine systematische Trennung zwischen den anglonormannischen Eroberern (»the English«) und der irischen Urbevölkerung (»the Irish«) und umfassten u. a. ein Heirats- und Sexualverkehrsverbot (Art. 2), eine kleidungsspezifische und sprachliche Segregation (Art. 3) sowie ein Verbot keltischer Mannschaftssportarten (Art. 6) bei Androhung einer Gefängnisstrafe.

Zu den Erscheinungen der Segregation lässt sich in Deutschland die »Residenzpflicht« zählen sowie die quasi-kasernierte Unterbringung von Flüchtlingen bzw. Asylanten in Sammelunterkünften. Die »Residenzpflicht« stellt eine Form rassistischer Diskriminierung dar, insofern der Betroffene einer räumlichen Aufenthaltsbeschränkung unterworfen ist. Erst auf Druck von Menschenrechtsinitiativen und Betroffenen erfolgten im Jahr 2013 Änderungen, die in zahlreichen Bundesländern zur Ausdehnung des Aufenthaltsrechts auf Länderebene führten. Zuvor mussten Anträge häufig bereits beim Verlassen eines Landkreises gestellt werden. Im Dezember 2014 wurde die »Residenzpflicht« auf die ersten drei Monate des Aufenthalts begrenzt. Seit dem 1. Januar 2015 ist die »Residenzpflicht« für Asylbewerber somit weitgehend außer Kraft gesetzt. Es existieren jedoch im Kontext der aktuellen Flüchtlingsdebatten erneut Versuche, diese zu revitalisieren.

5.2 Übergriffe, Ausschreitungen und Pogrome

Für das Jahr 2014 bezifferte die Amadeo Antonio Stiftung die Zahl gewalttätiger Angriffe auf Flüchtlingsunterkünfte auf 247. Darunter befanden sich 36 Brandstiftungen sowie 81 tätliche Übergriffe mit Körperverletzung auf Einzelpersonen. Anfang September 2015 belief sich die Anzahl der Angriffe auf Unterkünfte bereits auf 308, worunter sich 45 Brandanschläge und 76 tätliche Übergriffe befanden. Die Zahl der Körperverletzten gab die Stiftung mit 147 Personen an, die Zahl flüchtlingsfeindlicher Kundgebungen mit 153. Gewaltsame Übergriffe ziehen sich durch die Geschichte des Rassismus und sollen die »Fremdgruppe« sowohl einschüchtern als auch psychisch und körperlich verletzen oder zum Verlassen eines Ortes zwingen. Hassbotschaften kursieren derzeit nicht nur im Internet, sondern auch im »Realraum«. U. a. tauchten im thüringischen Sondershausen Tafeln auf, die unterhalb der Ortseingangsschilder befestigt waren, auf denen geschrieben stand: »Liebe Asylbetrüger! Bitte flüchten sie weiter, es gibt hier nichts zu wohnen!« Handelt es sich bei derartigen Einschüchterungsversuchen bzw. gewaltsamen Übergriffen um Pogrome? Unter einem Pogrom verstehen wir eine gewaltsame Ausschreitung gegenüber Menschen, welche die Täter als »Fremdgruppe« konstruieren und gegen die im Vorfeld der zerstörerischen Krawalle gezielt agitiert wird. Ob ein Pogrom vorliegt ist nicht vom Sachverhalt abhängig, dass es sich um eine gewaltsame Ausschreitung staatlicherseits handelt oder dass die gewaltsamen Ausschreitungen organisiert sind. Die antisemitischen Novemberpogrome 1938 waren dergestalt betrachtet organisierte Pogrome seitens des Staates, insofern u. a. Institutionen wie Feuerwehr und Polizei die Anweisung erhielten nicht einzugreifen bzw. lediglich angrenzende Gebäude brennender Synagogen zu schützen. Angesichts von Brandanschlägen lässt sich der gewaltsame Charakter aktueller Ausschreitungen gegen Flüchtlinge nicht in Abrede stellen. Ebenso wurde mit den Anschlägen auf eine bewohnte Flüchtlingsunterkunft im niedersächsischen Salzhemmendorf sowie im nordrheinwestfälischen Porta Westfalica bereits eine weitere Grenze in Richtung versuchten Mordes überschritten. Von einem Pogrom gesprochen wird bezüglich der Ausschreitungen in Rostock-Lichtenhagen im August 1992, die durch wochenlange populistische Stimmungsmache seitens relevanter Teile der politischen Klasse wie der Medien angeheizt wurden. Legt man die genannten definitorischen Kriterien zugrunde, so handelt es sich bei den aktuellen Übergriffen auf Flüchtlinge wie Flüchtlingsunterkünfte um ein Pogrom.

Das »Massaker von Granada« im Jahr 1066 gilt als erstes Pogrom in Europa. Seine Ursache ist nicht in einem religiösen Konflikt zu suchen, sondern im Gegensatz zwischen der adligen Schicht der Ber-

berdynastie der Ziriden und dem jüdischen Wesir Joseph ibn Nagh-rela, Rabbi der jüdischen Gemeinde Granadas. Ging es im christlichen Spanien wenige Jahrzehnte später um die Vorrangstellung der »Altchristen« gegenüber den »Christianos novos«, so war der Grund des Pogroms, das die Juden Granadas kollektiv traf, die Besetzung einer machtvollen Schlüsselstellung des Hofes, wie die Position des Wesirs, welche die Adelskaste der Berber für ihresgleichen reserviert wissen wollte.

Wenige Jahrzehnte später traf es im Kontext der Kreuzzugsbewegung u. a. die jüdischen Gemeinden des Rheinlandes. Im Jahr 1298 führten die sogenannten »Rintfleisch-Pogrome« zu einem Massenmord an fränkischen Juden. 50 Jahre später waren es die »Pestpogrome«, die in vielen mitteleuropäischen Städten die jüdischen Gemeinden trafen. Für die russischen Juden stellte das Jahr der Ermordung des Zaren Alexander II. ein Wendejahr dar. In der Phase von 1881 bis zum Beginn des Ersten Weltkriegs nahm die Anzahl der Pogrome in Russland kein Ende. Die Pogrome begannen in Südrussland und breiteten sich von dort rasch aus. Im Jahr 1903 fand eines der blutigsten Pogrome während des Pessachfestes in Kischinjow statt. Als Folge der Pogrome emigrierten über zwei Millionen russische Juden vornehmlich in die USA. Unmittelbar vor dem Einmarsch der deutschen Wehrmacht in die Sowjetunion sowie danach kam es zu zahlreichen antijüdischen Pogromen, wie bspw. in der Ukraine Ende Juni bis Anfang Juli 1941. Wenige Wochen später fand in Lemberg zwischen dem 25. und 27. Juli 1941 ein Pogrom statt (sogen. »Petljura-Tage«). Bauern sowie Milizionäre durchsuchten jüdische Wohnungen, zerrten Juden aus Straßenbahnen und öffentlichen Gebäuden und ermordeten über 2000 Menschen.

Auch nach dem Sieg über Nazi-Deutschland ereigneten sich antisemitische Pogrome. Im Juli 1946 wurden in der polnischen Stadt Kielce über 40 Juden ermordet. Die Funktion des Pogroms bestand darin, den wenigen aus deutschen Vernichtungslagern zurückkehrenden polnischen Juden Ansprüche auf Rückgabe ihres Besitzes sowie ihrer Wohnungen streitig zu machen. Um Hass zu schüren, griff man in Kielce erneut zur Ritualmordlegende (vgl. Kap. 1.4.2).

5.3 Berufliche und wirtschaftliche Verdrängung

Berufliche wie wirtschaftliche Verdrängung stellten unmittelbar nach der Etablierung der nationalsozialistischen Herrschaft zentrale Elemente des staatlichen Antisemitismus dar. Bereits das am 7. April 1933 erlassene »Gesetz zur Wiederherstellung des Berufsbeamtentums« ordnete die Versetzung von Beamten sogenannter »nichtarischer Abstammung« in den Ruhestand an. Im gleichen Monat folgten Gesetze gegen jüdische Rechtsanwälte und Notare, Patentanwälte und Ärzte. Am 25. April 1933 sah das »Gesetz gegen die Überfüllung von deutschen Schulen und Hochschulen« die Begrenzung der Anzahl deutscher Juden vor, welche die »Erste Verordnung zur Durchführung des Gesetzes« mit einer 1,5 %-Quote konkretisierte. Die intendierte berufliche und wirtschaftliche Verdrängung wurde durch organisierte Boykottaktionen wie dem sogenannten »Judenboykott« am 1. April 1933 gestützt. Die berufliche Verdrängung der jüdischen Kulturschaffenden bewirkte die Einführung des sogenannten »Ariernachweises« seitens der Reichskulturkammer. Im Juli 1938 verloren die noch verbliebenen jüdischen Ärzte ihre Approbationen, im November wurden die noch tätigen jüdischen Rechtsanwälte von der Rechtsanwaltskammer ausgeschlossen.

5.4 Beraubung und Enteignung

Die wirtschaftliche Verdrängung ging mit der Beraubung jüdischer Menschen einher. Seit altersher stellt die Beraubung der zur Fremdgruppe konstruierten Personen eine der wichtigsten Ziele sowie Begleiterscheinungen des Rassismus dar. Die Beraubung kann im Kontext pogromartiger Überfälle ohne die Zustimmung herrschender Kreise geschehen oder aber auch gezielt seitens der politischen Klasse initiiert und genutzt werden, um rassistische Kreise einzubinden. So gestattete etwa der römische Kaiser Augustus (63 v. Chr.– 14 n. Chr.) explizit die Beraubung der Juden. Im Kontext des Kolonialismus diente die Beraubung der indigenen Bevölkerung als Mittel ökonomischer Gewinnmaximierung. Beim antiindigenen Rassismus zählte der Landraub, der bis auf die heutigen Tage anhält, zu einer existenziellen Form der Beraubung. Die Deportation (vgl. Kap. 5.5) der Cherokee in den Jahren zwischen 1836 und 1839 war zugleich einer der größten antiindigenen Diebstähle, da die knapp 20 000 Cherokesen schwarze Sklaven besaßen, zigtausende Rinder, Pferde, Schweine und Schaafe, Korn- und Sägemühlen zu ihrem Besitz zählten sowie eigene Schulen, in denen sie ihre Kinder unterrichteten. Auch die verschiedenen Judenpogrome verfolgten nicht zuletzt das Ziel, sich des Eigentums der jüdischen Bevölkerung zu bemächtigen sowie Schuldscheine zu zerreißen.

Im Unterschied zum Raub sind unter Enteignung vielfältige Formen des »legalisierten Raubes« zu verstehen. Der deutsche Nationalsozialismus bürokratisierte die Ausplünderung jüdischer Bürger in einem bislang nicht gekannten Maß und erließ hierfür zahllose Gesetze und Verordnungen. Als Instrumente dienten u. a. die »Judenvermögensabgabe« sowie die »Reichsfluchtsteuer«, deren Funktion in der weitgehenden Enteignung jüdischer Auswanderer bestand. Die »Elfte Verordnung zum Reichsbürgergesetz« vom 25. November 1941 sah den Einzug des Vermögens deportierter Juden zugunsten des Reichsfinanzministeriums vor. An Wohnungsauflösungen bereicherten sich neben dem Fiskus u. a. staatliche Museen, Makler, Spediteure, Trödler sowie Nachbarn bei Hausratsversteigerungen. An den »Fahrkarten in den Tod« verdiente die Reichsbahn, welche mehr als drei Millionen Juden in die Vernichtungslager Auschwitz, Belzec, Chelmo, Maidanek, Sobibor und Treblinka »transportierte«. Die systematische Beraubung geschah ferner mittels der sogenannten »Arisierung« in Gestalt von Zwangsverkäufen, Beschlagnahmungen, Konfiszierungen sowie durch die gezielte Herbeiführung von Bankrotten. Auch stellte die rassistische Beraubung der während des Zweiten Weltkriegs besetzten Länder eines der elementaren Ziele der deutschen Besatzungspolitik dar.

5.5 Vertreibung und Deportation

Bereits in der Antike wurden die Juden mehrfach Opfer von Vertreibungen. Im Kontext des Bar Kochba Aufstands der Jahre 132 bis 135 n. Chr. machten die Römer nicht nur den Tempelberg und Jerusalem dem Erdboden gleich, sondern verboten den Überlebenden auch die Ansiedlung in Jerusalem. Mit dem Alhambra-Edikt von 1492 (vgl. Kap. 1.4.3) begann die Vertreibung der Juden aus Spanien. Nur wenige Jahre später zwangen im Jahr 1501 die katholischen Könige Spaniens die Muslime zur Konversion oder ins Exil. Anfang des 17. Jh.s vertrieb man auch diejenigen Mauren, die zum Christentum übergetreten und als Morisken nach Beendigung der Reconquista in Spanien verblieben waren. Bedeutung, Stärke wie kulturelle Verankerung des spanischen Judentums lassen zumeist vergessen, dass bereits im Jahr 1182 die Juden aus Frankreich, im Jahr 1290 unter Eduard I. aus England sowie im Jahr 1390 aus der Pfalz u. a. vertrieben wurden. Bereits zuvor verdeutlichen die Ritualmordanschuldigungen in Norwich 1144 (»William von Norwich«) und Lincoln im Jahr 1255 (»Little Saint Hugh of Lincoln«) den wachsenden englischen Antisemitismus. Erst im Jahr 1656 wurde das Verbot der Niederlassung in England unter Oliver Cromwell (1599–1658) aufgehoben. Die Anzahl der englischen Juden, die unter Androhung der Todesstrafe England verlassen mussten, wird auf 16 000 geschätzt, die Anzahl der spanischen Juden zwischen 130 000 und 300 000.

Vertreibungen zählen auch im 21. Jh. noch immer zur alltäglichen Praxis der Gewaltförmigkeit des Rassismus und betreffen u. a. Sinti und Roma im Balkanraum sowie in westeuropäischen Staaten. Insbesondere Roma und Aschkali zählen zu den Verlierern der »Jugoslawienkriege« und wurden während des Kosovokrieges bezichtigt, auf Seiten der serbischen Minderheit zu stehen. Albanische paramilitärische Organisationen initiierten Massenvertreibungen, von denen Roma, Aschkali und die ethnische Gruppe der »Ägypter« betroffen waren.

Im Kontext der »Indianerpolitik« der Vereinigten Staaten waren im 19. Jh. zahlreiche indigene Völker von Deportationen betroffen, wie u. a. die Muskogee (Creek), Cherokee, Chickasaw, Choctaw und die Seminolen. Die wenigen Tasmanier, welche die Ausrottungspolitik des weißen Mannes überlebten, wurden im Jahr 1830 auf Flinders Island deportiert. Vertreibungen wie Deportationen gehen zumeist mit der Enteignung bzw. der Beraubung (vgl. Kap. 5.4) der rassistisch dominierten Opfer einher. Im Kontext des atlantischen Dreieckshandels wurden Millionen Schwarze aus Afrika deportiert. Die erste Deportation polnischer Juden aus Deutschland im Oktober 1938 beschreibt der Literaturkritiker Marcel Reich-Ranicki in seiner Autobiografie wie folgt:

> »Am 28. Oktober 1938 wurde ich frühmorgens, noch vor 7 Uhr, von einem Schutzmann energisch geweckt. Nachdem er meinen Paß genauestens geprüft hatte, händigte er mir ein Dokument aus. Ich würde, las ich, aus dem Deutschen Reich ausgewiesen. [...] Nein, niemand hatte mich verleumdet. Aber ich gehörte einer Gruppe an, die verurteilt war – zunächst nur zur Deportation. Es handelte sich um die erste von den Behörden organisierte Massendeportation von Juden. Ausgewiesen wurden aus Berlin nur Männer, aus anderen deutschen Städten auch Frauen: Insgesamt waren es rund 18 000 Juden.«

Die Mitte Oktober 1941 beginnende Deportation deutscher Juden in Ghettos und Arbeitslager stellte den Auftakt des systematischen Völkermords an den europäischen Juden durch den deutschen Nationalsozialismus dar.

In der »Geheimrede« Nikita Chruschtschows auf dem 20. Parteitag der KPdSU im Jahr 1956 heißt es bezüglich der Verbrechen des Stalinismus: »Massenverhaftungen und Deportationen vieler tausend Menschen, Hinrichtungen ohne Gerichtsurteil und ohne normale Untersuchung riefen einen Zustand der Unsicherheit und der Furcht, sogar der Verzweiflung hervor.« In der hinter geschlossenen Türen gehaltenen Rede »Über den Personenkult und seine Folgen« kündigte der Parteichef der KPdSU die Veröffentlichung einer Liste stalinistischer Verbrechen an. Während die Deportation der Wolgadeutschen im Jahr 1941 und die der Krimtataren im Jahr 1944 Erwähnung fanden, verschwieg man indes eine ganze Reihe weiterer Fälle, welche für die Betroffenen meist mit Arbeitslagern, Tod durch physische Erschöpfung bzw. Mangelernährung oder gar mit ihrer Erschießung verbunden war.

5.6 Internierung

Unter Internierung als unmittelbar gewaltsame Erscheinung des Rassismus verstehen wir den seitens des Staates angeordneten wie organisierten Freiheitsentzug einer Gruppe von rassifizierten Personen sowie ihre Unterbringung in »Internierungslagern«. Als Beispiel für die isolierende Lagerunterbringung einer sozial konstruierten Fremdgruppe sei die Internierung japanischstämmiger Amerikaner nach dem Überfall auf Pearl Harbour erwähnt (vgl. Kap. 2.4.4), von der über 120 000 Personen betroffen waren, die in zehn »War Relocation Centern« untergebracht wurden. Bekanntheit erlangte das »Manzanar War Relocation Center« durch das autobiografische Büchlein *Farewell to Manzanar* von Jeanne Wakatsuki Houston. Über ihren Vater schreibt Jeanne Wakatsuki, die beim Überfall auf Pearl Harbour am 7. Dezember 1941 sieben Jahre alt war: »He was suddenly a man with no rights who looked exactly like the enemy.« Der rassistische Charakter der Internierung wird u. a. daran ersichtlich, dass es sich überwiegend um Personen handelte, welche die US-amerikanische Staatsbürgerschaft besaßen oder in den USA geboren wurden. Die Internierung stellte bei Personen mit US-amerikanischer Staatsbürgerschaft einen offenen Bruch mit dem Völkerrecht dar, insofern sich die Maßnahme nicht in Einklang mit den »Genfer Konventionen« befand.

Der Schauspieler George Takei, der in Star Trek den Brückenoffizier Hikaru Sulu spielt, erlebte die Internierung als kleiner Junge und schrieb dazu in seiner Autobiografie:

> »Dann brach ein fürchterlicher Krieg aus, und die ganze Welt meines Vaters wurde hinweggeweht. In Amerika wurden alle Menschen japanischer Abstammung sofort in Internierungslager gesteckt, und sie mussten alles zurücklassen, was sie besaßen. So vieles war für immer verloren. Das Geschäft – aufgeben. Das gemietete Haus in der Garnet

Street – eilig geräumt. Der Wagen – für das beste Angebot verkauft: fünf Dollar – immer noch besser als ihn zurücklassen. Alles außer den paar Habseligkeiten, die man uns mitzunehmen erlaubt hatte, war verloren. Nur noch Erinnerung.«

Im Unterschied zum obigen Beispiel war die nationalsozialistische Internierung in Gestalt des umfassenden Konzentrationslagersystems mit Zwangsarbeit, Sklavenarbeit sowie dem rassistisch intendierten Massenmord verbunden. Zu den Formen des staatlich angeordneten wie organisatorisch bewerkstelligten Freiheitsentzugs zählen während des deutschen Nationalsozialismus auch sogenannte »Judenhäuser« (vgl. Kap. 5.1), Anstalten für die Opfer der Euthanasie, Zwangsarbeitslager und Zwangsbordelle (vgl. Kap. 5.8) sowie die den Völkermord an den europäischen Juden einleitende Ghettoisierung.

Ende März 2016 beendete das UN-Flüchtlingshilfswerk (UNHCR) seine Tätigkeit in griechischen Flüchtlingslagern. Es begründete diesen Protestschritt damit, dass der »EU-Türkei-Pakt« die Aufnahmelager in Internierungslager umgewandelt habe, insofern den Menschen nicht gestattet sei, die sogenannten »Hotspots« zu verlassen und die Flüchtlinge damit de facto eingesperrt seien.

5.7 Sklaverei und Zwangsarbeit

Zu den unmittelbar gewaltförmigen Erscheinungen des Rassismus gehören die Sklaverei sowie die Zwangsarbeit. Während man unter Sklaverei ein gesellschaftliches Verhältnis versteht, welches Menschen das Recht gibt, andere Menschen zu kaufen, zu besitzen sowie weitgehend nach Belieben mit ihnen zu Verfahren, stellt die Zwangsarbeit eine Form der Arbeitspflicht dar, die durch Gewalt oder Androhung von Strafe erpresst wird. Sklaverei als auch Zwangsarbeit werden dem Opfer aufgezwungen und zumeist ideologisch begründet. Während der antike Rassismus legitimatorisch den Terminus des Barbaren bemühte, wurde die frühe Sklaverei in den Vereinigten Staaten pseudoreligiös mit dem biblischen Ham-Mythos begründet.

Dieser konstruierte »Schwarze« zu Nachfahren des von Noah verfluchten Sohnes Ham. Im weiteren Verlauf dominierten beim antinegriden Rassismus biologistische Varianten, die »Schwarze« als eine »minderwertige Rasse« diffamierten, die es zu zivilisieren gelte und die weißer Führung bedürfe.

Das Gewaltsystem millionenfacher Zwangsarbeit des deutschen Nationalsozialismus war eng verbunden mit der seitens der nationalsozialistischen Rassenlehre postulierten hierarchisch gestuften Wertigkeit der »Menschenrassen«. Im Kontext des Antisemitismus, des Antiziganismus sowie des Antislawismus war die Zwangsarbeit eng verkoppelt mit dem Völkermord, was die Rede Himmlers bei einer SS-Gruppenführertagung in Poznań verdeutlicht, in der es hieß:

> »Wie es den Russen geht, wie es den Tschechen geht, ist mir total gleichgültig. Das, was in den Völkern an gutem Blut unserer Art vorhanden ist, werden wir uns holen, indem wir ihnen, wenn notwendig, die Kinder rauben und sie bei uns großziehen. Ob die anderen Völker in Wohlstand leben oder ob sie verrecken vor Hunger, das interessiert mich nur soweit, als wir sie als Sklaven für unsere Kultur brauchen, anders interessiert mich das nicht. Ob bei dem Bau eines Panzergrabens 10 000 russische Weiber an Entkräftung umfallen oder nicht, interessiert mich nur insoweit, als der Panzergraben für Deutschland fertig wird. Wir werden niemals roh und herzlos sein, wo es nicht sein muß; das ist klar. Wir Deutsche, die wir als einzige auf der Welt eine anständige Einstellung zum Tier haben, werden ja auch zu diesen Menschentieren eine anständige Einstellung einnehmen, aber es ist ein Verbrechen gegen unser eigenes Blut, uns um sie Sorge zu machen und ihnen Ideale zu bringen, damit unsere Söhne und Enkel es noch schwerer haben mit ihnen.«

Die eliminatorische Gewalt des deutschen Nationalsozialismus führte zu einem fließenden Übergang zwischen Zwangsarbeit und Sklaverei, sodass in der Anklageschrift des Internationalen Militärtribunals von Nürnberg als Anklagepunkte »Ermordung, Ausrottung, Versklavung, Deportation und andere unmenschliche Handlungen gegen Zivilbevölkerungen vor oder während des Krieges« genannt wurden.

5.8 Rassistische, sexualisierte Gewalt

Nach jahrzehntelangem Schweigen hat die Öffentlichkeit in den letzten Jahren die Thematik rassistischer, sexualisierter Gewalt zumindest zur Kenntnis genommen. Im Dezember 2015 berichtete die Presse darüber, dass 70 Jahre nach Beendigung des Zweiten Weltkriegs die japanische Regierung eine Entschuldigung für die Zwangsprostituierung hunderttausender Frauen (die Schätzungen schwanken zwischen 100 000 und 400 000 Opfern) sowie die Einrichtung eines diesbezüglichen »Entschädigungsfonds« beabsichtigt. Bei den in Militärbordellen verschleppten Opfern handelte es sich zumeist um Koreanerinnen und Chinesinnen, welche die rassistische Ideologie als »minderwertig« diskriminierte. Bereits im Jahr 1910 hatte Japan die Kolonialherrschaft über Korea übernommen. Die euphemistisch als »Trostfrauen« bezeichneten, von Folter und systematischer Vergewaltigung betroffenen Mädchen und Frauen sind intersektionelle Opfer sowohl des Sexismus in unmittelbar gewalttätiger Form, des innerasiatischen Antiasiatismus als auch des Kolonialrassismus. Es ist bezeichnend, dass der Internationale Militärgerichtshof für den Fernen Osten, der mit seinen Verhandlungen im Mai 1946 begann, trotz Kenntnisnahme der Sachverhalte die Versklavung hunderttausender Frauen weder zum Gegenstand der Anklage erhob noch verhandelte.

Im Jahr 2014 berichtete die Presse über Demonstrationen und Übergriffe gegen Koreaner und Chinesen in Japan. Rechtsgerichtete Parteien in Japan verteidigen bis zum heutigen Tag nicht nur die Militärbordelle als eine »Kriegsnotwendigkeit«, sondern rufen auch offen zum Hass gegen Bevölkerungsteile koreanischer Abstammung auf. Bei diesen handelt es sich zumeist um Nachfahren ehemaliger Zwangsarbeiter, denen man bis heute eine Einbürgerung zumeist nur unter den Bedingungen einer Zwangsassimilation anbietet, welche die Annahme eines japanischen Namens einschließt. Nationalismus, Rassismus sowie die Ideologie eines homogenen Volkskörpers führen in Zeiten wirtschaftlicher Krisen zu offenen antikoreanischen Ressentiments, von denen die gut eine halbe Million Menschen zählende koreanische Minderheit in Japan betroffen ist. Doch wie in anderen Gesellschaften, so kommt auch in Japan der Rassismus aus der Mitte der Gesellschaft; einer Gesellschaft, welche die Folterung von Frauen jahrzehntelang verleugnete und verharmlosend mit dem Wort »Trost« euphemisierte und weder die Kolonialverbrechen in Korea noch in China zum Gegenstand des eigenen Selbstbildes sowie umfassender Verpflichtung erhob.

Die Auschwitz-Überlebende Ruth Klüger thematisierte während der Gedenkstunde zum »Tag des Gedenkens an die Opfer des Nationalsozialismus« am 27. Januar 2016 ihr persönliches Schicksal und das der Zwangsarbeiter sowie explizit auch die Situation der Frauen, die in sogenannten »Sonderbaracken« zur sexuellen Zwangsarbeit gezwungen wurden. Klüger wies auf den Skandal hin, dass die Frauen nach der Befreiung erneut zu Opfern wurden, insofern ihnen eine Anerkennung als Opfer des deutschen Nationalsozialismus und damit auf sogenannte »Wiedergutmachung« verweigert wurde. Der Internationale Strafgerichtshof in Den Haag erklärte im Juni 2001 im Kontext des »Jugoslawienkrieges« und der diesbezüglich vorliegenden Zeugenaussagen und Dokumente Vergewaltigung im Krieg als intentionale Kriegstaktik und verurteilte sie als Verbrechen gegen die Menschlichkeit.

5.9 Sterilisierung

Im Jahr 2013 verfassten rumänische Rechtsextreme einen Aufruf an Roma-Frauen und boten ihnen 300 rumänische Leu für den Nachweis einer erfolgten Sterilisierung an. In der Geschichte des Rassismus ist es nicht bei propagandistischen Aufrufen geblieben. Um die Jahrhundertwende wurde die Zwangssterilisation aus eugenisch-rassistischen Gründen massenhaft in den USA praktiziert (vgl. Kap. 1.4.6). Während der nationalsozialistischen Herrschaft wurden u. a. die sogenannten »Rheinlandbastarde« sowie als »erbkrank« und »asozial« konstruierte Menschen zwangssterilisiert (vgl. Kap. 1.4.7). Sterilisierung galt im Kontext der nationalsozialistischen »Rassenhygiene« als eine zentrale Maßnahme, um den »Volks-

körper« von sogenannten »Ballastexistenzen« zu befreien. Die Anzahl der betroffenen Personen wird auf 400 000 Opfer geschätzt, sodass im Deutschen Reich von der Zwangssterilisation gar 1 % der
fortpflanzungsfähigen Bevölkerung betroffen war. Im Kontext des
antiindigenen Rassismus wurden in den USA ebenfalls indigene
Frauen Opfer der Zwangssterilisierung. Kontinuitätslinien rassistischer Zwangssterilisierungen existierten in zahlreichen Ländern wie
beispielsweise in Schweden und der Schweiz auch weit nach 1945.
Für den deutschen Nachkriegsrassismus ist in diesem Zusammenhang die Verweigerung von »Wiedergutmachungszahlungen« an die
Opfer signifikant, die nicht als nationalsozialistisch Verfolgte aner-
kannt wurden. Kritische Stellung bzgl. der Thematik bezieht der
US-amerikanische Spielfilm »Das Urteil von Nürnberg« (Stanley
Kramer, USA 1961).

5.10 Kolonisierung

Unter Kolonisierung wird die gewaltsame Eroberung eines fremden
Territoriums sowie die Etablierung eines Systems der Fremdherr-
schaft mit der Intention, die Unterworfenen politisch-institutionell
wie militärisch zu beherrschen bzw. ökonomisch auszubeuten, verstanden. Die Etablierung der Kolonialherrschaft kann ebenso mit
der Vertreibung oder gar Ermordung der indigenen Bevölkerung
einhergehen. Eng verbunden mit der Kolonisierung war zumeist das
System der Sklaverei (vgl. Kap. 5.7). Der Kolonialherr legitimierte
die Usurpation durch kulturelle oder »rassische« Überlegenheit. Der
europäische Kolonialismus bediente sich zwecks Legitimation maßgeblich der Rassenlehre der Aufklärung. Der spanische Kolonialismus etablierte in seinen Kolonien das System der Castas, welches die
koloniale Herrschaft gestützt auf die »Doktrin von der Reinheit des
Blutes« (vgl. Kap. 1.4.4) festigte. Zwecks Sicherung ihrer Herrschaft
folgten die Kolonialherren zumeist der Maxime »Divide et impera«,
sodass indigene Ethnien gegeneinander ausgespielt, unterschiedlich
behandelt und einer ausgeklügelten Ordnung ausgesetzt waren, de-

ren Zweck in der Produktion hierarchisierender Spaltung bestand. Die Kolonialherrschaft ging ebenso mit einer Vielfalt segregierender Maßnahmen einher, die je nach Kolonialmacht höchst unterschiedlich ausgeprägt waren. Insbesondere die deutsche Kolonialmacht setzte vor dem Ersten Weltkrieg auf ein rigides System ethnischer Segregation (vgl. Kap. 5.1).

5.11 Ethnozid

Zwangsassimilation stellt den vorsätzlichen Versuch einer herrschenden Gruppe dar, rassistisch Dominierte zur Aufgabe ihrer ethnischen Identität in Gestalt von Kultur, Sprache, Religion und Formen des Wirtschaftens sowie ihrer Sitten und Gebräuche zu zwingen. Die Thematik der Zwangsassimilation ist verbunden mit dem Kinderdiebstahl des »weißen Mannes« und mit vielfältigen Versuchen, den beherrschten Gruppen ihre Kinder zu entreißen, um diese in Heimen zu erziehen oder zur Adoption freizugeben und so ihrer ethnischen Gruppenzugehörigkeit zu entfremden. Zu den historischen Beispielen zählen u. a. die Wegnahme der Kinder der Sinti und Roma, der Jenischen in der Schweiz, der indigenen Völker der USA sowie Kanadas und der Aboriginal in Australien. Der Ethnozid stellt ein Verbrechen gegen die Menschlichkeit dar. Die »UN-Konvention über die Verhütung und Bestrafung des Völkermords«, die seitens der Generalversammlung im Jahr 1948 beschlossen wurde, betrachtet den gruppenspezifischen Kinderraub explizit als eine derjenigen Handlungen, auf die das Verdikt des Völkermords zutrifft. Zum Ethnozid gehört auch der Linguizid oder Sprachmord, d. h. der Versuch, die Sprache rassistisch Dominierter durch Sprachverbot wie Unterbindung ihres Sprechens im öffentlichen Raum zum Aussterben zu bringen.

Die »Indianerpolitik« der Vereinigten Staaten zeichnete sich nach 1945 durch eine Politik ethnischer Termination aus. Spätestens seit Anfang der 1950er Jahre verfolgten die »Indian Commissioners« eine Linie, welche auf die Annulierung indigener Selbstbestimmung, des kulturellen Pluralismus sowie bestehender Gruppenrechte hinauslief, die in den 1930er Jahren zumindest ansatzweise gewährt wurden. Die Indian Commissioners gingen zu einer Politik der Zwangsassimilation über. Erst der »Indianer«, der ohne Hilfe auf sich selbst gestellt sei, so der Tenor, werde zum »weißen Mann«, in der Stadt wohnen, einer geregelten Beschäftigung nachgehen und sich zu einem vollwertigen US-Bürger entwickeln. Die Praxen bestanden im Entzug staatlicher Unterstützungsleistungen, erzwungener Umsiedlung ins städtische Umfeld sowie in der Auflösung bestehender Reservate.

Die durch die terminatorische Regulierung verarmenden indigenen Nationen sollten nicht länger als souveräne Gebilde existieren, sondern im »melting pot of nations« aufgehen. Die Ära der Termination ging mit einer landrechtlichen Enteignungwelle sowie der Zwangsadoption indigener Kinder durch weiße Familien einher. Beabsichtigt war die Zerstörung der indigenen Kultur und Identität. Gruppen- wie Familienzusammenhalte sollten durch den Kinderdiebstahl auf gewaltsame Art entzweit bzw. zerstört werden. Das »Indian Adoption Project«, das in den Jahren zwischen 1958 bis 1967 betrieben wurde, folgte der Logik der Terminierung indigener Identität. Im Rahmen des Projekts wurden Kinder zwangsweise weißen Familien zur Adoption freigegeben. Die Umgebung des »weißen Mannes« sollte den Kindern ein »besseres Leben« eröffnen. Seit Ende des 19. Jh.s existierte neben der Zwangsadoption das System der »American Indian Boarding Schools«. Die Vorstellung der zumeist kirchlichen Betreiber bestand in der »Christianisierung« bzw. »Zivilisierung« der von ihren Eltern getrennten Kinder, was die Unterbindung des Sprechens der Muttersprache ebenso wie das Ablegen des eigenen Namens einschloss. Bezüglich der Zwangsassimilation heißt es im von Don Fardon gesungenen Popsong »Indian Reservation«: »Took away our native tongue, and taught their English to our young.«

Auf dem amerikanischen Kontinent war die Politik der Zwangsassimilation auch in Kanada ausgeprägt und führte zum System der »Residential Schools«, in denen internatsmäßig Kinder der First

Nations unterrichtet wurden. Ihre Zahl wird heute auf ca. 3000 Internate geschätzt, die von der Mitte des 19. Jh.s bis 1996 zumeist durch den Katholizismus betrieben wurden. Wie in den »Boarding Schools« war es den Kindern untereinander unter Strafe verboten ihre Muttersprachen zu sprechen. Sie sollten ihren Familien entfremdet werden, die Sprachen der First Nations sollten aussterben. Psychische, physische wie sexuelle Übergriffe waren wie an den »Boarding Schools« allgegenwärtig. Grassierende Krankheiten führten auch hier zu einer hohen Todesrate der Kinder. Die Kinder der »Residential Schools« bekamen ihre Eltern zumeist monatelang nicht zu Gesicht. Seitens der kanadischen Regierung erfolgte im Jahr 1998 eine Entschuldigung. Indes blieb eine offizielle Anerkennung des rassistischen Schulsystems als geplantem Ethnozid aus.

In Australien wurden die Kinder der Aboriginal vom Beginn des 20. Jh.s bis zum Ende der 1960er Jahre ihren Eltern aus rassistischen Gründen gestohlen (»Stolen Generations«) und weißen Familien sowie Missionen zur Adoption übergeben, wo sie zumeist als billige Arbeitskräfte ausgebeutet wurden. Ökonomischer Hintergrund der Maßnahme war u. a. ein ausgeprägter Arbeitskräftemangel. Zum ideologischen Hintergrund gehörte die Vorstellung, dass »weißes Blut« dominant und eine »biologische Assimilation« somit erfolgreich sei. Gestohlen wurden überwiegend Kinder mit hellerer Hautfarbe oder Kinder, die von einem weißen Vater abstammten. Hellhäutigere Kinder wurden von ihren Müttern ängstlich versteckt. Polizeikräfte entrissen sie ihnen bei Durchsuchungen zumeist ohne Gerichtsbeschluss und brachten sie in hunderte von Meilen entfernte Camps. Im Jahr 1997 veröffentlichte die australische Regierung den Abschlussbericht »Bringing them Home«. Allerdings folgte erst im Jahr 2008 seitens des australischen Premiers eine offizielle Entschuldigung. Der Film »Rabbit Proof-Fence« (auch »Long Walk Home«) aus dem Jahr 2002 schildert die authentische Geschichte zweier Mädchen und ihrer Cousine, die 1931 Opfer der rassistischen Assimilationspolitik wurden. Der »Bringing them Home Report« nennt vonseiten des Staates eine Zahl von mindestens 100 000 betroffenen Kindern. In ihrer Autobiografie schreibt die australische Olympiasiegerin Cathy Freeman:

>>My own grandmother didn't know her mother. She was taken away when she was eight years old. She wasn't allowed to speak her native tribal tongue and spent most of her life in missions that were effectively prisons, where you had to fight for a pass to be allowed to leave. Can you imagine being eight years old and being taken away from your mother? Can you imagine walking past your child or your mother in the street and not being allowed to talk to them? Can you imagine people coming into your home, burning it down and destroying everything? Can you imagine somebody poisoning the water in your taps to try to kill you? That is what happened to my people.<<

Auch das absolutistisch geprägte Österreich unter Maria Theresia sowie Joseph II. betrieb Zwangsassimilationspolitik gegenüber Sinti und Roma. Die Intention bestand darin, aus ihnen >>gute Christen<< und Staatsbürger zu machen. Sie sollten zur Aufgabe ihrer bisherigen Kultur gezwungen werden sowie Acker und Feld als >>Neubauern<< bestellen. Diverse absolutistische Maßnahmen des 17. und 18. Jh.s liefen auf einen geplanten und intendierten Ethnozid hinaus. Die rassistischen Praxen erstreckten sich vom Verbot des Besitzes von Pferden und Wohnwagen, starrer Residenzpflicht, einem staatlich angeordneten Kinderdiebstahl, dem Verbot des Tragens der >>Zigeunerkleidung<< sowie des Sprechens der >>Zigeunersprache<< bis hin zum Verbot untereinander zu heiraten. Zu erinnern ist schließlich auch an die Zwangsgermanisierung polnischer Kinder während der nationalsozialistischen Herrschaft.

5.12 Genozid

Der Völkermord als Form rassistischer Gewalt bezeichnet Praxen, die intentional darauf abzielen, mit direkten oder indirekten Mitteln eine klar definierbare Gruppe von Menschen ganz oder teilweise physisch zu vernichten, soweit man ihrer habhaft werden kann. Der Demozid bildet den Extremfall einer nichtdiskursiven Ausgrenzungspraxis.

Die gewaltförmige Unterwerfung der indigenen Bevölkerung Nordamerikas seitens »weißer Einwanderer«, die sich vom 16. bis zum 19. Jh. erstreckte, stellt einen solchen faktisch zwar nicht bestreitbaren aber immer noch in Abrede gestellten Völkermord dar. Dies bedeutet nicht, dass die Vernichtung von Anfang an geplant war oder über den recht langen Zeitraum von 300 Jahren stets konzeptionell verfolgt wurde, jedoch vermittelt die Zahl mörderischer Einzelereignisse, rassistischer Statements sowie terminatorischer Handlungsweisen den schlüssigen Eindruck eines Genozids. Dies gilt beispielsweise für den dreijährigen Pequot-Krieg (1634–1637), bei dem das Militär die nur wenigen Überlebenden, bei denen es sich vorwiegend um Alte, Frauen und Kinder handelte, noch in die Sumpfgebiete verfolgte, um sie zu töten. Desweiteren gilt dies auch für dokumentierte Fälle, in denen man Indigenen mit Pocken verseuchte Pferdedecken in der Hoffnung überreichte, diese lösten eine flächendeckende Epidemie aus. Auch das Aussterben des Bisons war nicht allein den Taten der Sonntagsjäger, dem Eisenbahnbau, den Schafzüchtern sowie dem Fleich- und Fellbedarf geschuldet, sondern zielte auch darauf ab, durch das Töten des Tieres die ökonomische, soziale sowie kulturelle Grundlage der Indigenen zu zerstören. Spätestens als die Fellpreise ins Bodenlose stürzten, bestand die Intention des massenhaften Erlegens der Tiere zunehmend in der Vernichtung der Lebensgrundlage der Völker der Prärie. Die Tötung des Tieres sollte die Indigenen kulturell wie physisch treffen, sie psychologisch entmutigen und deprimieren. Aussprüche seitens der Generalität und der politischen Klasse wie das folgende Statement des Generals Philip Sheridan (1831–1888) stellen alles andere als eine Ausnahme dar:

> »Die Büffeljäger haben in den letzten zwei Jahren mehr getan als die ganze Armee; sie werden im nächsten Jahr noch mehr tun, um die vertrackte Indianerfrage zu lösen, sie vernichten den Proviantmeister der Indianer; [...] lasst sie töten, häuten und verkaufen bis die Büffel ausgerottet sind.«

Vor allem zum Zeitpunkt des Goldrausches galt der Spruch »Nur ein toter Indianer, ist ein guter Indianer« als zentrales Leitmotiv »interkultureller Begegnung«. In der zweiten Hälfte des 19. Jh.s mehrten sich schließlich die Massaker genozidalen Charakters. Neben den konkreten Praxen und Belegen eines demografischen Genozids ist auch die antiindigene Ideologie des 19. Jh.s zu berücksichtigen, die dem »roten Mann« einzig und allein die Rolle einer »aussterbenden Rasse« zubilligte. Übersehen werden darf auch nicht, dass sich der demografische mit einem kulturellen Genozid bzw. Ethnozid sowie Linguizid paarte (vgl. Kap. 5.11).

Als Genozid zu bezeichnen sind ebenso die Auseinandersetzungen der »weißen Australier« mit den ca. 5 000 tasmanischen Aboriginal in den 1800er Jahren, die erbitterten Widerstand gegen den kolonialen Raub ihres Landes leisteten. Die Konflikte entwickelten sich zum »Black War« – eine verschleiernde Bezeichnung, insofern es sich um einen »White War« handelte –, der mit der Deportation (vgl. Kap. 5.5) der wenigen Überlebenden auf eine 55 Kilometer vor Tasmanien liegenden Insel endete, deren inhumane Lebensbedingungen den Tod nahezu aller Menschen zur Folge hatte. Die Tasmanier wurden mit Billigung offizieller Instanzen getötet. Als diskursive Rassifizierungstechnik diente zumeist die Animalisierung. Da es sich um Tiere handele, so hieß es, könne man ihre Tötung weder mißbilligen noch ahnden. Im Geist des Sozialdarwinismus wurde die Ausrottung wie bei den Indigenen Nordamerikas als ein zwangsläufiger Prozess betrachtet, welcher der »Logik der Evolution« folge.

Der erste Genozid des 20. Jh.s war der Völkermord an den Herero und Nama (1904–1908) seitens der deutschen Kolonialmacht. Im Jahr 1884 startete der Kolonialimperialismus des Deutschen Kaiserreichs vergleichsweise spät mit der Geltendmachung vermeintlicher Ansprüche auf das heutige Gebiet Namibia sowie der Gründung der ersten deutschen Kolonie mit der Bezeichnung »Deutsch-Südwestafrika«. Im Januar 1904 begann der Verzweiflungskampf der indigenen Herero und Nama gegen den Diebstahl ihres Landes und Viehs. Da ihr Widerstandsversuch anfangs größere Erfolge zeitigte, wurden weitere deutsche Truppenkontingente hinzugezogen, um den Aufstand niederzuschlagen. Oberbefehlshaber der deutschen Truppen in Südwestafrika war anfangs Generalleutnant Trutz von

Trotha, der mit der Führung eines postulierten Vernichtungskriegs begann und verlautbaren ließ:

> »Das Volk der Herero muss das Land verlassen. Wenn das Volk das nicht tut, so werde ich es mit dem Geschütze dazu zwingen. Innerhalb der deutschen Grenzen wird jeder Herero mit und ohne Gewehr, mit oder ohne Vieh erschossen, ich nehme keine Weiber oder Kinder mehr auf, treibe sie zu ihrem Volk zurück oder lasse auf sie schießen.«

Auch nach Widerrufung dieser Anweisung und Abberufung Trothas folgten die deutschen Offiziere der Linie eines geplanten Genozids. Hereros wurden vorsätzlich in die Wüste getrieben, damit sie dort verdursteten, oder in Sammellager interniert, deren Bedingungen zu einem intendierten Massensterben führten. Der genozidale Krieg gegen die Herero und Nama vertiefte zugleich die rassistische Strukturierung der deutschen Kolonialpolitik, die nunmehr zur Apartheid überging. Als eine der ersten Maßnahmen rassistischer Segregation verbot die Kolonialverwaltung im September 1907 Ehen zwischen deutschen Kolonialisten und Indigenen und erklärte bereits geschlossene Ehen rückwirkend für unwirksam. Bereits geborene Kinder aus »gemischt-ethnischen Ehen« wurden als »Eingeborene« bewertet und behandelt. Nahezu zeitgleich entwickelte sich auch auf dem Gebiet des heutigen Tansanias, in »Deutsch-Ostafrika«, der Widerstand gegen die deutsche Kolonialherrschaft, die durch forcierte Steuerlast, Zwangsarbeit und Konfiszierung von Ländereien immer drückendere Formen annahm und alltägliche körperliche Misshandlungen einschloss. Der »Maji-Maji-Krieg« in den Jahren von 1905 bis 1907 war einer der größten Kolonialkriege überhaupt. Nach anfänglichen Erfolgen wurde die antikoloniale Bewegung durch Maschinengewehrabteilungen sowie durch eine gezielte Politik der »verbrannten Erde« niedergeschlagen. Durch militärische Auseinandersetzungen sowie durch die im Kontext der Zerstörung ganzer Landstriche ausgelösten Hungersnöte kamen bis zu 300 000 Indigene unterschiedlicher ethnischer Herkunft ums Leben. Wie der Völkermord in »Deutsch-Südwestafrika«, so handelte es sich auch beim »Maji-Maji-Krieg« um einen von deutscher Seite aus geführten

Vernichtungsfeldzug. Die zu Beginn des 20. Jh.s geführten Kolonialkriege lassen bereits das Maß der kriegerischen Brutalisierung des Ersten Weltkriegs sowie die das 20. Jh. begleitende Tötungsenthemmung erahnen. Eine deutsche Anerkennung des Völkermords an den Herero und Nama erfolgte erst im Juli 2015, eine offizielle Entschuldigung blieb indes bis zum heutigen Tag aus.

Vom Völkermord an den Armeniern im Jahr 1915, über die Shoah sowie dem Porajmos bis hin zum Völkermord in Ruanda im Jahr 1994 ist die Liste weiterer Genozide im 20. Jh. erschreckend lang, zumal nur einige wenige hier beispielhaft Erwähnung fanden. Im Ausmaß seiner Industrialisierung, Bürokratisierung und Radikalität stellt der Holocaust unter all diesen Ereignissen dennoch eine Ausnahme dar, was an dieser Stelle nicht unterschlagen werden soll.

5.13 Zusammenfassung

Rassismus tötet! Dies belegen in Deutschland die neun Opfer der neonazistischen Terrorgruppe namens NSU in den Jahren 2000 bis 2006, der aus Angola stammende Arbeiter Amadeu Antonio Kiowa, der 1990 in Eberswalde zu Tode getreten wurde, der Mordanschlag von Mölln im Jahr 1992, bei dem das zehnjährige Mädchen Yeliz Arslan, die 14-Jährige Ayşe Yılmaz sowie ihre Großmutter Bahide Arslan verbrannten und der Anschlag in Solingen im Jahr 1993, bei dem fünf Menschen starben, sowie Marwa El-Sherbini, die aufgrund islamfeindlicher Motive von 18 Stichen getroffen wurde. Die Amadeu Antonio Stiftung gibt die Zahl der Todesopfer seit 1990 mit 178 an und spricht von elf weiteren Verdachtsfällen. Die Angaben der offiziellen Statistik weichen davon deutlich ab, was darauf verweist, dass erst noch gesellschaftlich durchgesetzt werden muss, dass Rassismus als solcher benannt und vonseiten der Ämter auch als solcher erfasst wird.

Mehr als 200 000 kranke und behinderte Menschen wurden in der Zeit des deutschen Nationalsozialismus systematisch ermordet. Rassismus tötet schließlich auch in Gestalt des Völkermords. Über sechs

Millionen europäische Juden und 500 000 Sinti und Roma fielen dem nationalsozialistischen Rassismus zum Opfer und mahnen jegliche Form der Verharmlosung rassistischer Praxen wie Stereotype und den alltäglichen Antisemitismus wie Antiziganismus in unserer Gesellschaft an. Rassismus tötet indes auch auf indirekte Art und Weise. Über Jahrhunderte hinweg führten Praxen der Separation dazu, dass die Lebensbedingungen rassistisch Dominierter ungleich schlechter waren und ihre Lebenserwartungen als Folgewirkung nicht dem der rassistisch Dominanten entsprachen. Rassismus beginnt keineswegs erst dort, wo getötet wird oder ein Genozid vorliegt. Vergessen werden sollte nicht, dass der Rassismus stets ein Gewaltverhältnis ist und selbiges auch dann vorliegt, wenn keine unmittelbar gewaltförmige rassistische Erscheinung in Gestalt der körperlichen Strafe, der Folter, des Hängens, des Pogroms, einer Vertreibung, eines Ethnozids oder Genozids zu konstatieren ist. Ein Gewaltverhältnis liegt bereits dem »rassistischen Stereotyp« sowie dem »rassistischen Witz« zugrunde, auch wenn ihre Verbreiter weder zu körperlichen Übergriffen aufrufen noch diese gutheißen mögen. Die Missachtung eines Mitglieds einer konstruierten Fremdgruppe ist zwar nicht mit Erscheinungen unmittelbar körperlicher Gewaltanwendung gleichzusetzen, doch sie stellt bereits eine Form psychischer Gewalt dar mit zumeist durchaus realen körperlichen Konsequenzen für den rassistisch Dominierten. Alltägliche Demütigungen, Herabsetzungen und Beleidigungen erzeugen körperliche wie seelische Wirkungen und beeinträchtigen Lebensqualität wie Lebensdauer.

6 Alltagsrassismus

Unter Alltagsrassismus fassen wir Erscheinungen, die auf den ersten Blick in der Regel weniger spektakulär wirken, aber in ihrer Summe betrachtet eine durchaus effiziente wie nachhaltige Wirkung erzeugen können. Gemeint sind im Wesentlichen Diskriminierungen in der alltäglichen Kommunikation, die zum relevanten Teil vom sprechenden oder handelnden Akteur nicht intendiert sind, unbewusst ablaufen bzw. von subtilerer Natur sind, sowie offene Erscheinungsformen des Rassismus im Alltag. Der Alltagsrassismus ist hochgradig von internalisierten Normen geprägt, die als selbstverständlich wahrgenommen werden und in Kommunikationssituationen angewendet werden. Der alltägliche Rassismus reproduziert stets aufs Neue die Spaltung zwischen einem »Wir« und einem »Ihr«. Alltagsrassistische Situationen zeichnen sich dadurch aus, dass der rassistisch Dominante die konstruierte Dichotomie verinnerlicht hat, auf der Basis des binären Codes handelt und zumeist unreflektiert die gesetzte Norm exekutiert, die den rassistisch Dominierten die Mächtigkeit seiner sozial konstruierten Nichtzugehörigkeit immer und immer wieder schmerzhaft erfahren lässt. Unter Alltagsrassismus fassen wir ebenso Handlungsweisen, die intendiert und damit bewusst ablaufen. Dies kann vom abwertenden Blick, ausgrenzender oder diskriminierender Rede, der Verweigerung eines Diskothekeneinlasses bis hin zum rassistischen Witz sowie rassistisch durchsetzter Unterhaltung reichen. Thematisiert werden in diesem Kapitel folglich u. a. alltägliche kommunikative Situationen, rassistische Symbole und Gesten, die Fest- und Feierkultur, rassistische Inhalte in der Werbung sowie die Thematik rassistischer Bestandteile in Kinderbüchern sowie die Debatte über rassistische Sprache.

6.1 Sprache und alltägliche Kommunikation

Am »Tag der offenen Moschee« in Berlin unterwegs höre ich in der Heinersdorfer Moschee, wie einer der Besucher in der Absicht, etwas Positives zu einem muslimischen Jugendlichen äußern zu wollen, der durch die Moschee führt und dessen Eltern aus Indien eingewandert sind, sagt: »Sie sprechen aber gut Deutsch!« Der Jugendliche ist irritiert und antwortet: »Aber ich bin doch hier geboren.« In meinen Seminaren kommt es immer wieder vor, dass Studierende Kommilitonen mit Migrationshintergrund fragen, ob sie nach dem Master beabsichtigen, in die Türkei zurückzugehen. Während diejenigen, die fragen, zumeist nach Erhalt des Studienplatzes nach Berlin zugezogen sind, handelt es sich bei den Befragten durchwegs um in Berlin geborene Studenten. Erkennbar ist auch, dass schwarze Studierende bzw. People of Colour mit großem Abstand am häufigsten von der »Wo kommst Du her?«-Frage betroffen sind, wobei der Fragende unreflektiert eine außerhalb Deutschlands liegende »Heimat« unterstellt. »Weißsein« ist auch im Studienalltag noch immer die gesetzte Norm und diese wird im Sprechakt unbewusst reproduziert. In meinen Seminaren zum Thema »antimuslimischer Rassismus« betreffen stereotypisierende Annahmen auch Studierende mit türkischem Migrationshintergrund insofern sie stets für Muslime gehalten werden, obwohl ein relevanter Anteil unter ihnen jesidisch oder christlich ist. Von alltagsrassistischen Sätzen signifikant häufiger betroffen sind Studentinnen, deren Religionszugehörigkeit durch das Tragen des Kopftuchs sichtbar ist. Sätze wie »dafür sprichst Du aber gut Deutsch« gehören zum Alltag. Das »dafür« verweist auf die verinnerlichte Unterstellung, es gebe einen Zusammenhang zwischen dem allgemeinen Bildungsniveau bzw. der Sprachkompetenz und der Religionszugehörigkeit. Der Sprecher ist folglich überrascht, dass eine kopftuchtragende Muslima die deutsche Sprache »so gut« beherrscht. Der Satz »Könnt Ihr Euch nicht auf Deutsch unterhalten« einer Lehrkraft auf dem Pausenhof ist ebenso als Alltagsrassismus zu werten und korrespondiert mit populistischen Kampagnen, die eine Selbstverpflichtung des Deutschsprechens in der Schule als geeignete pädagogische Maßnahme ausgeben. Es ist eine rassistische Normsetzung, die linguale Diversität nicht als Bereicherung rezipiert, sondern als schulisches Manko. Die »andere Sprache« stellt indes kein Hindernis dar, sondern die vernachlässigte bilinguale Erziehung und Ausbildung. Eine Lehrerin der zweisprachigen Staatlichen Europaschule Berlin, die vom Konzept des interkulturellen, bilingualen Unterrichts überzeugt ist, berichtete mir, sie würde trotzdem auch einmal gerne an einer anderen Schule unterrichten, was sich jedoch nicht realisieren lasse, da es in Berlin so wenig Lehrkräfte gebe, die ihre Fächer zweisprachig (Türkisch/Deutsch) unterrichten könnten und man sie daher nicht gehen ließe. Alltagsrassismus ist mit dem institutionellen Rassismus (vgl. Kap. 4) eng verbunden, insofern unzureichende Anstrengungen, um den Anteil bilingualer Lehrkräfte zu erhöhen, zur schulischen Benachteiligung und mangelnder Förderung von Kindern mit Migrationshintergrund führen.

Rassistische Stilmittel im Alltag können ebenso nichtintentional wie gezielt verwendet werden, um den anderen zu beleidigen, zu kränken und auszugrenzen. Rassistische Wörter begleiten den Alltag 24 Stunden lang, wie beispielsweise in Gestalt der Wörter »Dritte Welt«, »Schwarz-Afrika«, »Farbige«, »Armutsmigration«, »Parallelgesellschaft«, »Kaff«. Der Rassismus hat sich tief in unseren Wortschaft eingegraben und begegnet uns in Gestalt rassistischer Fremdbezeichnungen für Ethnien wie bspw.: »Zigeuner«, »Eskimos« und »Indianer«. Diese ethnischen Bezeichnungen beruhten nicht auf Missverständnissen, sondern exekutierten die Macht der »Entdecker« nach ihrem Gutdünken, die »fremde Spezies« bezeichnen zu können sowie sie hierarchisch zu katalogisieren und klassifizierend zu bewerten.

Der Politiker und Bundestagsabgeordnete Özcan Mutlu, ein Absolvent der Beuth Hochschule für Technik, war im Jahr 2006 per Direktmandat in das Berliner Abgeordnetenhaus gewählt worden und für den Bereich Integration und Migation verantwortlich. Er stieß auf das Behördenformular mit der Nummer »I C 228«, eine Erklärung zum Einbürgerungsantrag, und las am Ende folgenden zu unterschreibenden Satz: »Ich erteile ferner ausdrücklich meine Einwilligung gemäß des Berliner Datenschutzgesetzes zur Verarbeitung der für mein Einbürgerungsverfahren erforderlichen personenbezogenen Daten besonderer Kategorien, hier zur rassischen und ethnischen Herkunft.« Es ist einer der zahllosen Beispiele, die zeigen, wie stark das Denken in »Rassenkategorien« noch immer sprachlich verankert ist.

6.2 Rassistische Symbole und Gesten

Die sogenannte Südstaatenflagge, die Flagge der »Konföderierten Staaten von Amerika«, wird noch immer inoffiziell wie offiziell in den USA geflaggt. Die Flagge der Konföderierten ist ein rassistisches Symbol, insofern sie historisch untrennbar mit dem Bekenntnis zur Sklaverei verbunden ist. Sie wird nicht nur in South Carolina gehisst, sondern ist im oberen linken Feld gar offizieller Bestandteil der Flagge des US-Bundesstaates Mississippi. Die Flagge der Konföderierten stellt ein Symbol für die Ideologie und Praxis der »White Supremacy« dar, ihre Anhänger bekennen sich zur Überlegenheit der »weißen Rasse«, sie befürworten »weiße Dominanz« und nennen ihren Rassismus »Tradition«, »Geschichtsbekenntnis«, »Freiheitsliebe« sowie »Patriotismus«. Was sich in Wahrheit dahinter verbirgt, wurde am 17. Juni 2015 offenbar als ein 21-Jähriger in Charleston neun Afroamerikaner in einer Kirche der Methodisten erschoss. Die Kirche suchte sich der Täter nicht zufällig aus, insofern zu ihren Gründern Denmark Vesey (1767–1822) zählte, der angeregt durch die von Toussaint Louverture (1743–1803) angeführte Haitianische Revolution des Jahres 1791 im Jahr 1822 einen Aufstand gegen die Sklaverei plante. Die Interpretation der Konföderiertenflagge seitens des Täters war eindeutig. In sichergestellten Fotos verbrannte der Attentäter den Sternenbanner, posierte bewaffnet neben der Konföderiertenflagge und benannte seine Webpage nach dem rassistischen Regime Rhodesiens. Die Zerrissenheit der USA in Sachen Rassismus wurde auch daran ersichtlich, dass Hunderttausende Menschen per Onlinepetition die Entfernung der Flagge vor dem Parlament von South Carolina forderten, während gleichzeitig Millionen US-Dollar zur Strafverteidigung des Täters gespendet wurden.

Zwar sind in Deutschland nationalsozialistische Zeichen und Gesten unter Strafe gestellt, doch die neonazistische Szene hat zahlreiche neue Symbole kreiert, die nicht nur als insidermäßige Codes und Erkennungszeichen getragen werden, sondern auch bewusst der Förderung einer Angstkultur dienen und Antirassisten sowie rassistisch Dominierte einschüchtern sollen. Die polizeiliche wie juristische Untätigkeit mit der auch in Deutschland mit Symbolen umgegangen wird, die einen eindeutigen Bezug auf den deutschen Nationalsozialismus aufweisen, fördert die rechte Szene. So kann bspw. in Deutschland problemlos die Reichskriegsflagge (ohne Hakenkreuz) gehisst und öffentlich gezeigt werden.

Auch im europäischen Fussball gehören Affengesten immer noch zum dort praktizierten Alltagsrassismus, auch wenn die UEFA in Gestalt der »Fare Action Weeks« mittlerweile Zeichen eines »Say No to Racism« setzt. Gesten des Alltagsrassismus können indes auch subtilerer Natur sein. Sie reichen von der unterschiedlichen Bereitschaft, Hilfen bei Alltäglichkeiten zu gewähren, dem Ausweichen von Menschen, ihrem Anstarren, dem unterschiedlichen Grad ihres alltäglichen Einbeziehens bis hin zu einer Vielzahl weiterer körperlicher Signale, die dem anderen ein »Du entsprichst nicht der Norm« oder gar »Du bist gefährlich« signalisieren.

6.3 Die Fest- und Feierkultur

Am Brandenburger Tor in Berlin sollte angesichts des Erfolges bei der Fussballweltmeisterschaft 2014 richtig gefeiert werden. Die Weltmeister tanzten ihren »Gaucho-Tanz« und sangen dazu: »So geh'n die Gauchos, die Gauchos, die geh'n so!« Während deutsche Tageszeitungen dies mit »respektlos im Siegesrausch«, »Schnapsidee«, »geschmacklos« und »gigantisches Eigentor« kommentierten, schrieb die argentinische Sportzeitung *Olé*: »Die Deutschen denken, sie schauen von oben herab. Sie halten sich für eine andere Rasse« und thematisierte so den rassistischen Tenor der Inszenierung. Dieser bestand weniger in der überheblich despektierlichen Demütigung eines Gegners, gegen den man es alles andere als leicht hatte, sondern in der Verwendung des Wortes »Gaucho«, das generalisierend (vgl. Kap. 2.1.2) wie essentialisierend (vgl. Kap. 2.1.3) für »die Argentinier« benutzt wurde. Unabhängig von der etymologischen Bedeutung des Wortes bestand der rassistische Tenor der Verwendung des Wortes in seiner offensichtlich abwertend gemeinten Konnotation. Während die »Wir-Gruppe« der »WM-Sieger« Kultur, Intellekt und Sieg präsentieren, steht die »Fremdgruppe« für Viehhirten, Rohlinge und Verlierer. Während der Zivilisierte in Europa aufrecht geht, ist die »Vorstufe des homo sapiens« in den »Übersee-Kolonien« dazu nicht imstande und geht noch gebückt. Vielfältige rassistische Konnotationen wurden hier bemüht, deren vermutlich unreflektierter Charakter nichts am Wesen der Inszenierung an sich ändert.

In der historisch tradierten Fest- und Feierkultur finden sich vielfältige Beispiele für den Alltagsrassismus. In den Niederlanden ist eine heftige Debatte über den »Sinterklaas« und seinen Gehilfen, den »Zwarte Piet«, entbrannt. Der »Zwarte Piet« ist der »schwarze Helfer« des »weißen Nikolaus«, der ihm den Geschenkesack trägt und die »Drecksarbeit« für ihn erledigt. In früheren Zeiten hatte der »Zwarte Piet« die bösen Kinder eigenhändig zu bestrafen, während sich der weiße, ältere Herr mit Bart zurückhielt. Darsteller des »Zwarte Piet« sind schwarz oder braun geschminkte, antinegrid stereotypisierte Personen, die wie der »Sarotti-Mohr« in zumeist nobler Dienergarderobe gekleidet sind. Eine Darstellung um 1910 zeigt wie der »Zwarte Piet« einen »bösen Jungen« in einen Sack steckt, während sein artiges Schwesterchen die Szene voller Schrecken verfolgt. Der »Zwarte Piet« steht in der Tradition der »Kinderschreckfiguren« (vgl. Kap. 6.6) und diente autoritären Eltern dazu, kindlichen Schrecken zu verbreiten und ihren Sprösslingen zu drohen, sie würden bei Unartigkeit vom »Zwarten Piet« geholt, in einen Sack gesteckt und mitgenommen. Der rassistische Charakter der Figur besteht neben der Dienertätigkeit (»Sklave«) sowie dem Blackfacing in der Konnotation von »Schwarzsein« mit Gefahr, Bedrohung und Bestrafung, was auf diese Weise eine kindliche Aversion gegenüber schwarzen Personen erzeugt. Bilder aus der Mitte des 19. Jh.s belegen die enge Verbindung der Figur des »Zwarte Piet« mit dem niederländischen Kolonialismus sowie der Versklavung schwarzer Menschen. In den Darstellungen sind die jeweiligen Übergänge zwischen einem Hausdiener und einem Sklaven fliessend. Im Jahr 2013 erreichte die Debatte um das Sinterklaasfest in den Niederlanden einen ersten Höhepunkt, der durch die Stellungnahme einer Expertengruppe der Vereinten Nationen ausgelöst wurde, die den rassistischen Charakter der Ausgestaltung des Festes und seine kolonialistischen Bezüge konstatierte. Mitglieder der Kommission sahen enge Verbindungen zur niederländischen Historie des Sklavenhandels und forderten öffentlich ein Ende der Tradition, was einen Sturm der Entrüstung entfachte. Das vorgetragene Verteidigungsargument, es handele sich beim »Zwarte Piet« nicht um die Darstellung eines »Schwarzen«, da die Gesichtsschwärze durch Schornsteinruss entstanden sei, mutet angesichts vielfältiger Charakteristika antinegrider Stereotypisierung wie »Afrohaar«, »wulstigen roten Lippen« sowie »kreolischen Ohrringen« nahezu grotesk an. Antirassistische Initiativen in den Niederlanden wiesen in der Debatte darauf hin, dass ähnliche Sklavendarstellungen sowohl in der klassischen niederländischen Malerei als auch in der Architektur und Inneneinrichtung Amsterdamer Kanalhäuser zu finden sind. Berücksichtigt man die Historie des Nikolausfestes im deutschsprachigen Kontext, so wird darüber hinaus ersichtlich, dass der Antinegrismus des »Zwarte Piet« ebenso die narrative Rassifizierungstechnik der Diabolisierung (vgl. Kap. 2.6.3) bemüht, insofern in Österreich und in Teilen Niederbayerns bis auf die heutigen Tage St. Nikolaus von einem schwarzen Teufel begleitet wird, der eine Rute schwinkt, eine Kiepe trägt oder einen Sack über seine Schulter geworfen hat. Entsprechende Bilder des 19. Jh.s weisen eine Verwandschaft zur holländischen Erzähltradition auf, insofern auch hier der Teufel die bösen

Kinder mitnimmt. Die den Nikolaus begleitende Figur wird in Österreich Krampus genannt. Während Knecht Ruprecht ein »Einzelgänger« ist, sind sowohl beim Krampus als auch beim Zwarten Piet Doppelgänger üblich, sodass St. Nikolaus des jeweiligen Kulturkreises in der Regel von einer ganzen Gruppe identischer Figuren begleitet wird. Kulturwissenschaftler vermuten, dass im Kontext des niederländischen Kolonialismus die »schwarzen Teufel« durch »schwarze Mohren« ausgetauscht und diese an die Seite von Sinterklaas gestellt wurden. Im Kontext des gegen chinesische Einwanderer gerichteten Rassismus diente auch der »Chinaman« als Kinderschreckfigur. So heißt es beispielsweise in *Farewell to Manzanar*: »One of Papa's threats to keep us younger kids in line was ›I'm going to sell you to the Chinaman‹«.

Alltagsrassismus findet sich auch in der spanischen Fest- und Feiertagskultur in vielfältigen Varianten. Feiern in Erinnerung an die spanische Nationalstaatsbildung bzw. an das siegreiche Ende der Reconquista weisen antisemitische wie antimuslimische Züge auf. So werden Strohpuppen, die in früheren Zeiten an Stelle eines verurteilten Ketzers verbrannt wurden, dem man wegen Abwesenheit nicht habhaft werden konnte, auf Eseln durch Dorfgassen getrieben und auf dem Markt-, Rathaus- oder Kirchplatz angezündet. Die historischen Opfer der Autodafés waren in hohem Maße Conversos wie Morisken, d. h. konvertierte Juden und Mauren (vgl. Kap. 1.4.3).

In einigen hessischen Gemeinden feiert man den »Grenzgang« wie etwa in Biedenkopf, Goßfelden und Dautphetal. Die zumeist mehrtägige Dorffeier steckt symbolisch die Grenze des eigenen Dorfes ab. Dorfbewohner und insbesondere Kinder sollen sich die Grenzsteine einprägen, die Ortsgrenze notfalls vor Eindringlingen verteidigen sowie Grenzverletzer erkennen und unschädlich machen. Der Grenzfrevler, der früher als vogelfreier Roma nicht selten höchst real aufgehängt wurde, wird heute zur Belustigung des Publikums einer Scheinhinrichtung unterzogen. Der Grenzgang findet alle sieben Jahre statt. Das Erschreckenste ist, dass noch im Jahr 2012 wie beim niederländischen Sinterklaasfest in Biedenkopf die rassistische Figur des »Mohren« bemüht wurde, der eine zentrale Figur des Festes darstellt und in der Traditionslinie der Kinderschreckfigur steht, nur dass er keine Kinder, sondern Grenzfrevler sowie Anrainer abschrecken soll, welche die Grundstücksgrenzen ihrer Nachbargemeinde verletzen. Per Blackfacing geschwärzt ist er mit furchterregendem Säbel sowie einer Art Husarenuniform ausgestattet und steht für die gewaltförmige Ahndung der Grenzverletzung während die ihm beigesellten »Wettläufer« mit lautem Peitschenknallen potentielle Frevler im Vorfeld verscheuchen sollen.

Zum Alltag des Rassismus gehört es, dass man mit dem Finger zumeist auf andere verweist. Während es alltagsrassistische Beispiele in der deutschen Fest- und Feierkultur zuhauf gibt und der Widerstand sich von rassistischem Brauchtum zu trennen auch hierzulande groß ist, verweisen deutsche Tageszeitungen auf den Sinterklass in den Niederlanden, auf die »rassistischen Holländer« und erwecken so den Eindruck als hätte die rassistische Figur des »Mohren« in Deutschland schon lange ausgedient. Noch im Jahr 2013 fand indessen der »Grenzgang Buchenau« (Dautphetal) statt, auf dessen Werbelogo der »Mohr« sowie die beiden peitschenknallenden »Wettläufer« zu erblicken waren, die traditionsgemäß die zentralen Figuren bilden. Ein weiteres Beispiel für den nach wie vor bestehenden Alltagsrassismus in Deutschland, begegnete mir direkt nach dem Schreiben dieses Absatzes. Ich genehmigte mir eine Pause und beabsichtigte mir einen Kaffee und ein Stückchen Kuchen aus dem Uni-Automaten zu gönnen. Doch statt des sonst üblichen Marmorkuchens erblickte ich eine »Mohrenwaffel«. Noch im Jahr 2016 meint die schweizerische Willi Beck AG (»Willi's«) offenbar nicht ohne den rassistischen Begriff (vgl. Kap. 1.4.2) auskommen zu können, um eine Schokoladenwaffel anzupreisen.

6.4 Rassistische Werbung

Ein Klick auf die Fernbedienung des Fernsehers, ein bisschen zappen, ein Gang durch die Berliner Innenstadt, ein Blick auf die neuesten Clips im Internet und man stößt auf die Alltäglichkeit rassistischer Werbung. Die Träger und beteiligten Akteure sind vielfältiger Natur, was die Breitenverankerung des Rassismus unterstreicht. Es lassen sich auch Clips im Internet finden, von denen man glaubt, es handele sich um Fälschungen, weil so etwas im 21. Jh. nicht mehr möglich sein könne. Ein Beispiel dafür stellt das Video »Growing together« dar. Zu sehen ist eine »weiße Frau« in einem gelben Jogginganzug in einer langen alten, rostigen Waggonhalle mit Wasserpfützen und Öllachen auf dem Boden. Nachdem ein Gong erklingt, wird die sportlich wirkende Frau mit einem »asiatischen Kämpfer« konfrontiert, der von einer Empore springt. Sodann tauchen eine säbelbewaffnete, mit einem indischen Turban bedeckte Person sowie eine »schwarze Person« mit Dreadlocks auf, die ebenfalls bedrohliche Angriffshaltungen einnehmen. Die angegriffene Frau schließt magisch ihre Augen und beginnt sich zu vervielfältigen, sodass die Angreifer sich nunmehr von zwölf weißen Frauen ringförmig umzingelt sehen, ihren Angriff abbrechen, sich auf den Boden setzen und aus dem Kreisinneren schließlich verschwinden. Während sie sich auflösen, verwandeln sich die Frauen in zwölf gelbe Sterne auf blauem Grund, welcher wie eine Fahne im Wind zu flattern beginnt. Der Abspann besteht in der Einblendung des Textes »the more we are, the stronger we are«, der Adresse »ec.europa.eu/enlargement« sowie des Copyrights »European Union, 2012«. Es handelt sich nicht um eine Fälschung, wie man meinen könnte, sondern um einen offiziellen Clip aus Brüssel, der die zu Fremden Konstruierten nicht nur als Bedrohung darstellt, sondern im Geist der von Eickstedt'schen »Großrassen« auch biologistisch rassifiziert. »Nichtweiße Europäer« werden aus dem »weißen Europa« ausgeschlossen. Die »weiße Europa« muss einen Angriff der People of Colour abwehren, ihre weiße Unschuld gegen »Andersfarbige« verteidigen. Da es sich bei den Angreifern durchweg um Männer handelt wird die narrative Rassifizierungstechnik der Sexualisierung (vgl. Kap. 2.5.1) bedient. »Der Fremde« erscheint als »der Vergewaltiger«, als derjenige, der die weiße Frau töten oder mit »fremdem Blut« beflecken will. Aufgrund des starken Protestes im Netz zog Brüssel den Clip zurück. Geht es um einen Rassismus-Vorwurf, so ist die diesbezügliche offizielle Erklärung symptomatisch:

>>Mit dem Genre wollten wir junge Leute anziehen, um sie für dieses wichtige Politikfeld zu interessieren. Der Clip sollte in keinem Fall rassistisch wahrgenommen werden und wir bedauern, dass dies bei einigen so angekommen ist.<<

Nicht der Clip ist laut Entschuldigung rassistisch, sondern die >>verquere Wahrnehmung<< einiger Rezipienten hat ihn missverstanden. Der rassistische Akteur muss sich folglich nicht für Rassismus entschuldigen, er bedauert lediglich ein Missverständnis, dessen Zustandekommen ihn (scheinbar) überrascht.

Im Jahr darauf sorgte die Werbung >>Weiß Nuss bleiben. Deutschland wählt weiß<< der Schokoladenfabrik Ferrero für Debatten im Netz. Zu sehen ist eine Bühne mit einem zugezogenen Vorhang, vor dem ein Rednerpult mit einer Schokoladenschachtel steht, welche die im Saal anwesenden >>weißen Jugendlichen<< beiderlei Geschlechts für >>Weiss Nuss bleiben<< agitiert. Im Saal werden Schilder hochgehalten, auf denen >>Yes Weiss can<< steht. Spätestens an dieser Stelle zeigt sich das Spiel mit rassistischen Klischees überdeutlich, da der Text Bezug auf den Obama-Spruch >>Yes we can<< nimmt und so aus >>Weiss Nuss bleiben<< ein >>Weiss muss bleiben<< wird, das die Suggestion einer >>weißen<< und einer >>schwarzen Rasse<< aufs Neue reproduziert und den US-amerikanischen Präsidenten als >>schwarzen Präsidenten<< biologisiert wie essentialisiert. Beim Rückzug seitens des Konzerns war auch bei diesem Beispiel von einem >>Missverständnis<< die Rede.

Wie hochgradig der antinegride Rassismus in der Werbung alltäglich präsent ist, verdeutlichte Ende 2015 auch die >>Weihnachtsedition<< der Firma Müllermilch, deren Sorte Schoko eine schwarze Frau mit nach Vorne hin geöffnetem Nikolauskostüm zeigt, deren Scharmbereich und Brüste durch ein übergroßes Stück Schokolade bedeckt sind. Im Kontext der Müllermilch-Werbung tauchte in sozialen Netzwerken die Frage auf, ob derartige Rassismen nicht gar bewusst als Provokationen inszeniert werden, die einen Shitstorm billigend in Kauf nehmen, um ein Medienecho zu erheischen.

Es bleibt festzuhalten, dass die alltägliche Werbung nahezu die gesamte Palette der narrativen Rassifizierungstechniken (vgl. Kap. 2) abdeckt. Sie verfestigt die Vorstellung von der Existenz von »Menschenrassen« und perpetuiert die historisch überkommenen, im Kollektivbewusstsein verankerten rassifizierenden Stereotypisierungen.

6.5 Alltägliche mediale Unterhaltung

Auch bei fiktiven Handlungen wie Krimis scheint die Hemmschwelle zu sinken, rassistische Stereotypisierungen aufzugreifen, selbst dann, wenn die pejorativen Muster althergebracht sind und ethnische Gruppen zutiefst diskriminieren. Die beiden wohl eklatantesten Fälle sind die beiden Tatort-Folgen »Wem Ehre gebührt« (2007) und »Familienaufstellung« (2009). Obwohl es den Produzenten des Tatort Krimis »Wem Ehre gebührt« hätte bekannt sein müssen, dass Religionsangehörige der Aleviten bereits seit geraumer Zeit mittels der diskursiven Rassifizierungstechnik der Sodomisierung (vgl. Kap. 2.5.4) diskriminiert werden, griff die Folge die rassistische Unterstellung auf und präsentierte die Story eines alevitischen Vaters, der seine Tochter ermordet, weil diese ihn wegen Inzestes mit ihrer von ihm geschwängerten Schwester anzeigen wollte. Der Tatort Krimi »Familienaufstellung« wiederum präsentierte das Thema »Ehrenmord« als Kollektivverdacht bezüglich der »muslimischen Community« und bemühte hierzu die Geschichte einer sozial wie finanziell integrierten Bremer Familie türkischer Herkunft. Muslimisch-türkische Migranten, so das Fazit des Krimis, können scheinbar noch so gut integriert sein, sie bleiben immer ihren »archaischen Werten« treu und passen kulturell nicht zum »zivilisierten Europa«.

In der Medienunterhaltung sorgen rassistische Ausfälle noch immer für Quote. Witze auf Kosten rassistisch Dominierter gehören hier zur Alltäglichkeit. Zu den Standardsprüchen des Kabarettisten Dieter Nuhr zählt beispielsweise der Satz: »Der Islam ist ausschließlich dann tolerant, wenn er keine Macht hat. Und da müssen wir unbedingt für sorgen, dass es bei uns so bleibt«*. Einmal mehr markiert die Formulierung »bei uns« die Alltäglichkeit binärer Spaltung zwischen dem »Wir« und dem »Ihr« sowie die verbale Exklusion der als Bedrohung konstruierten »Fremdgruppe«. Auch die Polit-Talkshow »Absolute Mehrheit« meinte, nicht ohne Rassismus auskommen zu können. So kommentierte Stefan Raab im Gespräch mit dem FDP-Politiker Wolfgang Kubicki dessen Antwort auf eine gestellte Frage mit dem Satz: »Wenn Rösler das beim Abendessen sieht – hoffentlich fallen ihm nicht die Stäbchen aus der Hand«**. Die Häufigkeit wie Vielfältigkeit der rassistischen Diffamierung Röslers (vgl. Kap 2.2.1, 2.5.1, 2.6.1) offenbart ein systematisches Kalkül. Die alltägliche mediale Unterhaltung verweist auf den engen Zusammenhang zwischen dem Alltagsrassismus und dem institutionellen Rassismus (vgl. Kap. 4.5).

6.6 Alltagsrassismus in der Kindererziehung

Über Jahrhunderte hat sich der Rassismus tief in elterliche Erziehungsstile eingeschrieben und konnte durch Internalisierung seine Wirkung entfalten. Ganze Generationen von Kindern wurden mit dem »schwarzen Mann« im Keller gross, der die unartigen Kinder holt. Derartige Kinderschreckfiguren haben eine lange Tradition. Die Sage des Rattenfängers von Hameln bestraft zwar eher die Bürger, die ihm seinen Lohn schuldig bleiben, als unartige Kinder, doch auch hier ist die Thematik des »Kinder-Mitnehmens« das zentrale angsteinflößende Leitmotiv. In meiner Kindheit spielten Kinder noch das Laufspiel »Wer hat Angst vorm Schwarzen Mann?« Die Drohung, dass er kommen, einen einfangen und mitnehmen kön-

---

* Süddeutsche Zeitung: »Dieter Nuhr wegen Islamwitzen angezeigt«, unter: http://www.sueddeutsche.de/medien/kabarettist-dieter-nuhr-wegen-islamwitzen-angezeigt-1.2191075.
** Der Tagesspiegel: »Absolute Mehrheit«: Raab erreicht mehr Erstwähler als alle anderen, unter: http://www.tagesspiegel.de/medien/absolute-mehrheit-hoffentlich-fallen-roesler-nicht-die-staebchen-aus-der-hand/7378866-2.html.

ne, wurde mit dem Davonlaufen beantwortet. Die Kinderschreckfigur in Gestalt des »Schwarzen Mannes« ist zugleich ein Beispiel
für die narrative Rassifizierungstechnik der Maladisierung (vgl.
Kap. 2.2.3), stellte doch der »schwarze Mann« ursprünglich eine rassifizierende Personifikation der Pest dar. Bei den Kinderschreckfiguren begegnet uns indes nicht nur die Maladisierung, sondern auch
die Kannibalisierung (vgl. Kap. 2.6.4), insofern in früheren Jahrhunderten der Schreck des Mitgenommen-werdens noch durch das
Motiv des Aufgefressen-werdens erhöht wurde. Der Kinderschreck
war zumeist der Kindleinfresser. Deutlich wird dies am Beispiel des
»Kindlifresserbrunnens« in der Berner Altstadt aus dem 16. Jh. Die
auf einem mächtigen Sockel hockende Figur hält mehrere Kindlein
in einem Umhängesack gefangen und verschlingt soeben eines mit
dem Kopf voran. Die Kinderschreckfigur war bei Holzschnitten des
Mittelalters sowie der frühen Neuzeit ein beliebtes Motiv, das sich
auf die Figur des Zeus-Vaters Kronos der griechischen Mythologie
stützte, der seine eigenen Kinder verschlang, weil er befürchtete,
diese könnten ihn entmachten. Ein Holzschnitt des Jahres 1492
stellt Kronos, der soeben einen seiner Söhne verschlingt, mit Judenhut dar. Die antisemitische Rassifizierung der Gestalt des Kronos
wird auch noch dadurch unterstrichen, dass der sogenannte Judenring auf der linken Seite des Gewandes als Erkennungs- bzw. Sepa-
rierungsmal deutlich zu sehen ist. Die Kinderschreckfigur war so
über Jahrhunderte eine antisemitische, eine antizigane sowie eine
antinegride Gestalt, die Juden, Sinti und Roma sowie Schwarze mit
dem Kinderdiebstahl sowie der rassifizierenden Technik der Kannibalisierung verknüpfte.

In der Tradition dieser in ganz Europa verbreiteten Kinderschreckfiguren stehen etliche moderne Kinderbücher, die aus den bösen Gestalten von einst zumeist liebenswerte Geschöpfe schufen, wie
die »kleine Hexe« von Otfried Preussler (1923–2013). Doch auch sie
kommen nicht ohne Rassismus aus. So hieß es in der alten Version
des beliebten Kinderbuchs:

»Wie kamen die beiden Negerlein auf die verschneite Dorfstrasse? Und seit wann gibt es Türken und Indianer in dieser Gegend? Türken mit roten Mützen und weiten Pluderhosen – und Indianer, die gräulich bemalte Gesichter hatten und lange Speere über den Köpfen schwangen? Sie werden vom Zirkus sein.«

Problematisch ist hier nicht nur die diminutive Verwendung des N-Wortes, das an die Rassifizierungstechnik der Infantilisierung (vgl. Kap. 2.3.2) anknüpft, sondern auch die Betonung des »von außen Dazustoßens«. Die eigene Gesellschaft wird als Closed Shop der »Weißen« konstruiert, der »Nichtweiße« ist per definitionem der »Fremde«, der »nicht Dazugehörende«. Während Menschen mit schwarzer Hautfarbe im nationalsozialistischen Deutschland ihr Überleben nur als Komparsen rassistischer Kolonialfilme oder im Zirkus fristen konnten, wird People of Colour auch hier die Rolle der Belustiger der »weißen Bevölkerung« zugeschrieben. Symptomatisch ist die Neufassung der rassistischen Passage, so heißt es nunmehr:

»Wie kamen die beiden Messerwerfer auf die verschneite Dorfstrasse? Und seit wann gab es Cowboys und Indianer in dieser Gegend? Messerwerfer mit roten Mützen und weiten Pluderhosen – und Indianer, die gräulich bemalte Gesichter hatten und lange Speere über den Köpfen schwangen? Sie werden vom Zirkus sein.«

Die Neufassung ist nicht nur ein Beleg dafür, dass sich rassistische Inhalte nicht so ohne weiteres abändern lassen, sondern ebenso dafür, dass Rassismus bei den schwächsten Gruppen rassistisch Dominierter auch von liberal gesinnten Menschen am ehesten toleriert wird. So werden First Americans bzw. First Nations noch immer als »Indianer« bezeichnet und im Stil antiindigener US-amerikanischer Westernfilme rassifizierenden Stereotypisierungen unterworfen. Insofern die Völkermorde auf dem amerikanischen Kontinent von Wissenschaftlern bis heute geleugnet oder gar im Spielfilm »Apocalypto« in ihr Gegenteil verkehrt werden (vgl. Kap. 2.6.4) scheint sich nahezu niemand am antiindigenen Rassismus zu stören.

Kinderlieder, Kinderbücher und Kinderhörspiele stellen einen relevanten Teil der Alltagskultur dar und trainieren rassistische Denk-

wie Verhaltensmuster ein. Während wissenschaftliche Werke von der »rassenbiologischen Stunde Null« des Jahres 1945 sprechen, zeichnete sich die Wirklichkeit der 1950er und 1960er Jahre durch das Revival des Kinderbuchs *Zehn kleine Negerlein* aus, das sich als antinegrid umgelenktes Ablassventil für von öffentlicher Seite unerwünschten Antisemitismus interpretieren lässt, bei gleichzeitigen Freisprüchen für die Täter (wie beispielsweise des Regisseurs Veit Harlan). Auffallend ist auch die Bebilderung des antinegriden Kinderbuchs, bei der die Rassifizierungstechnik der Klonierung (vgl. Kap. 2.2.4) zum Tragen kommt. Auch die besseren Kinderbücher dieser Zeit wie *Jim Knopf und Lukas der Lokomotivführer* von Michael Ende (1929–1995), bei dem die rassistische Drachenstadt »Kummerland« verurteilt wurde, die dem »Halbdrachen« Nepomuk keinen Einlass gewährte, kamen nicht ohne Rassismus aus. Selbst in Kinderbüchern, die eher einer liberalen Gesinnung entsprechen, ist das Motiv des von außen zur »weißen Gesellschaft« Dazustoßens markant, das auch, wie weiter oben bereits erwähnt, für die Sarotti-Mohr-Werbung der 1950er und 1960er Jahre typisch war (vgl. Kap. 2.3.2). So ist Jim Knopf kein in Lummerland geborenes Kind. Er kommt per Postbote in einem Paket mit Luftschlitzen von weit her; er ist die Abweichung von der Norm und bedarf der weißen Fürsorge von Lukas, Frau Waas und Herrn Ärmel, die sich seiner erzieherisch annehmen. Es ist die nachkriegsgewendete liberale Neuauflage vom »White Man's Burden«, bei der Zivilisation und Kultur weiß blieben und die ebenso nicht ohne die Konnotation von »Schwarzsein« und »Dreckigsein« bei Jim Knopf auskam, der, als er wächst, gar für die »Überbevölkerung Lummerlands« verantwortlich gemacht wird und gemeinsam mit Lukas auf der Lokomotive Emma das überbevölkerte Lummerland auf der Suche nach neuem »Lebensraum« verlässt.

Bei der ARD-Musiksendung »Immer wieder sonntags« darf im August 2011 ein achtjähriges Mädchen das Kinderlied »Alle Kinder lernen lesen« vortragen, dessen Refrain lautet: »Alle Kinder lernen lesen – Indianer und Chinesen – Selbst am Nordpol lesen alle Eskimos – Hallo Kinder jetzt geht's los!« Bis zum heutigen Tag scheint es einem öffentlich-rechtlichen Sender nicht vermittelbar zu sein, dass es sich hierbei um ein rassistisches Kinderlied handelt. Dies gilt nicht nur für die Suggestion der Existenz von »Rassen«, wobei Chinesen hier für die »gelbe Rasse« und »Indianer« für die »rote Rasse« stehen, sondern auch für die Gleichsetzung der »weißen Rasse« mit Kultur und Zivilisation. Während der Sachverhalt des Lesens für andere »Rassen« ausdrücklich betont werden muss, ist dieser für die »weiße Rasse« eine Selbstverständlichkeit. Der Refrain ist ein Beispiel für die narrative Rassifizierungstechnik der Entzivilisierung (vgl. Kap. 2.3.1), insofern es sich bei der Aufzählung »Indianer«, »Chinesen« und »Eskimos« nicht um erläuternde bzw. beispielhafte Nennungen handelt, sondern um eine Form entkulturalisierender Diskriminierung, da der Sachverhalt des Lesens bei »Nichtweißen« extra betont werden muss, worauf ausdrücklich das Wort »selbst« verweist. Wie rassistisch die Adaption des Liedes ist, das sich der Melodie von »John Brown's Body« aus dem Jahr 1859 bedient, verdeutlicht ein weiteres Video bei Youtube. Hier sieht man einen Kinderchor, der das Lied bei »Immer wieder sonntags« ein Jahr zuvor präsentieren darf und dessen kleine Interpreten beim Wort »Chinesen« ihre Augenlider langziehen. Während spanische Basketballer sowie Prominente für die rassistische Geste berechtigt kritisiert wurden, heißt es in einem Kommentar bei Youtube abwehrend: »Das ist ein Vorschullied. Frei von kulturellen Vorurteilen usw.«

Über Generationen hinweg haben Kinderbücher wie Kinderlieder zur alltäglichen Verbreitung des Rassismus beigetragen, lehrten Kinderfilme, in biologistisch konstruierten »Rassen« zu denken sowie Menschen zu physiognomisieren. Ein solcher Sachverhalt galt auch für die Pippi Langstrumpf Filme, deren Darstellerin »Ching Chong« sagte und dabei ihre Augen zu »Schlitzaugen« verformte sowie die »Pippi-Bücher«, in denen ihr Vater als »Negerkönig« bezeichnet wurde, während in der aktualisierten Filmfassung die Grimasse herausgeschnitten und der Vater nunmehr ein einfacher »König« ist.

6.7 Die Debatte über rassistische Sprache

Die Heftigkeit der Debatte in Deutschland über rassistische Sprache in Kinderbüchern sowie bei Straßennamen ist u. a. ein Indikator dafür, dass relevante Teile der Bevölkerung sich mit dem Gedanken schwertun, dass der Rassismus sich tief in die Strukturen der Gesellschaft und somit auch in Sprache und Sprachgebrauch eingeschrieben hat. Es ist ein Zeichen dafür, dass Rassismus noch immer reduziert wird auf körperliche Gewaltakte von Rechtsextremisten, und die »weiße Deutungshoheit« über den Tatbestand des Rassismus an sich nicht fallengelassen werden soll. Statt über Rassismus wird von »Sprachpolizei« gesprochen und von Kindheit, die man sich nicht nehmen lassen will. Auch im nonverbalen Bereich wird der Vorwurf »rassistisch« agiert zu haben, empört zurückgewiesen und stattdessen dem rassistisch Dominierten die Schuld gegeben, da dieser übersensibel sei, die Kommunikationssituation missverstanden habe, einem eine Falle stellen wollte oder bedrohlich geworden sei etc. Symptomatisch ist diesbezüglich die verweigerte Entschuldigung für das rassistische taz-Interview mit Philipp Rösler im September 2013, in dem dieser mehrfach zum »Nichtdeutschen« wie zur »nicht-deutsch aussehenden Person« konstruiert wurde. Die Kritik könne man nicht nachvollziehen, hieß es trotzig wie uneinsichtig seitens der Chefredaktion. Die Nichtfreigabe des mit Rösler geführten Interviews kommentierte der FDP-Pressesprecher mit der korrekten Begründung, dieses rühre »an rassistischen Ressentiments«.

Psychologisch lässt sich die hitzig geführte Sprachdebatte als eine kollektive wie individuelle Abwehrreaktion begreifen. Man verweigert die kritische Auseinandersetzung mit internalisierten Elementen der eigenen rassistischen Erziehung, zumal die reflektierende Arbeit an der eigenen Biografie zumeist schmerzhaft ist. Beim Rassismus geht es indes nicht primär um Psychologie. Die Schärfe der Sprachdebatte offenbart vielmehr, dass derjenige, der vehement die Entrassifizierung von Kinderbüchern ablehnt, zumindest intuitiv weiss, dass er bis auf den heutigen Tag auch von rassistischer Sprache profitiert, dass es nicht »nur« um den »N-könig« bei Astrid

Lindgren geht, sondern letztendlich um weiße Privilegien, weiße Dominanz sowie um weiße, nicht aufgearbeitete Schuld.

6.8 Zusammenfassung

Alltägliche Interaktionen von Individuen wie Kollektiven sind per Internalisierung hochgradig rassistisch geprägt. Im Kontext der Rassismusforschung zu unterscheiden ist dabei zwischen unbewusst ablaufenden Vorgängen, die keine Verletzung rassistisch Dominierter intendieren sowie Interaktionen, die gezielt eingesetzt bzw. inszeniert werden, um auf Kosten des rassistisch Dominierten einen Statusgewinn zu erzielen, Privilegien zu erlangen und die Vormacht zu sichern. Bewusste wie unbewusste Interaktionen bedienen sich u. a. des Mediums der Sprache, das Zugehörigkeit bzw. Nichtzugehörigkeit verhandelt und so dazu beiträgt den rassifizierenden Binärcode des »Wir« und »Ihr« zu festigen. Historisch tradiertes Brauchtum wie das »Sinterklaasfest« in den Niederlanden oder der »hessische Grenzgang«, Gewohnheiten und alltägliche Gegenstände, Kinderspiel und Kinderbücher sowie das tradierte Liedgut sind rassistisch geformt und operieren mit dem Muster der Stärkung der konstruierten »Wir-Gruppe« und ihres Zusammengehörigkeitsgefühls auf Kosten »der Fremden«. Ritualisierte Formen des Alltags trainieren so die Abgrenzung und prägen das Bewusstsein, dass eine soziale Stärkung der eigenen Position nur durch die innere Kohäsion eines sich antipodisch konstruierenden »Wir« gewonnen werden kann. Da alltägliche Handlungen sich durch ihren regelmäßigen und wiederkehrenden Charakter auszeichnen, ist die Wirkung des Alltagsrassismus, der sich zugleich stets auf strukturelle und institutionelle Aspekte stützt, für die Reproduktion des rassistischen Systems keinesfalls zu unterschätzen. Nicht zuletzt im Alltag entscheidet sich, ob Menschen als gleichberechtigt akzeptiert bzw. respektiert werden und über gleiche Chancen verfügen, oder ob sie mittels vielfältiger Routinen als Zeitgenossen zweiter Klasse markiert werden, deren Bedürfnisbefriedigung – wenn überhaupt – erst an

die Reihe kommt, wenn diejenigen, die über die Vorherrschaft verfügen, gesättigt sind. Der Alltag ist ein vorrangiges Kampffeld des
rassistisch Dominierenden, um mittels der »rassistischen Karte« seine Ressourcen gewinnbringend zu optimieren. Persönliche Selbst-
darstellungen, Alltagsgespräche, Interaktionsrituale sowie das alltägliche Verhalten sollen dazu beitragen, das strukturell gegebene
Ungleichgewicht zu festigen sowie im Sinne einer besseren Wohnung, einer angeseheneren Stellung, einer höheren Entlohnung, eines prestigeträchtigeren Partners individuell zu realisieren. Das bewusste Alltagsverhalten des rassistisch Dominierenden vertieft so
die Wirkung der bereits durch unbewusste Handlungsweisen erzielten Effekte. Der Alltagsrassismus bildet dergestalt betrachtet ein
wichtiges Handlungsfeld des Antirassismus.

Resümee

Der Rassist handelt rational und nicht irrational, auch wenn die Prämissen vieler rassistischer Denkmuster sich durch ihre logische Inkonsistenz auszeichnen. Rassistisches Agieren ist letztendlich unabhängig vom Bildungs- und Kenntnisgrad, von der Schichtzugehörigkeit sowie vom Parteibuch. Rassistische Vordenker stammen aus der Mitte der Gesellschaft, sind Ausdruck einer Struktur, eines systemischen Konglomerats. Der Rassismus ist keine Wahnvorstellung, kein Vorurteil, keine phobische Störung und darf nicht auf seine ideologische Dimension reduziert werden. Dies schließt nicht aus, dass sich »Rassenlehren« tendenziell verselbständigen können, dass die sozioökonomische Ableitung jeder einzelnen Praxis bzw. rassistischen Maßnahme als Reduktionismus zu werten ist, dass Korrelationen zwischen Variablen wie beispielsweise dem Alter und rassistischen Einstellungsmustern vorliegen können und dass es psychologische Aspekte des Rassismus gibt, bei der Angst, mangelndes Selbstwertgefühl und Ich-Schwäche eine Rolle spielen.

Der Rassismus ist ein Phänomen, welches sich auf der Makro- und Mikroebene in Institutionen, Verhaltensmustern, architektonischen Strukturen und Ideologemen etc. zeigt, welches Verhältnisse wie Verhalten umfasst und ebenso historisch-genealogisch wie aktuell zu entschlüsseln ist. Der Rassismus ist immer primär Rassismus der Gesellschaft und nicht Handlungsweise krimineller oder extremistischer Elemente. Als gesellschaftliches Verhältnis ist der Rassismus aufs Engste mit sozialer Ungleichheit verkoppelt, insofern er die Dominanz einer Gruppe über eine oder mehrere andere errichten, stabilisieren oder verstärken will und sich dabei der Methode einer sozialen Gruppenkonstruktion auf der Basis eines letztendlich beliebigen Merkmals bedient. Rassismus ist somit untrennbar mit Macht und Herrschaft verbunden und ist in diesem Kontext sowohl funktional als auch methodisch zu verorten bzw. zu definieren. Von der funktionalen Seite betrachtet stellt Rassismus ein System der Dominanz dar, das im umfassenden Sinne den ökonomischen, sozialen, kulturellen und individuellen Vorteil der rassistisch Dominierenden über die rassistisch Dominierten absichern soll. Von der methodischen Seite bedient er sich diverser diskursiver wie nichtdiskursiver Praxen, die von narrativen Rassifizierungstechniken bis hin zum Genozid reichen und stets darauf abzielen, die Gesellschaft zugunsten des Rassisten zu spalten.

Im Kontext der aktuellen »Flüchtlingskrise« zeigt sich erneut, wie lebendig der Rassismus innerhalb des politischen Gebildes Europa ist, das sich historisch in doppelter Abgrenzung konstruiert hat und zwar sowohl antisemitisch wie antimuslimisch. Während einige wenige europäische Länder tausende Flüchtlinge aus dem Bürgerkriegsgebiet Syrien aufnehmen, wehrt der rechtspopulistische Ministerpräsident Ungarns Viktor Orbán die Flüchtlinge mit den Worten ab »Ganz plötzlich sind wir eine Minderheit auf unserem eigenen Kontinent« sowie »am Ende werden die Muslime mehr sein als wir«. Papst Franziskus offen widersprechend agitieren polnische wie ungarische Bischöfe gegen die Aufnahme von Flüchtlingen, spricht ein ungarischer Bischof von einer »Invasion muslimischer Flüchtlinge« und dass diese »die Kontrolle übernehmen wollen«. Ein polnischer Erzbischof behauptete gar, aufgenommene Muslime bildeten ein »Ghetto«, »in dem Gewalt und Terrorismus wächst«. Die Verweigerung der Überlebenshilfe für Flüchtlinge seitens eines relevanten Teils Europas folgt der rassistischen Logik und offenbart die historisch-genealogische Fundierung des Rassismus im Kontext der Herausbildung des geopolitischen wie kulturellen Identitätskonstruktes Europa, das sich aktuell seiner verfassungsmäßig verankerten Werte verweigert. Wie enttarnend derartige Sätze sind, verdeutlicht die Tatsache der Benutzung des Wortes »Ghetto«. Noch immer speist sich der antimuslimische Rassismus der heutigen Tage nicht zuletzt aus dem Antisemitismus, dem historisch ungleich stärker ausgeprägten europäischen Zwillingsbruder diskursiver wie nichtdiskursiver Rassifizierung. Das rassistische Erbe Europas ist vielfältiger Natur und die Gruppen der rassistisch Dominierten sind folglich zahlreich, was nicht zuletzt die Tatsache belegt, dass Deutschland im gleichen Atemzug mit der Aufnahme syrischer Flüchtlinge weitere Länder Osteuropas zu sicheren Herkunftsländern erklärt, in denen tagtäglich Sinti und Roma verfolgt und entrechtet werden. Die Bereitschaft der Aufnahme syrischer Flüchtlinge wird von utilitaristischen Argumenten begleitet, die auf ihre vergleichsweise hohe Qualifikation und folglich Nützlichkeit für die deutsche Wirtschaft und Gesellschaft hinweisen. Willkommen ist derjenige, der die eigene Dominanz stärkt. Die »begründeten Ansprüche« eines Flüchtlings folgen so aus seinen beruflichen Qualifikationen, die er zu bieten hat. Der seit dem Spätmittelalter zur europäischen Identität gehörende Antiziganismus trifft sich hier mit dem Klassismus. Die sich multipel verstärkende Intersektionalität der Rassismen führt zur Konsequenz, dass sich angesichts aktueller Flüchtlingszahlen in Deutschland derzeit nahezu niemand zugunsten verfolgter bzw. diskriminierter Sinti und Roma einsetzt.

Was kann man tun? Insofern der Rassismus Struktur, Norm, Wertorientierung, Einstellungsmuster, Handlungsweise, institutionelle Praxis und Ideologie ist, lässt sich auch auf höchst unterschiedlichen Ebenen anknüpfen. Politisch gesehen sollten vor allem die Strukturen des Rassismus bekämpft und überwunden werden. Menschen, die in diesem Land aufgenommen werden, sind Deutsche. Ihre Religion, ob sie muslimisch, jesidisch, jüdisch, bahaisch oder sonstiger Art ist, gehört zu Deutschland. Deutschsein ist ohne wenn und aber von allen Kategorien unabhängig zu machen, welche der Rassist zur Rassifizierung benutzt. Insofern der Rassismus ein gesellschaftliches Verhältnis ist, ist der Antirassismus ein politischer wie sozialer Kampf und keine individuelle Therapie oder ein Bildungsseminar. Dies schließt indes auf individueller Ebene keineswegs die Notwendigkeit aus, sich selbst kritisch zu reflektieren, zu überprüfen, inwiefern und inwieweit man an der Alltäglichkeit des Rassismus bewusst oder unbewusst beteiligt ist. Da der Rassismus als immanente Struktur die gesamte Gesellschaft durchdringt, hat er auch mich, meine Gedanken, Einstellungen, Wertmuster sowie mein Verhalten rassistisch geprägt. Strukturen lassen sich überwinden, Denkmuster ablegen, Verhaltensweisen verändern.

Quellen- und Literaturverzeichnis

Das Quellen- und Literaturverzeichnis weist die benutzte Literatur aus. Aus Platzgründen wurden Untertitel der Werke häufig nicht mit aufgeführt sowie bei aussagekräftigeren Untertiteln diese vereinzelt bevorzugt.

Adam, Heribert: Südafrika. Soziologie einer Rassengesellschaft, Frankfurt a. M. 1969.

Adam, Heribert und Moodley, Kogila: Südafrika ohne Apartheid? Frankfurt a. M. 1987.

Adorno, Theodor W.: »Ob nach Auschwitz noch sich leben lasse«, Frankfurt a. M. 1997.

Ahlheim, Klaus: Die Gewalt des Vorurteils. Eine Textsammlung, Schwalbach 2007.

Aitken, Robbie und Rosenhaft, Eve: Black Germany, Cambridge 2013.

Akbulut, Nazire: Das Türkenbild in der neueren deutschen Literatur 1970–1990, Berlin 1993.

Alland, Alexander: Aggression und Kultur, Frankfurt a. M. 1974.

Allen, Don Cameron: The Legend of Noah, Urbana 1963.

Allen, Theodore W.: Die Erfindung der weißen Rasse, Berlin 1998.

Allport, Gordon W.: Die Natur des Vorurteils, Köln 1971.

Aly, Götz: Die Belasteten. »Euthanasie« 1939–1945, Frankfurt a. M. 2013.

Ders.: Hitlers Volksstaat, Bonn 2007.

Ders.: Warum die Deutschen? Warum die Juden? Frankfurt a. M. 2012.

Anthias, Floya und Lloyd, Cathie (Hg.): Rethinking Anti-racisms, London 2002.

Arbeitsgruppe Karl-Bonhoeffer-Nervenklinik (Hg.): Totgeschwiegen 1933–1945, Berlin 1988.

Arens, Werner und Braun, Hans-Martin: Die Indianer Nordamerikas, München 2004.

Arndt, Susan (Hg.): Afrikabilder. Studien zu Rassismus in Deutschland, Münster 2006.

Dies.: Rassismus, München 2012.

Arnim, Ludwig Achim von: Erzählungen, Berlin 1957.

Asamoah, Gerald: Dieser Weg wird kein leichter sein, München 2013.

Asmuss, Burkhard et al. (Hg.): Deutsche und Polen. Abgründe und Hoffnungen, Dresden 2009.

Attia, Iman et al. (Hg.): Dominanzkultur reloaded, Bielefeld 2015.

Auernheimer, Georg: Der sogenannte Kulturkonflikt, Frankfurt a. M. 1988.

Augias, Conrad: Die Geheimnisse Roms. Eine andere Geschichte der ewigen Stadt, Berlin 2009.

Autrata, Otger et al. (Hg.): Theorien über Rassismus, Hamburg 1990.

Awosusi, Anita (Hg.): Zigeunerbilder in der Kinder- und Jugendliteratur, Heidelberg 2000.

Back, Les und Solomos, John: Theories of Race and Racism, New York 2009.

Bade, Norman et al. (Hg.): Von Sarazenen und Juden, Heiden und Häretikern, Bochum 2013.

Baker, John R.: Die Rassen der Menschheit, Stuttgart 1976.

Bald, Detlef et al.: Die Liebe zum Imperium. Deutschlands dunkle Vergangenheit in Afrika, Bremen 1978.

Balke, Friedrich et al. (Hg.): Schwierige Fremdheit, Frankfurt a. M. 1993.

Banton, Michael: Racial Theories, Cambridge 1998.

Barres, Egon: Vorurteile, Opladen 1978.

Barzun, Jacques: Race. A Study in Superstition, New York 1965 (Erstauflage: 1937).

Ders.: Von menschlicher Freiheit, München 1947.

Bauer, Stephan: Von Dillmanns Zigeunerbuch zum BKA, Heidenheim 2006.

Bauman, Zygmunt: Dialektik der Ordnung. Die Moderne und der Holocaust, Hamburg 2002.

Baumann, Jochen et al.: Blut oder Boden. Doppelpass, Staatsbürgerrecht und Nationalverständnis, Berlin 1999.

Bax, Daniel: Angst ums Abendland, Frankfurt a. M. 2015.

Becker, Jörg: Alltäglicher Rassismus, Frankfurt a. M. 1977.

Becker, Peter Emil: Zur Geschichte der Rassenhygiene. Wege ins Dritte Reich, Stuttgart 1988.

Becker, Thomas: Mann und Weib – schwarz und weiß, Frankfurt a. M. 2005.

Beck-Gernsheim, Elisabeth: Wir und die Anderen, Frankfurt a. M. 2007.

Behrens, Gerd: Der Mythos der deutschen Überlegenheit, Frankfurt a. M. 2013.

Beinart, William und Dubow, Saul (Hg.): Segregation and Apartheid, New York 1995.

Bell, Alexander Graham: Memoir upon the formation of a deaf variety of the human race, New Haven 1883.

Ben Jelloun, Tahar: Papa, woher kommt der Hass? Berlin 2005.

Bender, Gerald J.: Angola under the Portuguese, London 1978.

Benedict, Ruth: Die Rassenfrage in Wissenschaft und Politik, Freising 1947.

Dies.: Patterns of Culture, London 1961.

Dies.: Race: Science and Politics, New York 1945.

Benedict, Ruth und Weltfish, Gene: The Races of Mankind, Columbia 1943.

Benz, Wolfgang (Hg.): Islamfeindlichkeit und ihr Kontext, Berlin 2009.

Ders.: Ausgrenzung, Vertreibung, Völkermord. Genozid im 20. Jhdt., München 2007.

Ders.: Die Protokolle der Weisen von Zion, München 2007.

Ders.: Sinti und Roma: Die unerwünschte Minderheit, Berlin 2014.

Benz, Wolfgang und Bergmann, Werner (Hg.): Vorurteil und Völkermord, Freiburg 1997.

Berghe, Pierre L. van den: Race and Racism. A Comparative Perspective, New York 1978.

Berghold, Josef: Feindbilder und Verständigung, Wiesbaden 2007.

Bergmann, Werner: Antisemitismus in öffentlichen Konflikten, Frankfurt a. M. 1997.

Berlin, Ira: Generations of Captivity. A History of African-American Slaves, Cambridge 2003.

Bernier, François: Nouvelle division de la terre par les différentes espèces, Paris 1684.

Beutin, Heidi et al. (Hg.): Rassismus. Ursprung – Funktion – Bekämpfung, Frankfurt a. M. 2014.

Beyersdörfer, Frank: Multikulturelle Gesellschaft. Begriffe, Phänomene, Verhaltensregeln, Münster 2004.

Bieder, Robert E.: Science encounters the Indian 1820–1880, Norman 1986.

Bielefeld, Ulrich (Hg.): Das Eigene und das Fremde. Neuer Rassismus in der Alten Welt? Hamburg 1998.

Bienert, Walther: Martin Luther und die Juden, Frankfurt a. M. 1982.

Bitterli, Urs: Alte Welt – neue Welt, München 1986.

Ders.: Die »Wilden« und die »Zivilisierten«, München 1976.

Blauner, Robert: Racial Oppression in America, New York 1972.

Blumenbach, Friedrich: Über die natürlichen Verschiedenheiten im Menschengeschlechte, Leipzig 1798.

Boas, Franz: Kultur und Rasse, Berlin 1922.

Bock, Gisela: Zwangssterilisation im Nationalsozialismus, Münster 2010.

Böckelmann, Frank: Die Gelben, die Schwarzen, die Weißen, Frankfurt a. M. 1998.

Boehlich, Walter (Hg.): Der Berliner Antisemitismusstreit, Frankfurt a. M. 1965.

Böhler, Jochen: Auftakt zum Vernichtungskrieg. Die Wehrmacht in Polen 1939, Frankfurt a. M. 2006.

Botsch, Gideon et al. (Hg.): Islamophobie und Antisemitismus – ein umstrittener Vergleich, Berlin 2012.

Boulainvilliers, Henri de: Histoire de l'ancien gouvernement de la France, La Haye 1727.

Braun, Christina von und Mathes, Bettina: Verschleierte Wirklichkeit, Berlin 2007.

Brechenmacher, Thomas: Der Vatikan und die Juden, München 2005.

Breytenbach, Willy (Hg.): Rassismus heute, Berlin 1979.

Broden, Anne und Mecheril, Paul (Hg.): Rassismus bildet, Bielefeld 2010.

Broek, Lida van den: Am Ende der Weißheit. Vorurteile überwinden, Berlin 1993.

Brumlik, Micha: Deutscher Geist und Judenhass, München 2000.

Brüning, Eberhard: Anspruch und Wirklichkeit, Berlin 1976.

Büchel, Felix et al. (Hg.): Fremdenfeindlichkeit und Rechtsextremismus, Opladen 2002.

Buchholz, Friedrich: Moses und Jesus. Eine historisch-politische Abhandlung, Berlin 1803.

Bühl, Achim (Hg.): Auf dem Weg zur biomächtigen Gesellschaft, Wiesbaden 2009.

Ders.: Islamfeindlichkeit in Deutschland, Hamburg 2010.

Bukow, Wolf-Dietrich: Feindbild: Minderheit. Ethnisierung und ihre Ziele, Opladen 1996.

Burgmer, Christoph (Hg.): Rassismus in der Diskussion, Berlin 1999.

Burwick, Roswitha et al. (Hg.): Achim von Arnim Schriften in sechs Bänden, Frankfurt a. M. 1992.

Busch, Dietrich Wilhelm Heinrich: Das Geschlechtsleben des Weibes, Leipzig 1839.

Buschkowsky, Heinz: Neuköln ist überall, Berlin 2012.

Butterwegge, Christoph und Jäger, Siegfried (Hg.): Rassismus in Europa, Köln 1992.

Campt, Tina: Other Germans. Black Germans in the Third Reich, Michigan 2004.

Castles, Stephen: Migration und Rassismus in Westeuropa, Berlin 1987.

Cavalli-Sforza, Francesco und Cavalli-Sforza, Luca: Verschieden und doch gleich, München 1994.

Cavalli-Sforza, Luca: Gene, Völker und Sprachen, München 1999.

Cave, Alfred A.: Lethal Encounters. Englishmen and Indians in Colonial Virginia, Santa Barbara 2011.

Chamberlain, Houston Stewart: Die Grundlagen des 19. Jhdts., München 1903.

Clastres, Pierre: Staatsfeinde. Studien zur politischen Anthropologie, Frankfurt a. M. 1976.

Claussen, Detlev: Was heißt Rassismus? Darmstadt 1994.

Columbus, Christoph: Schiffstagebuch, Leipzig 1986.

Conrad, Sebastian: Deutsche Kolonialgeschichte, München 2008.

Conrad, Sebastian und Randeria, Shalini (Hg.): Jenseits des Eurozentrismus, Frankfurt a. M. 2002.

Coon, Carleton Stevens: The Races of Europe, New York 1939.

Cox, Oliver Cromwell: Caste, Class and Race, New York 1948.

Czermak, Gerhard: Christen gegen Juden, Frankfurt a. M. 1991.

Danckwortt, Barbara et al. (Hg.): Historische Rassismusforschung, Hamburg 1995.

Daniels, Roger: The Politics of Prejudice. The Anti-Japanese Movement in California, Berkeley 1962.

Darwin, Charles: Die Abstammung des Menschen, Frankfurt a. M. 2005.

Ders.: Die Entstehung der Arten, Hamburg 2008.

Dauge, Yves Albert: Le Barbare. Recherches sur la Conception romaine de la Barbarie, Brüssel 1981.

Davis, Angela: Rassismus und Sexismus, Berlin 1982.

Degler, Carl N.: Neither Black nor White. Slavery and Race Relations, New York 1971.

Delacampagne, Christian: Die Geschichte des Rassismus, Düsseldorf 2005.

Delumeau, Jean: Angst im Abendland, Hamburg 1985.

Demandt, Alexander: Geschichte der Spätantike, München 2008.

Demel, Walter: Wie die Chinesen gelb wurden. Zur Frühgeschichte der Rassentheorien, Bamberg 1993.

Demirovic, Alex et al. (Hg.): Konjunkturen des Rassismus, Münster 2002.

Demny, Oliver: Rassismus in den USA. Historie und Analyse einer Rassenkonstruktion, Münster 2001.

Deutsch, Nathaniel: Inventing America's »Worst« Family, Berkeley 2009.

Diallo, Oumar und Zeller, Joachim (Hg.): Black Berlin, Berlin 2013.

Dickens, Charles: Oliver Twist, New York 1995.

Diefenbach, Heike: Kinder und Jugendliche aus Migrantenfamilien im dtsch. Bildungssystem, Wiesbaden 2008.

Diefenbach, Johann: Der Hexenwahn vor und nach der Glaubensspaltung in Deutschland, Mainz 1986.

Dierkes, Hans (Hg.): Philosophische Anthropologie, Stuttgart 1989.

Diestel, Susanne: Das Afrikabild in europäischen Schulbüchern, Weinheim 1978.

Dietze, Gabriele et al. (Hg.): Kritik des Okzidentalismus, Bielefeld 2009.

Dihle, Albrecht: Die Griechen und die Fremden, München 1994.

Dittrich, Eckhard J.: Das Weltbild des Rassismus, Frankfurt a. M. 1991.

Djuric, Rajko et al.: Ohne Heim – Ohne Grab. Die Geschichte der Roma und Sinti, Berlin 1996.

Dörner, Klaus et al. (Hg.): Der Krieg gegen die psychisch Kranken, Rehburg-Loccum 1980.

Dreesbach, Anne und Zedelmaier, Helmut: Exotik in München um 1900, München 2003.

Drews-Sylla, Gesine und Makarska, Renata (Hg.): Neue alte Rassismen? Bielefeld 2015.

Drimmer, Melvin (Hg.): Black History: A Reappraisal, New York 1968.

Du Bois, W. E. B.: Black Reconstruction in America 1860–1880, New York 1935.

Duerr, Hans Peter (Hg.): Authentizität und Betrug in der Ethnologie, Frankfurt a. M. 1987.

Dugdale, Richard: The Jukes. A Study in Crime, Pauperism, Disease and Heredity, New York 1877.

Dumont, Louis: Homo Hierarchicus, London 1970.

Ebbinghaus, Angelika et al. (Hg.): Heilen und Vernichten im Mustergau Hamburg, Hamburg 1984.

Ebbinghaus, Angelika und Dörner, Klaus (Hg.): Vernichten und Heilen, Berlin 2001.

Ebert, Anne und Lidola, Maria et al. (Hg.): Differenz und Herrschaft in den Amerikas, Bielefeld 2009.

Eggarter, Fred und Thierbach, Alfred (Hg.): Der Cid. Das altspanische Heldenlied, Leipzig 1974.

Eggers, Maureen Maisha et al. (Hrsg.): Kritische Weißseinsforschung in Deutschland, Münster 2009.

Eggers, Maureen: Rassifizierung und kindliches Machtempfinden, Kiel 2005.

Elias, Norbert und Scotson, John L.: Etablierte und Außenseiter, Frankfurt a. M. 1993.

El-Tayeb, Fatima: Schwarze Deutsche. Der Diskurs um »Rasse« und nationale Identität, Frankfurt a. M. 2001.

Erb, Rainer (Hg.): Die Legende vom Ritualmord, Berlin 1993.

Essed, Philomena und Goldberg, David Theo: Race Critical Theories, Malden 2002.

Ewen, Stuart und Ewen, Elizabeth: Typen und Stereotype. Die Geschichte des Vorurteils, Berlin 2009.

Eyferth, Klaus et al.: Farbige Kinder in Deutschland. Die Situation der Mischlingskinder, München 1960.

Faes, Urs und Ziegler, Béatrice (Hg.): Das Eigene und das Fremde, Zürich 2000.

Fanon, Frantz: Die Verdammten dieser Erde, Frankfurt a. M. 1966.

Faria, Muniz de: Zwischen Fürsorge und Ausgrenzung. Afrodeutsche »Besatzungskinder«, Berlin 2002.

Fehrenbach, Heike: Race after Hitler. Black Occupation Children in Postwar Germany, Princeton 2005.

Fenner, Angelica: Race under Reconstruction in German Cinema: Robert Stemmle's Toxi, Toronto 2011.

Fischer, Eugen: Rasse und Rassenentstehung beim Menschen, Berlin 1927.

Flaig, Egon: Weltgeschichte der Sklaverei, München 2009.

Florence, Ronald: Blood Libel. The Damascus Affair of 1840, Madison 2004.

Fohrbeck, Karla und Wiesand, Andreas Johannes: Wir Eingeborenen, Hamburg 1983.

Foitzik, Andreas und Leiprecht, Rudi et al. (Hg.): Ein Herrenvolk von Untertanen, Duisburg 1992.

Frankel, Jonathan: The Damascus Affair. »Ritual Murder«, Politics and the Jews in 1840, Cambridge 1997.

Fredrickson, George M.: Diverse Nations. The History of Racial and Ethnic Pluralism, Boulder 2008.

Ders.: Rassismus. Ein historischer Abriß, Hamburg 2004.

Ders.: The Black in the White Mind, New York 1972.

Freeman, Cathy: Cathy. My Autobiography, Compton 2004.

Freyre, Gilberto: Herrenhaus und Sklavenhütte, München 1990.

Friedrich, Sebastian (Hg.): Rassismus in der Leistungsgesellschaft, Münster 2011.

Fritze, Ronald H.: New Worlds. The Great Voyages of Discovery 1400–1600, Phoenix Mill 2002.

Fritze, Wolfgang H. und von Müller, Adriaan (Hg.): Slawen und Deutsche zwischen Elbe und Oder, Berlin 1983.

Fuchs, Brigitte: Rasse, Volk, Geschlecht. Anthropologische Diskurse in Österreich, Frankfurt a. M. 2003.

Galeano, Eduardo: Die offenen Adern Lateinamerikas, Wuppertal 1973.

Galton, Francis: Essays in Eugenics, London 1909.

Garner, Steve: Racisms. An Introduction, London 2010.

Gay, Peter: Kult der Gewalt. Aggression im bürgerlichen Zeitalter, München 1996.

Geiss, Imanuel: Geschichte des Rassismus, Frankfurt a. M. 1988.

Geulen, Christian et al. (Hg.): Vom Sinn der Feindschaft, Berlin 2002.

Geulen, Christian: Geschichte des Rassismus, München 2007.

Giere, Jacqueline (Hg.): Die gesellschaftliche Konstruktion des Zigeuners, Frankfurt a. M. 1996.

Gilman, Sander L.: Rasse, Sexualität und Seuche, Hamburg 1992.

Gilman, Sander L. und Katz, Steven T. (Hg.): Anti-Semitism in Times of Crisis, New York 1991.

Gliddon, George Robin und Nott, Josiah C.: Types of Mankind or Ethnological Researches, London 1855.

Globisch, Claudia: Radikaler Antisemitismus, Wiesbaden 2013.

Gobineau, Arthur Comte de: Versuch über die Ungleichheit der Menschenracen, Stuttgart 1902.

Goddard, Henry H.: The Kallikak Family. A Study in the Heredity of Feeble-Mindedness, New York 1912.

Goldberg, David Theo: Racial Subjects: Writing on Race in America, New York 1997.

Ders.: Racist Culture. Philosophy and the Politics of Meaning, Cambridge 1993.

Ders.: The Racial State, Malden 2002.

Ders.: The Threat of Race. Reflections on Racial Neoliberalism, Malden 2009.

Goldhagen Daniel Jonah: Schlimmer als Krieg, München 2009.

Gollwitzer, Heinz: Die Gelbe Gefahr. Geschichte eines Schlagworts, Göttingen 1962.

Gomes, Bea und Schicho, Walter et al.: Rassismus, Wien 2008.

Gomolla, Mechtild und Radtke, Frank-Olaf: Institutionelle Diskriminierung, Opladen 2002.

Görlich, Ernst Joseph: Herrenrecht und Sklavenpeitsche, Stuttgart 1971.

Gould, Stephen Jay: Der falsch vermessene Mensch, Basel 1983.

Graf, Andrea: Sinterklaas und Zwarte Piet in Blomberg/Lippe, Münster 2010.

Grant, Madison: The Passing of the Great Race, New York 1918.

Grattenauer, Karl Wilhelm Friedrich: Wider die Juden, Berlin 1803.

Greene, John C.: The Death of Adam, New York 1961.

Greve, Anna: Farbe – Macht – Körper. Kritische Weißseinsforschung, Karlsuhe 2013.

Gross, Jan T.: Angst. Antisemitismus nach Auschwitz in Polen, Berlin 2012.

Grosser, Alfred: Ermordung der Menschheit. Der Genozid im Gedächtnis der Völker, München 1990

Gründer, Horst: Rassismus, Kolonien und kolonialer Gedanke vom 16.–20. Jhdt., München 2006.

Gudermann, Rita und Wulff, Bernhard: Der Sarotti-Mohr. Die bewegte Geschichte einer Werbefigur, Berlin 2004.

Guillaumin, Colette: Racism, Sexism, Power and Ideology, New York 1995.

Gumplowicz, Ludwig: Der Rassenkampf, Innsbruck 1883.

Güngör, Baha: Die Angst der Deutschen vor den Türken, München 2004.

Günther, Meike: Der Feind hat viele Gesichter. Antisemitische Bilder von Körpern, Berlin 2012.

Ha, Kien Nghi (Hg.): Asiatische Deutsche. Vietnamesische Diaspora and Beyond, Berlin 2012.

Haberlandt, Michael: Völkerkunde, Leipzig 1906.

Habermann, Friederike: Der unsichtbare Tropenhelm, Klein Jasedow 2013.

Hadfield, Andrew (Hrsg): Strangers to that Land. British Perceptions of Ireland, Buckinghamshire 1994.

Haeckel, Ernst: Die Lebenswunder. Gemeinverständliche Studien über biologische Philosophie, Stuttgart 1905.

Hagemann, Albrecht: Kleine Geschichte Australiens, München 2004.

Hagemann, Albrecht: Kleine Geschichte Südafrikas, München 2007.

Hall, Stuart (Hrsg.): Representation. Cultural Representations and Signifying Practices, London 2009.

Hall, Stuart: Ausgewählte Schriften, Hamburg 1989.

Hall, Stuart: Rassismus und kulturelle Identität, Hamburg 1994.

Hamilton, Charles V. u. a. (Hrsg.): Beyond Racism. Race and Inequality, Boulder 2001.

Hanke, Lewis: Aristotle and the American Indians. A Study in Prejudice in the Modern World, London 1959.

Hannaford, Ivan: Race. The History of an Idea in the West, Baltimore 1996.

Hassler, Peter: Menschenopfer bei den Azteken? Frankfurt a. M. 1992.

Heberer, Gerhard u. a. (Hrsg.): Anthropologie, Frankfurt a. M. 1959.

Hein, Kerstin: Hybride Identitäten, Bielefeld 2006.

Heintz, Peter: Soziale Vorurteile, Köln 1957.

Heitmeyer, Wilhelm (Hrsg.): Deutsche Zustände in zehn Bänden, Frankfurt a. M. 2002 ff.

Heitmeyer, Wilhelm u. a. (Hrsg.): Gewalt, Bonn 2006.

Heitmeyer, Wilhelm; Dollase, Rainer (Hrsg.): Die bedrängte Toleranz, Frankfurt a. M. 1996.

Hentges, Gudrun u. a. (Hrsg.): Sprache macht Rassismus, Berlin 2014.

Herbeck, Ulrich: Das Feindbild vom »jüdischen Bolschewiken«, Berlin 2009.

Herbert, Ulrich: Arbeit, Volkstum, Weltanschauung. Über Fremde und Deutsche, Frankfurt a. M. 1995.

Hesse, Hans; Schreiber, Jens: Vom Schlachthof nach Auschwitz, Marburg 1999.

Heuer, Renate u. a. (Hrsg.): Gegenbilder und Vorurteil. Aspekte des Judentums, Frankfurt a. M. 1995.

Heyden, Ulrich van der: Unbekannte Biografien. Afrikaner im deutschsprachigen Europa, Berlin 2008.

Heyden, Ulrich van der; Zeller, Joachim: Kolonialismus hierzulande, Erfurt 2007.

Hirn, Wolfgang: Angriff aus Asien. Wie uns die neuen Wirtschaftsmächte überholen, Frankfurt a. M 2007.

Hirn, Wolfgang: Herausforderung China, Frankfurt a. M. 2006.

Hirschfeld, Magnus: Racism, London 1938.

Hodgen, Margaret T.: Early Anthropology in the Sixteenth and Seventeenth Centuries, Philadelphia 1964.

Hoff, Ralf von den; Schmidt, Stefan (Hrsg.): Konstruktionen von Wirklichkeit, Stuttgart 2001.

Höffner, Joseph: Kolonialismus und Evangelium. Spanische Kolonialethik im Goldenen Zeitalter, Trier 1969.

Hofmann, Tessa (Hg.): Der Völkermord an den Armeniern vor Gericht, Göttingen 1980.

Hofstadter, Richard: Social Darwinism in American Thought, Philadelphia 1944.

Hohmann, Joachim S.: Der unterdrückte Sexus, Lollar 1977.

Ders.: Geschichte der Zigeunerverfolgung in Deutschland, Frankfurt a. M. 1981.

Ders.: Homosexuelle in Deutschland 1933–1969, Berlin 1982.

Ders.: Lesebuch zur Geschichte unserer Feindbilder, Darmstadt 1981.

Holland, Jack: Misogynie. Die Geschichte des Frauenhasses, Frankfurt a. M. 2007.

Hollitscher, Walter: Lebewesen Mensch, Berlin 1985.

Hooks, Bell: Black Looks. Popkultur, Medien, Rassismus, Berlin 1994.

Hoorn, Tanja van: Dem Leibe abgelesen. Georg Forster im Kontext der phys. Anthropologie, Tübingen 2004.

Hormel, Ulrike und Scherr, Albert (Hg.): Diskriminierung, Wiesbaden 2010.

Horsman, Reginald: Race and Manifest Destiny, Cambridge 1994.

Hostettler, Karin und Vögele, Sophie (Hg.): Diesseits der imperialen Geschlechterordnung, Bielefeld 2014.

Houston, Jeanne Wakatsuki und Houston, James D.: Farewell to Manzanar, New York 2002.

Huber, Charles M.: Ein Niederbayer im Senegal, Frankfurt a. M. 2004.

Hügel, Ika (Hg.): Entfernte Verbindungen. Rassismus. Antisemitismus. Klassenunterdrückung, Berlin 1993.

Hügel-Marshall, Ika: Daheim unterwegs. Ein deutsches Leben, Berlin 1998.

Huisken, Freerk: Ausländerfeinde und Ausländerfreunde, Hamburg 1987.

Hund, Wulf D.: Rassismus, Bielefeld 2007.

Hunt, Michael H.: The Making of a Special Relationship. The United States and China to 1914, New York 1983.

Huonker, Thomas und Ludi, Regula: Roma, Sinti und Jenische, Bern 2000.

Huxley, Julian S. und Haddon, Alfred C.: We Europeans. A Survey of »Racial« Problems, London 1935.

Iliffe, John: Geschichte Afrikas, München 1997.

Institut für Sozialpädagogische Forschung Mainz e. V.: Rassismus – Fremdenfeindlichkeit, Bielefeld 1993.

Isaac, Benjamin: The Invention of Racism in Classical Antiquity, Princeton 2004.

Jäggi, Christian J.: Rassismus. Ein globales Problem, Zürich 1992.

Jansen, Mechthild und Prokop., Ulrike (Hg.): Fremdenangst und Fremdenfeindlichkeit, Frankfurt a. M. 1993.

Jersch-Wenzel, Stefi (Hrsg.): Deutsche – Polen – Juden, Berlin 1987.

Jordan, Winthrop D.: The White Man's Burden. Racism in the United States, New York 1974.

Julius, Anthony: Trials of the Diaspora. A History of Anti-Semitism in England, Oxford 2010.

Jung, Markus: Singen können die alle! Handbuch für Negerfreunde, Hamburg 2013.

Kalpaka, Annita und Räthzel, Nora (Hg.): Die Schwierigkeit, nicht rassistisch zu sein, Leer 1990.

Dies.: Rassismus und Migration in Europa, Hamburg 1992.

Kant, Immanuel: Schriften zur Anthropologie, Geschichtsphilosophie und Pädagogik, Frankfurt a. M. 1978.

Katz, Jacob: Vom Vorurteil bis zur Vernichtung. Der Antisemitismus 1700–1933, München 1989.

Kaul, Friedrich Karl: Die Psychiatrie im Strudel der »Euthanasie«, Frankfurt a. M. 1977.

Kaupen-Haas, Heidrun und Saller, Christian (Hg.): Wissenschaftlicher Rassismus, Frankfurt a. M. 1999.

Kemper, Andreas und Weinbach, Heike: Klassismus, Münster 2009.

Kennedy, Randall: For Discrimination. Race, Affirmative Action and the Law, New York 2013.

Kerner, Ina: Differenzen und Macht. Zur Anatomie von Rassismus und Sexismus, Frankfurt a. M. 2009.

Kevles, Daniel J.: In the Name of Eugenics, Cambridge 1995.

Kiernan, Ben: Erde und Blut. Völkermord und Vernichtung von der Antike bis heute, München 2009.

Kirchner, Walter: Eine anthropologische Studie an Mulattenkindern in Berlin, Berlin 1952.

Klee, Ernst: Das Personenlexikon zum Dritten Reich, Frankfurt a. M. 2005.

Klees, Hans: Herren und Sklaven. Die Sklaverei in klassischer Zeit, Wiesbaden 1975.

Klingemann, Carsten (Hg.): Rassenmythos und Sozialwissenschaften in Deutschland, Opladen 1987.

Kohl, Karl-Heinz (Hg.): Mythen der neuen Welt. Zur Entdeckungsgeschichte Lateinamerikas, Berlin 1986.

Ders.: Entzauberter Blick, Berlin 1981.

Koller, Christian: Rassismus, Paderborn 2009.

Könemann, Sophia und Stähr, Anne (Hg.): Das Geschlecht der Anderen, Bielefeld 2011.

Kramer, Fritz: Verkehrte Welten. Zur imaginären Ethnographie des 19. Jhdts., Frankfurt a. M. 1977.

Krauss, Werner: Zur Anthropologie des 18. Jhdts., Berlin 1978.

Krell, Gertraude et al. (Hg.): Diversity Studies, Frankfurt a. M. 2007.

Kretzer, Eugen: Joseph Arthur Graf von Gobineau, Leipzig 1902.

Kreutzer, Florian: Stigma »Kopftuch«. Zur rassistischen Produktion von Andersheit, Bielefeld 2015.

Krieger, Karsten (Hg.): Der »Berliner Antisemitismusstreit« 1879–1881, München 2003.

Krüger, Ohm: Die Lebenserinnerungen des Buren-Präsidenten, Berlin 1940.

Kurashige, Scott: The Shifting Grounds of Race. Black and Japanese Americans, Princeton 2008.

Lagarde, Paul de: Schriften für das deutsche Volk, München 1924.

Lang, Hans-Joachim: Die Frauen von Block 10. Medizinische Versuche in Auschwitz, Hamburg 2011.

Lange, Michael: South Park im Fokus der Critical Whiteness Studies (online verfügbar), Lüneburg 2006.

Leclerc, Gérard: Anthropologie und Kolonialismus, München 1973.

Lee, Blandena: Amerikaner zweiter Klasse, Gütersloh 1967.

Lehmann, Albrecht: Flüchtlinge und Vertriebene in Westdeutschland 1945–1990, München 1991.

Levack, Brian P.: Hexenjagd. Die Geschichte der Hexenverfolgungen in Europa, München 1995.

Linné, Carl von: Systema naturae, Uppsala 1758.

List, Ellen: Karla erlebt Afrika, Düsseldorf 1956.

Littlewood, Ian: The Idea of Japan. Western Images – Western Myths, London 1996.

Loewenstein, Rudolph M.: Psychoanalyse des Antisemitismus, Frankfurt a. M. 1968.

Lomax, Derek W.: Die Reconquista. Die Wiedereroberung Spaniens durch das Christentum, München 1978.

Lombroso, Cesare: Der Verbrecher in anthropologischer, aerztlicher und juristischer Beziehung, Hamburg 1894.

Lorbeer, Marie; Wild, Beate (Hg.): Menschenfresser – Negerküsse, Berlin 1991.

Lorenz, Konrad: Vergleichende Verhaltensforschung, Wien 1978.

Lustiger, Arno: Rotbuch: Stalin und die Juden, Berlin 1998.

Luther King sen., Martin: Aufbruch in eine bessere Welt, Berlin 1984.

Luther, Martin: Von den Juden und ihren Lügen, Wittenberg 1543.

MacDonald, Kevin B.: A People That Shall Dwell Alone, Santa Barbara 1994.

Ders.: Separation and Its Discontents, Santa Barbara 1998.

Magiros, Angelika: Foucaults Beitrag zur Rassismustheorie, Hamburg 1995.

Mahlke, Kirsten: Offenbarung im Westen. Frühe Berichte aus der Neuen Welt, Frankfurt a. M. 2005.

Mandela, Nelson: Der lange Weg zur Freiheit, Frankfurt a. M. 1994.

Mandeville, Johann von: Von seltsamen Ländern und wunderlichen Völkern, Leipzig 1986.

Markom, Christa: Rassismus aus der Mitte, Bielefeld 2014.

Marr, Wilhelm: Lessing contra Sem, Berlin 1885.

Marschke, Britta und Brinkmann, Heinz Ulrich (Hg.): Alltagsrassismus in Deutschland, Münster 2015.

Martin, Peter und Alonzo, Christine (Hg.): Zwischen Charleston und Stechschritt, München 2004.

Mayer, Manfred (Hg.): Der Weg nach Auschwitz, Paderborn 2005.

Mayer, Wolfgang et al.: Schwarz – Weiss – Rot in Afrika. Die deutschen Kolonien 1883–1918, Puchheim 1985.

Mazon, Patricia und Steingröver, Reinhild: Afro-German Culture and History 1890–2000, Rochester 2009.

Mecheril, Paul et al.: Migrationspädagogik, Weinheim 2010.

Mecheril, Paul und Teo, Thomas (Hg.): Psychologie und Rassismus, Hamburg 1997.

Meier, Frank: Gefürchtet und bestaunt. Vom Umgang mit dem Fremden im Mittelalter, Ostfildern 2007.

Melter, Claus und Mecheril, Paul (Hg.): Rassismuskritik, Schwalbach 2011.

Memmi, Albert: Rassismus, Hamburg 1992.

Meulenbelt, Anja: Scheidelinien. Über Sexismus, Rassismus und Klassismus, Hamburg 1988.

Meuser, Michael und Neusüß, Claudia: Gender Mainstreaming, Bonn 2004.

Meyer, Gabi: Offizielles Erinnern und die Situation der Sinti und Roma in Deutschland, Wiesbaden 2013.

Michael, Robert: A History of Catholic Antisemitism. The Dark Side of the Church, New York 2008.

Miles, Robert: Rassismus, Hamburg 1991.

Mode, Heinz und Wölffling, Siegfried: Zigeuner. Der Weg eines Volkes in Deutschland, Leipzig 1968.

Mödelhammer, Hans: Der Kinderfresser. Eine Reise in die Vergangenheit, München 2001.

Mohrmann, Walter: Antisemitismus, Berlin 1972.

Möllers, Nina: Kreolische Identität. Eine amerikanische »Rassengeschichte«, Bielefeld 2008.

Montagu, Ashley (Hg.): The Concept of Race, New York 1964.

Moore, John Hartwell (Hg.): Encyclopedia of Race and Racism, Detroit 2008.

Morgenstern, Christine: Rassismus – Konturen einer Ideologie, Hamburg 2002.

Morton, Samuel George: Crania Americana, Philadelphia 1839.

Mosse, George L.: Die Geschichte des Rassismus in Europa, Frankfurt a. M. 2006.

Ders.: Rassismus, Königstein 1978.

Mühlen, Patrick von zur: Rassenideologien. Geschichte und Hintergründe, Berlin 1977.

Müller-Hill, Benno: Tödliche Wissenschaft, Hamburg 1984.

Myrdal, Gunnar: An American Dilemma. The Negro Problem and Modern Democracy, New York 1944.

Neuhauser, Johannes und Pfaffenwimmer, Michaela: Hartheim wohin unbekannt, Weitra 1992.

Neumann, Martin: Las Casas. Die unglaubliche Geschichte von der Entdeckung der Neuen Welt, Freiburg 1992.

Neville, Auber Octavius: Australia's Coloured Minority, Sydney 1947.

Nevins, Allan: Geschichte der USA, Bremen 1967.

Niedermeier, Silvan: Rassismus und Bürgerrechte. Polizeifolter im Süden der USA 1930–1955, Hamburg 2014.

Nirenberg, David: Anti-Judaism. The Western Tradition, New York 2013.

Nola, Alfonso di: Der Teufel. Wesen, Wirkung, Geschichte, München 1993.

Nonn, Christoph: Antisemitismus, Darmstadt 2008.

Nowak, Kurt: »Euthanasie« und Sterilisierung im »Dritten Reich«, Weimar 1980.

Obeyesekere, Gananath: Cannibal Talk. The Man-Eating Myth, Berkeley 2005.

Odrich, Barbara und Odrich, Peter: Die Japaner kommen!, Berlin 1994.

Oguntoye, Katharina: Eine afro-deutsche Geschichte, Berlin 1997.

Olender, Maurice (Hg.): Le Racisme. Mythes et Sciences. Pour Léon Poliakov, Brüssel 1981.

Omran, Susanne: Frauenbewegung und »Judenfrage«, Frankfurt a. M. 2000.

Opferperspektive e. V. (Hg.): Rassistische Diskriminierung und rechte Gewalt, Münster 2013.

Osterhammel, Jürgen und Jansen, Jan C.: Kolonialismus, München 1995.

Osterkamp, Ute: Rassismus als Selbstentmächtigung, Hamburg 1996.

Ostermann, Änne und Nicklas, Hans: Vorurteile und Feindbilder, München 1976.

Paczensky, Gert von: Verbrechen im Namen Christi. Mission und Kolonialismus, München 1991

Ders: Weiße Herrschaft. Eine Geschichte des Kolonialismus, Frankfurt a. M. 1979.

Paetzke, Hans-Henning: Andersdenkende in Ungarn, Frankfurt a. M. 1986.

Panahi, Badi: Vorurteile, Frankfurt a. M. 1980.

Paul, Jobst: Das Tierkonstrukt als Grundprinzip in Ausgrenzungsdiskursen, Duisburg 2003.

Pearce, Roy Harvey: Savagism and Civilization. A Study of the Indian and the American Mind, Baltimore 1953.

Pelinka, Anton (Hg.): Vorurteile, Berlin 2012.

Pelizaeus, Ludolf: Der Kolonialismus. Geschichte einer europäischen Expansion, Wiesbaden 2008.

Pfahl-Traughber, Armin: Antisemitismus in der deutschen Geschichte, Berlin 2002.

Pfeifer, Manfred: Über das Diskriminierungspotential in »Afrika«-Reiseberichten im Internet, München 2012.

Philbrick, Nathaniel: Mayflower. Aufbruch in die Neue Welt, München 2006.

Plant, Richard: Rosa Winkel. Der Krieg der Nazis gegen die Homosexuellen, Frankfurt a. M. 1991.

Ploetz, Alfred: Die Tüchtigkeit unsrer Rasse und der Schutz der Schwachen, Berlin 1895.

Plomley, N. J. B.: The Tasmanian Aborigines, Launceston 1977.

Plümecke, Tino: Rasse in der Ära der Genetik, Bielefeld 2013.

Pokos, Hugues Blaise: Schwarzsein im »Deutschsein«? Berlin 2011.

Poliakov, Léon; Delacampagne, Christian: Über den Rassismus. Die Geschichte des Rassismus, Düsseldorf 2005.

Pommerin, Reiner: Sterilisierung der Rheinlandbastarde, Düsseldorf 1979.

Preuß, Dirk: »Anthropologe und Forschungsreisender«: Egon Freiherr von Eickstedt, München 2009.

Priester, Karin: Rassismus. Eine Sozialgeschichte, Leipzig 2003.

Pulzer, Peter G. J.: Die Entstehung des politischen Antisemitismus, Göttingen 2004.

Räthzel, Nora (Hg.): Theorien über Rassismus, Hamburg 2000.

Rattansi, Ali: Racism. A very short introduction, New York 2007.

Read, Peter: A Rape of the Soul so Profound. The Return of the Stolen Generations, St. Leonards 1999.

Redaktion diskus (Hg.): Die freundliche Zivilgesellschaft. Rassismus und Nationalismus, Berlin 1992.

Reemtsma, Katrin: Sinti und Roma. Geschichte, Kultur, Gegenwart, München 1996.

Reich-Ranicki: Marcel: Mein Leben, Stuttgart 1999.

Reinhard, Wolfgang: Kleine Geschichte des Kolonialismus, Stuttgart 2008.

Reitlinger, Gerald: The Final Solution. The Attempt to Exterminate the Jews of Europe, London 1953.

Reuck, Anthony de: Caste and Race: Comparative Approaches, London 1967.

Roeck, Bernd: Außenseiter, Randgruppen, Minderheiten, Göttingen 1993.

Röggla, Katharina: Critical Whiteness Studies, Wien 2012.

Rohling, August: Der Talmudjude. Zur Beherzigung für Juden und Christen aller Stände, Münster 1871.

Röhr, Werner (Hg.): Faschismus und Rassismus, Berlin 1992.

Rommelspacher, Birgit: Dominanzkultur, Berlin 1998

Rose, Romani und Weiss, Walter: Sinti und Roma im Dritten Reich, Göttingen 1991.

Rühs, Friedrich: Über die Ansprüche der Juden an das deutsche Bürgerrecht, Berlin 1816.

Rummel, Rudolph J.: »Demozid« der befohlene Tod. Massenmorde im 20. Jhdt, Münster 2003.

Rürup, Reinhard: Emanzipation und Antisemitismus, Frankfurt a. M. 1987.

Sader, Manfred: Toleranz und Fremdsein, Weinheim 2002.

Said, Edward W.: Culture and Imperialism, London 1993.

Sale, Kirkpatrick: Das verlorene Paradies, Hamburg 1993.

Saller, Kurt: Art- und Rassenlehre des Menschen, Stuttgart 1949.

Sarrazin, Thilo: Deutschland schafft sich ab, München 2010.

Sartre, Jean-Paul: Drei Essays, Frankfurt a. M. 1983.

Sautter, Udo: Sklaverei in Amerika, Darmstadt 2014.

Schäfer, Bernd und Six, Bernd: Sozialpsychologie des Vorurteils, Stuttgart 1978.

Schallmeyer, Wilhelm: Vererbung und Auslese im Lebenslauf der Völker, Jena 1903.

Scheck, Raffael: Hitler's African Victims. The German Army Massacres of Black French Soldiers, Cambridge 2006.

Scheer, Uta: Neue Geshlechterwelten? Eine Analyse der Star Trek-Serien, Münster 2002.

Schelberg, Antje: Leprosen in der mittelalterlichen Gesellschaft, Göttingen 2003.

Scherschel, Karin: Rassismus als flexible symbolische Ressource, Bielefeld 2006.

Schiffer, Sabine; Wagner, Constantin: Antisemitismus und Islamophobie: Ein Vergleich, Wassertrüdingen 2009.

Schirrmacher, Thomas: Racism, Bonn 2012.

Schissler, Hanna (Hg.): The Miracle Years. A Cultural History of West Germany, Princeton 2001.

Schmidt-Wulffen, Wulf: Die »Zehn kleinen Negerlein«, Berlin 2010.

Schmuhl, Hans-Walter (Hg.): Kulturrelativismus und Antirassismus: Franz Boas, Bielefeld 2009.

Schneider, Bernhard und Jochum, Richard (Hg.): Erinnerungen an das Töten. Genozid reflexiv, Wien 1999.

Schnepel, Burkhard et al. (Hg.): Orient – Orientalistik – Orientalismus, Bielefeld 2011.

Schoeps, Julius H. und Schlör, Joachim (Hg.): Antisemitismus. Vorurteile und Mythen, München 1996.

Schopenhauer, Arthur: Parerga und Paralipomena. Kleine philosophische Schriften, Berlin 1851.

Schwarz, Tobias: Bedrohung, Gastrecht, Integrationspflicht, Bielefeld 2010.

Schwarz-Friesel, Monika u. a. (Hg.): Aktueller Antisemitismus – Ein Phänomen der Mitte, Berlin 2010.

Schwechten, Eduard: Das Lied vom Levi, Köln 1896.

Schwidetzky, Ilse (Hg.): Die neue Rassenkunde, Stuttgart 1962.

See, Klaus von: Barbar – Germane – Arier. Die Suche nach der Identität der Deutschen, Heidelberg 1994.

Selig, Wolfram: Leben unterm Rassenwahn, Berlin 2001.

Shakespeare, William: The Merchant of Venice. Der Kaufmann von Venedig, Stuttgart 1975.

Sieren, Frank: Angst vor China. Wie die neue Weltmacht unsere Krise nutzt, München 2013.

Silverman, Maxim: Rassismus und Nation, Hamburg 1994.

Simar, Théophile: Étude critique sur la formation de la doctrine des races, Bruxelles 1922.

Simon, Alfons: Maxi, unser Negerbub, Bremen 1952.

Simon, Jürgen: Kriminalbiologie und Zwangssterilisation. Eugenischer Rassismus 1920–1945, Münster 2001.

Simpson, George Eaton und Yinger, J. Milton: Racial and Cultural Minorities, New York 1965.

Smith, Henry Nash: Virgin Land. The American West as Symbol and Myth, Cambridge 1971.

Sobich, Frank Oliver: Rassismus und Antisozialismus im deutschen Kaiserreich, Frankfurt a. M. 2006.

Solms, Wilhelm: Zigeunerbilder. Ein dunkles Kapitel der deutschen Literaturgeschichte, Würzburg 2008.

Solomos, John und Back, Les: Racism and Society, New York 1996.

Sömmerring, Samuel Thomas von: Über die körperliche Verschiedenheit des Mohren vom Europäer, Göttingen 1784.

Sow, Noah: Deutschland Schwarz Weiss. Der alltägliche Rassismus, München 2008.

Speitkamp, Winfried: Deutsche Kolonialgeschichte, Stuttgart 2014.

Ders.: Kleine Geschichte Afrikas, Stuttgart 2007.

Spohn, Margaret: Alles getürkt. 500 Jahre Vorurteile der Deutschen über die Türken, Oldenburg 1993.

Staehlin, Balthasar: Völkerschauen im Zoologischen Garten Basel 1879–1935, Basel 1993.

Steinbacher, Sybille (Hg.): Holocaust und Völkermorde. Die Reichweite des Vergleichs, Frankfurt a. M. 2012.

Sterling, Eleonore: Judenhass. Die Anfänge des politischen Antisemitismus in Deutschland, Stuttgart 1969.

Stevens, F. S. (Hg.): Racism: The Australian Experience, New York 1972.

Stingelin, Martin (Hg.): Biopolitik und Rassismus, Frankfurt a. M. 2003.

Stockhammer, Robert: Ruanda. Über einen anderen Genozid schreiben, Frankfurt a. M. 2005.

Stoddard, Lothrop: The Rising Tide of Color Against White World-Supremacy, New York 1921.

Stoll, Günther und Vaas, Rüdiger: Spurensuche im Indianerland. Exkursionen in die Neue Welt, Stuttgart 2001.

Stöver, Bernd: United States of America. Geschichte und Kultur, München 2012.

Stratton, Jon: Coming out Jewish. Constructing ambivalent identities, New York 2000.

Stratyner, Leslie und Keller, James R.: The Deep End of South Park, Jefferson 2009.

Straub, Eberhard (Hg.): Conquista. Amerika oder die Entdeckung der Menschenrechte, Köln 1991.

Strauß, Bruno: Moses Mendelssohn in Potsdam, Berlin 1994.

Strauss, Herbert A. und Kampe, Norbert (Hg.): Antisemitismus, Bonn 1984.

Swift, Jonathan: Gulliver's Travels, Oxford 1998.

Ders.: Travels into Several Remote Nations of the World By Lemuel Gulliver, London 1726.

Taguieff, Pierre-André: Die Macht des Vorurteils, Hamburg 2000.

Takei, George: Zu den Sternen, Königswinter 1997.

Terkessidis, Mark: Die Banalität des Rassismus, Bielefeld 2004.

Ders.: Psychologie des Rassismus, Opladen 1998.

Tetzner, Theodor: Geschichte der Zigeuner, Weimar 1835.

Theweleit, Klaus: Männerphantasien, Hamburg 1980.

Thiele, Matthias: Flucht, Asyl und Einwanderung im Fernsehen, Konstanz 2005.

Thierry, Augustin: L'Histoire de la conquête de l'Angleterre par les Normands, Paris 1826.

Thomas, Georg: Die portugiesische Indianerpolitik in Brasilien 1500–1640, Berlin 1968.

Thompson, Leonard: A History of South Africa, London 2000.

Tocqueville, Alexis de: In der nordamerikanischen Wildnis, Stuttgart 1960.

Todorov, Tzvetan: Die Eroberung Amerikas. Das Problem des Anderen, Frankfurt a. M. 1985.

Torres, Max Sebastian: Rassismus in der Vormoderne, Frankfurt a. M. 2006.

Toussenel, Alphonse: Les Juifs, Rois de L'Époque. Histoire de la Féodalité financière, Paris 1845.

Treitschke, Heinrich von: Aufsätze, Reden und Briefe, Meersburg 1924.

Ders.: Bilder aus der deutschen Geschichte, Leipzig 1909.

Tsiakalos, Georgios: Ausländerfeindlichkeit. Tatsachen und Erklärungsversuche, München 1983.

UNESCO (Hg.): The Race Concept. Results of an Inquiry, Paris 1952.

Vermot, Ruth-Gaby und Hadorn, Rudolf: Das war kein Bruder, Basel 1982.

Vogt, Erik M.: Jean-Paul Sartre und Frantz Fanon. Antirassismus – Antikolonialismus, Wien 2012.

Volkov, Shulamit: Das jüdische Projekt der Moderne, München 2001.

Voß, Heinz-Jürgen: Making Sex Revisited, Bielefeld 2010.

Wade, Peter: Race and Ethnicity in Latin America, Sidmouth 2010.

Walgenbach, Katharina et al.: Gender als interdependente Kategorie, Opladen 2007.

Walgenbach, Katharina: »Die weiße Frau als Trägerin deutscher Kultur«, Frankfurt a. M. 2005.

Walkenhorst, Peter: Nation – Volk – Rasse. Radikaler Nationalismus im Deutschen Kaiserreich, Göttingen 2007.

Wallerstein, Immanuel: Die Barbarei der anderen. Europäischer Universalismus, Berlin 2010.

Walser, Martin: Tod eines Kritikers, Frankfurt a. M. 2002.

Wawrzinek, Kurt: Die Entstehung der deutschen Antisemitenparteien (1873–1890), Berlin 1927.

Weber, Ingrid: Unendliche Weiten, Freiburg 1197.

Webster, Charles et al. (Hg.): Health, Race and German Politics 1870–1945, Cambridge 1989.

Weininger, Otto: Geschlecht und Charakter, Wien 1903.

Weiß, Anja: Rassismus wider Willen, Wiesbaden 2001.

Weiss, Yfaat: Deutsche und polnische Juden vor dem Holocaust, Oldenbourg 2000.

Weißbecker, Manfred und Kühnl, Reinhard (Hg.): Rassismus – Faschismus – Antifaschismus, Köln 2000.

Wengler, Joannah Caborn et al. (Hg.): Verortungen des Dispositiv-Begriffs, Wiesbaden 2013.

Westermann, Stefanie (Hg.): Medizin im Dienst der »Erbgesundheit«, Münster 2009.

Wiedemann, Erich: Rassenstaat Südafrika, Hamburg 1981.

Wigger, Iris: Die »Schwarze Schmach am Rhein«, Münster 2006.

Wimmer, Michael et al. (Hg.): Das zivilisierte Tier, Frankfurt a. M. 1996.

Wimmer, Wolfgang: Die Sklaven. Herr und Knecht – Eine Sozialgeschichte mit Gegenwart, Hamburg 1979.

Winkler, Beate (Hg.): Was heißt hier fremd?, München 1994.

Wippermann, Wolfgang: »Auserwählte Opfer?« Shoah und Porajmos im Vergleich, Berlin 2005.

Wippermann, Wolfgang: Rassenwahn und Teufelsglaube, Berlin 2013.

Wirth, Peter et al. (Hg.): Johannes Chrysostomos. Acht Reden gegen Juden, Stuttgart 1995.

Wojak, Irmtrud (Hg.): Völkermord und Kriegsverbrechen in der ersten Hälfte des 20. Jhdts., Ffm 2004.

Wolf, Andrea (Hg.): Neue Grenzen. Rassismus am Ende des 20. Jhdts., Wien 1997.

Wollrad, Eske: Weißsein im Widerspruch, Königstein 2005.

Wolter, Stefanie: Die Vermarktung des Fremden. Exotismus und Massenkonsum, Frankfurt a. M. 2005.

Yavetz, Zvi: Judenfeindschaft in der Antike, München 1997.

Yu-Dembski, Dagmar: Chinesen in Berlin, Berlin 2007.

Zeiß-Horbach: Der Verein zur Abwehr des Antisemitismus, Leipzig 2008.

Zeller, Joachim: Bilderschule der Herrenmenschen, Berlin 2008.

Zerger, Johannes: Was ist Rassismus?, Göttingen 1997.

Zick, Andreas: Vorurteile und Rassismus. Eine sozialpsychologische Analyse, Münster 1997.

Zimmerer, Jürgen (Hg.): Kein Platz an der Sonne, Frankfurt a. M. 2013.

Zimmerer, Jürgen und Zeller, Joachim (Hg.): Völkermord in Deutsch-Südwestafrika, Berlin 2004.

Zimmermann, Hans-Dieter: Mythen und Stereotypen auf beiden Seiten der Oder, Berlin 2000.

Zimmermann, Michael: Rassenutopie und Genozid, Hamburg 1996.

Zinn, Howard: Eine Geschichte des amerikanischen Volkes, Hamburg 2007.

Zschirnt, Christine: Shakespeare-ABC, Leipzig 2000.

Weitere spannende Titel bei marixwissen:

Martin Luther / Matthias Morgenstern (Hrsg.)

Von den Juden und Ihren Lügen

Gebunden mit Schutzumschlag

328 Seiten | Format 13,5 x 21,5 cm

ISBN 978-3-7374-1320-6

Als Auftakt einer ganzen Serie antijudaistischer Schriften, welche auf die Dämonisierung und Vertreibung von Juden aus evangelisch-christlichen Gebieten abzielte, entfaltete Luthers Rhetorik beginnend mit den Erlassen reformatorischer Machthaber des 16. Jahrhunderts (Braunschweig, Meißen, Kursachsen) eine verhängnisvolle Wirkungsgeschichte, die bis zum Nationalsozialismus reicht. Anknüpfungspunkte fanden sich vor allem im umfassenden Maßnahmenkatalog des letzten Teils des Buches »Von den Juden und ihren Lügen«, in dem unter anderem die Verbrennung von Synagogen und Büchern, Lehrverbot und Zwangsarbeit für Juden gefordert werden. Dieser wird hier ebenso ungekürzt wiedergegeben wie die derbe, oft unflätige Sprache Luthers. Gerade deswegen fordert »Von den Juden und ihren Lügen« eine Debatte, die nicht auf Grundlage ihrer letzten Bearbeitung von 1936 geführt werden darf. Die Übertragung und Kommentierung aus Sicht der jüdischen Literatur stellt eine einzigartige Möglichkeit des Eingedenkens und der Auseinandersetzung mit einer Schattenseite der Reformation dar, die zu lange ungenutzt geblieben ist.

Martin Schneider

Die Geschichte der Sklaverei

Von den Anfängen bis zur Gegenwart

Gebunden mit Schutzumschlag

224 Seiten | Format 12,5 x 20 cm

ISBN 978-3-7374-0973-5

»Kein Mensch kann seinem Mitmenschen eine Kette um den Fuß schlagen, ohne das andere Ende der Fessel schließlich um den eigenen Hals gewunden zu finden.« Frederick Douglas

Sklaverei gab es als gesellschaftliche und rechtliche Institution seit der Antike, zu Beginn des 21. Jahrhunderts gilt sie als eine der schwersten Menschenrechtsverletzungen. Doch wie Recherchen mutiger Journalisten und von Menschenrechtsorganisationen zeigen, gibt es Sklaverei noch heute. Schätzungen von Menschenrechts- und Antisklavereiorganisationen gehen weltweit noch immer von bis zu 30 Millionen modernen Sklaven aus!

Das vorliegende Buch bietet eine historische Einführung und Darstellung der Problematik und begibt sich auf Spurensuche. Es beschreibt die Entwicklung der Sklaverei für verschiedene Kulturen – von der Antike bis in die Neuzeit. In übergreifenden Artikeln skizziert es den Umgang mit der Sklaverei in den Bereichen Religion, Philosophie und Wirtschaft. Ebenso macht es deutlich, welche Unterschiede es zwischen alter und moderner Sklaverei gibt.

100 Menschen die inspirieren und ohne die unsere Welt nicht unsere wäre

Gebunden mit Schutzumschlag

384 Seiten | Format 12,5 x 20 cm

ISBN 978-3-7374-0987-2

Der 100. Band unserer vielgelobten Reihe ist da! In ihm blicken wir zurück auf neun Jahre anschaulicher Wissensvermittlung in kompaktem Format. Er versammelt Lebensbilder der bedeutendsten Persönlichkeiten der Weltgeschichte. Mutige Entdecker treffen auf findige Wissenschaftler, Politiker von Welt auf Widerständler gegen Unterdrückung und Ungerechtigkeit. Musiker reihen sich ein neben Könige und Königinnen. All diese Kämpfer und Kämpferinnen in ihrem Gebiet haben die Welt zu der gemacht, die sie heute ist. Grund genug, ihnen den 100. marixwissen-Band zu widmen!

Weitere Titel finden sie auf unserer Homepage:
www.verlagshaus-roemerweg.de

Bibliografische Information der Deutschen Nationalbibliothek
Die Deutsche Nationalbibliothek verzeichnet diese Publikation in der Deutschen
Nationalbibliografie; detaillierte bibliografische Daten sind im Internet über
http://dnb.d-nb.de abrufbar.

Es ist nicht gestattet, Texte dieses Buches zu scannen, in PCs oder auf CDs zu speichern
oder mit Computern zu verändern oder einzeln oder zusammen mit anderen Bildvorlagen zu
manipulieren, es sei denn mit schriftlicher Genehmigung des Verlages.

Alle Rechte vorbehalten

© by marixverlag in der Verlagshaus Römerweg GmbH, Wiesbaden 2016
Covergestaltung: Karina Bertagnolli, Wiesbaden
Bildnachweis: akg-images / Africa Media Online/
David Larsen © akg-images GmbH
Satz und Bearbeitung: SATZstudio Josef Pieper, Bedburg-Hau
Der Titel wurde in der BodoniMT gesetzt.
Gesamtherstellung: CPI books GmbH, Leck – Germany

ISBN: 978-3-7374-1034-2

www.verlagshaus-roemerweg.de